远方

人文与数字时代

阎崇年　濮存昕　丁磊　等著

四川人民出版社

图书在版编目（CIP）数据

远集坊：人文与数字时代 / 阎崇年等著. -- 成都：四川人民出版社, 2025. 8. -- ISBN 978-7-220-14157-7
Ⅰ. C53；TN01-53
中国国家版本馆CIP数据核字第20255S6431号

YUANJIFANG: RENWEN YU SHUZI SHIDAI

远集坊：人文与数字时代

阎崇年　濮存昕　丁磊　等著

出 版 人	黄立新
策划统筹	封　龙
责任编辑	朱雯馨　曹　娜　孙　茜
版式设计	张迪茗
封面设计	周伟伟
责任印制	周　奇
出版发行	四川人民出版社（成都三色路 238 号）
网　　址	http://www.scpph.com
E-mail	scrmcbs@sina.com
新浪微博	@四川人民出版社
微信公众号	四川人民出版社
发行部业务电话	（028）86361653　86361656
防盗版举报电话	（028）86361653
照　　排	四川最近文化传播有限公司
印　　刷	成都市东辰印艺科技有限公司
成品尺寸	180mm × 245mm
印　　张	30.75
字　　数	410 千
版　　次	2025 年 8 月第 1 版
印　　次	2025 年 8 月第 1 次印刷
书　　号	ISBN 978-7-220-14157-7
定　　价	128.00 元

目　录

第一讲

打造北京文化新地标、新名片

主讲嘉宾

康　伟

主持嘉宾

阎晓宏

特邀嘉宾

郭义强	黄志坚	郝振省	叶　梅	王俊国
殷忠民	蒋茂凝	袁亚平	李　平	王利明
宋志军	王志刚	李清霞	赵红仕	陈高潮
王　强	王　旗	孙　悦		

打造北京文化
新地标、新名片

康伟 （北京出版集团有限公司原党委书记、董事长）

我非常荣幸地受邀今天在这里和大家交流分享我在较长时间内对文化改革，特别是文化产业这方面的学习和实践的体会，不妥之处请大家批评指正。

我是2020年初到北京出版集团赴任履职的。北京出版集团是市属唯一的大型综合性出版机构，目前有9家出版社、6家杂志社和15家子（分）公司。集团具有悠久的历史，前身可追溯至1948年筹建的北平大众书店。集团拥有一支包括郭沫若、曹禺、老舍、铁凝、莫言、曹文轩等名家巨匠在内的雄厚作家队伍，推出了一大批经得起历史和人民检验的、受人民群众欢迎的经典作品，如《平凡的世界》《穆斯林的葬礼》《少年天子》《北上》《云中记》和“大家小书”等，先后有2000多种精品图书获得了国家级、省部级奖项。2021年，集团又斩获了省部级以上奖项22个，其中7个项目获得了第五届中国出版政府奖，为历史之最。

记得在我到北京出版集团履职之前，市领导找我任职谈话时特别提出了：北京出版集团应该思考，能为北京市推进全国文化中心建设做什么、贡献什么。我到任后第一时间召开党委会，传达了市委主要领导对我们提出的要求。

作为地处首都功能核心区的重点文化企业，怎样才能服务全国文化中心建设大局？经过思考，我率先提出，并由集团党委研究达成了共识：要对标对表首善定位和行业标杆，在抓好出版核心业务的同时，着力推动核心资产的经营，培育集团“出版+”新的增长点，实现核心发展要素效益的最大化。具体说，就是建设一个出版主题文化产业园，努力打造北京文化新地标、新名片。

一、打造文化新地标，是更好服务首都全国文化中心建设的必然要求

“文化地标是城市文化和城市精神的载体，同时又参与着城市文化的塑造。”一提起世界名城，人们往往会想到其有代表性的文化地标，像巴黎的卢浮宫、洛杉矶的好莱坞星光大道、首尔的数字媒体城等，人们都比较熟悉。国内的上海城隍庙、成都杜甫草堂、南京秦淮河，以及北京故宫、鸟巢、水立方、琉璃厂、798艺术区等，都以鲜明独特的符号形象享誉海内外。这些城市文化地标，或深植于历史文化，或体现着时代风貌。文化地标是有形的，更是无形的，其凝聚的文化底色是一种说不清、道不明的独特“味道”，能够让人们得到文化的熏陶和心灵的慰藉。以文化城、以城化人，在人与城之间，最直接的纽带就是文化地标。通过文化地标，人与城市才能心灵相通、情感共鸣。

正如美国建筑师沙里宁所说，“让我看看你的城市，我就能说出这个城市的居民在文化上追求的是什么”。在文化产业蓬勃发展的今天，文化地标作为城市文化的重要空间，还应具有引领文化产业发展的带动力。也就是说，文化地标应具备文化象征、文化传承、文化聚集和文化消费等综合功能。

文化地标是文化产业发展到一定阶段和层次的必然产物。从生产端来

说，文化积淀需要物化的呈现方式；从经营端来说，文化经营需要品牌效益和可持续变现能力；从消费端来说，文化消费休闲需要可触摸、可“打卡”、可传播的实体。有专家认为，一定程度上来说，文化地标的建设水平直接反映了城市文化的发展水平，文化地标的运营能力体现了城市文化的经营效益和品牌价值，文化地标的热度代表着城市精神的传播力。

作为全国文化中心，首都文化繁荣兴盛的“大气象”需要与之相匹配的文化地标的“大模样”。贯彻落实习近平总书记关于文化建设的重要论述，传承发展源远流长的古都文化、丰富厚重的红色文化、特色鲜明的京味文化、蓬勃兴起的创新文化，文化新地标建设正逢其时。

我们不久前出了两本书都叫“打卡地”，一本是《潮北京：北京网红打卡地攻略》，另一本是《走红北京：北京红色打卡地攻略》，都得到了专家的认可。《走红北京：北京红色打卡地攻略》的缘起，是建党100周年的时候，有很多同志都议论，说光有一个“网红打卡地”不行，还要有一个“红色打卡地”。《走红北京：北京红色打卡地攻略》出版后，北京电视台做了重点推介，受到了好评，书里的打卡地都是地标。北京有这么多红色文化，我们将其转化为作品出版，并在这些打卡地上举办相应的活动，它的精神传播力就出来了。

二、打造文化新地标，是转型发展的现实选择

当今世界正处于百年未有之大变局。疫情影响并改变了人们的阅读和文化生活方式，人工智能、大数据等新科技革命也带来了层出不穷的新产业、新商业模式，出版业赖以生存和发展的经济基础、体制环境和社会条件正发生着深刻变化。面对实体书店销售业绩持续下滑、纸质书在阅读市场份额大幅缩减的现状，集团深刻认识到，必须在危机中育新机，于变局中开新局。

集团首先提出了联合西城区委、区政府，以集团本部楼宇群为依托，

以专业化的服务、品牌化的运营、产业化的经营，集聚出版文化产业链的上游、下游和周边优质企业，逐步形成出版特色鲜明、文化氛围浓厚、配套功能完善的文化产业园区。

在定位上，以文化为核心，用文化雕刻园区，用园区经营文化；在品牌上，以“十月”“父母必读”“大家小书”等为号召，吸引国内外顶尖作家、艺术家、评论家、翻译家到这里创作创业、交流研讨、发布作品，形成品牌的聚集效应；在影响上，要吸引全国的读者、文艺青年来参观、来“打卡”，吸引普通市民来听讲座、看展览，休闲和娱乐；在经营上，要逐步从以租金收入为主的1.0阶段，提升到“服务+中介+租金”模式的2.0阶段，再到“投资+运作+服务”模式的3.0阶段。

总之，就是打造一个集合精品图书生产、高端文化交流、大众文化消费的文化新地标，实现核心资产运营效益的整体提升。

面对新形势、新任务、新要求，对标首都全国文化中心的地位和作用，我们集团的发展应该说已经慢了，必须加速推进转型发展、科学发展、创新发展。对此，我们集团的全体员工都达成了共识。

要转型发展，首先要思想转型到位。为统一思想、凝聚共识，我们集团党委于2020年上半年召开了5次务虚会，分析研判集团坐标定位和发展形势，谋划转型改革发展思路和重点。领导班子思想统一了，还要统一全集团的思想认识，形成上下一盘棋。集团以党建引领，组织全员参与“转型升级”和“立足实际　守正创新”大讨论，形成了思想大碰撞的热潮，共收到649条建议，其中60条非常好的建议被采纳，集团上下形成了“转型发展势在必行，不改慢改都不行”的高度思想共识。

做好改革前的思想准备工作，集团党委开始大刀阔斧推进“五位一体”的系统化、全方位体制机制改革：实行机构调整与全员岗位竞聘、事业部公司化改革、融数中心建设、全员季度绩效考核、现代企业制度建设年。如今各项工作取得了阶段性成果，大家评价说，解决了许多过去想解决但没有解决的问题，办成了很多过去想办而没有办成的大事。

三、打造文化新地标的条件分析

集团打造文化新地标，虽由我先提出，但也是经党委集体研究、职工全体讨论形成的共识，是基于对行业趋势和自身优劣势的深刻把握做出的战略决策，有着深刻的必然性和现实可行性。

从政策环境看，北京市委、市政府高度重视文化地标建设，在《北京市推进全国文化中心建设中长期规划（2019年—2035年）》中提出："加快培育建设新兴商业街区，植入高品质文化设施、文化景观、文化项目、文化业态，吸引国际知名品牌、原创自主品牌在京首发，打造具有全球知名度的文化商业新地标。"这为我们的发展明确了路径，这是政策保障。

从集团自身看，集团具备打造文化新地标的充分条件。概括来说，包括地利优势、品牌优势和资源优势三个方面。

（一）优越的地理条件提供了得天独厚的硬件保障

集团地处西城区，北临三环的核心区，毗邻中轴线；向南是北二环的鼓楼、南锣鼓巷，还有北海，都挨得很近；向北是元大都的遗址公园、鸟巢、水立方。集团在这个区域共有7栋功能齐备的楼宇，4万多将近5万平方米的商用面积可以出租。充足的空间足以涵养好出版文化产业园的小生态。这里有文化、有人气、有历史、有地利，只要明确目标定位，积聚人气，讲好故事，做好功能配套，汇聚上下游文化企业，就一定能成为二环路到北四环文化景观环线和中轴线文化探访线路交会点的文化高地。

我们出版集团有一个D座，是建筑大师朱锫精心设计的鸟嘴形大厦。它挨着三环的中轴线，为270度环视透明玻璃结构，室内面积超过700平方米，露台面积300平方米，堪称"京版之珠"。这个地方过去闲置了很多年，用来放杂物，后来我们提出，这个地方这么好，应该充分利用起来，结果拿出的方案是打造成"职工之家"，职工可以在里面健身、打球。我们跟工会在一起充分讨论、测算了一下，如果把这里改造成工会的活动区域，每年的水电、维修费都会产生很大成本。为什么这里过去长期闲置呢？因为它在顶层，夏天很热，冬天很冷，我们只看到了它的劣势，而没有看到它潜在的资源。同时我们也进行了调研，现在节假日时间较多，即便把这里搞成工会活动室，也不会有人来，是一种巨大的浪费。

所以我们引进了“想心空间”书店，出版集团要想打造文化新地标，需要有相应的配套设施，特别是受老百姓欢迎的书店。

这个书店采取365天24小时营业模式，除书店主体外，还包括想心自习室、儿童独立绘本室、想心花店、想心咖啡、想心读书会、想心设计工作室、想心读书慈善基金，承接名家讲坛、新书发布、书画会展、文化颁奖、销售榜单发布等活动，完善了园区的配套功能。“想心空间”开业时间不到半年，就得到属地市、区领导的关注，北京市政协原副主席王宁、市委宣传部原副部长王野霏、西城区副区长王波等领导都曾到书店视察指导工作。经过一段时间的运营，“想心空间”已小有名气，中国作协副主席邱华栋在此出席朱秀海长篇小说《远去的白马》研讨会时对这里高度赞扬。这里还是2022年北京冬奥会主题曲《一起向未来》的诞生地。

（二）突出的品牌优势形成了硬核的文化软实力

集团拥有丰富的品牌资源，比如，创刊于1978年、名列文学期刊“四大名旦”的《十月》。作为新时期创刊的第一家大型文学期刊，《十月》在文学界享有举足轻重的地位，发行量和影响力一直位居国内文学期刊前列。作为其子品牌的“小十月”《十月少年文学》近期强势崛起，搭建起了儿童文学创作的新高地。于1980年创刊的《父母必读》杂志，作为国内唯一的育儿杂志，连续三届荣获国家期刊奖，现已形成包括杂志、养育系列图书、养育科学研究院、新媒体平台、品牌活动在内的立体化育儿传播架构，其公众号粉丝量达到百万级。此外，“大家小书”系列轻学术图书也有口皆碑。这些品牌具有极高商业开发价值，是集团打造文化新地标的坚实基础。

（三）众多的文化活动汇成了取之不尽的源头活水

秉承社会效益为先的原则，集团主办承办了很多的公益性文化活动，包括“北京十月文学月”活动，以及“京版大众文化”“品读北京”“名家讲经典”“育儿智慧大讲堂”等系列讲座。这些活动线上线下的互动规格都比较高，质量优、口碑好，丰富了首都人民群众的精神文化生活，也树立了集团厚重、大气、有公益心、有责任感的社会形象。一旦这些活动荟萃在出版文化产业园里，就可以带来持续的关注。

四、打造文化新地标的整体思路和实践路径

就国内外文化地标的形成机理看，大体分为几类：一类是历史积淀型。比如，上海的石库门、成都的宽窄巷子，其本质就是在对优秀传统文化的创造性转化、创新性发展基础上形成的文化圈。一类是产业集聚型。比如，洛杉矶大道、巴黎老佛爷等，其本质是特色文化产业集聚的商业圈。一类是品牌效应型。比如，日韩的热播影视剧取景地、国内知名流量大咖的工作地等，其本质是名人流量汇聚成的品牌圈。

打造北京文化新地标，就要高站位谋划、高起点设计、高标准推进，一定要顶层设计、高举高打，才可能实现新地标建设的高水平和高效益。

举办奥运会是我们中华民族的百年梦想，我有幸参与了2008年北京奥运会的投资和建设工作。我全程参与了北京奥运会的申办、建设、筹办和举办工作，有幸担任鸟巢、水立方、国家网球中心等场馆的总负责人、董事长兼法人。几年中，我多次面对面向中央领导直接汇报项目进展情况。

奥运工程宏大复杂、举世瞩目，施工难度超乎想象，且奥运场馆的赛后运营是世界性难题。我作为具体的负责人，肩负的责任是相当大的。我们这个团队牢牢把握投资、施工、工程、安全和赛后运营五个关键点，从全球设计招标之初，即确定了打造奥林匹克新地标的目标。我带队考察了多个举办过奥运会的城市，包括举办过2000年奥运会的悉尼和2004年奥运

会的雅典。这几届奥运会的开幕式和赛后工作等都需要我去考察。这些奥运场馆的赛后运营问题都没有得到很好的解决，基本上都是赛后拆除一半或者改做别的。

当时中央要求我们解决好几个问题，投资、建设、安全，还有赛后运营。我给大家举一个例子，为什么我们这届奥运会的场馆能成为一个体育文化的新地标，就是因为我们按照中央和市委、市政府的要求，认真研究和解决赛后运营问题，拿出了可行的方案。比如说鸟巢、水立方在我们的报告当中是不能出现小名的，这在我们文件当中是有规定的。在最后一轮中标名单出来后，我把报告从政府办公厅要回来，在两个场馆的名称后面加了括号，变为“国家体育场（鸟巢）”“国家游泳中心（水立方）”。一般的思路是先解决设计施工等问题，等报告形成之后再研究赛后运营，但我发现为了今后能够顺利解决赛后场馆运营问题，特别是让这个区域变成一个新地标，现在就要解决它的商业转化问题。场馆的大名无法进行商业化运作，国家体育场这个品牌能卖给谁？但是变成鸟巢、水立方就不一样了，这五个字当时国家发展改革委评估值20亿元以上，现在肯定不止了。鸟巢、水立方是我们谋划出来的，不是大家随意叫出来的。

也就是在残奥会时，我找到了相关同志，包括张艺谋总导演，请他保持团队人员不变，再打造一个“鸟巢版《图兰朵》”。我们的“鸟巢版《图兰朵》”至今在全世界没有被超越，一是规模大，二是难度高。排一个《图兰朵》，对于行业来讲没有什么难度，但那是在有盖的音乐厅里排的，我们是在无盖的体育场排的，一个音乐厅一般只能容纳2000人，而鸟巢能容纳9万人，当时我们设计5万人观看，纪录至今没有被打破。它在为什么服务？为奥林匹克中心区这个地标服务。北京奥运会举办一周年时引进了很多活动，比如说足球，有的同志一提起来很激动，因为国际足球赛事很少出欧洲，一下就到了中国，这些都是为解决赛后场馆运营问题服务的。想要解决赛后场馆运营问题，就一定要把这个区域打造成新地标。

我也一直在思考，我们集团有这么多文化资源和三个主要方面的条件，通过兼收并蓄、创新发展，打造文化新地标是完全有可能的。整体思路是：坚持文化的核心定位，把握出版为本、运营为先两个着力点，实施用文化园区承载文化产业、用品牌运营积累流量、用综合配套涵养产业生态的三轮驱动。

（一）坚持文化的核心定位

“文化既是凝聚力量的精神纽带、推动发展的重要支撑，又直接关系民生福祉、关系人的全面发展。没有文化大繁荣，就没有现代化强国；没有文化幸福感，就没有高品质生活。”习近平总书记反复强调的“加快构建现代公共文化服务体系，促进基本公共文化服务标准化均等化”，我们北京出版集团作为文化企业责无旁贷。

我的上一个岗位在北京演艺集团，当时我和东城区签署了公共文化建设战略合作协议，提出帮他们打造全国公共文化示范区，区委、区政府对此非常重视。经过我们的努力，整个方案策划，包括专业服务、专业队伍进入都是我们来做的。我当时算了一下，得五年以上才能实现目标，结果没有想到，三年以后就被评为国家级公共文化示范区了。经过考察以后，区委、区政府把办事处的公共文化设施交给我们来运营，这解决了此前办事处公共文化设施缺乏专业队伍和活动内容的问题。公共文化设施的面积通常都是1000至5000平方米，以前只有两个人管，还是兼职的，只能他们会做什么就给大家服务什么。我们不一样，我们有专业队伍，比如当时有9个国有院团、23个艺术门类、很多的艺术家，无论你是想拉琴、弹琴，还是唱歌、跳舞，我们都可以提供服务，所以很快实现了目标。要学会聚集资源，为我们的目标服务。

所以文化地标不能单一地展示，必须增加体验性、互动性、参与性，能够满足老百姓多方面的需求。抓综合配套，就会产生主业、辅业的取舍问题，要做好“加减法”。文化地标必须立足自身文化特色，坚持文化定位：地产是文化地产，活动是文化活动，品牌是文化品牌。配套的餐饮、住宿、休闲、文创产品等都要有文化韵、文化味儿、文化范儿。一切建设和运营都要围绕“文化”这个核心，其他的都必须让位于、服务于、配套于文化。

准备打造文化新地标以后，我们提出腾笼换鸟，过去园区里面的中介、卖房的，到期以后就把他们请出去，整层整层地规划出来，符合我们打造文化新地标目标的单位、公司、业态，我们才把它安排进来，否则就不能进来。

（二）把握出版为本、运营为先两个着力点

打造文化新地标要把握好文化事业与产业的关系，我将结合我组建并在北京演艺集团工作12年的经历来谈。

要想把文化产业做强做大，做成国内一流，必须坚定不移地在以社会效益为先的前提下，走市场化的道路。只有市场真正认可的文化产品，才能产生经济效益，才能有经久不衰的生命力。过去有这种现象，认为得奖的作品就是精品，至于其受众规模多大、票房有多少，我们后来才越来越重视。这个方向是对的，就像一部舞台剧或者一本书，不但要看是否获奖，最终还要看有多少观众或读者。一部舞台剧，过去说上座率多少，但是只看一个指标是不科学的。有些上座率高的，一看现场都是请来的人。必须得把上座率和票房等指标加起来，俱佳的话才能说是精品。

我在工作当中也做了一些比较成功的作品，比如电影《红海行动》，是我们和投资方一起做的；比如为庆祝新中国成立70周年、建党100周年做的河北梆子《人民英雄纪念碑》；还有我与新疆和田策划的《五星出东方》大型舞剧。这些作品不但有口碑，还有票房。

北京出版集团作为市属国有文化企业，排在第一位的当然是社会效益，要弘扬主旋律、传播正能量。同时，也要提高经营意识，增强经营能力。受到疫情冲击，我们集团粗放经营的问题暴露出来了：物业空置率不断上升，房租急剧下降，运营效益不高，缺乏专业的人才储备和整体的运营规划，品牌开发不足，文化辨识度不高，产业上下游配套不够，市场号召力不强。我们必须抓紧补齐短板，才能使文化地标的运营行稳致远。

（三）实施文化园区、品牌运营、综合配套的三轮驱动

1.龙头带动，构建园区文化产业业态新格局

罗马不是一天建成的，文化新地标的打造也一样。文化氛围营造和品牌涵养需要很多年的精心策划和不断积累，要加强顶层设计，分步推动。

第一步，在可视化的“形”层面，要有鲜明的文化辨识度，这是文化地标的物化前提。我来出版集团的时候有切身的感触：第一，是找不到集团的大门，车一不小心就开过去了；第二，晚上的时候漆黑一片。我在跟集团班子一起探讨时说：别说一个市属国企，就是央企也没有我们这个条件，通常就是一栋大楼，最多也就两栋子母楼，没有这么大一片物业。这是有形的资源，看我们怎么利用起来。后来我们做了一个大门，这样很多领导来的时候就不用费劲找大门了。现在很多人都说这里晚上有一景，就是出版集团。高处的北京出版集团牌子一共有7块，晚上很漂亮，大家都非常认可。

第二步，提高园区企业品质。针对园区经营项目杂乱、水平参差不齐的问题，着手招纳相关行业标杆和龙头企业入驻，引进了人民东方出版社和知名的四世同堂餐饮公司。为什么引进四世同堂呢？我们这栋楼过去就是一个烤鸭店，在合同结束之后空置了好多年，一直不知道该做什么。明确打造文化新地标以后，需要的配套肯定有餐饮。《四世同堂》这本书是我们集团出版的，四世同堂餐饮公司又是做京味、北京菜的。至于其他配套，像书店，在我们树立目标、明确步骤以后，都在引进。以往大家来这里开个会就走了，要搞其他活动就得换地方，现在在这个区域就能全部解决。

2.品牌运营，涵养园区良性运转的新生态

文化地标要做到有人气、有热度、有效益，关键在于形成品牌。要加强品牌推送，一方面，把集团已有的品牌汇聚成品牌矩阵；另一方面，不断接引、孵化新的品牌，通过品牌的融合、相互的赋能，熔铸成文化地标的整体品牌。在此基础上，抓好品牌变现，把金字招牌变成真金白银。一旦形成品牌和效益的良性循环，园区就会变成一个良性运转的生态圈。

国家在评判一个园区是否建设和运营得好的时候，还要看园区是否把大门打开，向社会开放。我们在做产业园和树立目标时都做了调研，如果园区是封闭式的，只给行业和行业的业态提供服务的话，是不符合国家园区的评判标准的，得让老百姓进得来。关于这一点，我们在讨论时也有一个过程。有同志提出：我们这里是机关，老百姓怎么能随便来呢？全国想来的人随便进吗？经过思想的碰撞，我们最终得出结论：整个园区以我们为核心，统统向社会开放。未来新地标的打造是可以期待的。

园区理想的生态圈包括层层扩展的三层圈子：一是核心层——出版产业圈。二是中间层——阅读交流圈。包括建设实体书店，举行创作沙龙、艺术培训、网络文学论坛等。三是拓展层——配套服务圈。通过引进开发文化韵味浓厚、有特色的餐饮、酒店、咖啡厅、特色文创店等，来满足市民、游客的需求。这三个圈环环相生，构成“创作出版—阅读交流—文化消费—创作出版”的良性循环。在这个生态圈中，品牌要共享，产业要共融，新业态、新产业能够茁壮成长，事业出精品，产业出效益。

3.综合配套，构建园区政策集成新优势

集团打造出版文化产业园，坚持尊重城市文脉，延续文化空间，不搞大拆大建，主要是对原有建筑环境进行创意改造，优化产业布局，植入新的理念、新的模式、新的业态。通过我们这些理念和实际行动，能够达到增加园区文化品位和经济附加值的效果。其硬件投入并不多，主要是政策层面的配套和集成，符合国家政策很重要。

我们一定要积极争取新的配套政策，如果在推进改革的过程当中政策没有跟进的话，推进的过程就会非常困难，所以要做好政府的工作。当然，我们跟政府的交流是非常密切的，否则我们这个产业园也不会进入政府对地区的规划当中。

我们要将北京市相关的产业发展政策，包括精品创作、实体书店、影视产业、会展产业扶持奖励政策，创业创新政策，文化消费补贴政策，对外文化贸易相关政策，文化金融政策，以及文化企业、小微企业税收减免，高科技企业人才落户政策等，在园区落地落稳。扶持出版、文化企业转型发展，必须充分释放政策红利，提高园区活力，繁荣文化产业。

遵循《北京市推进全国文化中心建设中长期规划（2019年—2035年）》的宏观引领，在西城区委、区政府的大力支持下，这些园区的最终目的是反哺主业，为出版业务和出精品服务。

五、打造文化新地标的举措和进展

（一）加强顶层设计，争取属地支持

区委、区政府的领导过去从来没有专门考察过这个园区，甚至有的领导跟我讲，真正来视察这个地方的都没有。市区领导这几年来了很多，专门是为打造文化新地标来考察和交流的。经过交流达成共识，西城区政府和北京出版集团签署了战略合作协议。在2021年西城区两会上，“建设出版产业园项目”被写入《北京市西城区人民政府工作报告》和《西城区2022年国民经济和社会发展计划》。

我们和西城区政府一起，聘请了北京市建筑设计研究院的专家开展园区规划的整体设计工作，包括产业设计、外观设计等。也就是要通过楼宇改造的“小投入”，来实现园区品质、功能、外观等整体的“大提升”。目前，规划设计方案已经完成了公开招标。

（二）完善配套功能，优化业态布局

集团新地标建设工作小组赴多个文化产业园区进行学习交流，借鉴吸收有益经验，探索拓展园区经营模式。十月文学院地处北京中轴线南起点，与集团主园区遥相呼应。集团与西城区政府共同助推十月文学院佑圣寺驻地的发展，延续集团文化空间建设规划，为文学院植入新理念、新模式、新业态。正研究设计的十月文学院经营改造方案，以空间升级改造为抓手，探索将文学院打造成有品质、多功能的公共文化空间，实现与集团主园区的呼应协同。

（三）整合各方资源，聚圈扩圈跨圈发展

聚焦党委确定的多元产业布局，2021年全年，集团与外单位签署战略合作协议13个，包括国家大剧院、中国文物交流中心、中科大脑、爱奇艺等单位，不断聚圈、扩圈、跨圈。

随着集团出版的图书《耗子大爷起晚了》的畅销，我们和北京演艺集团签署了合作协议，把它改编成舞台剧，3场演出票房达到了27万元。在儿童舞台剧当中，这个票房相当高了。

由市里决策，北京工艺美术出版社和《投资北京》杂志社进入了我们集团。这有很多意义，背后有很多资源。北京出版集团原来虽然有5个杂志社，但投资和经济类的没有，《投资北京》杂志社就填补了这个空白，有助于我们对标文化中心建设。

（四）履行社会责任，引爆新一轮首都文化援疆热潮

按照中央要求，我们有援疆任务，和田是我们的援疆对口单位。考察回来之后，我给市委写了一个关于北京文化援疆的调研报告，得到了市委、市政府的高度重视，市委主要领导做了批示。现在已经在这个报告的基础上形成了新的机制，包括援疆的方式。

这些都是为打造文化新地标、新业态，提升我们的影响力而服务的。

在工作中，我们也深深感受到打造北京文化新地标不是一个人的事，也

绝非一日之功，需要一批人把智慧、汗水、激情融入其中，接续奋战、久久为功，才能见到实效。

我们这届班子的统一意见是：必须以“功成不必在我、功成必定有我”的历史担当精神，以“前人栽树，后人乘凉”的历史责任感，以只争朝夕的历史紧迫感，加快转型改革。这需要数年的努力，所以我们要努力做好应该做的事情，为今后开好局，打好基础，也希望大家一起努力，帮助我们实现目标，让我们一起面向未来。

远集坊第一讲嘉宾合影

特邀嘉宾

黄志坚 （中国出版集团有限公司董事长、党组书记）

纸质的传统出版处在一个重要的节点，面临巨大压力。刚才康伟给我们讲，坚持出版主业，延长产业链，创造新的利润点，才能够真正把出版做强。这给我们提供了一个重要思路。

但是传统的文化企业要创新发展思路、优化利益调整很困难。所以我想问一问康伟：

一、你说的5万平方米的商用面积可出租，整个产权是集团所有还是下面的单位所有？

二、自用和商用部分是矛盾的，在这个点上集团应该怎么平衡？

三、关于商用面积的相关收益，如果产权给各个单位了，该怎么分享？如果是集体的，该怎么使用土地？因为这实际上是动了利益格局的。

康伟：首先，就是站位站到什么位置上。比如说做一个出版集团，首先要管人、管事、管导向，我们必须把所有的资源聚集在集团下面，这样才能够负得了责。我们的商用面积大部分是集团所有，但有的不是。

第二个问题到现在为止基本上解决完了。集团过去长期是事业单位，什么证都没有，现在是法治社会，要做产业园的话，没有相关的证，人家没法批准，就是先在网上填表也不行。所以先要解决基础性的问题，比如下属单位的资产必须变更到集团的名下，把缺项补上。这就要看你的班子有没有决心干这件事。我们已经下过决心了，今天我特意请班子成员也过来了。

动利益时，这支队伍能不能跟你一致？解决了思想统一问题，要具体操作时，这支队伍行吗？过去我们除了集团这层，下面还有三级，中心、处、科，办一件事要层层审批，一天能办的事要办一个月，效率太低。最终我们下了决心，将原有的机构全部推倒，三级36个部门变成了一级11个部门，人员全部公开竞聘、双向选择，这个碰的利益大了去了。

通常没有三年的话，机构改革是完不成的，我和清霞用了整整一年全部完成了。这些做不成的话，根本不可能打造文化新地标。

郭义强　（中央宣传部原副秘书长、中国图书评论学会会长）

听了康总讲的，两个感觉：

第一，志存高远。北京出版集团过去做得很好，出了很多精品，特别是原创的。地方出版集团能拿出自己的原创作品，而且有品牌，每年还发好几万册呢，不得了。它立足于出版产业园区，打造文化新地标，站位是很高的。

第二，任重道远。比如说两个效益的问题，主业和多元关系的问题。要在坚持主业的基础上开展多种经营。出版集团还是要把核心竞争力打造好。

叶　梅　（中国散文学会会长）

我特别振奋，因为康伟是我在中央党校的同学，这些年里他的所作所为都在大家的关切之中。其实关心他不仅是关心他个人，因为他是北京演艺集团的党委书记、董事长，后来出任北京出版集团的党委书记、董事长，关心他更是关心北京文化的构建。他把文化出版和文化产业融合在一起，是有时代精神的。

作为一名作家，在郭秘书长领导下，我也经常参加中宣部的评奖。我们这些作品和出版物怎样真正以人民为中心，真正为人民所接受，里面确实有一个“融”的问题。我觉得康伟就是从展望未来的角度，把文化的构建以人民为中心考虑进去了。今天有几个细节听了很感动，像北京出版集团是要打开大门的，不是机关化的，这个非常了不起，不要小看这个。有时候一些出版家可能在庙堂，但是很少考虑到老百姓的感受，他们也要看戏，他们也要读书，他们也要创造。我曾经对中国作协大楼提过意见，能不能把大门打开一些，方便作协会员进去，不要在门口设置很多关卡，进去以后都不知道往哪儿去。所以这个细节让我非常感动。还有他的“想心空间”书店，就是把闲置的角落利用起来，并将其打造得有声有色。

今天听了以后非常振奋，非常感动。北京作为首都，最能够体现我们国家的形象，全世界看中国，首先看的就是北京，看北京的政治、经济、文化走向。

郝振省 （中国编辑学会会长）

我从老同学的角度，补充一点。整个调子是北京文化创意产业园和新地标的打造，这个方向是非常需要坚持的。比方说文化作为产业，是改革开放的产物。创意产业不是原来的传统产业，它和现代技术、现代设备、现代理念相融合。园区是文化生产力的具体体现，起码有三个作用：第一，优秀文化的园区是一个新地标，能够辐射文化单位设施的建设；第二，我觉得可能在业务上是互相较劲和互相促进的；第三，新地标的存在，可以让我们好多文化单位腾出精力来更多投入在核心优势上。所以这个产业园的思路还是很了不得的。

我再讲三点：

第一，北京出版集团在文学方面是独树一帜的，把产业园打造成一个全北京甚至全国的文学经典集中地，这样就把新地标的牌子建起来了。

第二，我在你那儿吃过饭，能不能将北京风味和文化风味结合起来，这样不但餐饮做得好，而且有文化底蕴。

第三，你刚才讲到了，要好好地把现代企业制度、体制改革搞深。我觉得这最终还是取决于这个团队中的人的积极性、主动性、创造性和事业心，要从感情、薪酬、体制上，让他们享有足够的尊严。

希望北京出版集团的文化创意产业园做成非常好的文化新地标，不但我们自己在这里消费，还要带人来文化消费！

第二讲
大运河与中国民歌

主讲嘉宾

田　青

主持嘉宾

张天彤

特邀嘉宾

郑欣淼	阎晓宏	赵剑英	莫蕴慧	王　秋
卜　键	沈悦苓	洪　嵘	张东升	熊志远
邱玉苓	崔冰妤	阎晓伟	王　旗	孙　悦

大运河与中国民歌

田青 （著名音乐学家、非物质文化遗产保护专家）

阎晓宏理事长当初邀请我的时候，请我来讲课，我说讲什么好，他说讲大运河也行，讲民歌也行，我说那就讲大运河和民歌吧，把两个随口说出来的建议合到一块儿。说了以后，我准备的时候才觉得我答应的这个题目太大了，因为要想把大运河两岸的这些民歌讲清楚，就等于把整个中国民歌都讲了，所以题目是大了点。于是只能够在这个大题目下面举一些小例子，通过这些例子来认识中华民族民歌的特点，通过大运河来认识我们中华民族文化的特点。

所以今天我想先从大运河孕育下的南北文化融合讲起。

讲到中国的传统文化，大家最常说的两个词，一个是“历史悠久”，一个是“博大精深”，这两个词概括得都非常准确，而且缺一不可。历史悠久讲的是历史的长度，博大精深讲的是内容的丰富。再具体一点，我们中华文化的特色还可以从不同的角度来总结，我觉得其中一个非常重要的说明我们中华文化的特质的词，是“多元一统”。什么叫“多元”？就是包含多种多样、丰富多彩、有不同特质的文化。

什么叫“一统”？就是在许许多多不同的文化里边，还有一个相同的东西，大家各美其美，同时有一个共同的精神内核和审美标准。

看看我们中华文化，再看看世界其他国家的文化，你就会感觉到多元一统的确是中华文化一个了不起的特质。你到非洲去看看，只有多元，见不到一统；你到欧洲去看看，欧洲原来的文化也是多元的，但是他们一直在追求一统。先是经济上、军事上，最后是文化上，他们一统的结果就是许多国家的、民族的文化，在一统的过程当中消亡了。

举个例子，我们中国的戏剧，最多的时候有四五百种，新中国成立以后我们统计还有将近四百种，今天进入非物质文化遗产名录的也有三百多种。每个地方有自己的地方戏，各不相同，但是又有共同的审美原则。欧洲有地方戏吗？欧洲有歌剧、舞剧、话剧，它们不是剧种的概念。话剧是怎么分的？用英语说、法语说、俄语说。歌剧也有不同的语言，但审美原则是一致的，古典音乐也分流派，有俄罗斯流派、德国流派、法兰西流派。但是乐队都一样，单管乐队、双管乐队都有一个指挥，弦乐器都在指挥左侧，管乐器像大提琴在指挥右侧。他们在文化一统的过程当中，民族性更多地被作曲家个人的风格替代。一个作曲家有多少民族的风格，他的作品中就显示出来多少，他没有的话作品也没有。所以你有没有听过一个词，叫“西班牙交响乐”？没有，他们不是这么分的。所以中国多元一统的格局真的了不起，形成了艺术的百花园。

但在多元一统里面又有许许多多的区别，第一个区别，大家可能已经想到了，就是南北之别。南北之别很早就形成了，从南北朝开始。一讲到南方文化和北方文化，大家的心目当中会涌现出许许多多南北不同的风貌，也同时涌现了在南北产生的不同诗词、民歌。北方有“大漠孤烟直，长河落日圆”，“大雪满弓刀”，想到南方，则是“草长莺飞”，“南朝四百八十寺，多少楼台烟雨中”，包括大家耳熟能详的“江南忆，最忆是杭州”。

所有中国的文人，都对中华文化的南北之别有一个非常清楚的概念。这种文化上的南北之别，和南北方的自然地理、风土人情，包括生产方式、生活方式息息相关。

我们讲到中华文明的时候，也会从不同的角度来讲其中不同的文明。比如在生产方式上，农耕文明和游牧文明有着明显的区别。农耕文明内部也有非常明显的区别，比如稻作文明和麦作文明，它们会产生不同的文化。像陕北的麦作文明里产生的民歌和江南的稻作文明里产生的民歌，就完全不一样。

造成这样文明的差异，我刚才讲到跟地理的因素有关。文化传播学家认为，山是隔绝文化的，水是传播文化的。这点大家平时可能没有很深的理解，但是你仔细一想就能明白，山阳山阴都会产生不同的文明，尤其在南方，山这边这个村子跟山那边那个村子，直线距离仅10公里，但彼此语言不通，就是因为山隔绝了文明的传播。但是水是传播文明的，“我住江之头，君住江之尾。彼此情无限，共饮一江水”，浩浩汤汤的水，传播着文明。在同一水系，上游、中游、下游虽有区别，但也有很多相同之处。甚至水的两岸都隔绝不了文明，陕西和山西就隔着一条黄河，唱的歌是一样的，陕北叫信天游，过了河叫山曲，再往内蒙古，隔着河套地区再往北，叫爬山调，唱的还是一样的。水在传播文明方面所起到的作用真是巨大的。

大家都知道，在中国的广阔大地里，绝大部分河流在绝大部分河段里是由西向东流的，尤其几条大河，如黄河、淮河、长江等，都是从西往东流，所以歌里唱的都是“大河向东流”。西高东低的地势不单造成了中国大河的流势和流向，也分割了中国的文化，因此在不同的大河上下、不同的大河左右很自然地出现了各不相同的文化。这是中国一个特别的文化地形。

我曾经有一个比喻，假如说黄河、淮河、长江、金沙江、珠江这些河就像中华民族这座大厦的横梁，但是缺一根立柱把它们贯通，那就需要京杭大运河。京杭大运河从南到北，一直到北京通州，途经许多的省市。大运河对运河两岸城市的兴起，包括工商业的兴起、文化的交流，起到一个巨大的作用。

中国大运河是世界上开凿时间最早、流程最长、使用时间最久的人工运河，是中国土地上唯一一条南北向的大河。它像一条穿越编织众多纬线的经线，在中华文明的腹地流淌，打破了大自然的文化阻隔，直接促成了南北文化的交融。它又像一根擎天的立柱，撑起了数根文化的“横梁”，构建了中华文化巍峨博大的格局。烟波浩渺数千里，大运河不仅连通了海河、黄河、淮河、长江和钱塘江五大生命水系，哺育了运河沿岸的子子孙孙，更将燕赵文化、三晋文化、齐鲁文化、荆楚文化和吴越文化紧紧联系在一起，共同熔铸着中华民族灿烂辉煌的文化史诗。

大运河起始于公元前486年吴王夫差开凿邗沟。吴王夫差开凿的邗沟，没有现在的大运河那么长，但它是大运河的开端。刚才讲了大运河对中华文化交流所起的作用，除此之外，运河对中国的经济、政治各方面都产生了巨大影响。最早夫差开凿邗沟的目的很简单，就是为了伐齐。要打齐国，光靠步兵一天能走多少里？光靠车拉也不行。在古代运兵最便捷、运量最大的方式还是用船。后来经过隋代的发展、唐宋的繁荣、元明清的疏通改造，大运河一直奔流到今天。

收藏于国家博物馆的《潞河督运图》，前几年很流行，有很多人研究。潞河就是通州的北运河，向南一直汇入海河，从那边出海。当时运河的繁盛景况在《潞河督运图》里画得非常清楚，但是《潞河督运图》究竟画的是哪里，现在有两种不同的解释。一种认为就是通州，依据是它河道上有两座浮桥，通向热闹的通州东关等；但是也有学者经过仔细的研究，说这幅画画的是天津海河三岔河口，就是北运河、南运河汇到三岔河口变成海河的这段景象。他举了几个例子，其中一个是通过运河运粮食到通州的话，应该把粮食放在西岸，这样进城更近，而这幅画里的粮食都放在东岸，不合理。还有一个研究人员发现，用苫布苫着的东西可能不是粮食，而是盐，运盐更多的还是海河。不管这幅画画的是通州还是天津的三岔河口，我们都能通过它看到当时运河交通的繁忙、繁盛。

刚才讲到中华文化的重要特点就是多元一统，不同地区的文化有各自不同的魅力，这种文化上的交流其实是很不容易的，所谓鸡犬之声相闻，老死不相往来，也是在这样的环境里产生的。由于交通不便，一个地方的文化能够传播出自己的地域，是非常难的。比如民歌，不同地域所产生的民歌是截然不同的，这种特色也是它的魅力所在。从古到今，地方文化，尤其是农耕文明的地方文化，始终是文明的核心。

中国的方言太多了，民歌跟方言的关系很密切。现在的很多民歌都是用普通话唱的，味道大减，甚至现在民歌的概念也混乱了。前几天湖南卫视录一个节目，到北京来采访我，请我看几首民歌并发表评论。我看了以后说这些歌不叫民歌，而是新创作的民歌风歌曲。看一首歌是不是民歌，有一个很简单的方法，民歌的概念，就是人民创造的、老百姓创造的歌曲。所有的民歌，不光中国的，包括外国的，都是这样。柴可夫斯基写的民歌《如歌的行板》，是他在妹妹的庄园里听一个刷浆的工人唱的，被他记下来改编为民歌，托尔斯泰听了以后潸然泪下，说他从音乐当中感受到了俄罗斯的灵魂。所有的民歌都源于普普通通的老百姓内心深处受到的触动，就像中国古代典籍里说的“感于物而动，故形于声”。一个人被某一件事情感动了，有极大的喜悦或极大的悲伤，就要倾诉出来。但是语言是有局限性的，不但外国人说话你听不懂，同样都是中国人，也有方言的不同，都用一种方言，也可能听不懂。交流是人的一个非常重要的内心需求，但有时候说不清，有时候没有合适的语言讲，怎么办？也是中国的古人说的，“言之不足故嗟叹之，嗟叹之不足故咏歌之，咏歌之不足，不知手之舞之，足之蹈之也”，就是说了你听不懂，我就唱给你听，再听不懂就手舞足蹈。艺术是为了表达感情的，当语言表达不了时，就要唱，就要跳。

不同的民歌在不同的地域里产生，都有自己非常鲜明的特色。一会儿我们可以举一个例子，同样的一首民歌，在这里是这么唱，换个地方就完全换了一种唱法。正因为大运河的出现，使南北不同的文化色彩区，不同流域里的文化，开始交流。长期以来，中国人特别喜爱用“南什么”“北什么”这样的词组来总结和形容中国传统文化中的某些代表形象，比如木版年画，南有桃花坞，北有杨柳青。中国的版画有极大的相通性，不但都是木刻，都是套色印刷，它的造型、内容、表达方式，追求的抽象化、图案化的东西也都是一样的。再举个例子，刀剪制作工艺，南有张小泉，北有王麻子，乃至武术的南拳北腿，民族音乐的南笛北管等，这样的例子举不完，有很多。

正因为有了大运河，才使许许多多的文化在运河南北不同的流段里呈现出丰富多彩的面貌，其中一点就是相同的内容有不同的表现形式。比如说书，山东快书跟扬州评话文化不同，但是内容又非常相似，像《水浒传》《杨家将》、岳飞的传说，山东快书里有，扬州评话里也有。其他的中国曲艺，包括西河大鼓、河南坠子等，所唱的内容，有很多是一致的。请问：中国的地方戏剧有几百种，哪一个剧种里面唱的不是我们熟悉的故事？都是同样的帝王将相，同样的才子佳人。

这就是运河在流淌的过程当中，使许许多多的文化在扩散、蔓延、传播、融合、比较、彼此丰富的过程当中，保留了许许多多不同的艺术趣味和表现方法。

应该说运河的开通使我们中国的民歌出现了一种叫同宗民歌的现象，同一个主题，甚至有的时候是同一个内容，却有不同的民歌唱法。当然里面也有区别，比如有的是同名异曲，江南的《茉莉花》跟河北的《茉莉花》，词差不多，但曲调不同；也有异名同曲，比如《茉莉花》还有一个名字叫《鲜花调》。

运河在中华文化的传播上所起到的作用，在明清的时候最为明显。其中一个最鲜明、最可以说明问题的例子，就是大家都知道的昆曲。昆曲发源于昆山（今属江苏），其诞生时间学术界至今有不同的说法，还在争论。它从一个昆山地区的声腔，到了北京，成为一个北方人欣赏，南方人也欣赏的全国性剧种，跟大运河有着直接的关系。包括后来大家耳熟能详的京剧四大徽班，也是通过运河进京发展的。

明清两代戏剧文化的交流交融，无论是北曲南渐，还是南曲北渐，都在交流交融当中保留着自己的特色，既一统也多元。包括西北和东北的文化交流，都在几百年的时间里不断蓬勃发生，也催生了新的文明。

因为运河，因为漕运，兴起了许多城市，这些城市不但产生了最早的工商业，甚至产生了现代商业和工业的萌芽，更重要的是，成为文化的集中地。当地方文化在农村传播时，它的辐射面和影响力都有限，但是在城市就不同了，因为有水和码头，城市集聚了不同地区、不同职业的人。地方文化在城市里充分地增强了艺术性、娱乐性，并走向商业化。

99%以上的民歌不是由作曲家创作的，没有作者的名字，最初由一个人哼唱出来，不同的人在传唱的过程当中都可能融入自己的智慧和创造，所以民歌是劳动人民的集体创造。

漕运兴盛了这些城市，这些城市又兴盛了许许多多的文化，包括戏曲。昆曲班子原来也都是小小的，后来班舍越来越多，许多人以此谋生，在这个过程当中，戏剧、曲艺都得到了充分的发展。

为什么说运河起了很大作用？应该说，从宋以后，宋室南迁，几次大规模的文化南迁使北方的文化向另外一个方向发展。数百年间，不同的北方民族，主要是游牧民族，铁骑南下，使黄河以北基本上处于一个民族混居的状态。“出门无所见，白骨蔽平原”，对北方地区的文化造成一种毁灭性的打击。而文化的南迁，使中国的南方尤其是长江流域不但成为物质上的富庶之地，也成为中华文化的兴盛之地。明清时，一说繁华和富庶的都市，大家就会提到苏杭，提到扬州。当时扬州的文化发展到什么程度？“天下三分明月夜，二分无赖是扬州。”

昆曲的北上，还有四大徽班进京，形成了我们现在的国剧——京剧，这都和大运河有关。

南北民歌里有许许多多能够表现中华文化多元一统的例子，不胜枚举。我想举一首大家都很熟悉的歌为例子，就是《茉莉花》，我相信在座的没有没听过《茉莉花》的。从奥运会一直到世博会，我们都把《茉莉花》作为中华文化的一张名片在使用。中国究竟有多少首不同的《茉莉花》？有人说上百首，有人说几十首，我想几十首总是有的。

我们所能找到《茉莉花》最原始、最早的歌词，在明朝冯梦龙的《挂枝儿》当中。冯梦龙大家都知道，“三言两拍”——《喻世明言》《警世通言》《醒世恒言》《初刻拍案惊奇》《二刻拍案惊奇》的作者。这个人不但是小说家，还对中国的音乐有很大的贡献。当然孔子比他早，孔子搜集《诗经》实际上就是搜集民歌。每次有人说《诗经》是中国第一本歌集的时候，我总要纠正，说那是中国第一本歌词集，曲调没传下来，只有歌词传下来了。《诗经》中的《风》收录了15个地方的民歌。

孔夫子之后，历代都有文人关注民歌，包括南北朝时期的《木兰诗》，也是民歌。但是大规模搜集或者出版民歌集的人，那就比较少了。文人瞧不起民歌，认为那是老百姓的东西，只有雅文化才值得印成书。所以冯梦龙还是了不起，他出了两本民歌集，一本就是《挂枝儿》，还有一本是《山歌》。《山歌》搜集的都是当时苏州附近的民歌，他在《山歌》的序里有一段话，我非常欣赏，经常引用，他讲世界上但有假诗文，无假山歌。因为山歌不与诗文争名，故不屑假，没必要造假。

劳动人民唱歌没有什么名利的需要，也不是为了唱给谁听，有的歌就是唱给自己听的。因为要劳动，所以随着劳动的节奏，发自内心地就会唱一些民歌。

有许多民歌，光说许多不对，应该说有天文数字的民歌消失在时间的长河里，被风吹走了，没有人记录，没有人听到，也没有人知道。不光民歌，像阿炳的《二泉映月》，现在成为中国民族音乐的代表，西方也在演奏，有弦乐四重奏版的《二泉映月》，有管乐乐队版的《二泉映月》。阿炳靠卖艺谋生，二胡在他手里不叫乐器，是谋生工具。二胡真正成为乐器是从刘天华以后，刘天华第一个把二胡拿到北京做独奏音乐会，才使二胡从草台班子地方戏曲的伴奏中脱颖而出，成为独特的独奏乐器。

民歌《茉莉花》今天能成为中华民族的一首代表性歌曲，成为外国人听得最多的一首中国歌，得感谢冯梦龙，是他第一个把这首歌记载下来的。

到了乾隆年间，苏州的戏曲家编了一本戏曲的集子叫《缀白裘》，里面有一首《花鼓曲》的歌词和曲调基本和《茉莉花》相同。道光年间《小慧集》中的《鲜花调》则是《茉莉花》的前身。工尺谱是明清时候广泛使用的记谱方式，至今在广大农村地区的民间戏曲里还在使用。

中国的《茉莉花》为什么能闻名世界呢？因为有这么一个人，约翰·巴罗，他是当时英国驻华大使的秘书，很年轻，在中国到处乱跑。他到广州，有一个朋友把《茉莉花》唱给他听，他就用五线谱记下来写在《中国行记》当中。他也没有想到，意大利的一个作曲家普契尼，在谱写歌剧《图兰朵》的时候发现了这首中国的曲调，于是把这首曲子原封不动地写在《图兰朵》里面。普契尼于1924年去世，他去世的时候，《图兰朵》还没有写完。1926年，托斯卡尼尼，世界上非常著名的指挥家，第一次在意大利演出《图兰朵》的时候，在第三幕临近结尾时放下了指挥棒，回过头来对观众说，大师在这个地方放下了他的笔。因为《图兰朵》后面的部分是后来的作曲家续上的，就像《红楼梦》续的后四十回一样。

正因为《茉莉花》被普契尼写到《图兰朵》里面去，所以从20世纪30年代开始，这首歌在世界上成为外国人有幸能够听到的少数中国歌曲之一。这里面有一个很大的问题，我在20世纪90年代曾经写过一篇文章，现在在网上大家还能查得到，叫作《〈杜兰朵〉与〈图兰朵〉孰美》。《杜兰朵》是巴蜀鬼才魏明伦创作的一部川剧。1998年魏明伦带着川剧《杜兰朵》到北京，与张艺谋导演的意大利歌剧《图兰朵》打擂交流。我跟魏明伦说，实际上人家谁和你交流，人根本不去看。但是我专门写了一篇文章《〈杜兰朵〉与〈图兰朵〉孰美》，里面就讲到一件非常奇怪的事，所有看《图兰朵》的外国人、中国人，没有人觉得这样的故事是荒谬至极的。大家知道《图兰朵》是什么故事，所谓中国公主选女婿，必须回答她的三个谜语，答不出来的便砍头。在中国这片土地上，无论是儒释道还是普通老百姓最基本的道德，都是冤有头，债有主。中国人的确有扔彩球、扔绣球择婿这种风俗，但怎么可能会有答不出谜语来就把人砍头，杀了无数人的公主？

我奇怪什么？奇怪这样由不合情理的故事编的歌剧却在西方畅通无阻，大家都觉得好。当然，音乐本身的美会把歌剧的内容屏蔽甚至掩盖，这是西方戏曲的一个特点，尤其是芭蕾舞剧，几乎没有一部芭蕾舞剧的故事是经得起推敲的。而且芭蕾舞剧的故事太简单了，只能表现好人、坏人、男人、女人、王子、公主，非黑即白，表现不了我们的戏剧里复杂的人物形象。歌剧也是这样，人物关系极其简单，但是再简单的人物关系，也要通情理。所以我当时在文章里就问：为什么没有一个外国人觉得这样荒谬的事情不会在中国发生呢？

所以我们今天不但要有文化自信，也应该有话语权。因为迄今为止，西方人头脑里的中国人的形象，基本上是西方人塑造的。今天上午灵山大佛园区的老总跟我谈，他们要做一个跟昆曲有关的文化景观，请我做顾问。他当时问我：田老师，我们中国的音乐、中国的戏剧，在世界上有多大的影响？我沉默了一下，然后非常真实地告诉他，微乎其微。他大吃一惊，觉得怎么会这样。我说我是学音乐的，到过西方很多国家的音乐学院，我在这些音乐学院里看到有教印度音乐的，有教日本音乐的，有教印度尼西亚音乐的，但没有哪个音乐学院在教中国音乐。

是，我们知道，大音乐家耶胡迪·梅纽因的小提琴盒里放着一本《老子》，他是西方精英里的精英，而真正熟悉老子、熟悉孔子、听过中国歌曲的西方人，少之又少。我可以说在座的每个人对西方文化的了解，都要远远地超过西方主要国家里和你同样地位的人对中国文化的了解。所以西方人看这样的剧不觉得奇怪，不会提问题。他们认为中国是一个遥远的、野蛮的、不开化的国家，在那里发生什么事情都是可能的。

问题是我们不该自己跑到太庙来演这个东西。当时请张艺谋做导演，有一件很有趣的事，这个班子在演出之前，查阅了北京市9月份的气象资料，得出的结论是演出期间绝对不会下雨。结果头天晚上演出我去的时候，到那儿就开始发雨衣，因为马上就要下雨，起先小，后来大，最后根本演不了了，只能停止。而等大家走出太庙的时候，雨过天晴，以后几天的演出都是如此。所以当时大家开玩笑说，老祖宗不答应你在太庙演这样的戏。而《杜兰朵》这个戏非常好，故事情节重新编了，合情合理，歌颂人的挚情，歌颂中华文明的传统文化，但是没有人看。据说意大利人坐着飞机，花一千多美元买票来看《图兰朵》。西方人坐飞机到中国听普契尼原版的《图兰朵》，实际上我觉得是一场闹剧，唯一的作用就是让更多的人，尤其是外国人听到了中国的一首普普通通的民歌。

《茉莉花》大家都会唱，我今天想给大家放几个不同的版本，其中一个是东北的二人转，大家可能认为二人转跟大运河没关系，其实是有关系的。二人转以东北大秧歌为基础，吸收莲花落等演变而成，是由“闯东关”的人从关内带去关外的。后来在二人转的基础上，中国出现了三个新剧种，在黑龙江叫龙江剧，在吉林叫吉剧，在辽宁叫辽剧。

看到卜键我想起来了，我应该先讲一下《茉莉花》是在哪儿唱的，为什么唱。《茉莉花》实际上源于元杂剧《西厢记》中张生跳过粉皮墙和崔莺莺见面的情节。《西厢记》是中国四大名剧之一，应该说《图兰朵》的故事跟《西厢记》没有办法比。《西厢记》说的是前朝相国之女崔莺莺，因为父亲去世了，和母亲一块儿扶着灵柩回乡。在过去那个时代，当了相国也要回到故乡去安葬。中间崔莺莺和母亲住在山西的普救寺，这时候有一个书生名叫张生也在普救寺，他对崔莺莺一见钟情，夜不能寐，想尽各种办法和她见面。《西厢记》里出场的人物角色不多，除了崔莺莺、张生和老夫人外，还有一个红娘，红娘的戏份最多，是很了不起的。

张生为了见崔莺莺想尽各种办法，红娘在里面又调侃，又帮忙。红娘是一个非常善良、聪明、伶俐的女孩子，她发现崔莺莺也喜欢张生，但是因为封建传统，心里有各种顾虑，所以她在里面穿针引线。其中有一段很有意思，张生跳过了粉皮墙要去见崔莺莺，红娘本来答应让他见，结果故意关上了门，然后张生跪在门外央求红娘，说你赶快给我开门，要不然我就一跪跪到大天亮。《西厢记》有各种版本，其中都不缺一个段落，就是拷红。崔母拷问红娘，打她。红娘非常机智，把责任推到崔母身上，说是崔母言而无信在先。此前在普救寺有一拨土匪要来抢崔莺莺，当时崔母说，谁要能够退了贼军，就把崔莺莺许给谁。这时候张生站出来了，张生是一个书生，但是他有一个八拜之交的朋友白马将军。卜键兄出版了一本非常好的书，叫《将军不敢骑白马》，他从《淮南子》里找了一段没人重视的话，写了一本好书，所以我看见他就想起这段故事。张生的朋友是白马将军，所以他就修书一封，找白马将军解了围。可是老夫人又反悔了，说张生必须得进京赶考，马上就得走。红娘在里面起了非常大的作用，以至于大家对崔莺莺、张生印象不深，对红娘印象最深。红娘最后在中国的文化语境里变成了一个什么词呢？就是善良的婚姻介绍人，而不是媒婆。媒婆太难听了，红娘很好听，红娘最后变成媒婆的雅称或者代名词。

我给大家放一首二人转里的《茉莉花》，为什么放这段，因为它最有乡土味。

（播放二人转《茉莉花》）

我们知道有这样的《茉莉花》就行。河北昌黎流传的《茉莉花》是我所听过的《茉莉花》里最精彩的一个，这里面还保留着张生跳过粉皮墙的情节，保留着原始的歌词，而且改编成了合唱。现在很多人没有听过这首歌，这首歌的合唱编得很好，音乐本身也比大家熟悉的《茉莉花》更丰富精彩，而且大开大合。它里面用了唐山皮影的调子，有一段很出名的“十三嗨”，非常优美，大家听一下。

（播放河北昌黎《茉莉花》）

这段《茉莉花》真的好听，而且把故事完整地表现出来了。普契尼写的《茉莉花》，现在大家多会唱，也很不错，但是我没选，因为想听那首《茉莉花》的话，在网上随便找，起码有几十个不同的歌手演唱的视频。我今天讲大运河和民歌的关系，只能选大家最熟悉的一首歌作为例子，让大家对我们整个中国文化的版图，对文化和地理的关系，文化和河流、山川的关系有一个大致的印象。

我讲到这儿，还是很有感触。我们现在讲“四个自信”，文化自信必须有。文化自信怎么来？它不是凭空掉下来的，也不是说政治性正确就能够有文化自信，必须了解我们的传统文化。我在很多场合，包括一些很重要的场合，都讲过这样的话：传统文化和科学技术不同，科学技术可以“弯道超车”，我们大家集中全力，一年搞不出来，两年搞不出来，可以三年搞出来，而传统文化无法“弯道超车”，文化是积累下来的，知道就是知道，不知道就是不知道，你只认识三百个字的话，五百个字里有二百个字不认识，怎么继承传承传统文化？所以现在复兴传统文化，我举双手赞成，但是我也会讲，而且会再三地讲，传统文化不可能一朝一夕之间就能掌握，文化自信还是要一点点地积累才行。一个人不了解传统文化，没有传统文化积淀的话，他的文化自信就是建立在沙滩上。所以最后我希望听讲座的年轻人都能静下心来，认认真真地学习传统文化，只有学习了，只有了解了，我们才能够从传统文化当中汲取到营养，在丰富自己的同时，为我们民族的未来贡献力量，从而真正获得文化自信。

我的讲座就到这里，谢谢大家。

远集坊第二讲嘉宾合影

特邀嘉宾

卜　键　（文史学者、原国家清史纂修领导小组办公室主任）

我与田青兄相交30年，今天我不说他的学问，不说他在古典音乐、当代音乐上下的功夫和浸润之深，单说他的情感。他是一个非常重情谊的人，投注了很深的情感去了解古代文化、音乐文化、宗教文化，在很多领域浸润很深。为什么单说情感？引用钱穆先生的话说，对待我们的历史要有温情与敬意。我们现在的学术研究提倡客观，提倡不要投入感情，我觉得很荒唐，不投入感情，没有想象，什么也做不好。所以我非常佩服田青老兄，他投入了感情。我是第一次听你的讲座，但是我听过很多你主持的节目，你是原来非遗的金牌主持。冯先生讲过，跟你一块儿去德国，你主持他觉得充满自豪。为什么？他在与德国的观众、德国的学者做交流的时候，你的主持侃侃而谈，非常轻松，非常投入感情。

今天你的讲座非常打动我的一句，就是你说海量的民歌消失了，被风吹走了，没有了。幸好你的老师根据阿炳的演奏将《二泉映月》记了谱，录了音，使它得到传播。这是极其偶然又极其幸运的事。《茉莉花》是另外一个例子，一个外国人看上了它，到世界范围内传播。我原来做小说研究，所以想说说小说的例子，《金瓶梅》也好，《红楼梦》也好，都是抄本流传的，抄本流传几十年后才有了刻本，如果没有人抄写，或者抄本被烧了，我们就看不到这两部小说了。

有这些作品，作为一个今天的中国学者来讲，充满庆幸。所以我想，也要向记录这些作品的前辈致敬。我也特别想致敬田青兄，他发现并扶持宣传了一个山西盲人乐队，没有田青，就没有那个乐队的影响力。他的荣誉太多了，我认为他至高无上的荣誉是为那里的村民办实事。

我们知道，民歌说得热闹，在音乐界还是非常弱势的。真正关心他们，扶持他们，下狠心给他们做一点事情的人，很少很少，田青是一个，我致敬老兄。

主持嘉宾

张天彤 （中国音乐学院教授、博士生导师）

我是20世纪90年代末到中国音乐学院的，从1997年开始，先是进修，然后读研究生。我还是真正意义上田青老师的学生，因为我在艺术研究院读了一年的研究生课程班，当时田老师给我们授课半年。我在那个时候就认识了田老师。

后来到了中国音乐学院读硕士，那个时候传统音乐这一块有民歌、戏曲、说唱，课程量是非常重的。当时有5个老师在全校授课，我自己把5个老师所有的课都听完了，而且每一个老师的课都听了5轮以上，因为后来毕业留校了。我们这门课开得非常好，好到有一位留校的老师说，他在研究生期间，民歌的谱子可以堆很高，就说明这门课的课时量很充足，学的曲目量也非常大。

但是我自己在学校教民歌课，我觉得我能讲能唱，研究得也还可以，上课是没有问题的，而且我是学师范出身的，非常注意课堂的教学讲授方法，想尽了一切办法，希望让同学们喜欢上民歌，但就是很难让他们真的去跟民歌走到一起，他们面对民歌的时候，特别冷漠。我私下里经常跟同学们交流，他们说民歌唱法不好听，还是美声唱法好听，还是西方音乐好听，大部分学生是这样认为的。我在选课时很尴尬，因为不满十个人选课就开不了课，我已经使出浑身解数，觉得尽力了。同学们说，老师不是你讲得不好，是我们确实不喜欢，曲艺和戏曲更不喜欢，一学期学一个唱段很费劲。我理解，作为一个中国人从小没有建立起来自己音乐母语的思维观念，所以对民族音乐没有感情。加上整个社会、国际形势的西化，所以学生们以西方音乐为美，审美上有很大偏差。

在田青老师的精神的感召下，我这些年以来一直做的事情，是利用第二课堂的机会，源源不断地把民歌传承人请到学校，与学生面对面地口传心授。不但要一句一句教唱，还要讲民歌的故事、民歌的特点，让学生与民歌有近距离的感性的接触。学生们慢慢地模仿学习，时间长了会从中发现民歌的韵味美、方言美、形式美等各种美感，就会有一批学生成为喜欢民歌的队伍里的一员。

一代人有一代人的责任。虽然没有正式投到田老师的名下，但田老师是我心中真正的老师，他的精神、他的行为、他的理念，都在引领和感召着我。我就沿着田老师的足迹一步一步往前走，能尽到我的责任就好。

补充一句，这里面可能有一个问题：依赖过去传统的生产生活方式产生的民歌，今天还有存在的必要吗？当然有，刚才田青老师都给我们回答了。但是一代人有一代人的审美，当代人怎么才能把传统的东西跟现代舞台的呈现手段有机地结合到一起，使其成为传统与现代文化完美结合的艺术品，让大家去欣赏，这是当代艺术工作者的一个责任，我们应该在这个方面多动动脑筋。

远征坊

第三讲

数字内容高峰论坛

主讲嘉宾

丁　磊　　龚　宇　　程　武　　李　岩　　张凌云
阮　瑜　　黄　强　　童之磊　　樊　登

主持嘉宾

阎晓宏

特邀嘉宾

阎崇年　　朱永新　　王秦丰　　陈　因　　任启亮
谢广才　　刘恒甫　　王　旗　　于慈珂　　孙　悦

构建版权发展新格局，推动中国数字音乐产业走向世界

丁磊 （网易公司董事局主席兼首席执行官）

数字音乐，一直是我们非常关注的领域。最近几年，有很多人说听歌难，因为要换着不同的软件来听；也有人说现在的歌很难听，骂华语乐坛倒退了20年。这里面原因很多，但大部分都可以归结为一个：这几年的版权交易环境确实比较恶劣。

过去近10年，中国数字音乐版权走了很多弯路，也付出了很大代价。在产业内，大量的资源和重心，都被放在打版权价格战上。一些海外的版权贸易方，利用中国一些市场机制的不健全，漫天要价。独家版权、高额保底金这些潜规则的出现，导致整个行业的版权成本在过去的8年时间里涨了超过150倍，几乎是全世界最贵的。

在这种背景下，中国的音乐平台每年都有几十亿元的亏损，很多平台干不下去，倒了一批。整个产业创造的效益，每年以百亿元的规模在往外流，基本是在给外国的版权贸易方打工。留给国内扶持自己原创音乐人的资金，每年还不到5个亿，这非常不利于整个国家音乐产业的发展。

其实，版权不应该是地上的韭菜，想割就割，而应该像沙漠里的防护林，越守护越茂密。所以，今天我们一方面非常感谢中国版权协会，作为一个桥梁，一直在积极推动各方解决版权的问题。另一方面，我们也非常期望协会继续发挥价值，加速重建一个更有利于人民、有利于国家未来的版权保护的新秩序。这里可以从两个方面来做努力：

一是建立一个公平、合理、与国际接轨的版权交易和分配机制。

遵循国际通用的规则，明确定价机制，画一条产业经营的底线，让版权价值的决定权真正回到用户手里。这个问题不容易解决，但我们希望行业可以自己逼自己一把，真正清扫眼前的障碍。

对平台来说，首先是要让数据公开。像视频平台一样，一个视频有多少播放量、创作者有多少收益，要一清二楚地公开出来。其次，版权方作为权利源头，也有义务主动提供权利完整、明确的作品目录，让版权的链条更清晰。

二是要把更多的投入、更多的精力放在人才的培育上，而不是采摘上，创造一个可以让多数人获利的产业空间。

2013年，网易云音乐刚成立时，中国独立音乐人还不到10万人。2021年，这个数据估计已经超过了80万。我们希望，到2025年，中国可以有200万音乐人，音乐产业的盘子可以比现在更大。

但音乐毕竟是人的产业、创意的产业，要搞定有创造力、有积极性的人往往是最难的。在这方面，我们认为，除了提供音乐人创作支持，更重要的是要适当地让利，用真金白银去驱动和激励中国音乐的创作人，“用爱发电”只能让一个产业的发展处在初级阶段。网易云音乐2021年把全部广告收入纳入了分成，分给了不同音乐人，正是希望做个表率。我们相信，投入更多，就会结更多果子，这是老办法，但有用。

以上是我今天的简单分享。也很期待大家借这个论坛，提出问题，解决问题，进一步革新，让中国数字内容产业加速走向世界，谢谢！

影视数字内容的发展模式思考

龚宇 （爱奇艺创始人、首席执行官）

这几年科学技术在数字内容方面的应用和发展，更加清晰、更加深刻地影响了我们这个行业。我们现在讨论的是数字技术和内容产业之间的关系，当然对我来讲，把内容产业缩小到更小的范围就是影视内容。我是清华毕业的，学的理工科，没想到变成了文艺工作者。这证明了一点：科学技术的创新对我们日常生活的方方面面产生了越来越深刻的影响。这种影响落实到我从事的影视行业，主要是线上影视行业，可能会带来很多新的发展趋势。我没有能力全部系统地介绍完，只能介绍四点。

在具体介绍前，我们先来看看什么样的技术对我们影视行业未来的影响比较大。咱们分两个层次讲，第一个层次是基础性的技术创新，但是其历史并不新。比如互联网才50多年历史，而人工智能这个概念的诞生远远超过50年历史，但是有了深度学习的算法以后，人工智能才于2017年焕发了青春，人工智能技术才大规模普及到我们的生活中。所以很多技术创新都是螺旋式上升的。最近几年中国建成了全世界最大的5G网络，我想从美国政府对中国的态度就能看出，这件事对国民经济、对实现中华民族伟大复兴有多大的意义，5G也是基础性的技术创新。

在这种基础性的技术创新之上，有一些综合性的、跟产业更加密切相关的概念或技术架构也诞生了。我特别不愿意说的一个词叫“元宇宙”，因为它有很大争议，证监会都给上市公司发出警告，不能把这个概念用在业务规划上。

但是客观来说，它实实在在地会影响我们未来的生活，特别是跟视频、影视相关的产业。后面我争取基本不提元宇宙，最后再提一次，这个技术性的概念包括什么样的技术呢？包括区块链。大家可能有误解，提起区块链就想到虚拟货币。其实区块链更多是一个技术，关注区块链的人无非来自两个圈，一个币圈，一个链圈。链圈具有不可篡改的特性，对于数字内容版权的保护至关重要。我们可以通过法律、行政的手段去保护版权，而从技术上对数字内容进行保护，区块链技术是非常坚实、人为无法破坏的。所以区块链技术无疑是元宇宙的基础。

在区块链技术的基础之上诞生了非同质化代币（Non-Fungible Token，简称NFT）、数字藏品。其实数字藏品只是NFT的一个应用。区块链技术上的虚拟币都可以进行交换，没有差别，但是NFT有差别，看上去相同的一张画，NFT不同，就是不同的画。这些基础技术构成了元宇宙未来严重影响行业的基础。

接下来具体介绍四个新的发展趋势：

第一，随着技术的深入应用，影视行业线下与线上的第二次融合开始了。大概20年前，简单地把影视内容搬到互联网上播放，这是第一次融合。而未来将更深刻地影响整个产业模式，甚至诞生新的产业的第二次线下与线上的融合开始了。我举个例子，我们学校一个师兄最近做了一件事，他花了200多万美金，买了68幅毕加索的画，转成NFT的独家权利，永久的，就是这68幅画以后不能再转成NFT了。他将每幅画复制了1万份，68幅画做成一个套装卖1万元人民币，还送一个8K分辨率的屏幕。用户购买以后，就能拥有一个大的屏幕和这个数字套装的产品版权，这个大屏挂在家里，可以随时翻看名画。

我不知道大家理解没有，其实他是把线下的古老的商业模式移植到了线上。这是收藏品里面的一个应用，但我相信影视也是一样的。不管是中国还是外国的名导演，已经在做这方面的小规模尝试，把大家买不起的艺术品进行切分，保证其真实性和某种程度的高价值，让普通老百姓也能欣赏到这种艺术品。

第二，影视、游戏原来是两个行业，随着技术发展，二者的界限模糊了，影视、游戏、社交完全融合在一起。举个例子，拍一部大片用到的技术和制作一款游戏用到的技术没什么差别，都要使用游戏引擎。同样的技术，一边是开发电影，一边是开发游戏，会产生什么样的效果呢？比如我跟另外两个哥们儿一起看电影，中途兴趣来了，想转成游戏模式，就可以戴一副眼镜或者一个头盔，挑选电影中的三个角色，每个人代表一个角色，现在屏幕上电影里面的三个角色虽然长相还是原来的演员，行动却由屏幕外的我们来操控。操控角色完成接下来的所有情节，录下来简单剪辑一下，一部新电影就产生了，让人完全分不清电影和游戏的界限。这个过程中三个人通过虚拟现实互动，本身就带有社交属性。人类的想象力是无限的，比我更好的创意可能还有100个。

第三，数字技术的应用重心，在影视行业会逐渐从内容分发转移到内容制作。当然，未来数字技术的创新，在内容分发上也会有变化，但是重心在内容制作方面。为什么？因为有很多市场硬性的需求。比如说我跟程武，他们有优秀的创作团队，但是都遇到一个困难，就是文艺作品的质量特别不可控，尤其是影视作品。如果我们每年其他剧都不播，只播四部《人世间》这种好剧，爱奇艺是发财了，但是做不到。我们得制作、播出一二十部特烂的剧，并不是愿意播出烂剧，而是作品创作周期太长，三年前找编剧创作剧本或者买本小说找编剧改编时，我们认为个个都是《人世间》，结果越来越差，但是已经上了贼船下不来了，下来以后损失更大。而且谁能在一开始就准确预判影视作品的播放量？甚至播出前都不能判断这是不是超S级的作品。这是文艺创作的特点。但是我们使用人工智能、大数据，就能降低这种失败的概率。机器不会比人更聪明，但在处理复杂数据时比人更靠谱。把这种烂剧去掉一部分，是智能制作的重要功能。这个是数字技术创新在制作方面的应用。

我是学自动化的，30年前中国的制造业也像作坊一样，使用计算机集成制造系统，所有生产设备的状态、物料的状态等都显示在局域网上。影视制作也是一样，把所有素材都上传到网上，就是所谓的云制作，这样信息全部透明，全部是集成的，效率一定高，成本一定会下来。数字技术在影视制作方面还有很多应用，可以大量减少重复、简单的工作，比如动画片一秒十帧需要涂色，由机器人来涂就行了；比如真人秀综艺的后期剪辑，一期几百个小时的素材，最后播出的时候就一个半小时，工作量巨大。可以由机器先干简单的活，留下十几个小时给人最后剪辑。机器能做简单重复的工作，又有一定的智能。现在的机器可以边学习边干一些有一定程度智能的工作。

第四，就是所谓的DtoC模式未来影响会更大。现在程武那里把剧本甚至是成片给我，由我们来判断哪个好、多少钱、哪个要、哪个不要。这是一个BtoC的模式，这种商业模式不够健康，应该由内容提供者直接面对消费者，而不是由我们中间的采购人员来决定。我们采购人员就那么一二十个人，却要帮千千万万的消费者来做判断，哪怕他们非常公正、专业水平很高，但是也代表不了千千万万的消费者。所以更需要内容创作者通过有效的手段，直接知道消费者、观众、用户的需求，然后把作品直接转向给他们。以前做不到，但是随着新技术诞生，数字版权保护加上人工智能，可以让一个小的创作团队甚至个人，利用媒体平台公共服务化的特质，靠机器的帮助完成一部作品，或者在网上把各个小团队或艺术家集中起来，一起完成一部非常好的作品。这样能跟用户更贴近，虽然会承担更多的创作风险和财务风险，但是收益也会更好。

以上就是我分享的一些思考，谢谢！

守护创新，用好故事温暖人世间

程武　（腾讯集团原副总裁、阅文集团原首席执行官）

能和这么多老朋友聚在一起，很不容易。趁此机会，也非常希望能和大家有更多深入的交流，一起探索行业更好的发展。

腾讯影业和阅文影视的“时代旋律三部曲”，从《1921》的革命初心，到《人世间》的50年百姓生活变迁，再到《心居》的新时代生活百态，既有波澜壮阔的大历史，也有真实温情的小日子。三部作品，三个时间维度，三个时代命题，共同构成了中国故事的不同切面，也贯穿了中国精神的不同主线。

这几部作品上映以来，获得了积极的观众口碑。比如2022年3月收官的《人世间》，创下了央视一套黄金档收视率近八年新高，在全网各榜单稳居榜首。这样的反响，是意料之中，也是意料之外的。意料之中，是我们对梁晓声老师的这部巨作有信心，对团队有信心。意料之外的是，这部剧不仅收获了原著粉、年代粉，也收获了许多年轻人的眼泪，成为“95后”“00后”和父母一起追的剧。一些专家和媒体也开始以《人世间》为样本，分析这部剧情从1969年开始的年代剧，为什么能打动年轻人的心。

今天，我想以一个创作者的视角，和大家分享一些作品背后的小故事。四年间，从一位读者，到参与创制，《人世间》给了我许多温暖的收获，也让我对“如何讲好一个故事”有了更多切实的体会。现实题材一直是我们重点关注的内容。2018年初，团队第一次把梁晓声老师的这套三卷本“大部头”放在我面前。一开始还有些阅读压力，每到长途差旅，我就在飞机上看，前后花了一个多月，一字一句读完整部作品，每次合上书，总能在脑海里回想起一些画面。50年变迁史，细水长流的生活质地，其中蕴含的力量、厚重和温暖，深深打动了我。我和团队说，这个选题一定要做，且一定要做好，联合最优质的创作力量，全力推进影视开发。经过一个月的蹲守和争取，我们最终拿到了作品8年的影视改编权。2019年，《人世间》获得第十届茅盾文学奖。我们都很高兴，有了更大的信心，也更加感觉重任在肩。最初李路导演和我说，希望做一部伟大的作品。我也想把它做成一部能留下来的好作品。在开机前的一整年里，我们和导演开了很多会，坚定地在最大范围内给予创作支持，包括调动优秀的行业创作资源以及共同推进落实优秀的演员人选，去实现一部“能留下来的好作品”。在近四年的创作过程中，我切实看到了一群有着共同文化理想的专业创作者，如何相互激发、相互成全，向着好故事的方向一起努力。

剧本的改编经历了漫长的创作周期，从2018年底一直持续到杀青前两个月才完稿，拍摄时一直在精修。每一位演职人员都以巨大的热情，贡献了非常多的二次创作。记得最初落实选角，和雷佳音见面交谈时，他就坚定地说：“我就是周秉昆，我一定要演，我必须演。”对他来说，《人世间》就是自己父辈的生活，拍好这部作品，是给爸妈留一个念想。

拍摄中，每一场大大小小的戏，团队都不放水。有一场长白山上的戏，剧情很短，只有几个镜头。当时大雪齐腰深，还封了路，大家协调当地，用拖拉机开出一条路，结果又遇到发动机熄火，不得不下车推。但最后的镜头一出来，长白山辽阔旷远，给人和特效完全不同的震撼感。大家都觉得辛苦是值得的。

这些细节非常多。我相信，每一部能留下名字的优秀作品，都能讲出很多这样的故事。创作者的每一处真诚，观众都能看得见。

还记得我去长春探班看素材时，零下20多摄氏度，非常冷。工作室里所有人泪流满面，一群大老爷们儿刚开始看一会儿，就到处找纸巾。在创作中，首先能打动自己，让自己过得去，我们才相信这部作品能打动别人。人性的触点是相通的。

《人世间》里有一句台词，我印象非常深刻。“你们这个年纪啊，谨慎是一方面，关键是要敏锐、要热情、要有棱角。”这是剧里一位长辈对年轻人说的道理。我觉得这句话对于我们文化创作，也非常有启发意义。谨慎，构成了文化产业的科学性。它是专业的、规范的，以工业化体系去维持高效运转。《人世间》剧组最多时达到1000人。影视开发作为一种集体创作，离不开标准化的产业协作。

而敏锐、热情和棱角，构成了文化产业的艺术性。它是当下的、精神的、独特的，是创作者对于时代的敏锐共情、对于作品的真诚投入、对于创新的孜孜以求。在《人世间》的创作过程中，我看到了这些特质对于一个好故事的向上引领。我相信，任何一部深刻、有艺术和审美价值的作品，都是由这些不同切面所组成的共同体。

今天，我们谈论数字文化产业的未来，有一个基本立足点——推动更多好作品的诞生。行业的发展，是由无数好故事、无数创作者所共同驱动的。在文化产业的时代命题下，如何守护和激发创作者的敏锐、热情与棱角，共同推动中国好故事的生生不息，是产业发展的重要方向。

在这方面，我也和大家分享几点我们的实践和思考。

第一，将版权保护提升至战略高度，守护文化产业的创新根基。创作者的热情与创新力，是文化产业可持续发展的重要支点。而知识产权保护，涉及广大创作者的切身利益。

党的十八大以来，党中央把知识产权保护工作摆在更加突出的位置，取得了许多积极的成果。我们也特别能感受到主管部门对版权问题的关注和投入。阅文也一直把反盗版当作全集团的重点工作去做，包括在政策和主管部门的指导下，建立正版行业联盟、不断升级版权保护措施等，取得了一定进展。

但目前网络文学的盗版形势还是非常严峻。2021年，在阅文的监测中，仅仅10余本重点书就共计发现了超过20万个盗版站点，侵权链接达到160万条。有一部作品《深空彼岸》，在三个月里就监测到了近13万条侵权线索。网络文学的盗版治理，难点非常多。侵权方利用新技术，不断变化形式躲避监管，中小型盗版网站通过搜索引擎、浏览器入口、应用市场、社交媒体等多种渠道进行传播，盗版黑色产业链仍旧顽固。特别是作家和我们投诉，现在一些搜索引擎、浏览器的入口渠道，不仅为盗版小说提供了搜索结果的优先显示，甚至“劫持”正版用户。

作为企业，我们最痛心的，就是看到许多潜力作家因为盗版而终止写作生涯。尤其许多现实题材、小众题材的中腰部作家，他们是内容创新的中坚力量，但由于盗版，收入大大降低，甚至低到原来的十分之一，影响生计。仅阅文不完全统计，2021年因为盗版受影响的作家就达到6万名，断更的作品超万部。

作家是网络文学的生命之源，也在为整个数字文化产业不断输送优质内容。保护版权，既是保护作家的创新动力，也是保护文化产业的创意根基。

从2021年发布的数据来看，盗版已经侵占了网络文学市场超五分之一的规模，从长期来看，这事关近万亿级数字文化产业的发展基石。治理网络文学盗版是文娱领域盗版治理的关键一战。2022年，阅文正式将版权保护提升至战略高度，全面推动技术升级、法务升级，以科技向善助力行业可持续健康发展，把技术实实在在应用在正向领域。我们将投入十倍人力，不惜一切代价打赢反盗版攻坚战，也非常希望主管部门对网络文学侵权盗版进行集中整治，呼吁行业同人能共同参与到对盗版的打击中。

第二，加大现实题材创作扶持，从时代共振中培育好故事。从时代和人民中汲取灵感，是新时代文化产业重要的精神旨归。每一部能引发社会共鸣的作品，都对当前的时代命题做出了深刻的思考，能够与当下大众情感形成呼应与自洽。鼓励创作者回应时代、触摸社会，也是阅文一直推广的创作理念。观众能够透过周家人的生活变迁，在《人世间》里感受相互扶持的道义与温暖；也能透过“房子”，在《心居》里感知普通人的努力奋斗和对美好生活的渴望。在“时代旋律三部曲”之外，近年来我们也持续输出了一系列现实题材精品，比如《你好，李焕英》《叛逆者》《流金岁月》等，都获得了积极的用户口碑。

在网络文学领域，我们从2015年起，连续举办了五届现实题材征文大赛，推出了6万多部承载时代精神风貌的优秀作品。在平台的持续扶持和推动下，2021年，现实题材作品已经成为阅文增长最快的品类之一。

第三，推动IP生态出海，让更多中国好故事走向全球。在《人世间》开拍后不久，迪士尼就购买了作品的海外播放权。我和团队反复斟酌，把英文名敲定为*A Lifelong Journey*，既体现时空跨度之广，又暗含人生旅途之意。透过中国式温情，我们希望让海外观众也看到，中国老百姓用50年的坚忍、努力与奋斗，创造了一个全新的时代。

多年来，阅文持续以多元化的IP形态，推动中国故事和中国文化走向全球。截至2021年底，阅文海外阅读品牌WebNovel已经向海外用户提供了约2100部中文翻译作品和约37万部当地原创作品。许多IP改编作品包括《庆余年》《赘婿》等影视剧、《全职高手》《斗罗大陆》等动漫作品，在海外也受到了许多观众的欢迎。2021年，就有韩国本土电视台购买了《赘婿》的韩版影视改编权。在IP生态化出海之下，网络文学已经成为中国文化产业出海最主要的IP源头之一。2021年，阅文连续四届入选国家文化出口重点企业名单。这也是对我们的一个认可。

如何以中国好故事连接用户、连接时代、连接世界，是数字文化产业的长期课题。阅文的使命是“让好故事生生不息”。接下来，我们也希望继续以扎实的作品、开放的协作，把更多“丰富生活、温暖人心、感动人性”的好故事，传递给大家。

2022年，“丰富人民群众精神文化生活”再一次写进政府工作报告，其中特别提及互联网内容建设和优质文化供给。对于数字文化产业来说，满足人民日益增长的精神文化需求，是行业的重要立足点，具有广阔的价值空间。阅文也将深入探索，以精品供给、数字阅读和多元文艺形态，全面融入精神文化建设的社会趋势之下。谢谢大家。

以融合出版为全民提供知识服务

李岩 （中国出版传媒股份有限公司原董事、总经理）

刚才几位更多是从新技术角度为文化赋能，为文化内容增添光彩。我做传统出版30多年，主要讲讲出版本身如何跳出界限，努力拓展，为发展插上更好的翅膀。

我一直是做传统出版的，以前有机会在这里给大家做了一次交流，讲的是传统古籍如何实现数字转型。今天从我的工作、分管的业务，谈谈中国出版集团围绕知识服务方面做的一些工作。

知识服务是出版企业实现数字化转型的重要路径，应该说我们集团这两年在这方面还是做了一些努力、实践和尝试。

集团旗下有一些知名的出版企业，资格最老的出版社大部分都在我们旗下，商务印书馆有128年历史，中华书局是113年，三联书店是93年，还有一家企业荣宝斋有350多年历史。刚才我听程总他们讲到的东西，对于荣宝斋今后的发展有一些启发。还有一些“人”字开头的出版社，包括人民文学、人民美术和人民音乐，都有比较悠久的历史。有这样一个特点，所以我们在出版的资源积累上，抓住一些机遇，努力拓展，在内容平台、资本渠道的融合方面有一些不成熟的发展，在古籍网等方面也构建了一些体系。古籍数字化项目建设是我在中华书局时开始谋划的，2015年对外公布，发展得很快。籍合网于2018年正式运营，现在也得到了国家的很多认可，中央领导非常关注这个项目，它是中国传统的标准本古籍最大的文献集合平台。

商务印书馆主要围绕24种工具书打造线上版，如《新华字典》App已经超过了6000万个用户，日活跃用户50万个。包括《现代汉语词典》《牛津高阶英汉双解词典》在内的其他20多部工具书也在建立相关的知识库。

《中国大百科全书》的一版、二版大家都知道，是很多人案头必备的书。第三版从2014年启动以后，由中国大百科全书出版社开始做网络版，现在发布了一些相关成果，后续的工作任务非常繁重。现在由3万多名专家、学者组成总编委会，1000多名专职和兼职人员参与审稿。未来这将是一个比较权威的、重大的国家级知识服务平台。

中国出版集团的出版物主要有两类，一类是专业出版物，包括一些重要的专业书籍、关于传统国学的著作等；另一类是大众出版物，在大众出版领域，我们也有一些新的探索。作家资源方面有一个叫“三联中读”的App，还做了几个有影响力的活动，最有名的就是“我们为什么爱宋朝”，引领了研究的风尚，有一段时期关于宋代的影视作品非常火。

这种内容全产业链开发成为我们重要的商业模式。过去由于各家出版单位的专业分工不同，单方面的追求成就了各出版机构的品牌竞争力和权威性，经常读书的人会知道哪些类型的书是哪个出版社做得最好。专业分工使一些出版机构形成自己独特的品牌，这个品牌是核心竞争力。我们的目标就是要把重要的核心资源不断地努力转化，通过有效的媒体形式来传播，提供给更多的读者。通过有效的媒体形式来传播，这是我们出版人的一种使命担当。

我想专门提一下几个创始人讲过的话。中华书局的创办人陆费逵说：我们书业虽然是较小的行业，但是与国家社会的关系，却比任何行业为大。商务印书馆早期创始人张元济联语：数百年旧家无非积德，第一件好事还是读书。现在放在中国出版集团的一楼大厅里。三联书店创始人邹韬奋题写店训：竭诚为读者服务。三联书店2022年的店庆宗旨也是想凸现邹韬奋先生的这句话。历史学家陈寅恪有诗句：吾侪所学关天意，并世相知妒道真。道出了我们当代出版人承担使命的重要性。

我还想讲两点，一是考古学有什么作用。2021年中央领导在一本书上连续有重要批示，这本书叫《史前的现代化：从狩猎采集到农业起源》。中央领导为什么高度关注考古学，就是要解决文明源头问题和文明持续发展的问题。

由于领导高度关注、学者共同努力，现在考古学成了一门显学，很多人在关注。我们想请考古学家举办讲座，但他们都很忙，没有时间。有位考古学家讲了一句话，对我们认知考古学很有启发：考古学是文化的传承者。中华文明之所以能够生生不息，正因为文化持续不断地传承。考古学旨在根据古代人类各种活动遗留下来的物质资料，研究人类古代社会的历史。从这个意义上开展中华文明的探源，把历史和现实贯穿起来，可以让考古学服务于当代中国的文化建设。我们一直觉得考古学离我们非常远，其实它离当今社会很近，这个对我们有启发。

二是版权的价值。刚才前面几位先生都讲到了对于版权的认知，无论是数字出版领域，还是融合发展领域，所有与人类知识成果的传承和传播相关的领域都与版权紧密关联。版权的价值力量需要我们重新认知，通过对文化功能、作用、贡献的深刻理解来实现。阎晓宏理事长经历了各类版权的实践过程，对我们很有启发。我们要尊重劳动，尊重知识，尊重人才，尊重创造。在这个基础上，才能有更多的人有效地传承和发扬文化，使真正的文化为我们社会大众所用。我们现在正以融合出版为路径和传播模式，以为全民提供知识服务作为切入点，行进在实现中华民族伟大复兴的漫漫征途上。

文字阅读的视频表达和创作

张凌云　（掌阅科技创始人）

这几年，无论是长视频还是短视频，对数字文化产业的影响都非常大，而且占据了大量的用户时长。我们有一个小团队在阅读和视频这两件看起来没有那么相关的事情上做了一点探索，今天我花10分钟左右的时间跟大家报告，请大家批评指正。

首先我们在2019年选了一个人作为营销核心，因为我们觉得传播有一个生动、立体、鲜活的人是最重要的，正好也有这样一个员工比较合适，就是都靓。我们以都靓为核心创造了一个分享好书的账号，入驻了抖音、快手等视频平台，主要定位就是分享好书、诗词，后来衍生到生活方式。账号从开始运营到现在发布了1000多条短视频，涵盖了很多社科类的经典，还有诗词等，全网粉丝超过了3600万人，视频播放量30亿次，产生了很多爆款视频。

第一种内容形态，是一分钟推荐一本书，通过讲金句的方式，让大家快速记住一本书。这种是极短的短视频。

第二种内容形态，是通过中长视频做深度的人物专访，探寻作家和图书背后的故事。如“许渊冲——百岁不孤独”“刘慈欣——三体之外”“阎连科——纪录被时代忽略的她们”“李开复——机器的温度”“冯唐——上山下山”“周晓枫——温和的力量”。

第三种形态就是文学乡愁系列，挖掘作品背后的故事，探寻文学的故乡，用视频讲述文字无法表达的故事。如北京与幽州、杭州与古城临安、开封与繁华如水的汴梁、合肥与庐州、西安与长安、南京与金陵，把文字背后的力量用视频的方式表现出来。

爆款视频有什么共性特征呢？我们把这1000多条短视频一条一条地看下来，很清晰地看到一些变化，看到一些“Z世代”的审美趋向。我们首先要理解“Z世代”，再做他们喜欢的内容。

接下来看几个例子。第一个是情绪价值，内容产品需要给今天的年轻人提供极强的情绪价值。一家做盲盒的公司为什么能够火起来？年轻人买的是期待，他们愿意为自己的情绪买单，“悦己”“减压”“治愈”是关键词。

我们跟读客合作推广了莫言老师的《生死疲劳》，以“精神内耗”这个点来切入，引发了年轻人的共鸣，他们觉得被理解了，被提供了情绪价值。一条短视频，单是抖音这一个渠道，就收获了30多万人次的互动，卖掉了4万多本纸书。

2020年，“内卷”这个词流行起来了，这本来是一个社会学的专业术语，被年轻人拿来用在工作环境中，比喻为职场竞争导致努力的“通货膨胀”。随之而来的就是“反内卷”。目前在公司的年轻人中流行着一套办公用品——反焦虑套装，非常有意思。

这些行为背后其实代表着这一代人的思维方式，也就是我要讲的第二点——解构，对内容的解构，对工作的解构，甚至是对人生的解构。他们反对焦虑，不迷信权威，去中心化，更独立，强调每个人作为个体的感受和思考。

所以我们做的视频内容想要吸引更多年轻人，也需要解构。我们把口播形式升级为演绎模式，把文学经典融入更接地气的音画表达，开发了民国系列、诗词江湖系列等，从书聚焦到书里的人，再到作家、诗人，演绎文学领域的大师作为普通人的一面。比如，如何用“古龙风”去餐厅点餐，“诗仙”李白的委屈瞬间，民国大师们是如何撑人的。

我们用解构的思路做了一期《与妻书》的讲解，聚焦革命英雄作为普通人的一面。这条视频当晚就成了一个爆款，全网播放量超过4000万次，互动量有100多万人次。我们看到，原来红色故事背景下的主旋律题材，用对了方式，也能在新媒体平台引发年轻人的思考和感悟。我们看到很多经典和红色文化，真的可以被今天的人所理解，只是要看我们用怎样的方式去表达、去呈现。

第三是强调自我，爱好多元。这代人的爱好是五花八门的。前几天看到一条热搜叫“这届年轻人为何热衷‘摆地摊’”。“ego”这个词现在很火，这一代人是很强调自我的，对于成功的判断标准很多元。

线上也呈现同样的内容审美趋势，兴趣领域被做了更加垂直的细分。2021年我们推荐了一本书，叫《东晋门阀政治》，是一本相对小众的书。视频发出来之后，当天晚上就突破了100万次的播放量，有2万多人在讨论、分享，直接带来了近2000本的销售转化。如果说互联网是一片大森林，每个人的兴趣爱好就像萤火虫，再小众都会在这片森林里发现同类。我们认为小众的领域，一样可以去吸引那部分受众。

第四是传统文化的复兴。2020年的时候，我们发现用户对于视频化的阅读内容有一个明显的迭代，大家需要更强的获得感。当时想着内容要做得更扎实一点，更优雅一点，知识承载度要更高。具体怎么做呢？就是讲故事，讲更加生动的故事。我们又开发了新的讲文人墨客故事的账号——都靓的1001页。2020年10月17日，这个账号发布了第一条视频《钗头凤》，发布第二天就突破了1000万次的播放量，接近百万个点赞。

在这个过程中，我们发现现在的年轻人是真心热爱，也愿意讨论中国传统文化的。从河南卫视春晚的《唐宫夜宴》，到B站的《舞千年》、央视春晚的《只此青绿》，都出圈了。

我们也想着要用更贴近年轻人的表现手法，把我们文化自信的骄傲点做出来。带着这份感悟，我们又做了《洛神赋》、中国式浪漫等与传统文化相关的视频，播放量都超过了2000万次。

一直以来，我们使用的色彩体系和标准，都是从西方引进的。有一本书叫作《中国传统色：故宫里的色彩美学》，作者郭浩老师给颜色创造了一套中国式的命名方法，它们有的来自文人墨客的诗句文章，有的出自古代器物绘画。他就像一个翻译家，串联起历史、民族自豪和我们每天都能看到的色彩。

我们很喜欢这本书，围绕它做了很多条视频，根据二十四节气、七十二物候提取了独属于中国的颜色，然后把它视频化。比如现在是春天，对应的物候是“夜月一帘幽梦，春风十里柔情”。春天的颜色在书里叫“黄白游”，这个颜色的命名来自汤显祖的“欲识金银气，多从黄白游。一生痴绝处，无梦到徽州”。这些视频的效果也都特别好。

视频让文字更加生动，调动的感官也更多，使我们能通过各种各样的形式来表现一本书的特点，“种草”力度更大，能够更好地推广阅读。互联网让阅读这件事多了“跨界”的可能，数字阅读内容和实体经济在未来会有更加深入的联结，将线上沉淀的优质数字内容融入线下艺术展、图书市集、密室逃脱、剧本杀等小规模年轻态文化活动，未来都有广阔前景。

随着“全民阅读”的深入推进，我们有各种大型的全民阅读活动、阅读季、线下书屋，线上与阅读相关的视频、电子书、读书社群都是小型的阅读活动，阅读这件事变得更时尚了。我们看到跟阅读相关的行为越来越多，比如说小红书App，以前是一个分享美妆、穿搭的平台，现在也出现了越来越多的读书笔记、读书手账、读书博主，看书这件事慢慢变得时尚起来。

未来我们会继续去生产区分深度阅读和娱乐性阅读的数字文化产品。

针对碎片化阅读习惯，策划“轻知识计划”，继续创作以中短视频为主的系列内容，将文学经典、科普知识、生活美学生动有趣地呈现。同时解决大家“不知道看什么书”的现实问题，在有限的时间面前，任何取舍都是一种博弈。在前期把一本书的亮点、特点、阅读时可能会遇到的问题全面地展示给大家，我们的短视频最终还是希望引导大家去看图书本身。

未来，我们会把阅读与视频更生动地结合，同时继续探索如何把线上的优质数字内容与线下的文化活动相融合，融入实体经济，深入推进“全民阅读”。

探索百科数字内容的新发展

阮瑜　（百度副总裁，百度百科、百度网盘原总经理）

非常高兴有这个机会和大家一起探讨数字内容的现在和未来。知识是人类历史的宝藏，人类文明的载体发生了很多演变，百科其实是整个知识内容进化的缩影。今天我想以百科的互联网内容作为一个很小的切口，跟大家分享一下我的思考和感悟。

互联网领域里面实际上有一个划分，以2004年为节点，在此之前是Web1.0时代，之后进入Web2.0时代。二者最大的区别在于1.0时代是用户单向阅读，2.0时代是可编可写。Web2.0最核心的精神，就是开放和共享。百度百科上线以后，这种协作造成了百科全书词条量的爆发。截至今天，百度百科共有2500万个词条，超过2亿个版本，有750万个词条来自五湖四海用户的线上编辑。这些内容如果变成传统的纸张，要堆十多个足球场才能放满。线上百科全书造成了知识大爆发，许多有意思的网络热词在网上应运而生。

给大家看一个视频，其中讲到了我们做百科的理念。（播放视频）

让更多用户参与到互联网线上的百科协作机制，通过海量用户的编辑去完善线上词条，使知识自我迭代和更新，尽可能接近其本来面貌，以及让更多的人在互联网时代，在线上记录着当下每时每刻的发生。

我们在做互联网线上百科时也会遇到很多问题，跟线下传统的百科全书来比，会遭到很多权威性上的质疑。在Web2.0场景下，有非常多的权威专家、科学家和求索的大学生参与到了线上百科全书的编辑中。

在Web2.0的基础上，交互形态发生了非常多的改变，基本每五年都会有一个迭代。最近这五年一个显著的变化，就是视频化的内容越来越多，百度百科也从最早2006年上线时的纯图文形态，逐步演化到视频形态。2016年我带领团队一起做了秒懂百科，当时互联网环境下的视频还是PPT式的视频，而现在海量优质的传统创作者加入了线上优质权威的视频内容的生产。我们现在也在打造一些硬核类产品，请了大自然保护协会科学部的主任一起去做像纪录片一样权威的科普类视频。把视频做得越来越深入浅出，让小朋友们、网民们更容易看到，更容易理解，也就具有了长期的科普价值。

随着技术不断发展，我们也看到很多人工智能、知识图谱的技术开始在互联网上产生作用。在百科领域下，一个显著的技术特征就是内容越来越结构化，单个词条会由点连成线、面、体。以帝王知识图谱为例，这是基于百度后面庞大的知识图谱体系，利用自然语言的处理和加工，加上专家的校对，构建的线上体系化知识网络。通过线上一个个点线的连接，大家能够便捷地知道各个知识点之间的关联。

大家都在说Web3.0时代很快就要来了，它会以什么面貌出现在我们面前，没有一个统一答案。我理解的Web3.0一定伴随着技术的不断革新。技术作为生产力能够推动整个数字内容不断向前发展，充分地释放线上的生产力，让整个行业的生态越来越繁荣，从而带动数字经济的发展。

很多基础技术是在不断变化和演进的，数字内容领域很关键的一个技术就是区块链技术。刚才龚老师也提到过，区块链技术之所以被看得这么重要，是因为区块链能够从生产者生产数字内容到确权流通的全过程，保护生产者的利益。在整个技术进步往前推动的过程中，不管是沉浸式体验、新的交互形态，还是线上的大规模数据在云上和云下的传输，都离不开基础技术，包括5G、6G技术的突破。

未来的百科产品，可能会衍生一些新的变化和玩法，会有新的交互形态。百科3.0也许会提供全沉浸式的学习体验，你在进入百科词条以后可以跟人物产生互动，包括沟通，甚至饮酒互动等。当然，这个还是比较远的，需要技术的不断突破。

基于现在的技术，能够把内容做成沉浸式的。这里有两个例子：一是2019年4月，巴黎圣母院发生火灾，损坏严重。百科博物馆联动巴黎圣母院，利用原来线上已经沉寂的数字资料，于20小时内上线了巴黎圣母院全景图，让巴黎圣母院在AR技术中一比一重生了，全景图中甚至可以看到玫瑰花形的玻璃花窗。二是通过历史文献和老照片，一比一复原了西南联大校舍的3D高精度数字化模型，可以让人身临其境地感受到当时艰苦的学习环境，以及西南联大师生坚毅卓绝的学习精神。现在的技术能够复原已经消失的文物，人们通过网络就可以便捷地看到。

这种高价值的数字内容，不是完全依赖一家或者几家机构就能完成的，需要社会上海量用户的力量，才能使它逐步繁荣。区块链作为一个生态加速器，在里面起到非常重要的作用。

数字化内容的确权现在也是相对比较难的，如果上了链以后可以想办法把内容的收益分配去中心化，使区块链本身作为一个比较好的平台更好地分配内容的收益，让所有生产者所生产的数字内容变成数字资产，就能够确权、溯源、流通。

在百科场景下已经有特别多的区块链使用场景，下面举三个例子：一是现在百科的所有内容都是上了区块链的，每个版本是谁编辑的，都有对应的区块链。二是博物馆计划，我们跟非常多的博物馆合作，把原来的文物上链，做好确权保护。三是我们跟很多工艺机构合作，为了让濒危动物得到更好的保护，一起发了数字藏品。大家可以免费领取，只要承诺领取后能在濒危动物保护上贡献一份力量，这些数字藏品是非常火热的。我们希望通过这个概念本身让大家更加关注公益，关注动物保护。

另外一个场景的应用就是知识展馆，我们构想的百科3.0下的知识内容更多是在线上以知识展馆形式呈现的，可以与用户交互。把线上所有词条的图文、音频都整合到知识展馆里，用户可以全流程点击，跟展馆做充分的互动，360度全景浏览打破了地域的限制。因为有5G和企业云部署技术，用户不用单独下载App，直接在网上就可以浏览，并达到原生App的浏览速度。

未来我们很快就会把知识展馆的AI开放出来，让更多的企业、机构、专家一起参与进来，把线上的深度玩法做出来，真正让更多人在玩展馆时获得知识。这也是互联网技术在科普、宣传数字内容上的一个重大贡献。

面向未来，在这么好的平台下，我们会传播更多优质数字内容，做好科普，让网友们更好地成长。

关于教育出版融合发展的几点感想

黄强 （人民教育出版社党委书记、社长）

各位领导，各位嘉宾，很高兴来到远集坊参加数字内容高峰论坛，就相关问题向大家学习。

人民教育出版社作为教育出版的国家队、主力军，在应用信息技术助力教育出版转型升级方面进行了积极探索。

1983年我们被批准给教材配磁带、音像制品。1999年成立了电子音像出版社，实现了音像制品的系列化和规模化。2012年成立了人教数字出版有限公司，在数字出版领域进行专职、专业、专注的探索。2017年，原国家新闻出版广电总局的出版融合发展人教社重点实验室挂牌。2021年，人教社数字出版技术和标准实验室获得国家新闻出版署的批准。我们从最初的磁带、录音带、录像带到音视频、多媒体光盘、网络版和移动端的数字出版物，围绕中小学教材逐步建立起了立体化的配套资源和产品体系，内容涵盖了中小学的全学段、全学科，形成了全方位、规模化的融合发展格局。

自新冠疫情发生以来，我们积极响应教育部的号召，把600多个品种的教材和教师用书的电子版免费放到网上，让老师和学生去学习，还有一系列的教学资源，支持了世界上规模最大的在线教育。

2022年以来，教育部深入推进数字教育战略化行动，人教社以丰富的数字资源和热诚的服务积极参与其中。我们在探索教育出版数字化的过程中，在基础教育数字化上给予了大量的投入，也取得了一些成绩。疫情以来在线教育的迅猛发展和教育部推进教育数字化战略行动中教育部部长的一系列讲话和要求，让我们不断地思索。

在座的好多嘉宾都是数字产业公司的老总，我们传统出版的想法在内部谈谈还是可以的，要在这里谈实在是很简陋，所以向大家请教。

第一，从相加到相融。传统媒体和新型媒体不是取代关系，而是迭代关系；不是谁主谁次，而是此长彼长；不是谁强谁弱，而是优势互补。教育发展未来之路，是纸质出版和数字出版融合发展、共生共赢之路，两者之间的关系不是谁取代谁，而是深度融合、共同发展。数字出版和传统出版共存、互补，共同为用户提供周到的服务和优质的内容。这是关于数字出版的重要判断，决定了我们采取的主要思路和研发策略。

人教社在“十三五”“十四五”期间持续将融合发展作为发展战略，加快其实施落地，加快传统媒体和新兴媒体的融合发展，使二者优势互补，从相加阶段迈向相融阶段，从你是你、我是我的状态，变成你中有我，我中有你。

第二，从传统出版思维转向互联网思维。传统出版的产品主要是图书，图书是物化的、可触摸的产品，它的文本形态是单一、便捷、清晰的，传播是单向的，即使有反馈，也是滞后的。传统出版产业链上的作者、印刷者、发行者是不同的主体，他们之间的界限是清晰的，利益是容易分割的。而数字出版不仅仅是传播文本的数字化或纸质图书的电子化，更是一种互联网的产品，不仅有文字、图片，还有音频、视频、AR、VR等各种形态，是一种立体化的超文本产品。数字出版不仅有产品，同时还有定制服务、解决方案等，集产品服务和解决方案于一体。所以数字出版的内容研发、技术呈现和传播发行是高度集成的、整合的、一体化的，它的各个生产环节是很难分割的。

传统出版的发行传播很大程度上是按照物流的规律，会受到时间和地域的限制，而数字出版利用互联网传播，具有海量传播、迅速到达、及时反馈的特点，可以实现双向或者多向的交流和互动学习。所以对我们传统出版来说，数字出版基本上就不是一种出版，它的运行理念、产品形态、生产流程、传播方式和盈利模式都不同于传统出版。不能用传统出版的思维搞数字出版，不能习惯于传统的物化的文本制作方式，不能把纸质图书的内容简单搬到网上，因为数字出版确确实实是一场革命。我们传统出版人必须解放思想，用全新的思路开创新局，充分互联互动，融合创新。

第三，从内容为王到服务至上。一直以来，内容为王是我们出版业的核心理念，这个理念本身也是正确的、很有价值的，但是随着互联网的普及、新兴媒体的广泛使用和人们学习习惯的改变，“一切皆服务”也应该引起传统出版人的高度重视。数字、在线教育的融合发展，正在颠覆着传统教育出版的内涵。如果不用数字化内容对传统内容进行优化设计和深度的加工转化，为教育教学提供更加有效的便捷服务，这些内容就失去了它应有的意义。

世界贸易组织把出版业定义为服务业，一些世界领先的出版集团已经把出版单位定义为知识、信息的服务提供商。所以我们说服务至上，首先是强调一种理念态度，我们数字教育出版就是要一心一意地为读者服务，为教育服务，这与传统的教育出版理念是一致的，但是我们要更加重视服务，提升服务水平。在数字出版领域，服务本身就是产品，提供服务是重要的商业模式，闻名世界的教育出版集团就是以服务为产品，贯穿这种理念。

我们做中小学教材，给教师和学生提供教材，以及给教师提供培训服务，这是一种传统服务。现在我们把它融合在教材出版的过程之中，我想新的数字出版产品的服务，就像我们过去的培训服务一样，跟产品是不能分割的。所以我们既要坚持内容为王，更要强调服务至上，努力提供专业化、高质量、个性化、有吸引力的服务。衡量和评价教育数字出版是否成功，就在于服务。

第四，从技术至上到应用为先。我们必须认真学习、研究、掌握和应用新技术，但是任何技术都是工具，必须为一定的目标服务。近年来在我们数字出版的实践中，存在技术至上主义的情况，为技术而技术，为数字化而数字化，或者将数字化神秘化。在融合发展方面，也存在一些畏难情况。技术只有真正被应用才能产生作用，我们不应该只追求技术设备的“高大上”，而应追求管用、够用、好用，要坚持应用为王。

我们要对“互联网+”时代深度融合背景下的课堂教学形态、教学模式、学习环境、教学评价等问题展开深入研究，打造信息技术与教育教学深度融合的新型场景，同步策划纸质教材和数字教材，配套教师用书和教辅相关的数字教材，形成多元化、高质量、可听、可练、可互动的资源体系，让传统教材活起来，真正提升教学质量和教学效果。

第五，从超前海量到适度优质。虽然我们要从长远眼光谋划未来，做事要有前瞻性，但不论从数字化发展的社会环境、教育数字化进程，还是从教育出版企业发展的现实角度来考虑，我们都没有必要去开发可能要几十年以后才用得上的产品。即使我们开发了这种产品，谁能保证随着时代的变革，到时候它还能用得上呢？还是要从实际需求出发，脚踏实地地研发，提供当下或者今后几年内能够用得上的产品和服务。这是领先半步的原则。在数字化的进程中，尤其是国有企业怕被别人说落后、保守而追赶热潮，出现“大干快上”的倾向，但是经营企业、开发产品还是务实一些比较好。虽然可以用自己的力量推动教育的数字化，但我们的推动力毕竟还是有限的。我们要研究教育变革的内生动力和内在规律，准确把握教育教学变革的步伐。

教学资源并不是越多越好，海量不如优质。有一段时间教辅图书的种类看起来非常丰富，其实都是低水平的重复，家长和学生如同陷入了汪洋大海，无所适从。现在有一些数字教育公司，把海量试题放在网上，题库是贪多求全，但没有进行切合教学实际的研究、符合教育规律的深度专业化的加工和开发，导致这样的数字出版并没有达到提高学习质量、提升教学效果的目的，仅仅是传统的题海战术在网上重演。教育数字出版要实事求是，树立“用得上方为专家，适度是最好”的理念。

有效推进教育出版融合发展，就要破除新兴媒体一定要取代传统媒体的认知，树立深度融合的发展理念，打破传统出版的惯性思维，用互联网思维开展工作。不仅要注重优质内容的打造，更要树立服务至上的理念；不仅要注重新技术、开发新产品、提供新服务，更要注重需求牵引、应用为王；既要谋划未来，又要注重适度超前，可用好用。

教育出版的融合发展过程，就是教育出版单位由单纯的内容提供商向知识服务提供商转型的过程，就其目标而言，是实现教育数字化、现代化，提高教育质量，为建设教育强国提供有力的服务和坚强的支撑。

拥抱元宇宙，开创数字内容新模式

童之磊 （中文在线董事长兼总裁）

2021年最火的词之一，就是元宇宙。1992年，尼尔·斯蒂芬森在科幻小说《雪崩》当中首次提出了元宇宙的概念，同时创造了非常重要的概念，叫作阿凡达。这两个概念奠定了元宇宙最重要的概念基础。

此后，我们在很多文学作品，尤其是影视作品当中，不断地看到了元宇宙概念的推进。比如，1999年的《黑客帝国》，2010年的《盗梦空间》，2014年的《超验骇客》，2018年的《头号玩家》，2021年的《失控玩家》，等等。看完之后，就会对元宇宙有一个初步的了解。

2021年是元宇宙发展的标志性一年，有两件事非常重要：一个是2021年3月，Roblox（一个在线游戏创作平台）在美股上市，表现非常惊人，其在招股书中首次将元宇宙这一概念带入投资者视野。二是2021年10月，全世界最大的互联网公司之一Facebook的创始人扎克伯格宣布将公司改名为“Meta”（取元宇宙英文“Metaverse”前缀），以彰显其进军元宇宙产业的决心。这是2021年上半年和下半年两次重大的事件，让元宇宙成为全世界的浪潮，所以我们可以把2021年看成元宇宙的元年。

讲了那么多，到底什么是元宇宙？今天对于元宇宙的定义是五花八门的，一千个人眼中有一千个哈姆雷特。我在此援引清华大学沈阳教授对元宇宙的定义，学者的定义更有严谨性：元宇宙是整合多种新技术而产生的新型虚实相融的互联网应用和社会形态，它基于扩展现实技术提供沉浸式体验，以及数字孪生技术生成现实世界的镜像，通过区块链搭建经济体系，将虚拟世界与现实世界在经济系统、社交系统、身份系统上密切融合，并且允许每个用户进行内容生产和编辑。

元宇宙的基本特征是沉浸式体验，这种体验远远超过此前互联网提供的所有体验。在元宇宙当中，每个人都可以创造全新的内容并且拥有它，这是Web3.0非常重要的理念。

元宇宙是一种文明形态，它有几种可能性：一是数字孪生，就是在虚拟世界中生成现实世界的镜像，创造同样的人、物品和环境。这件事今天已经看到了，比如百度的AR导航，就是一次数字孪生。今天在很多景区看到的数字景区，也是这种方式。二是虚拟原生，就是在虚拟世界中创生出现实世界中不存在的人或物。比如数字人柳夜熙就是在虚拟世界当中创造的原生人物形象。三是虚实共生，虚拟世界反过来影响现实世界。比如导演在找不到合适女明星的情况下创造了一个虚拟女明星，这个虚拟女明星在现实世界当中一炮走红。四是虚实联动、虚实融合。基于人工智能和虚拟引擎等各种技术，在现实世界当中创造虚拟人，达到虚实融合、无法区分的状态。这样的虚拟人在现实世界当中还不存在，但在很多影视作品当中已经出现，有一部科幻剧《西部世界》，里面由人工创造出来的智能人，来到人类世界以后无法被区分。

元宇宙不是一项技术，而是新的核心技术的大集成，包括Web3.0、通信技术、融合交互和物联网等。可以说，它是技术的一次大突破带来的愿景。

美国的高德纳咨询公司提出了非常知名的技术成熟度曲线，研究所有技术从创生到最后普及的过程。这个曲线非常有意思，一开始是萌芽期，接下来会进入技术曝光高峰期，人们对新技术的期望会超越它的实际情况，叫作期望膨胀期。膨胀以后泡沫一定会爆掉，进入低谷期。随着技术的实际应用和理解加深，市场逐渐回归理性，进入稳步复苏期。最后，技术被广泛接受，进入成熟阶段，应用普及，并开始带来真正的商业价值。

我们回顾一下过去几十年，PC互联网、移动互联网都经历过这个过程。刚刚经过这个过程的是VR和AR技术，这两种技术在2016年前后非常火，而在过去五年当中，绝大多数相关公司都死掉了，活下来的公司已经进入稳步攀升的复苏期了。Facebook之所以改名，就是因为它旗下有最好的AR设备，在这个平台上已经有一款游戏收入超过1亿美金。这些都代表着这个产业已经进入正常的高速发展期。未来十年，这些突破性的技术将有机会改变世界。

元宇宙会给产业发展带来非常重要的影响，以三大产业为例，第一产业农业，元宇宙会在流通环节对它有很大的推动。第二产业工业，元宇宙会在其流通环节、生产环节有很大推动，比如可以通过3D建模加速工业制造流程。当然集大成者是第三产业服务业。第三产业涉及很多领域，其中最有爆发力的就是内容产业，无论是文化还是其他的相关产业，元宇宙都将开启数字内容的全新模式。

很多人认为今天大家最关心的事情是谁提供了元宇宙的平台，其实并不是，平台可以轮替，不变的是内容。元宇宙的起点恰恰是内容，需要从内容起步，才能走向平台。

过去几年疫情对文旅产业造成了巨大冲击，非常有可能在后疫情时代，元宇宙将是激活中国内容产业的强心剂。

我们来看一下元宇宙在未来的可能性。IP内容将在元宇宙当中进一步增值。元宇宙可以基于IP来创造大量的新世界，不仅可以提供人物形象，打造完整的IP虚拟乐园，更重要的是，在元宇宙中可以以IP为基础形成新的跨媒体叙事，构建非常庞大的故事背景和框架，同时有充足的留白，每个参与者都有机会去创造新的故事。而且它可以个性化定制，基于不同媒体特性，创造不同的新内容。

元宇宙中会创设大量的VR、AR、XR场景，让用户有更真实的体验感，同时会涵盖更多的内容领域，刚才百度的阮总已经呈现了XR的内容。

元宇宙当中还有一种新内容，就是虚拟数字人。虚拟数字人是内容吗？当然是。现实并不存在这种数字人，它完全是一种内容的重新创造。未来，虚拟人会在元宇宙当中处于核心的位置，虚拟人存在才可以连接数字身份、数字消费、数字劳动等各种各样的虚拟资产。所以这也是一种非常重要的形态。

最了不起的创造就是NFT（非同质化代币），我们认为未来元宇宙当中的所有物件都有机会被数字资产化。行业内部有一句话：万物皆可NFT。所有内容都可以NFT化，然后在元宇宙平台上进行确权、交易、流通、变现。这个过程中有很多新创造，变现过程中的参与者，因为有智能合约可以参与分配，这种新内容创造共生模式可以改变整个内容创造行业的生态。

想象一下NFT在十年后的应用，虽然我们的想象都太初级。举个例子，过去遥控一辆车需要一把钥匙，未来不需要，有一个NFT证明这辆车是你的，全自动驾驶就可以开始。未来可以发生的事情远远超过今天的想象，NFT方兴未艾。

我们看一个数据，2021年全球NFT市场规模是249亿美金，而2021年全球电影票房市场是213亿美金。NFT这样一个全新的概念，市场规模已经超过了有百年发展历史的电影。还有NFT的增长数据，达到了惊人的1848%。NFT在未来一定会成为整个内容领域最重要的产品形式之一。

另外一个非常重要的是元宇宙带来的版权保护的改变。元宇宙将创生全新的版权保护模式，刚才提到了过去版权保护的很多问题，比如不可确权、不可追溯等。而NFT具有唯一性，上链以后就可以得到确认，有效地解决了版权保护的痛点，确保其不可篡改。而且重塑资产的流通和加速数字资产化，对于版权保护也是非常重要的一次革命。

在结束以前，我再讲一下中文在线在元宇宙产业生态当中的布局思路。中文在线重点在内容、数字人、VR、AR、NFT进行布局，都有相关的团队在推进，可能在不久的将来会看到关于这种产品或者相关重大合作的发布。

总结起来讲，元宇宙就代表了未来。我1999年在清华大学读书时就开始创业，经过16年时间把中文在线带到A股上市，成为中国数字出版第一股，并不是因为我在出版业有多么深的积累，更不是因为有如何强大的资金支持，我几乎就是白手起家，之所以能走到今天，最重要的是因为站在了时代的浪潮上。1999年恰恰是PC互联网的时代浪潮，有人统计过，IT领域大概每10年有一次这样的浪潮。2010年是移动互联网，今天是元宇宙。

“樊登读书”在数字传播中的实践

樊登 （“樊登读书”创始人）

没想到最后一个演讲。有人说：“樊登读书”都是靠你讲，你走了不就完蛋了吗？之前我老想找接班人，现在搞个虚拟人，训练他按照我们的逻辑讲书就行了。

我个人有着对技术的敬畏。我是理工科出身，但我们公司没有什么技术属性。虽然我们有App团队，但只是完成一个App内容的生产，我们的定位是内容公司。当年移动互联网那么火，每个人都在焦虑自己没有做手机上的应用。等到App普及了以后，真正做App的那些人并没有赚钱，而是在App上去运营IP、做内容的人赚到了钱。我们等着元宇宙赶紧弄起来，请我们入驻，可以做一些传播。

我从来不是一个创业者，我从中央电视台出来到大学教书，教了一段时间觉得没什么好教的，不适应，我就到处出去讲课。后来发现讲课挣钱的模式不对，而且边际成本特别高，于是开始思索有什么办法能提高讲课效率。我看到很多人都想读书，就开了很多书单给别人，但他们也不看，只是买，买了不少书。这是一个社会问题。包括有一次我跟上海图书馆馆长聊天，我说你们那儿借阅量最高的书是什么，他说这个我们可管不了，图书馆里面借阅量最高的永远是言情小说。怎么才能让有学术味道的书被更广泛的人所了解？

我当时所用的第一个方法没有投一分钱，就是把我读的书写成一个书单，做成PPT，通过电子邮件的方式发给用户，用户每年能收到50个PPT。我每次讲课就卖这个PPT，300块钱。这就是一个创业过程，但当时只觉得是换了一种方式在上课。

刚才童总说，元宇宙是多个技术的集合。我昨天看了一本书叫《疯狗浪》。疯狗浪是一种突如其来的巨浪，因其危险性和突发性而闻名，其高度甚至与海啸相当。疯狗浪为什么没法预测呢？因为它由多个方向的小波浪汇聚而成，看起来没什么，在奇怪的时间点合在一起就会产生。以前发展过那么多技术，没有产生很大的影响，可能在最近集合了就起来了。以前我们只掌握了发电子邮件的技术，但是很快有了微信、微信群，最重要的功能是微信支付，这个对我们帮助太大了。

很多人虽然心头一热花300块钱买了PPT，但是回家照样不看。那怎么办？我的办法是做公众号、App，每周给大家讲一本新书，都是我讲。这不是一件很费劲的事，因为你读书越多，理解力就会越强，讲书的时候就更容易一些。我们也有其他老师讲书，用户达到了5500多万个，今年还会再增长个几百万的数，因为每年“4·23”和“双11”是最重要的推广时期。我们讲过朱老师《未来学校》这本书，这是我的指导方针，我们这个公司就按照未来学校那么干。我坚信不需要那么多重复的线下老师，高等数学中国讲得好的有十个就够了，剩下的互动、搞竞赛就行了，应该拿出更多的时间给孩子参与活动、体验。《未来学校》在我们这里讲了以后，有两三千万的播放量。

最早的时候，没人认为我干的这件事能成功。我师弟就说：你这不可能成功，互联网上的内容超过7分钟就没人看了，而且你又没有娱乐性，就是一本一本在讲这些枯燥的书，怎么可能有人看。但是基于我的出发点来讲，我会觉得不管有没有人看，我是在做自己该做的事，没有什么好损失的，没想到经济效益还不错。2021年是线下书店最艰难的一段时间，我们好多书店都关了，高峰期开了300多家书店，经过疫情倒了100多家，但我们的营业收入从2021年的8亿元涨到2022年的13亿元，反而逆势增长了。

所以我发现：数字化带来的本质性变化是什么？第一个就是边际成本的大幅度降低，这对于传播来讲非常重要。就像当年马丁·路德完成新教改革，之所以没有被烧死，核心原因是印刷机的发明提高了他传播自己言论的速度，带来的社会影响力使宗教裁判所没办法对他下死手，这是边际成本的效应。现在边际成本变得这么低，我们讲严肃的内容，每本书讲一个小时，依然可以找到需要的用户，每年有几百万人付费就可以。什么样的内容都可以找到好的对象。

然而数字化也有负面影响，除了盗版变得更容易了，还会遭到断章取义和恶意的攻击、模仿。我讲了两本书都招了骂，一个是讲《傅雷家书》的时候，说一个男人永远不要把手插在裤兜里，这样没风度，穿什么西装都没用。好多人把前面的话剪掉了，就变成我冲着镜头讲，一个男人永远不要把手插在裤兜里。很多人骂我，说裤兜就是用来插手的。还有讲《终极健康》的时候，提到一个人尝试了各种各样保持健康的方法，想看看哪种方法最管用，有一种方法是光着脚在山上跑。他们说人不需要进健身房，因为原始人就没有健身房。结果剪辑者把“那些人认为”剪掉了，变成我说健身房没有用，原始人就没有健身房。几万个健身房教练来骂我。

将来元宇宙能不能解决这些问题？元宇宙很有可能使这些问题变得更要命。

数字传播带来的更大问题，就是所谓的数字鸿沟，比如大家常见的拉黑功能。我们群里经常有人说：谁的意见跟我不一样我就拉黑他。我说：不要拉黑，万一还能争取他呢？如果没那个耐心，你会发现越筛选，你周围的声音越趋向于你认同的东西。以前纸质书本传播的阶段还不会这样，因为人们读纸质书有一个好处，就是偶遇，我们想找一个知识点，过程中获得的东西是足够丰富、足够意外的，经常能够收获到很多不一样的想法。但是数字传播具有可搜索性、可屏蔽性，你可以只看到自己想看到的东西。这个问题未来怎么解决，我能够做的事就是尽可能地推荐大家读整本书，读一些有难度的书。

大家很好奇，说：你上来就讲严肃的东西，怎么能够卖得起来？在头一年，我讲的都是老百姓急需的东西，比如关于如何养孩子，讲了《正面管教》《你就是孩子最好的玩具》等；关于如何在职场当中打拼，讲了领导力、营销、演讲、高效沟通等方面的书。这些都是实操层面的东西，帮我们和用户之间建立起信任。信任建立起来以后，我开始慢慢地讲批判性思维的东西，讲《思辨与立场》《独立思考》等书；讲历史，推荐大部头的历史书，像《第三帝国的兴亡》等。建立了"樊登读书"这个IP的信任以后，传递东西时需要更加慎重，要考虑能不能给受众带来持续的影响。

我讲的书都是超出自己以往认知范畴的书，我在跟着大家一块儿学习，不是只卖我熟悉的东西。我甚至都讲过爱因斯坦，2021年讲了一本特别冒险的书叫作《微积分的力量》，把微积分讲了一遍。我们原来上大学时都把学微积分当作一个负担，但是微积分是这个世界非常重要的革命性的工具。虽然视频播放量很少，就是六七百万的播放量，但是很值，你能让六七百万人了解微积分是干吗的，它在飞机上的应用、在医药上的应用，还有时间的秩序、量子力学等。

我们公司有一个基本的宗旨——不看重数据，这跟别的互联网公司不一样，别的互联网公司要看点击量、反馈数等，而我们觉得这个事能干就行。所以我们界定自己不是一个商业公司，而是一个教育公司。二者的区别很大，商业的核心是迎合，教育的核心是改变。如果你要迎合受众，用户喜欢哪类书就讲哪类，可能形成一群就爱这件事的人待在一块儿。我们很多用户是家庭主妇，是妈妈，说老师我就喜欢听亲子类的书，两本就够了，我说你应该多听点物理学，多听点《论语》，多听点创业的事，因为君子不器，你以后会成为一个什么样的人谁也说不准，你今天是一个宝妈，很有可能过两年创业成功，或者当编剧，写出了不起的剧。我们希望中国有更多人跟更好的书产生连接。

2020年开始我们尝试在互联网上卖书，做了一个直播，一晚上卖了300万元。我们卖书也比较“佛系”，口号是“只卖好书”，那些特便宜的我们从来不碰，我们要卖好版本、贵的，学术味越浓越好。一套《20世纪思想史：从弗洛伊德到互联网》，虽然我们这里卖得比别的版本贵得多，但是每次都能卖断货。

所以我特别想借这个平台跟大家呼吁，商业的力量确实很强大，可以带来很多机遇，但是商业和情怀不矛盾，我们希望有更多的人能够做一些艰难的事，做一些有情怀、有挑战的东西。随着中国人均GDP达到1万美金以后，我们的市场会变得更大，机会变得很多，所以不一定踩着别人的脚印才能够成功。亚马逊集团创始人贝索斯讲，有路不走，非得跟着别人的脚印，肯定走不到哪儿去。一定要自己有情怀，努力摸索，才能把这个事做好。

遗址坊

第四讲

考古遗址博物馆的时代担当

主讲嘉宾

刘曙光

主持嘉宾

阎晓宏

考古遗址博物馆的时代担当

刘曙光　（中国博物馆协会理事长）

我记得2021年，刘玉珠局长讲让文物活起来，让我当助讲嘉宾，当时阎晓宏理事长对我说，什么时候方便也去他们那儿讲一讲，我就答应了。最近阎理事长想起这个事了，要我兑现诺言，我就选了这样一个题目。

为什么讲这个题目，我们要把话题从2020年说起。2020年9月28日，中央政治局举行第23次集体学习，听取了中国社会科学院考古研究所所长陈星灿关于中华文明探源工程和“考古中国”重大项目的工作汇报。汇报讲到，这些年来中国考古的新发现，重建了中国的史前史和先秦史，也实证了中国五千多年绵延不断的文明史，见证了中国古代文明兼容并包、吸收外来文化的强大能力，同时也证实了中华民族的璀璨文化丰富和发展了人类文明，对世界文明做出了重大贡献。

在那次的集体学习当中，习近平总书记强调，要通过深入学习历史，加强考古成果和历史研究成果的传播。

两年之后，2022年5月27日，中共中央政治局进行了第三十九次集体学习，再一次就深化中华文明探源工程作了认真研究。习近平总书记又作了关于中华文明探源工程的重要讲话，要求我们同步做好我国“古代文明理论”和中华文明探源工程研究成果的宣传、推广、转化工作，加强对出土文物和遗址的研究阐释和展示传播，提升中华文明影响力和感召力。

在不到两年的时间里，中共中央政治局两次就考古工作和中华文明探源工程进行集体学习，总书记两次都发表了重要的讲话，在我看来，这是很不同寻常的一种姿态。所以我想我来讲这样一个题目，可能也比较符合我们当前工作的实际，因为文化和旅游部、国家文物局都向全国文物系统发出通知，要求我们把学习总书记在中共中央政治局第三十九次集体学习上的重要讲话当成当前的一项重要工作。

总书记在中共中央政治局第三十九次集体学习所听到的汇报的全称叫作“中华文明起源与早期发展综合研究”，这个项目是在科技部立的项，由国家文物局负责执行。从2001年开始一直到现在，项目进行了五期，总书记他们听的汇报是第四期的工作进展情况。“中华文明起源与早期发展综合研究”这样一个国家级课题，由国家文物局负责组织，由中国社会科学院考古研究所和北京大学作为具体的执行单位，由社科院考古所当时的所长王巍先生和北京大学考古文博学院的院长赵辉教授共同担任首席专家，组织了全国几十个单位，400多位教授、副教授、研究员、副研究员，开展了多学科的研究。

这项研究的一个重大收获，就是提出了进入文明社会的中国方案。什么是文明，什么标志着人类进入文明社会，长期以来是西方考古学者依据他们在西亚、中亚、中东，或者尼罗河流域、欧洲大陆上的一些考古发现，所得出来的一个判断，叫作“文明三要素”。“文明三要素”强调第一要有文字，第二要有金铜的冶金术，第三要出现城市，这三者齐备，才是一个国家和地区进入文明社会的基本标准。

当然这个“文明三要素”说也有它的道理，不是凭空而来的，但是跟中国的考古实际相比，就有它不契合中国文明起源实际的一面。所以几十年来，中国的学者，特别是考古工作者，通过多学科的合作，以及大量的考古发掘和科学实验，提出了进入文明社会的中国方案。在这个方案里面，我们也认为进入文明社会有一些最基本的标准：生产力获得发展，出现社会分工；社会出现明显的阶级分化，出现维持权贵身份的礼制；人口显著增加和集中，都邑性城市出现并成为政治、经济、文化中心；出现王权和王所管辖的区域性政体——国家。

这个方案没有强调文字的出现。“文明三要素”说只承认中国的文明从晚商出现甲骨文开始，大概只有三千三百年历史，但是按照我们现在这样一种进入文明社会的中国发展说，中国的文明史可能不止五千年。这两种方案无论对于中国来说，还是国际社会来说，都是非常重要的。中国方案的影响力绝不仅仅在于中国社会，它很可能会对整个国际社会的研究，包括人类社会文明的起源、文明的进程、文明的模式等产生重大的影响。所以总书记才几次强调，要做好考古成果和历史研究成果的宣传、推广和转化。

我今天想讲一讲我对这个问题的认识，首先是：怎样做好考古成果和历史研究成果的宣传、推广和转化？

做好考古成果和历史研究成果的宣传、推广和转化，也是一个国际通识。在1990年的时候，国际古迹遗址理事会就通过了《考古遗产保护与管理宪章》，强调向民众展出考古遗产的重要性。

然而在实际的过程当中，让文物说话，让遗址遗迹讲话并非易事，甚至是一件比较困难的事情，因为考古的遗址或者遗物，有很难开口、口音很重的问题。比如河南郑州的大河村遗址，展示了当时木骨泥墙连排房子的遗迹，但是一般人看到这些考古遗迹，看不懂这个房子是怎么回事。还有在秦公一号大墓里边出土的铁器，我们甚至说不清是铁铲还是铁锹，看到之后也不知其所以然。广西桂林甑皮岩遗址出土的早期陶器，看外形很多人猜不出来是什么，这是我们国家非常重要的考古发现，八千年前在广西桂林地区就有了这种原始的陶器，但是它的烧成温度非常低，大概不超过250摄氏度。我们会发现，这些考古遗物不像博物馆里面展出的一些书法作品、绘画作品，或者一些瓷器，本身表现力非常强，自带流量，它们确实开口难，口音也很重，讲了也不一定让人听得懂。

一个非常重要的考古学发现是良渚古城遗址。最后之所以确定良渚进入了文明社会，不光是靠良渚古城内的发现，而是在良渚古城的外围发现有早期水坝的遗迹。这种水坝没有十几万人，没有十年八年的时间是修不起来的，需要很复杂的社会组织能力和执行力，这是我们判断良渚进入复杂社会，进入早期文明阶段的重要标志。

但是这么重要的考古发现，你走到跟前，可能也看不出来这到底是什么，不就是一堆土吗？专家说这是一层夯土，但是由于后来环境的变迁，在地表上基本已经看不太出来了。我们的考古学家是通过20世纪60年代美军的无人侦察机拍的照片（直到90年代我们才买到这张照片），看到有两道笔直的像人工的遗迹，调查才发现居然是良渚时期水坝的遗迹。但是这么重要的考古发现，即使我们的考古专家在图上画出来了，现场也有简单的保护和展示，一般的观众还是理解不了，看不懂。

因此让考古遗迹说话，让文物说话，确实不是件容易的事情，特别是我们的考古人，我们的博物馆人，还存在讲故事的能力不足、口才不好的问题。

理论上来讲，这件事情可以通过多视角、多渠道、跨学科、融媒体来做。现在我们通过出版考古报告、学术著作，还有在历史教科书里对最新的考古成果予以介绍，同时我们的考古学家也在写一些科普读物。另外，这些年来的电视直播考古发掘现场，各种各样的综艺节目如《中国考古大会》《国家宝藏》和纪录片《如果国宝会说话》等，还有一些云直播，都在试图更有社会效益地来转化和传播考古成果。但是所有这些都不能替代我们在考古遗址的现场展示，以及我们在博物馆里边的展示。

因此，我就有一个观点：在更有社会效益转化的传播考古成果的工作当中，我们考古遗址博物馆要有勇立潮头的自觉。

那么考古遗址博物馆是什么样的博物馆呢？提起博物馆，我想在座的各位领导和广大听众脑子里面都有印象，大概都能说出关于博物馆的一二三四来，但是考古遗址博物馆目前还是一种比较小众的博物馆。甘肃省秦安县有一个大地湾遗址，是20世纪70年代发现的，现在也建了遗址博物馆。

良渚博物院可能很多人比较熟悉，现在成为网红博物馆，位于杭州余杭。良渚古城遗址最近这些年非常火爆，是世界遗产地。辽宁牛河梁遗址也是我们的一个老明星，在第二地点和第一地点分别建了遗址保护展示厅。这个地方最著名的发现是出土了红山文化的女神像。还有陕西西安的大明宫遗址，大明宫是隋唐长安城真正的皇家宫殿，现在也是一个国家遗址公园，大明宫的遗址博物馆就建在主殿下边。

考古遗址博物馆除了中国有之外，国外也有不少。比如位于罗马图拉真市场的遗址博物馆，是将古罗马时期的一些市场建筑加以适当的修复，改造成的博物馆展厅。帕拉丁山的遗址博物馆就在罗马斗兽场附近，是利用16世纪罗马大主教的府邸做成的，本身也是建在遗址上面的。还有意大利那不勒斯，一座在古希腊和古罗马时代都很繁华的城市，专门建了遗址博物馆，是现代风格的单体建筑，展出考古遗物。更著名的是那不勒斯的庞贝遗址，有大量的现场展示，从博物馆的形态来说，非常丰富，既有专门新建的小规模博物馆，还在遗址现场搭了遮阳棚遮阳遮雨，就地利用小房间展出这个地方的考古发现。

考古遗址博物馆其实就是一片文化景观，一片自然的环境，加上考古遗迹和博物馆。到考古遗址博物馆去，看到的一定不仅仅是一个博物馆的建筑，以及博物馆建筑里边展示的那些文物，而是连带着文化景观、自然环境和考古遗址。

说完了什么是考古遗址博物馆，我们再来看看考古遗址博物馆有哪些特性和优势。

关于考古遗址博物馆的定义，目前学术界还是有一些不同的说法，尽管大同小异。我们在这里倒不用太拘泥于广义的或狭义的定义，我们说的考古遗址博物馆，可以泛指那些依托考古遗址，或者在遗址本地新建的专题博物馆，可以是某个特定的考古学文化遗存的主题收藏展示，也可以是不同考古学文化遗存的综合性展示，有时候甚至指遗址保护管理的机构。

从建筑物来讲，它的主体是收藏、展示、陈列文物的博物馆建筑，也包括那些为了保护遗迹遗物而建造的覆盖物，就是遗址本体的一些展示性设施。

从性质上讲，它是公共考古的核心展示场所，是集考古历史景观保护、文物保护和博物馆等多种功能于一体的文化体。这里强调的是多种功能的集合。

考古遗址博物馆在中国和西方走过的发展道路，有相似之处，但是我们更有我们的中国特色。中国的考古遗址博物馆的特点我们可以从四个方面去看：

第一个是它和国家考古遗址公园的建设紧密联系在一起，甚至可以说，考古遗址公园的建设是推动国家考古遗址博物馆建设的重要驱动力。什么是考古遗址公园？国家文物局有一个界定，就是以重要考古遗址及其背景环境为主体，具有科研、教育、游憩等功能，在考古遗址保护和展示方面具有全国性示范意义的特定公共空间。目前国家文物局分三批公布了150处大遗址，其中有103个国家公园。根据2019年的统计，在这103个国家考古遗址公园当中，有55个建设了遗址博物馆，其中一级博物馆5个、二级博物馆3个、三级博物馆7个，还有40个没有定级的博物馆。这是2019年的数据，我还没有来得及查最新的情况，数量应该没有太大的增加，但定级情况会有较大改变。

第二个特点，我们这些考古遗址博物馆和中国古代史，特别是和中国古代的都城史关系非常密切。这些考古遗址博物馆大多建设在中国著名的古代城市遗址，特别是都城遗址之上，可以说是站在了中国历史发展的重要节点上。国家文物局确定的大遗址，很多都是那些在中国历史上有过高光时刻的城市，比如汉魏洛阳故城、隋唐长安城、元大都，都是中国历史上的统一王朝国力最强盛时的都城的遗址，今天成为我们的国家考古遗址公园，建设了国家考古遗址博物馆，和中华民族的文明史的关联非常密切。也正因为考古遗址博物馆和文明史的关联非常密切，所以一些博物馆的建设本身就是国家重大文化工程，比如二里头夏都遗址博物馆的建设就写入了国家“十三五”发展规划，被列为国家重大文化工程项目。

第三个特点，考古遗址博物馆和过去做的夏商周断代工程关系非常密切，和中华文明探源工程以及“考古中国”等国家重大科研项目紧密相连。可以说没有考古遗址公园和考古遗址博物馆的参与，这些国家重大课题的推动和深入是会遇到困难的。

最后，考古遗址博物馆具有多种资源属性。有很多考古遗址博物馆的资源丰富到什么程度，可以是世界文化遗产地，可以是全国重点文物保护单位，可以是国家5A级景区，可以是各个级别的爱国主义教育基地，集多种资源、多种政策的扶持于一身，所以它们的发展背景是非常深厚的。

这些年来，考古遗址博物馆是中国博物馆新的增长极。大遗址保护、考古遗址公园建设和遗址博物馆的建设，相互推动，相互促进，形成了最近十几年来中国文物博物馆事业发展的一个很引人注目的现象——考古遗址博物馆异军突起，在建设规模、博物馆建筑样式的设计等方面，都构成了重要的文化现象。

中国最早具有考古遗址博物馆意味的是北京周口店猿人遗址的陈列

室，好像是1953年竺可桢院士去周口店参观，说这里可以搞一个陈列馆，花了两年时间建了陈列室。现在的新馆是2014年建成的。

陕西临潼的秦始皇陵兵马俑是中国考古遗址博物馆建设最典型的单位，它是第一批全国重点文物保护单位、我们国家的第一批世界文化遗产、早期的国家5A级景区，还是国家一级博物馆、第一批国家考古遗址公园。秦始皇帝陵博物院是保护和展示秦始皇文化遗产的专题博物馆，集考古发掘、历史研究、遗址保护、文物修复和博物馆展览于一身，而且现在还引导着秦俑学学科的建设，其综合性、复合性非常突出。

因此，又可以对考古遗址博物馆做出一个判断，它们是考古遗产保护、传承、弘扬的重要场所，也是考古研究成果传播、转化的重要载体。在宣传中华文明探源工程成果的时候，考古遗址博物馆要勇立潮头，如果不挺身而出，就失去了其责任和担当。

讲到考古遗址成果的转化、展示、传播，就要说一说考古遗址博物馆的展示究竟有什么样的特点，和其他博物馆的展示有哪些地方相似，又有哪些地方不同。

考古遗址博物馆展示的最大特点是研究性和复合性，而且难度非常大，因为考古遗址博物馆里面的展示关联的领域太多，需要掌握平衡。考古遗址博物馆的展示往往和遗址的整体保护密切关联，也和文化景观甚至是自然环境的保护密切关联，比如一个遗址博物馆建在什么位置，采取什么样的风格，以多大的体量，首先要考虑的是跟这个遗址的自然环境和文化景观有没有冲突，搭不搭。

其次，它和考古研究发掘工作密切关联。很多考古遗址博物馆不是考古工作结束之后才新建的，而是在考古工作开始之前就有规划，甚至把考古工作纳入博物馆的展厅里面，采取一边发掘、一边展示的方式。

再次，它和遗物、遗迹的保护修复密切关联。比如我们现在到秦始皇帝陵博物院参观，在百戏俑展厅，左边是已经修复好的百戏俑，右边是文物修复室。他们现在每天还有人专门进行修复，展厅和文物修复室同在一个建筑之内。

最后，它和遗址的原址陈列展示宣传也密切相关。考古遗址博物馆的展览不仅仅局限在博物馆，还包括了室外的部分。前面讲了考古遗址遗迹存在开口难、口音重的问题，在博物馆的展示当中遇到的问题也非常多，特别是有一些地质情况、气候状况，给考古遗址展示带来很大麻烦。比如余姚田螺山遗址博物馆，这是浙江省早期河姆渡文化的重要遗址，有一段时间考古遗址完全被水泡着，木桩子一半在水里，一半暴露在空气之外，对文物保护来说非常不利。现在暴露在空气当中的部分拿塑料布包起来，定期喷点水，展示效果就非常差，人们看不明白这到底是什么样的考古遗址，这样下去怎么得了。

拿现在考古遗址博物馆的展览来说，通常的情况是，我们使用一些很专业的传播语言、叙事方式，但由于考古发现的碎片化，很难建立起逻辑顺序，展陈结构也比较陈旧，观赏性和体验性非常不好。因此，做好考古遗址博物馆展览的观赏性、艺术性，一直是我们的一个瓶颈。

我做了一个统计，从2011年到2021年，中国博物馆协会每年都在评十大陈列展览精品，每年要评20多个，在这十年当中共评出200多个优秀展览和精品展览，而在这200多个展览里面，真正属于考古遗址博物馆主办的展览，各位猜猜有多少？非常少，只有8个，而且还是最近这三年由于考古工作的逐步开展和大家对于考古工作的重视，每年有两个考古遗址博物馆的展览被选入。这个状况就说明，考古遗址博物馆的展览举办难度非常大，整体水平还是低于其他综合类、艺术类博物馆的展览。当然也不是说没有好的，最近这三年，每年都有两个考古遗址博物馆举办的展览进入了精品展览里。

在这里，我把考古遗址博物馆展览的大致情况跟各位做一个汇报。考古遗址博物馆的展览，首先是对于遗址遗迹本身的展示，我们也从国外，主要是从日本学习到了土遗址遗迹保护展示的手法。

有两张汉魏洛阳故城的照片，可以非常清晰地看到，位于中轴线上的铜驼大街一直对着远处的万安山的山阙。这在以往是没有发现的，通过这些年的空中摄影才忽然发现，原来汉魏人在设计这条街的时候，眼光一下就望到几十里外万安山的山阙。

另外一张照片的视角是从阊阖门由南向北望，把汉魏洛阳故城和邙山之间的关系表现出来。这样一种标识对于我们理解汉魏洛阳故城都城的设计，以及其对后世的影响提供了很好的例证。现在北京正在推进中轴线的申遗，中国的都城里边第一次出现比较明确的中轴线设计，其实是在汉魏洛阳故城。

还有在遗迹的原址或者考古发掘现场的展示，如西安半坡遗址、成都金沙遗址，把观众引入考古现场，甚至引到考古发掘的探方当中去。

还有遗迹的原状展示和复原展示，安阳殷墟遗址博物馆复原的妇好墓是新中国成立以来在殷墟最重要的发现，没有被盗，非常完整，出土了大量的重要文物。

涪陵白鹤梁的水下遗址博物馆，以前由于修大坝，白鹤梁被永久淹没在水底下，但是为了让大家看到这个重要的水文遗址，我们专门建了遗址博物馆，它代表了全世界遗址博物馆建筑的最高技术难度和科技含量，令人叹为观止。

余姚河姆渡遗址复建的干栏式建筑，以前看上去就是一堆烂木头，导致很多人看不懂干栏式建筑到底是什么样的建筑。今天遗址博物馆依据考古发现，把干栏式建筑复建起来，观众才知道原来七千年前这个地方是这样一种建筑形态。

还有广州南越王宫曲流石渠遗址保护区，现在用声光电的方法，把小渠流水复原出来，让人有身临其境的感觉。

但仅仅有这些对遗迹的展示还不够，中国以土遗址为主，在岁月的侵蚀当中，因为各种自然因素，地表上的遗迹现象被破坏得非常厉害，我们刚去时，就是一堆草原、平原、农田、坡地，看不出名堂。因此现在很多遗址博物馆在遗址上搞了一些展示的装置，给人以提示，试图唤起观众的一些记忆。比如良渚遗址展示的雪景图，表现的是考古学家想象当中良渚时代人们的生活状况。

在遗址博物馆里面，真正具有展览意义的，还是以考古发掘与研究为主线的博物馆基本陈列展示。特别强调，这里的博物馆基本陈列展示是以当地的考古发掘和研究为主线的，比如柳湾遗址的整个展览就是表现柳湾遗址出土的彩陶。

刚才我讲了好的展览不是很多，但是优秀展览也正在增多，比如二里头夏都遗址博物馆，现在越来越多的考古学家倾向于认为这个遗址就是夏朝晚期的都城。二里头遗址从1959年发现起，几十年来考古发掘工作一直在进行，还建成了考古遗址公园和考古遗址博物馆。博物馆的外貌和内景设计得非常有意思，外面该种麦子的时候就种麦子，该种玉米的时候就种玉米，给大家的感觉是这个博物馆像从地里边破土而出的历史建筑。

博物馆展出了二里头遗址出土的一些重要文物，更重要的是其运作方式。中国社会科学院考古研究所和洛阳市共建了夏都遗址博物馆，形成中央机构和地方共建博物馆的这样一种模式。

为了举办这个展览，他们组建了非常强大的专家团队。首先定位就很高，博物馆的基本定位是全国大遗址保护、展示和利用示范区，中国早期国家形成和发展研究展示中心，夏商周断代工程和中华文明探源工程研究与展示基地。为此，他们这个展览的团队以考古专家为主，李伯谦先生是夏商周断代工程首席科学家，王巍先生是中华文明探源工程的首席专家，董琦是中国国家博物馆原副馆长、博物馆展览办的专家。展览大纲执笔人孙庆伟，本身是研究夏商周考古的考古学家、教授，当时是北京大学考古文博学院院长，现在是北京大学的副校长。由研究夏商周的考古学家来主导二里头遗址博物馆的展览，可以说是考古学家办的博物馆展览。

二里头夏都遗址博物馆的基本陈列，除了二里头遗址出土的文物以外，全国各地能反映夏代历史的夏文化遗址点的出土物都借来了，因此它不仅是遗址博物馆，更是夏朝历史的博物馆。中国社会科学院考古研究所把在北京库存里的文物，以及在二里头当地库存里的文物交给了遗址博物馆，即所有权属于社科院考古研究所，遗址博物馆享有使用权，这种创新模式保证了博物馆的展品源源不断。包括北京、河南及全国其他地区的夏文化遗址比较重要的出土，都在基本陈列里有所体现，以文化来支撑，以学术来引领，以艺术来表现，以科技来互动。

这个展览给我的感受是，这是一个见文物也见人物、见具体更见全局的展览，不光展示了二里头遗址从1959年以来的发现，还专门有一部分讲二里头遗址的考古工作、考古学家、考古成果。不光讲了二里头遗址，还讲了全国的夏文化研究，对夏商周断代工程、中华文明探源工程都做了全面解释。夏商周断代工程的档案都移交给了二里头遗址博物馆，这是一笔非常重要的收藏。

考古遗址博物馆的展览有非常强的系统性、权威性和专业化的取向，通过展示遗址的考古工作、考古发现、考古成果，真实地呈现考古发掘现场，所以更加直观、生动。

从观众心理来讲，这样能有效唤起观众的在地记忆与情感。说起来很微妙，比如我们到上海博物馆能看到很多青铜器，但是大家都知道，上海博物馆展览的很多青铜器是这几十年来从全国各地收购、调拨而来的，这些青铜器虽然很美，但是和上海本地的历史没有什么直接的关系。同样的青铜器如果放在出土地，就和当地的联系非常密切了，在观众心中唤起的情感和认知是不一样的。上海博物馆里有一个重要的文物牺尊，是民国时期从山西省的浑源县被卖到上海去的。我们国家文物局有一个老局长叫张文彬，他就是浑源人，我陪他去上海博物馆参观的时候，他拉着我说他是浑源人，要和这个牺尊拍一张合影，他在上海唤起了对家乡的回忆。文物的在地性能唤起观众的本土记忆，这种身临其境的现场感，是其他的艺术展览所不具有的。

另外，现在的博物馆，尤其是最近几年新建的考古遗址博物馆，观众参观的体验层次都是非常丰富的。

最后想谈谈：如何做好考古成果和历史研究成果的宣传、推广和转化？大家会发现这其实是第一个问题，我就想把这个问题问两遍，因为做好考古成果和历史研究成果的宣传、推广和转化，绝不仅仅是一个考古研究的问题，也绝不仅仅是一个博物馆展示的问题，这里边其实还有考古研究与博物馆展示的关系的问题。

我举一个例子，大家可能记忆犹新。2021年三星堆的考古发掘引起了一场舆情，央视在直播三星堆考古发掘的同时，连线了南派三叔。我对这个人物没有恶意，他是《盗墓笔记》的作者，这本书在年轻人当中非常流行，很多人都读过。但是考古人的心结在哪儿？做考古发掘，你找一个写《盗墓笔记》的作者连线。难道是我们有点“玻璃心”吗？我觉得不是。这里面有一个职业的倾向：这究竟是一个文化传播的策划，还是一个致力于吸引观众眼球、扩大流量，带有商业性的传播呢？所以当时很多考古学家对央视提出了批评，而且根据对网民的调查，有四成网民认为连线南派三叔不合适，有两成网民认为至少是很不妥，只有一成的网民觉得也无不妥。所以广大网民跟考古学家的认识是一样的。不能光说央视的主持文案有问题，我们自己也差点出了问题，三星堆遗址博物馆那个时候居然要把南派三叔请去搞一个《秦岭神树》的现场发行仪式，当然后来活动被叫停了。因为三星堆遗址博物馆把南派三叔请去讲《盗墓笔记》当中的《秦岭神树》，确实欠考虑。

在考古热度不断攀升的同时还要冷静思考，学术的问题还得有学术的基本态度。特别是三星堆，现在基本上认识清楚了，但是三星堆是怎么来的，它跟中原、长江下游的密切关系是如何在器物上体现的，还有一些未解之谜。另外，三星堆和今天中国域外的文化交往到底有没有，如果有的话又有着怎样的联系，诸如此类的问题尚待弄清。三星堆研究其实才刚刚揭开神秘面纱的一角，我们可能还是要有一点学术的冷静。

对于三星堆考古成果的传播，其实反映出我们业内考古界和博物馆界，在对于做好考古成果的宣传上还有一些思想认识上的问题，不光是专业上的问题。因此中国博物馆协会下面有一个考古遗址博物馆专委会，还有一个史前博物馆专委会。作为中国博物馆协会的会员单位，一方面要提高政治站位，另外一方面要努力提高展陈水平，把讲政治的自觉性和强专业的能动性紧密联系起来。同时，我们要加强协调和统筹，更加注意开门办馆，让考古机构和大专院校、文化企业共享、协作，举办各种分专题展览，跟上数字潮流。

我们也对我们的主管部门有一些期望。我们知道国务院在“十四五”文物保护和科技创新工作当中，国家文物局在大遗址保护当中，都对新时代博物馆工作有规划。我们希望有关部门能在加强考古遗址博物馆领域的相关建设工作中凝聚共识，形成合力，协调联动。考古遗址博物馆的工作既涉及博物馆司，也涉及考古司，可能还有文物古迹司。另外在考古遗址公园的建设当中，要把考古遗址博物馆作为一个重要的指标。同时我们也强烈呼吁，在国家文物局目前正推动的世界一流博物馆的培育当中，要关注考古遗址博物馆。我们认为从某种意义来说，考古遗址博物馆最能代表中国博物馆的特点，如果在中国的世界一流博物馆当中缺少了考古遗址博物馆，我觉得是有一点问题的。

习近平总书记从党的十八大以来，对于博物馆事业高度重视，有很多亲切期待，强调“一个博物馆就是一所大学校”，指出“让历史说话，让文物说话”。每到一地，他都到博物馆参观、指导。在他的带领下，目前全国考古博物馆工作确实出现了前所未有的发展机遇，取得了重要成就。

远集坊第四讲活动现场

目前考古遗址博物馆正处在一个非常好的时期，建在“本地”，但是长在“高地”，作为考古历史、自然环境、文化景观及科技这几个领域的结合体，处在中国文物博物馆事业改革发展的前列。虽然数量不多，但我认为我们是精锐部队，动力强劲。做好考古遗址公园工作的意义是综合性的，能实现遗址有效保护，推动考古学科发展，展示中华文明成就，也能传播文化遗产意识。

大家都知道总书记有一个著名论断，考古工作是一项重要文化事业，也是一项具有重大社会政治意义的工作。在我看来，新中国考古学正在进入一个新的历史时期。我这个说法可能不太严谨，就是从新中国成立到20世纪90年代，是考古学科自身建设时期，考古新发现非常多，但是主要关注自身建设，不太关心文物保护。我记得我大学毕业到洛阳市去工作，跟着我们的处长去找国家文物局领导反映问题，中央的考古单位挖完了遗址都不填，就那么敞着，根本不关心文物保护。进入21世纪之后，考古学有了新的进步，一批考古学家就呼吁考古学人要关心文物保护，国家文物局批考古发掘计划的时候就要求你先要做好考古保护的规划，而且建考古遗址博物馆要考虑到遗址的保护工作。这是第二个阶段。

今天处于第三个阶段，不光要注意考古发掘和考古学研究，也不光要注意文化遗产的保护，更要注重考古成果的博物馆化展示。我已经看到一些考古学家在《中国考古大会》上提到了。我觉得如果说过去考古工作的结束是出版考古报告、研究成果，那么今天考古工作的结束，应该是在博物馆里面。也许中国考古正在进入博物馆活化发展的新阶段，只有这样才能完成“一项具有重大社会政治意义的工作”的要求。

总书记提出要把中华文明历史研究引向深入，这为我们考古遗址博物馆的高质量发展提供了新的动力。可以预见，未来一个时期，考古遗址博物馆会保持比其他地方博物馆更强大的发展动力，因为其他地方博物馆建设面临的第一个问题就是藏品从哪里来，而考古遗址博物馆基本不存在这个问题。

考古遗址博物馆现在面临新的发展机遇，我们要有时代担当，不断增强中华文明普及的行动自觉和学科能力，充分认识中华文明普及教育的重大意义，勇挑讲好中华文明故事的时代重任。通过举办高质量的展览和社教活动，做到以理服人，以学服人，积极让大众和青少年更好地认识和认同中华文明，增强做中国人的志气、骨气和底气。这不仅仅是考古遗址博物馆的时代担当，也是我们中国博物馆人的时代担当。

第五讲

百年来故宫价值认识的五件大事

主讲嘉宾

郑欣淼

主持嘉宾

阎晓宏

特邀嘉宾

阎崇年　　胡　冰　　赵剑英　　刘　辉　　张东升
傅　涛　　赵小波　　常晓霞　　乔婷婷　　张晓霞
王　旗　　田小军

百年来故宫价值认识的五件大事

郑欣淼　（故宫博物院原院长、国家文物局原副局长）

大家好，今天很荣幸在这里和大家交流我对故宫的一些认识。今天来的各位都很重要，特别是阎崇年先生，他是研究明清史的大家，著作不断，2020年出版了《故宫六百年》，把故宫的历史说完了。

我这个题目叫《百年来故宫价值认识的五件大事》。为什么要讲这个？源于最近受到的一个启发。

2022年7月全国文物工作会议在京召开，时任中共中央政治局常委、中央书记处书记的王沪宁同志发表了重要讲话，提出了我们文物工作新的方针，一是让文物活起来，二是要挖掘文物的价值。这是时代的需要，也是文物发展和保护的需要。

阎先生把故宫六百年都讲了，我今天想讲百年来对故宫价值认识的发展过程，当然不仅有五件事，我归纳了十件大事，因为时间关系，选择其中最为重要的五件谈谈我的认识。对故宫价值的认识要落实到行动上，比如说，作为故宫的院长怎么来管理，国家怎么对待文化遗产。故宫百年来的发展历程，可以让我们看到故宫博物院院史的情况，也能看到中国人民百年来对文化遗产的认识过程。故宫不仅是我们国家最大的博物馆，也是极其重要的文化遗产，所以今天先把这个见解说一下。

一、建福宫花园火灾与清宫文物所有权之争

在1922年之前，辛亥革命已经推翻了清王朝，但溥仪还住在清宫，文物都在后宫，没有人怀疑过这么多丰富的藏品是属于谁的，都认为就是皇帝的，就是清宫的。溥仪虽然退位了，这些东西的所有权仍然是他的，何以见得？1914年，当时民国政府的内务部决定成立古物陈列所，地址在现在的三大殿，从沈阳故宫和承德避暑山庄运来20余万件文物。文物运来以后，民国政府一想说，我们拉的是人家溥仪的家产，就组织了10个专家，然后请溥仪的内务府来给这些文物估价。结果溥仪的内务府又拿回去了部分说不能给，然后剩下的估价为350万元。民国政府拿不出这350万元，就

远集坊第五讲活动现场

立了个字据，说以后再归还。过了8年，1922年12月1日，溥仪大婚，他还有个出国的想法，钱不够，所以他就筹钱，决定卖掉沈阳故宫的《四库全书》。这在国内不可能卖掉，于是他找了北京的使馆联系日本的宫内省——一个为日本皇室服务的机构，以120万元的价格将《四库全书》卖给日本人。这件事被登在了报纸上。

北京大学8个教授，包括沈兼士、周作人、马恒等联合起来写了一篇文章登在《北京大学日刊》上，强烈呼吁反对卖《四库全书》，认为这不是你溥仪家的东西，而是国家公共之产。国家应该办一个古物院，将这些文物保管起来并对外开放，任人观览。

1922年，一部分文化学术界、教育界的有识之士已经发声了，认为文物属于国家，而非清宫所有，到2022年整整100年，所以这个题目叫"百年来故宫价值认识"。

溥仪当时退位的时候享受中华民国临时政府议定的清室优待条件，民国政府答应每年支付清室费用400万两（新币发行后改为400万元），但并不够溥仪用，因为他的队伍很庞大。另外我们客观地说，民国政府钱也不多，经常拖欠。鲁迅《呐喊》里有一篇小说叫《端午节》，写一批老师去要工资。鲁迅当时在教育部任职，经常被欠薪。据他本人于1926年统计，教育部欠他薪金已达两年半以上，共计9240银圆。当时教育部有个200人的讨薪团，到财政部要钱，鲁迅亲自参加了。可见当时的民国政府是真的没有钱。

这个时候溥仪打起宫廷文物的主意，一个就是拍卖，他拍卖的一些公告都还在，拍卖的标书历史档案馆都有的。再一个就是抵押，这个是很有意思的。1924年的时候，经过他岳父荣源的手，他把两大部分金质品抵押给盐业银行，一部分是16个金编钟，这套金编钟很珍贵，是用万两黄金铸成的，抵押了40万元，期限一年，月息1分。还有八位皇太后的金宝和金册，加上其他的一些珍宝，又抵押了40万元。在溥仪的《我的前半生》

里，我们能看到他详细记述了这件事。

1923年，建福宫花园着火了。建福宫花园库房里放着大量相当珍贵的藏品，主要是乾隆以来的珍藏，包括溥仪大婚时候的礼品，有一些是从乾隆时就没有打开过的。这场火灾中，包括金佛像、历代名人书画在内的大量珍藏都没能幸免于难，这是中国文物的一次巨大损失。当时主要是外国几个使馆来灭火的，溥仪给了他们很多酬金。

后经溥仪查明，此为太监偷盗宝物后放火灭迹所致。这件事引起社会的震动。当时好多地区的教育部门都在报纸上发表文章，向民国政府提出，这些东西是国家积累起来的，和中华民族的根基联系在一起，不是溥仪个人的。当时清室也有应对，我们后来在清查物品时，查到金梁给溥仪的奏折，上面建议成立皇室博物馆，将三大殿收回来，把这批文物合法地变成皇室财产。

另外民国政府在初期，对文化遗产的保护还是很重视的，这个时期国会提了好多方案，就是要防止这些文化遗产的损失。1924年4月国会开会，提出要分清公产和私产的界限，10月冯玉祥发动了北京政变。冯玉祥是古物保管委员会的委员，他也参与了这一系列的活动。冯玉祥为什么能把溥仪赶出去？因为他知道清室霸占文物是政府反对、人民反对的事。大家认为这些东西不是皇家的私有财产，它是历代皇家积累起来的，在所有权上属于国家，属于民族，应该成立博物馆保管起来。所以故宫博物院的成立水到渠成。

但是公产和私产到底怎么分？在道理上打官司有时候说不清，但在实际操作当中弄得很清楚。比如清室出去的时候把一件文物带了出去，被搜查发现以后，立即在北京城到处把文物找回来，然后买一个保险柜，将文物临时保管起来。这个保险柜的密码，只有清室善后委员会委员长李煜瀛先生知道。但是牵扯到那么多银锭、元宝，基本上都给了溥仪。溥仪离开以后，他底下的人又多次到故宫里边来领取一些衣服，这些东西在《故宫物品点查报告》里面记得清清楚楚，都是有账可查的。这件事确定了故宫的东西特别是文化遗产，是属于溥仪的，还是属于人民的。这是故宫价值认识的第一个大事件。

二、故宫文物的南迁

当故宫这批文物的所有权问题解决了之后，这些文物到底重不重要、有什么价值，又是新的问题。1928年南京国民政府接管故宫以后，经亨颐提了一个议案，说故宫博物院应该撤销，故宫的文物应该拍卖，他的理由是：博物馆是让人来学习的，我们已经推翻了帝制，建博物馆干什么？清宫的东西是逆产，就应该把它处理了。经亨颐先生也是国民政府委员，但是他对博物馆不了解。这批文物在故宫博物院成立以后已经变成民族的文化，是大家共享的，所以后来这个议案被否决了。

故宫文物南迁以后，在上海待了几年。1935年12月至1936年3月，故宫博物院参加了英国伦敦皇家艺术学院举办的中国艺术国际展览会，这是故宫文物首次大规模出国展览，在西方社会引起强烈反响。

1937年卢沟桥事变以后，这些文物又西迁，经历了艰难的岁月，和我们中华民族共患难，共同经历了战火的洗礼。这批故宫文物经过了战火的考验，所以有了特殊的国宝意义。

抗战胜利后，1946年4月，国民政府向乐山、峨眉等各个文物存放点颁赠了“功侔鲁壁”匾额，“功侔鲁壁”意为保护故宫文物的功绩跟“鲁壁藏书”一样不朽。

三、艺术性博物馆的定位

故宫博物院的定性定位很重要，它决定着故宫的文物收藏、陈列展览、学术研究及整个工作的特点。1954年4月，故宫博物院试行《故宫博物院整顿改革方案》，确定故宫为“艺术性博物馆”。

这个文件对故宫影响最大的就是路子怎么走的问题，实质上是“宫”和“院”谁服从谁的问题。因为是艺术性博物馆，非艺术性的东西我们就划出去了，像档案交给了国家档案局管理。国家档案局就成立了第一历史档案馆，馆址仍设在故宫博物院内。

从20世纪30年代一直到解放初期，档案是故宫学术的亮点，档案的收藏也是故宫最重要的业务。“文革”开始以后，1969年国家档案局说，我怎么能管理封建社会的档案，我管的是中华人民共和国的，就正式发了一个请示，决定把第一历史档案馆这批档案退回到故宫博物院。故宫博物院就接收了，还是那些人，但东西增加了，当时已经有600多万件档案。到1979年改革开放后，档案部门说明清档案是我们对外交流的重要资源，应该由国家统一管理，故宫博物院就又把档案交回去了。很有意思的是，还是这么一批人，档案已经达到800万件了。现在第一历史档案馆共藏有明清档案1000余万件。

故宫的艺术性收藏是丰富的，但故宫的价值不只是艺术性的，它是对宫廷历史文化的综合性反映。因此，对博物院艺术性的定位，是对故宫价值及文物认识的偏颇，这在一定程度上对故宫文物管理的完整性带来消极影响。这是对故宫价值认识的反复，也是我们新中国成立以来探索的过程。

四、世界遗产是故宫价值的新视野

世界遗产很重要，它体现的价值观反映了人类的普遍价值，这种价值在文化遗产和自然遗产上都有所体现。世界文化遗产就是世界人民都应该保护的。我认为世界遗产对中国最大的影响，就是让我们实现从文物到文化遗产的真正过渡。

传统的文物其实有古董的观念在里面，强调是之前的、老的、古代的，但是新中国成立以来，文物的概念已经在不断地增加新的内容。凡是见证人类历史文化活动的，有历史文化价值的，都是文物。比如说，胡冰局长成立了革命文物司，毛主席用过的钢笔也是了不起的，因为有纪念意义。

我国于1985年加入联合国教科文组织颁布的《保护世界文化和自然遗产公约》，文化遗产的概念被引到中国以后，对中国最大的影响就是观念上的变化。

还有一个就是完整保护的问题，文化遗产概念被引入以后，我们在对故宫的保护上树立了整体保护的观念。其实就是阎先生说的“大故宫”，这是近年来故宫学研究中所形成的共识，完整的故宫遗产既应从故宫在历史上的地位、作用来看待,也应从故宫与其他明清宫廷建筑的联系来看待。故宫文化遗产的价值，除了看得见的部分外，还有蕴藏在古建筑、文物藏品中的宫廷历史文化内涵和丰富的非物质文化遗产。“大故宫”的实质，就是全面看待故宫遗产的价值。

故宫百年大修践行了“完整保护，整体维修”的理念，不仅使故宫恢复了庄严、肃穆、辉煌的历史面貌，而且是中国官式古建筑营造技艺的一次大力传承，维修的实践与探索也丰富了国际文化遗产保护的理论。

故宫博物院现在有国家级非物质文化遗产6项，北京市市级非物质文化遗产3项，还在不断地报。

五、故宫学：故宫是个文化整体

故宫学是2003年提出来的。刚才我跟阎先生说，有个文件里说了，不断提升我国在儒学、敦煌学、故宫学等学术领域的国际话语权，这对故宫的同志来说是很受鼓舞的。学术界也感到故宫学是很有意思的，值得研究的。故宫学的实质是什么？有人问我：是不是研究故宫的东西就叫故宫学？我说这是一个面，不是实质。故宫学的实质是，故宫是一个文化整体，即故宫的宫殿、故宫的文物、隐藏在故宫文物和宫殿后的历史故事与历史人物是融合在一起的整体，不能孤立地来研究。我们有很多了不起的专家，他们在鉴定方面、专业知识方面、器物方面等确实不得了，如果有更多相关的宫廷知识、历史知识，研究起来就更得心应手。

举个例子，谁都可以研究王羲之的作品，研究清宫收藏的东西，美术学院的学生都可以写文章，比如对其艺术手法的新见解，但要是在故宫研究，就要研究这些书画的收藏史。比如乾隆皇帝在三希堂收藏了王羲之的《快雪时晴帖》、王献之的《中秋帖》和王珣的《伯远帖》，他对这三件古代墨宝极其珍爱，有许多题跋在其上。如果不联系这些书画的收藏史，不研究它们和帝王的关系，不研究它们的序跋，这个研究就是对书画艺术史的研究；如果和帝王的艺术趣味、审美，其执政期间的军国大事等联系起来，则是故宫学研究。所以不能简单说故宫的一切都是故宫学研究，故宫学研究就是要防止碎片化和简单化。

文化整体有两个方面，一个是大文物观念，一个是大故宫观念。大文物观念就是故宫的东西都有它当时的用途，没有多余的，遗存下来的一草一木都有自己独特的价值。大故宫观念可以参看阎先生的《大故宫》，里面有精辟的阐述，影响很大。

2004年至2010年我搞了一次七年的文物清理，人家都说郑院长干了一件大事，七年才完成。此前也有极少数文物藏品遗留没有清查的，但绝大多数都是很清楚的，问题是如何看待它们。比如我们首次将古籍文献、古建类藏品等正式纳入文物管理体系。全国文物有个标准，故宫的文物是自己定的标准，我们的标准不够文物，但是又很重要。如我们对2万余件清代帝后书画进行了系统整理，统一登记。可能有人会说书画是艺术品，我想大家都会慢慢改变这个观念。这次清理最重要的是让大家认识到，故宫的东西确实没有多余的，要用新的观念去认识这些藏品的价值。

七八年前单院长做了关于故宫博物院的讲座，提到过去挖出来的那些民窑瓷片都是扔了的，我就提出这些瓷片其实反映了当时宫廷的用瓷情况，精美的官窑瓷器固然重要，但不是所有人都能用。故宫所有东西从服饰到用品都体现了等级观念，比如说碗，有很精美的，但宫女、太监还有工作人员、值班的，他们不可能用那些，只能用民窑的。如果要研究清宫的用瓷史，就不能回避这些。而且这些瓷片很珍贵，我们的专家能找到它们出自什么地方，这就是故宫学研究。偌大的紫禁城不是只有帝王家的几个人，底下还有一帮服务人员。

过去我们处理的东西很多，我认为有些处理是有必要的，比如说茶叶、药材、布匹、绸缎等。1954年处理了10万件皮货，其中毛皮组的组长是沈从文先生，他提出1万件貂皮能不能留下，大家说不留了，因为没有明显的标志。这个问题都不大，但在处理过程中也有很多遗憾。

最后提出故宫学的意义：把故宫的馆藏文物、古建筑和宫廷史迹作为一个文化整体来研究，有利于进一步挖掘故宫的历史文化内涵。故宫文化的这一整体性，也使流散在外的故宫文物有了学术上的归宿。

这就是百年来故宫价值认识的五件大事，当然我刚才说了，其实有十件大事，最后一件事是单院长提出的“活的故宫”，王院长又提出了“活力故宫”，时间关系我就不谈了。谢谢大家。

特邀嘉宾

刘　辉　（故宫博物院图书馆副馆长、故宫文化创意研究所副所长）

今天特别荣幸能够在这里又聆听到郑欣淼院长的演讲和学术上的思考。这些年以来，郑欣淼院长对于故宫的学术发展有自己非常系统的梳理和思考，故宫学研究也逐渐从一种比较个体的、孤立的，盯着一些藏品文物的状态，发展成非常立体的、广阔的，能够普遍联系的状态，形成了一个庞大的体系。习近平总书记强调，要推动中华优秀传统文化创新性转化、创造性发展。这样一种期待实际上是今人不断和古人对话产生的结果，是今天无数的学者、专家用自己的智慧，用新的学术理论、学术思考、学术框架重新看待我们历史遗存的成果。

新的学术思路极大地拓展了原有的范围，给了我们很多新的启发。这些年来我在故宫做着出版的工作，举几个小小的例子验证郑欣淼院长所说的，当我们把宫廷历史、宫廷建筑、文物资料、典章制度融合起来，当我们把视野扩展到故宫的院史、民国的出版史等并将这些普遍联系起来的时候，就会有一些新发现。

比如出版界的朋友们都知道，《故宫日历》很有名。《故宫日历》最初是故宫博物院成立以后在民国期间出版的一本小册子，在郑欣淼院长提出故宫学之前，专家的视野很少集中在这类资料上，因为它不是非常知名的藏品，也不是非常知名的古籍，基本上没有人关注，但是郑欣淼院长在图书馆发现《故宫日历》之后，就提醒我们关注这样一个小小的出版物。我们沿着郑院长的思路进行了梳理，才发现这本日历真的很有意思，它在民国期间是非常影响文化人的一本读物，像梁实秋、鲁迅、陈布雷都有关于《故宫日历》的记载。我们又查院里的档案资料，发现它在民国时期就是超级畅销书，还有到处出现的《故宫日历》广告等，气魄非常之大，体现了对于故宫文物的文化自信。

所以正是基于开阔了故宫研究的视野，我们才会注意到以前不是我们研究范围内的新的事物，才会对其进行系统梳理和分析，使其成为再创造、再梳理的基础。2009年我们重新出版了《故宫日历》，既借鉴民国时期的编辑方法，又将新文化的思路和设想融入其中，所以出版了十几年，年年都是畅销书。《故宫日历》的出版开创了全国出版界一年几百本日历的风潮，现在又融入新科技的方式和方法。

一种新的学术思路、理念、框架能够让我们发现新鲜的事物，我们的责任不仅是发现和梳理，还要用智慧和古人对话，重新激活和再创造这些事物，它们在今天的文化环境中有更多的影响力，让历史真正活在今天。

故宫学这样的例子数不胜数，甚至包括戏服、戏本等。我们现在跟上海昆剧团联合重新拍戏剧，将《千里江山图》等有名的藏品做成多媒体数字展，包括《只此青绿》舞剧的形式等，还和网易联合做了游戏。我们在从更多角度挖掘文物的价值，用今天跟生活相关的技术方法和艺术手段使文物重新焕发生机，这是故宫学发展所取得的新成绩。

故宫学变得越来越开放，自从故宫学的概念被提出以后，不仅故宫人在研究故宫，一些学术机构、科研院校等也开始利用故宫的资料，运用历史学、图像学的方法研究故宫，取得颇为丰硕的成果。

我们还做了很多开放课题欢迎各界学者参加，就故宫课题提供方案，并资助各界学者去国外进行交流和研究。故宫的学术越来越成为一个立体的架构、体系，也越来越成为一个开放的平台。我相信在历代故宫学人的努力下，故宫的历史价值、文化价值、艺术价值会在未来更加散发魅力。无数学者将自己的心血倾注在这个领域，我们也会收获更多的成果。

赵剑英 （中国社会科学出版社党委书记、社长）

今天非常高兴受邀参加远集坊的活动。我是外行，是学哲学的，今天谈点外行的体会。刚刚听了郑院长的学术报告，主题非常集中，内容非常丰富，学术内涵也是非常深刻的。

第一点体会，通过五件事来看故宫价值的理念演变，深化了我们对故宫文物的价值认识。从原来认为故宫文物是清宫的私产，到国家的财产，再到世界文化遗产，对故宫文物价值的认识在不断演进。文物是记录中华民族历史文化活动的结晶，故宫的文物、档案，包括书画这些艺术性的作品，都是展示中华文化、反映中华文化命脉的瑰宝。

第二点体会，特别赞同郑院长提出的故宫学研究。郑院长曾经是故宫的掌门人，也是著名的历史文化大家，他在领导故宫文物工作的实践基础上提出了故宫学，体现了整体性和跨学科性。对于故宫学的研究有利于进一步挖掘和展现故宫所藏丰富文物的历史价值、文化价值内涵。

跨学科方法可以更加全面地呈现故宫所藏文物的历史意义和价值。最终归结到一点，就是总书记讲的，要加强文化遗产保护传承，弘扬中华优秀传统文化，历史文化遗产承载着中华民族的基因和血脉。尤其我们现在走向中华民族伟大复兴的过程中，需要增强文化自信，历史自信是文化自信的根基和支撑，它来源于历史认知和历史自觉。我觉得故宫学就能帮助我们更好地认识历史，全面认识文物的价值。弘扬优秀传统文化不是空喊口号就行的，需要一系列的承载和方法，今天郑院长的报告很好地体现了这一点，本人受益匪浅，谢谢郑院长。

阎崇年　（历史学家、央视《百家讲坛》开坛主讲）

我听了郑院长的报告之后，第一个感觉是很难得，我特别喜欢听故宫的人讲故宫，讲得亲切、温暖又生动。而且郑院长讲故宫还有一个特点，就是站在更高的角度、拥有更广阔的视野，从故宫学的角度来讲故宫，认识全面而深刻。郑院长举了五个大的历史事件来阐述故宫博物院百年来价值认识的过程，我觉得理得很清楚，让我很受启发。

郑院长讲了100年，我想截取一段10年左右的时间来谈谈我接触故宫的感触。这10年就是2002年至2012年，恰好是郑院长任故宫博物院院长的时候，他做的事情太多了，我只举四件事来谈谈我的体会。

第一件事就是故宫百年大修。

1949年春天我到北京看故宫，我脑子里想象的故宫是辉煌灿烂的，结果呢？太和殿前头的地上长满了杂草，坑坑洼洼的，还有垃圾。柱子的红皮脱落了，像打补丁一样一块一块的，不堪入目。

新中国成立以后百废待兴，当时也没有财力大修故宫。到了2002年，恰好郑院长当故宫博物院院长，国家决定大修故宫，这是故宫博物院百年来或者是从嘉庆以后两百多年来第一次对故宫进行全面的大修。我看见一个材料，就是当时李岚清副总理任命郑院长以后，找郑院长谈话，说：你到了故宫，重要的工作就是主持故宫的百年大修。这个任务重大，因为此前没有先例，乾隆是怎么修的我们也不知道，工部修缮所早就解散了，应该怎么修？当时有一种说法，叫“修旧如旧”。这个“旧”怎么解释？如果解释为宣统三年时的故宫，修完了还是破破烂烂的，就不能体现中华文化的优秀传统和故宫的伟大壮丽。另一种解释就是乾隆时繁盛的故宫，大家比较倾向于这种意见。故宫大修于2020年全面完工，我们现在看到的故宫辉煌壮丽，令人震撼，这个工作实际上就是郑院长主持的。

第二件事就是清点故宫文物的家底。

民国政府接手故宫之后，并没有对故宫的文物进行严格意义上的清点。后来战乱，日军侵华，北京沦陷，更顾不上。新中国成立以后百废待兴，也顾不上。到了新千年，条件成熟了，郑院长主持故宫博物院的工作，花了7年时间对故宫文物进行全面的摸底、调查、登记、鉴定、入账，特别是数字化。这件工作经过故宫人7年的努力，最后查清楚了，在2010年12月首次将全院文物藏品总数精确到个位——1807558件/套。

这是故宫百年历史上一件了不起的事情，为以后故宫的制度管理活起来提供了一个很好的基础。没有这次清点，没有数字化，今天很多图片就没法调用。

第三，海峡两岸故宫博物院的破冰之旅。我们国家有两宫三院，两宫就是北京故宫、沈阳故宫，三院是北京故宫博物院、沈阳故宫博物院和台北故宫博物院。

由于特殊的历史原因，海峡两岸长期没有交流。我记得1992年，大陆的学者第一次组团到台北参加学术研讨会，我得了机会参观了台北故宫博物院，而且特别看了它的地库。随着改革开放不断深化，海峡两岸故宫博物院的文化交流逐渐增多。我记得2008年，就是奥运会那年，我应台湾一所大学的邀请去当客座教授，在那儿上6个月课。我就去了台北故宫博物院看档案备课，看档案期间，当时的台北故宫博物院院长周功鑫找到我，请我帮个忙，说他们要搞康熙皇帝大展，借了北京故宫博物院的文物，还有法国卢浮宫的。我说很好，她说请我给他们的研究人员讲一次康熙皇帝，我就讲了，他们还挺高兴。过了几天，副院长冯明珠又找我，说她负责雍正皇帝的展览，在北京展出，想请我讲一次雍正皇帝。我说我很荣幸，我愿意跟大家一块儿交流和学习。所以又给台北故宫博物院这些专家讲了一次雍正皇帝，每一次都讲三个小时。

这说明郑院长任职期间，海峡两岸故宫博物院进行了中华传统文化的交流。

第四就是故宫学。郑院长到故宫之后，因为他当过国家文物局副局长，对故宫很熟悉，就提出故宫学，然后开了个小型座谈会，征求大家的看法。郑院长问我怎么看故宫学，我说我完全赞成和支持。故宫学是以故宫及其历史文化内涵为研究对象，集整理、研究、保护与展示于一体的综合性学科，这逐渐成为大家的共识。

我讲的大故宫也是受了郑院长故宫学的启发，反过来呼应郑院长的故宫学。所以我要讲的不只是紫禁城里面的，两个故宫都讲，三个博物院也讲，台北故宫博物院藏的南迁物品也在故宫学范围内，一定要讲，并且还要讲避暑山庄、木兰围场、明中都、南京故宫及明清帝王的陵寝。

以郑院长为首的故宫人，加上全国各地的支持，以及上面领导的关心和支持，使故宫发生了非常大的变化。

我们国家的世界文化遗产很多，敦煌莫高窟是，龙门石窟是，云冈石窟也是，但是最能全面系统体现中华五千年文明的，只有故宫。

所以故宫学的价值，在于保护故宫、研究故宫、弘扬故宫文化，从而弘扬我们中华五千年的传统文化，提升中华民族的自尊心。

非常感谢郑院长既生动又有理论深度的报告，也感谢中国版权协会在中秋节之后的第二天举行这个报告会。谢谢郑院长，谢谢阎会长。

第六讲

听字、觉词、达意——感悟文学之美

主讲嘉宾

濮存昕

主持嘉宾

肖丽媛

听字、觉词、达意
——感悟文学之美

濮存昕　（一级演员、中国戏剧家协会主席）

感谢主办方邀请我来到远集坊。“远集”让我马上想到“五湖四海”这个词，好像大家来自五湖四海，为了一个共同目标来到这里。今天除了来到北京现场参加活动的观众，也有很多五湖四海的朋友在网上一起参与。我是一个没有什么学问的人，小学毕业之后就下乡劳动，后来从事话剧行业，大家称我为演员。后来在自己慢慢学习进步的过程中，我还被称为“语言工作者”。一开始我知道自己在语言方面的不足，演着戏懵懵懂懂地过了40岁之后，开始思考：我还应该怎么进步呢？

回过头来，我发现了语言的基本功问题。我同时跟戏剧演员和曲艺演员有交往，发现人家很讲究自己的专业技能，语言就是其中最基本的技能。所以我就觉得，我们话剧演员好像没有技术标准一样，要不然练琴，要不然发声，要不然永远在写生。话剧演员好像没有基本功，我开始在这个方面反省自己，觉得应该要好好地学习。

我在网上得到的信息是，汉语已经被联合国教科文组织列入世界五大语言，另外四种语言是英语、阿拉伯语、法语和葡萄牙语。因为国际影响力大，所以这些国家的语言成为世界流通语言。我们中国在将来会更加富强，学中文的人一定会越来越多。中文要会书写，汉语要会说，我们自己首先要把自己的语言说好，这不仅是语言工作者的责任，还是我们每一个国人、每一个华人的责任。汉语是直到今天还在使用的古老语言，具有丰富性、深刻性、艺术性、音乐性、准确性等，我们要传承好几千年的文脉。所以我们经常在提到弘扬祖国优秀传统文化时要求阅读古诗词，就是为了提升我们的语言表达能力。

提到语言，我先给大家讲个让我心里很感动的故事。我们剧院的老演员朱旭老师的夫人宋凤仪老师在2014年的时候为纪念骆玉笙诞辰百年而创作了长篇小说《沧桑岁月稠》。骆玉笙是著名曲艺表演艺术家，京韵大鼓“骆派”创始人，演唱了电视剧《四世同堂》的主题曲《重整河山待后生》。朱旭老师在讲这段故事的时候，在台上都忍不住掉眼泪。在录制《重整河山待后生》的时候，乐队准备就绪，就等骆老来了。骆老一来，拄着拐棍，一头银发，一身黑旗袍。乐队一看骆老这风采，都很投入，录了两遍，全体鼓掌。

然后骆玉笙老人家就问：“行吗？要不然我听听，要是哪儿有问题我再录。”录音师说：“录得可好了，您年纪大了，就请回家休息吧。”后来电视剧一播，老太太不干了，说：“瞧，当时我就应该听一听，我把字唱倒了，我对不住全国人民。”老人家哭了。哪个字唱错了呢？“千里刀光影”的“影”字。老人说她没把三声唱利索，“影”字得下去再上来，她只是唱上去了，没把字唱完整。老太太特别后悔，这体现了她对自己专业的敬业精神，她的一丝不苟是我们今天这些年轻演员应该去学习的。这个例子启示我们，我们要讲究，要把语言说好。

艺术语言不是生活语言，生活语言听明白就行了，随意性很强，耳语都行，而艺术语言最重要的概念是空间语言，我们在舞台上表演话剧使用的就是空间语言。但是到了电影、电视剧就不用了，人家录音老师会说，你有话剧腔。什么叫话剧腔呢？就是口腔运动很完整，传递性很强，或者说有一种语音的夸张性。影视剧强调自然，要使用生活语言，不能特别夸张，但是舞台上不行。舞台是一个大的画框，人在画框里面的空间很小，演员想要表达内心的思想情感等所有信息都要通过语言传递，为了让最后一排的观众都能听清楚，舞台语言必须有空间感、清晰度，还要有美感。

我们生活中隔着河、隔着山交流时也要提高音量，像川江号子必须喊起来，用肺腑之声，但这是正常的生活交流，可以放松下来。所以生活语言可以不必有艺术语言的概念，但是艺术语言除了生活性以外，一定要考量其受众和听者。

还有话筒语言、现场语言，我要是不用话筒，声音也会传递，但是用话筒的时候就要控制音量，不能特别大，同时清晰度要高，所以传媒大学播音系的学生要学话筒语言。

我作为一个话剧演员，被人家称为语言工作者，又在推广古诗词朗诵，今天便把自己的相关思考分享给大家。

今天有一个题目，“听字、觉词、达意”。当人们进行交流的时候，首先是从听到的字产生一种意的直觉，从字的完整性、词的含义来理解对方所表达的意思，从而达到同步交流，即为达意。“说话听音、锣鼓听声”，人和人的交流一定是从理解对方说话的意思开始的。

我用了“感悟文学之美”这个副标题。我们除了是知识分子，也是文学工作者。舞台是形象文学，我们在舞台上通过故事，通过人物塑造，传达出语言的意境和作者的创作态度，使观众获得一种看、听和共情融合在一起的文学感受。我认为戏剧首先是文学的，我们通过语言，通过形象表演，通过可感的共情，使得大家都浸润在文学的海洋里，陶冶情操，获取审美感受。

远集坊第六讲活动现场

这是我的开场白。

现在，我们来听听不是演员，不是舞台工作者，而是平常喜欢朗读的现场观众来朗读一些中外文学作品中的经典片段，然后我来做一点讲评，好不好？

冯亚：大家下午好，我是人民文学出版社外国文学编辑室的编辑冯亚，下面我来朗诵一段鲁迅先生写的《野草》题辞。

当我沉默着的时候，我觉得充实；我将开口，同时感到空虚。

过去的生命已经死亡。我对于这死亡有大欢喜，因为我借此知道它曾经存活。死亡的生命已经朽腐。我对于这朽腐有大欢喜，因为我借此知道它还非空虚。

生命的泥委弃在地面上，不生乔木，只生野草，这是我的罪过。

野草，根本不深，花叶不美，然而吸取露，吸取水，吸取陈死人的血和肉，各各夺取它的生存。当生存时，还是将遭践踏，将遭删刈，直至于死亡而朽腐。

但我坦然，欣然。我将大笑，我将歌唱。

濮存昕：她读得很好，充满对文学的热爱，充满一种兴趣。你先下去，咱们再听一个朋友朗诵。

观众：话剧的演绎和朗诵是两种形式，我不是科班出身，但是我看过濮存昕老师表演的话剧，我试着表演一段《哈姆雷特》中经典的内心独白。

生存还是毁灭，这是一个值得考虑的问题。默然忍受命运的暴虐的毒箭，或是挺身反抗人世的无涯的苦难，通过斗争把它们扫清，这两种行为，哪一种更高贵?

死了；睡着了；什么都完了；要是在这一种睡眠之中，我们心头的创痛，以及其他无数血肉之躯所不能避免的打击，都可以从此消失，那正是我们求之不得的结局!

死了；睡着了；睡着了也许还会做梦；嗯，阻碍就在这儿：因为当我们摆脱了这一具腐朽的皮囊以后，在那死的睡眠里，究竟将要做些什么梦，那不能不使我们踌躇顾虑。人们甘心久困于患难之中，也就是为了这个缘故!

谁愿意忍受人世的鞭挞和讥嘲、压迫者的凌辱、傲慢者的冷眼、被轻蔑的爱情的惨痛、法律的迁延、官吏的横暴和费尽辛勤所换来的小人的鄙视。

要是他只要用一柄小小的刀子，就可以清算他自己的一生，谁愿意负着这样的重担，在烦劳的生命的压迫下呻吟流汗。

濮存昕：这位观众的朗诵充满了对人物角色的理解，充满了对于戏剧和人物的想象，很好，就是要注意把台词说得再清楚一点。

你刚才把更多的注意力分散在你想表达的情感里，这个现在先放下，因为一千个人眼里有一千个哈姆雷特。你现在先去读出自己的疑惑，用思想来表达，我来告诉你怎么读前几句。

生存还是毁灭，它实际上提出一个命题，因为人生中最难的事其实就俩字：选择。莎士比亚很聪明，他把命题命在生和死这二者的考量上，而且他偷换概念，一下子搭桥就过去了，死了会做梦，写得很巧妙。然后就说我们为什么不敢死，因为没有一个人从死亡的国度回来。莎士比亚借助哈姆雷特这个角色来表达他的思考，他在自己的作品中借助情节和人物的命运来表达他自己对世界的态度。

你先读第一句：生存还是毁灭，这是一个值得考虑的问题。话筒不要离太近，我们把字读完整，字头要出来，要把字读轻巧了。

观众：生存还是毁灭。

濮存昕："存"是二声。

观众：生存还是毁灭。

濮存昕：把感情附上去，表达出疑问。这句话在文法上是逗号，但在传递时是问号，还要把问号拎起来念。生存还是毁灭？马上就不一样了。

观众：生存还是毁灭？这是一个值得考虑的问题。默然忍受命运的暴虐的毒箭，或是挺身反抗人世的无涯的苦难……

濮存昕：朗诵的时候一定要有空间感，默然忍受命运还是反抗，把其中的犹豫读清楚，传递角色的思想。

观众：默然忍受命运的暴虐的毒箭，或是挺身反抗人世的无涯的苦难，通过斗争把它们扫清，这两种行为，哪一种更高贵？

濮存昕："哪一种更高贵"这一句话里面不能有太多的重音和强调，慢慢来，把气压下来，心沉下来，想象哈姆雷特一个人在城堡里，没有人帮助他，怎么办呢？

观众：生存还是毁灭？这是一个值得考虑的问题。默然忍受命运的暴虐的毒箭，或是挺身反抗人世的无涯的苦难，通过斗争把它们扫清，这两种行为，哪一种更高贵？

濮存昕：好，一定要去分析作品中的思想逻辑和角色的生存逻辑，思考角色的命运、状态、形象。我们在朗诵的时候要更客观一些，把表演收回来一点，最重要的是把内容读好。这两句话实际上是两个并列的问题，生存还是毁灭，默默忍受命运还是反抗。而"这是一个值得考虑的问题""那不能不使我们踌躇顾虑"则是结论。找到了问题，然后就洋洋洒洒往下写了，莎士比亚的语言充满了大智慧。莎士比亚对英国语言的文学性做了很大的提升，俄语则是普希金，没有普希金就没有现代俄语。

中国近现代、当代的语言大师太多了，像侯宝林先生就是语言大师，他的思想是他所独有的，他用的词也只能由他说出来，别人才能够有所开悟，这就是语言。语言的奥妙实在太多了。

小冯你上来，把刚刚朗诵的头两句的吐字说清楚，要读出重点。

冯亚：当我沉默着的时候。

濮存昕："默"是四声，四声是先上后下。一声是平向前，二声是先下后上，三声一定要下去，四声有一个浮点。这个字全是圆的，当我沉默着的时候。

冯亚：当我沉默着的时候，我觉得充实。

濮存昕：我觉得充实，"实"是二声。

冯亚：当我沉默着的时候，我觉得充实；我将开口，同时感到空虚。

濮存昕：我将开口，"口"是三声，这个字是圆的。"空虚"这两个字都是一声，是你这句话的重音点。同时感到空虚，表达我不想说话了。

冯亚：同时感到空虚。过去的生命已经死亡。

濮存昕：过去的生命已经死亡，但它可能会死灰复燃，一定不允许它再来一遍，要把这个意思读出来。

冯亚：过去的生命已经死亡。我对于这死亡有大欢喜，因为我借此知道它曾经存活。

濮存昕：注意把每一个字都立起来读，把四声读准了，这个字就好听了。过去的生命已经死亡。

冯亚：过去的生命已经死亡。我对于这死亡有大欢喜。

濮存昕：把“亡”字的二声读出来，这样意思就准确了，同时读得不平了，好听了。再从头念一遍。

冯亚：当我沉默着的时候，我觉得充实；我将开口，同时感到空虚。过去的生命已经死亡。我对于这死亡有大欢喜，因为我借此知道它曾经存活。

濮存昕：好，可以。我用你这段朗诵给大家做一个示范，大家可以发现四声到位了，读的意思就更准一点。有时间咱们再一起练。

观众：我是人民日报出版社的编辑，我姓周。我是理工科院校的学生，现在作为一名文字工作者，也受到了艺术的熏陶。我觉得自己跟您的渊源还是比较深的，包括我进入大学第一次接触朗诵，进到单位之后看到您写的推荐语，让我觉得离自己的偶像更近了一点。

我今天准备朗诵《阮玲玉》的片段，没有提前准备过，这是第一次朗诵。

好心的影迷们，你们爱着的阿阮去了。在今后无穷的岁月里，我将睡在黑暗的胶片上。

濮存昕：每个字咬狠一点。

观众：好心的影迷们。

濮存昕：发音得到鼻子上来。

观众：好心的影迷们，你们爱着的阿阮去了。

濮存昕：“阮”这个字发音得完整。

观众：你们爱着的阿阮去了。在今后无穷的岁月里。

濮存昕：“后”这里得出气。

观众：在今后无穷的岁月里，我将睡在黑暗的胶片上。

濮存昕：字头、字后都得发音完整，你属于嘴里没力量，但是很自然。我们今天把力量练出来，可以不使，但是不能没有力量。调整自己，把嘴再紧一点，要不然没有朗读技术，就会很松弛自然。

观众：我再朗诵一下。

好心的影迷们，你们爱着的阿阮去了。在今后无穷的岁月里，我将睡在黑暗的胶片上，躺在冰冷的盒子里。若有机缘，我的容貌能在银幕上重现的时候。

濮存昕：若有机缘。死了还能有人怀念我吗？要有问话，要引出来。

观众：若有机缘？

濮存昕：要把自己的身体当作一个音箱，进行肺部共鸣、咽腔共鸣、鼻腔共鸣，特别是一个字的尾音往往带有鼻音，比如“有缘”的“缘”要发出“嗯”的音，这样就好听了。古人最初交流的时候，还没有字和音，后来慢慢确定下来意思，拿石头画象形文字，像甲骨文就变成字的符号。先有字还是先有音，我不知道哪个专家能够解答这个问题，就跟先有鸡还是先有蛋一样。有意才有字，然后确定这个字的音，它们一定是相辅相成的。语言确实是需要练习的，不要光追求松弛自然。诵读就一定要把字读准了，嘴要使劲。

好，谢谢你，你的段落就到这里。

学生：今天我为大家朗诵从《少年中国说》中节选的一部分。

故今日之责任，不在他人，而全在我少年。少年智则国智，少年富则国富，少年强则国强，少年独立则国独立，少年自由则国自由，少年进步则国进步，少年胜于欧洲则国胜于欧洲，少年雄于地球则国雄于地球。

濮存昕：好，咱们一起来读。故今日之责任，“故”字一定要停顿一下，因为“故”是定语。故，今日之责任，不在他人，而全在我少年。

学生：故，今日之责任，不在他人，而全在我少年。

濮存昕：“年”字不能念一声，要传出去，念二声。

学生：故，今日之责任，不在他人，而全在我少年。少年智则国智，少年富则国富，少年强则国强，少年独立则国独立，少年自由则国自由。

濮存昕：你自己是少年，要把少年的自豪、自信读出来。全在我少年，少年智则国智，少年独立则国独立，这是不容置疑的。

远集坊第六讲活动现场

学生：少年强则国强，少年独立则国独立，少年自由则国自由，少年进步则国进步，少年胜于欧洲则国胜于欧洲，少年雄于地球则国雄于地球。

濮存昕：你每个字读得都很平，节奏、音量都是一样的，要读出态度来，读出少年的自豪感来。

诵读是我们中华传统文化教育中间一个缺失的项目，旧时的私塾，学生还不会写字就能够将《三字经》全都背下来。在我们今天的学校教育中，我个人提倡，语文老师要用诵读的方式加强学生的表达能力，小朋友读书就要读出声来。

我们一定要把传统文化的生态营造起来，就像今天我们国家特别强调“绿水青山就是金山银山”，北京的环境已经大为改观，沙尘很少了，整个自然环境有一种生态上的良性循环。国家也很重视文化建设，我强调诵读是因为诵读能够使我们更好地理解文章，同时提升语言能力、增强记忆力、培养语感。

接下来我为大家朗诵一遍《野草》题辞。鲁迅先生特有的遣词造句让人一听就知道出自他手，读鲁迅先生的作品，能让听众获得启发。每个人在阅读过程中要代入自己的理解，可以同意，也可以不同意。

鲁迅先生在写文章的时候有一种思绪的节奏，因为我是个演员，就很容易去揣摩、体会他写作时的那种思绪，他话里有话，有言外之意。

当我沉默着的时候，我觉得充实；我将开口，同时感到空虚。

过去的生命已经死亡。我对于这死亡有大欢喜，因为我借此知道它曾经存活。死亡的生命已经朽腐。我对于这朽腐有大欢喜，因为我借此知道它还非空虚。

生命的泥委弃在地面上，不生乔木，只生野草，这是我的罪过。

野草，根本不深，花叶不美，然而吸取露，吸取水，吸取陈死人的血和肉，各各夺取它的生存。当生存时，还是将遭践踏，将遭删刈，直至于死亡而朽腐。

但我坦然，欣然。我将大笑，我将歌唱。

我自爱我的野草，但我憎恶这以野草作装饰的地面。

地火在地下运行，奔突；熔岩一旦喷出，将烧尽一切野草，以及乔木，于是并且无可朽腐。

但我坦然，欣然。我将大笑，我将歌唱。

天地有如此静穆，我不能大笑而且歌唱。天地即不如此静穆，我或者也将不能。我以这一丛野草，在明与暗，生与死，过去与未来之际，献于友与仇，人与兽，爱者与不爱者之前作证。

为我自己，为友与仇，人与兽，爱者与不爱者，我希望这野草的死亡与朽腐，火速到来。要不然，我先就未曾生存，这实在比死亡与朽腐更其不幸。

去罢，野草，连着我的题辞！

我读的时候一定会体会他的思绪，他的断句都和他的思绪有关。

我再讲一讲《哈姆雷特》，关于生存和毁灭其实有很多解读，这句台词出现时的剧情是什么呢？哈姆雷特通过安排戏班进宫表演与父王被杀经过相似的戏剧来试探叔父克劳狄斯，证实了叔父谋害父亲、篡夺王位的真相，他逐渐坚定了复仇的决心，又因为理想与现实的矛盾而陷入深深的痛苦和困惑之中。所以可以这样戏剧化地去读：生存还是毁灭，这是一个值得考虑的问题。

另外，我想跟大家讨论一下语言标准，我自己在思索我们话剧演员或者语言工作者有没有技术标准时大胆地琢磨出四个标准，大家看看对不对，分别是字正腔圆、四声到位、气息通畅、清晰达意。

先说字正腔圆。我们每一个发音都在唇齿舌这个位置，字头就是拼音的第一个字母即声母，如“b”“p”“m”“f”等得把音发出来。比如说天就是“tian”，有的人没有把声母“t”的音发出来就变成了“ian”。发音的位置要准确，要运动口腔才能达到字正。然后是腔圆，我刚才说过，我们要把自己的身体想象成一个乐器的音箱并运用起来，共鸣腔要打开。

1957年6月创办的上海声乐研究所以其独树一帜的“咽音唱法”教学体系培养出一大批风格鲜明、唱腔独到的歌唱大家。该所创建者林俊卿本是北京协和医学院的博士，在业余学唱西洋美声的过程中不断探索研究，创立了一套严谨的“咽音唱法”体系。所谓“咽音唱法”，核心就是通过严格的科学训练，让咽壁的力量不断增强，使咽部能够成为收缩的“发音管”，从而发出高而亮的声音。用咽音练声发音，既可使失声者重放光彩，更可以让普通歌唱者增强发声能力和演唱持久力。许多著名歌唱家如王昆、郭兰英、沈湘等都曾跟随林俊卿学习“咽音唱法”，甚至有许多失声演员来到上海声乐研究所治疗，而后重获新生。

再说气息通畅，想气息通畅就要使用腹腔呼吸，让横膈膜上下移动。由于吸气时横膈膜会下降，把脏器挤到下方，因此吸气时肚子会膨胀而非胸部膨胀。用腹腔呼吸可以扩大我们的肺活量。

很多演员在训练时呼吸很浅，我找到一个办法，这是我到英国参加训练营时，英国皇家莎士比亚剧团的人教我的。当时我要演李尔王，因为我的声音很撑，他说我的呼吸不对，发声有问题。他没有时间给我讲半天，加上语言也不通，就让我趴下，把身体蜷在一起，迫使自己的呼吸从肺移到胸腹。找到正确的胸腹式呼吸位置后，再站起来说话。

解决呼吸问题要学会深呼吸，调整好了呼吸，就可以做到真情的表达。打个比方，炭火炉里的火不旺了，空气一通畅，火一下子就旺了。老师、导演、同台的合作者能够帮助演员通畅地流露自己的真情，正确的气息运用则能帮助他们改善发声的生理能力。呼吸是发声的原动力。人在紧张的时候呼吸就不从容，气息吐不干净。呼吸不平稳、没有准备好的时候，不要急着说台词，先调整好自己的呼吸，哪怕是急促的表演，你的呼吸没有跟上，就会累嗓子，一会儿就哑了。跟孩子们交流时，如果他们没有经过这方面的气息训练，就很容易哑嗓子。

最后是清晰达意。第一要有理解力，第二要有概括能力，第三要有表述能力。讲话时要有断句，有段落感，有词汇感，有一层层意思的转折。在准备文案时把自己的理解标在纸上，有助于朗读时清晰达意。一定要知道自己为什么要张嘴、要朗读，是为了影响别人，让别人理解自己。只有不断提升语言能力，才能做到触类旁通、引经据典、信手拈来。我们争取通过不断地阅读，来提升自己的口才。

我总结的语言表达标准或许还可以有第五条，这就涉及审美方面了，通过情感来塑造独特的音色。

接下来我朗读一段《哈姆雷特》中的台词，我现在不演角色，只给大家读一下台词的逻辑。

生存还是毁灭，这是一个值得考虑的问题。默然忍受命运的暴虐的毒箭，或是挺身反抗人世的无涯的苦难，通过斗争把它们扫清，这两种行为，哪一种更高贵?

死了；睡着了；什么都完了；要是在这一种睡眠之中，我们心头的创痛，以及其他无数血肉之躯所不能避免的打击，都可以从此消失，那正是我们求之不得的结局!

死了；睡着了；睡着了也许还会做梦；嗯，阻碍就在这儿：因为当我们摆脱了这一具腐朽的皮囊以后，在那死的睡眠里，究竟将要做些什么梦，那不能不使我们踌躇顾虑。人们甘心久困于患难之中，也就是为了这个缘故!

谁愿意忍受人世的鞭挞和讥嘲、压迫者的凌辱、傲慢者的冷眼、被轻蔑的爱情的惨痛、法律的迁延、官吏的横暴和费尽辛勤所换来的小人的鄙视。

要是他只要用一柄小小的刀子，就可以清算他自己的一生，谁愿意负着这样的重担，在烦劳的生命的压迫下呻吟流汗，倘不是因为惧怕不可知的死后，惧怕那从来不曾有一个旅人回来过的神秘之国!

是它迷惑了我们的意志，使我们宁愿忍受目前的折磨，不敢向我们所不知道的痛苦飞去!

这样，重重的顾虑使我们全变成了懦夫，决心的赤热的光彩，被审慎的思维盖上了一层灰色，伟大的事业在这一种考虑之下，也会逆流而退，失去了行动的意义。

把他的文思说清楚，尽可能地理解莎士比亚的意图。

主持人：我在多种场合听过濮存昕老师表演这段《哈姆雷特》的经典独白，他的表演也在不断发生变化。

濮存昕：我用直觉对待舞台时，每天是充满着乐趣的，要是没有这种直觉的话，就会像每天吃一样的菜一样没有胃口，我们的思想也需要足够的时间休息。

主持人：在不同的年龄会对《哈姆雷特》有不同的理解，这跟我们在阅读时是一样的道理对吗？

濮存昕：对。

主持人：刚才在濮存昕老师讲的过程中，我一直在看直播，好多网友都说嫉妒现场的三位能够接受濮老师指点朗读。刚才濮老师也讲了，对于语言的基本功，各有各的理解。我现在替网友问濮老师几个问题。

第一，阅读文学作品时，成年人可以洞性灵之奥区，极文章之骨髓，而对于孩子来说，如何培养他们的阅读和理解能力呢？

濮存昕：由浅入深，任何事情都有规律。先提倡孩子们大声朗读，让孩子有表达的信心，发音不准没关系，先建立起一个“我愿意当众表达自己”的信念，这是对孩子的第一个要求。第二，我相信语文老师一定会帮助他们提升阅读理解能力，审美方面更高层次的能力则要慢慢来培养。

我特别提倡用最大的气力来大声阅读，这是我对孩子的期望。

主持人：您有没有过现场忘词的情况？

濮存昕：忘词是一个演员的事故，集中注意力就不会忘词，没有休息好就可能走神忘词。演员这活得休息，有一次我下午去干别的事了，晚上上台了，突然想不起来第三句词，后来前奏一起我一放松就想起来了。那天下午我没休息，所以晚上表演的时候脑袋断电了。人的生理是有极限的，要好好休息。

主持人：您扮演过很多历史角色，您是怎么走近这些角色的？在这些角色中您最喜欢哪一个？哪一个角色最像您自己？

濮存昕：我现在肯定不能演花前月下了，随着年龄增长，我在演和自己相称的角色。我最近在读契诃夫的《海鸥》，在和爱情没有什么关系的年龄突然间读懂了这个剧本，所以有的时候是反的，你读懂一个东西的时候它恰恰跟你没关系了，每个时期都有自己应该表演的东西。我比较少为了应付差事去演角色，我还是很认真的。我年轻时出演过《编辑部的故事》，我一瞅吕丽萍、葛优多棒啊，心里很紧张，就灌了自己两瓶啤酒，往门口一靠，借着酒劲开始演。他们那种室内剧，一演就是一大段。我那时候哪受过这种训练啊，但是酒壮屃人胆。

主持人：濮存昕老师在生活中特别简单，特别谦虚，把自己真实的一面特别坦荡地展示给别人。不同职业的人往往会有不同的语言特点，想听一下话剧腔跟播音腔有什么区别，话剧腔是演员的基本功吗？

濮存昕：话剧腔这个说法其实有一点贬义的感觉，但是我觉得舞台表演要夸张，讲话没有力量一定上不了台，可以去演影视。所以太多人想当明星，进了表演专业就想当电视剧或者电影演员，在语言训练方面是放松的，毕业之后分到人艺来了，嘴没有力量，需要回炉重造。但是话剧腔不要只是拿腔拿调，要融入真情实感。

对于演员来说，吐字清晰非常重要，需要进行这方面的专门训练，舞台上需要有力量的声音。播音则不用带情感，重点是文理要表达清楚，让听众获取信息。这是话剧和播音不一样的地方。

主持人：影视可以录很多次，而话剧是一次成形的，艺术都是有遗憾的，您这么看吗？

濮存昕：影视虽然可以拍很多遍，但是今天影视场地租期到了，一般制片人就不能重拍了，没演好的片子就永远放在那儿，真的是遗臭万年。如果一次能过就很厉害。

舞台表演则要经过缜密的考虑、周全的排练，加上现场发挥。简单说，影视是水到渠成，话剧是渠到水成，把渠挖好了，再按照自己的动作线走，到那儿就有水。而影视有的是先拍后面的剧情，再拍前面的，不一定是按照顺序拍摄的。

所以电影、电视剧的摄影师特别喜欢能进入无我状态的演员，就是演员千万不要去找摄像头，而是让摄像头找演员。演员一找摄像头的话表情就会延迟，显得很假。

主持人：您为什么不演电影和电视剧，只坚守在话剧舞台？

濮存昕：我爱好这个，我长期做舞台演员，对舞台的了解要比电视剧更多，我太知道我在舞台上怎么跟观众交流。

主持人：西方一位重要的哲学家霍布斯说，语言丰富的人要么比一般人更聪明，要么比一般人更疯狂。

濮存昕：我是理性的人，理性和感情应该是平衡的，是互相参照的，一定要把自己代入进去，才叫表演。假定性的相信是学习表演的第一门课，演员要相信这一切是真的。

主持人：您演弘一法师的时候说过，相信自己就是弘一法师。

濮存昕：对，这需要经历些事情。弘一法师的绝笔偈写道“执象而求，咫尺千里”，老知道结果的话就不对了，一定要一进二、二进三、三进四地去体验，活在当下。没有能力的人只看脚底下，有能力的人则看十步以外，就跟围棋九段棋手根本不在乎一城一池的得失一样。

艺术的空间越大，越能够注意到细节；空间越小，往往会因为去想大空间而失掉细节。这都是相辅相成的。

主持人：您朗诵《琵琶行》到“同是天涯沦落人，相逢何必曾相识”的时候落泪了，这是为什么？

濮存昕：江州司马和一个沦落天涯的歌女此刻平等了，但是人间哪里有绝对的平等？我有话语权，别人听着，这平等吗？我演过《简·爱》中的罗切斯特，罗切斯特和简·爱平等吗？只有当他的城堡被烧了，他的眼睛瞎了，他才和简·爱平起平坐，因为此时简·爱一无所有，他也一无所有。但是罗切斯特在城堡被烧、简·爱出走之前，他的爱和我们的爱是不一样的，没有无缘无故的爱，也没有无缘无故的恨。他用贵族的态度去恩赐她财富，简·爱说她不要珠宝。为什么不要？因为简·爱觉得不平等，罗切斯特正式的妻子还在。罗切斯特和简·爱对待爱情的态度是不一样的，罗切斯特的性情当中有偏见，对这个世界有歧视，尤其是对女人，因为他自己吃喝玩乐养成了对这个世界不正确的态度，所以他很好奇为何自己这么刺激简·爱，她还能那么坦然平静，一点都不慌张。他需要她，而不是精神境界的平等。所以我们认识一个角色要多看书。

主持人：我大概总结一下，今天下午将近两个小时的时间，濮老师用他有质感、有内容、有温度的声音与我们分享了无比美妙的时光，更重要的是，他教会了我们一些感受美、朗读和表达自己的技巧，这是我们平常听不到的。我想用濮老师的一段话作为今天活动的结束语。

每个汉字皆有字形、字意的灵性，也有美音，这是属于我们民族文化的基因。我们不仅要阅读，也要用朗读的方式把美的声音读出来，共赏中华文化的诗意世界。

第七讲

从音乐的角度，观察京剧的形成与发展

主讲嘉宾

尹晓东

主持嘉宾

孔培培

从音乐的角度，观察京剧的形成与发展

尹晓东 （一级作曲，中国戏曲学院党委副书记、院长）

今天特别有幸受邀和大家交流一个话题，就是从音乐的角度来观察京剧的形成与发展。我们都知道京剧是中华优秀传统文化的代表，有“国粹”之称。京剧走过了一个什么样的发展历程，其中有哪些因素推动了它的发展，我们可以从很多角度来观察，比如京剧表演、京剧文学、京剧美术等方面都可以作为切入点。我今天选择从音乐的角度来观察中国的京剧是如何形成、如何发展到今天的。

我们都讲音乐是戏曲的灵魂，如果中国戏曲没有了音乐，就不成其为戏曲，这也是中国戏曲和西方其他戏剧形式如话剧最大的不同。每个剧种都有自己的一套身份密码，戏曲的身份密码最主要的标志就在于它的音乐。

所以过去也把看戏叫作听戏，戏曲虽然是一门综合性的艺术，但是音乐在戏曲中是非常重要的一个要素，音乐也是区分不同剧种的重要因素之一。

为了说明这个问题，我们可以看一个录像的片段，没有声音，只看人物的表演，看看能不能猜出是什么剧种，我相

信猜到的人不会太多。（播放视频）

从人物扮相可以猜到是某一个戏曲当中的人物，但是你听不到他的唱腔，听不到音乐，仅看他的表演，不知道有没有朋友可以分清他演的是什么剧种。接下来换一个剧种，从人物的扮相和表现的故事大家可能会猜到这是古代女性武将角色，可能还会猜是穆桂英。在听不到唱腔和音乐的情况下，有猜对两个片段的剧种的吗？可能都猜不到。所以戏曲当中有了音乐，才有了灵魂。

我们再做第二个测试，不出现画面，只听声音，看大家能不能辨别是什么剧种。

没有画面，就听声音，我相信大家可能已经猜到是什么剧种了。有嘉宾告诉我这是豫剧，没错，不用看表演，光听声音就可以知道是什么剧种。（播放音频）

再来听一段。（播放音频）已经有人告诉我了，这是京剧。

再听一段。（播放音频）这是什么剧种？昆曲。这就是我说的，音乐是戏曲的灵魂，是区分不同剧种的最重要的一个因素。所以今天我以这个话题切入，从音乐的角度来看京剧的形成与发展。

在戏曲中，音乐包括两部分：器乐和声乐（唱腔）。戏曲音乐的发展史，从某种意义上说就是剧种的发展史。一个剧种的发展历程是和剧种的音乐发展历程紧密相连的，所以京剧的形成与音乐有关，京剧的繁盛与音乐有关，京剧的创新发展也与音乐有关。

因为讲音乐是需要听觉的，有时候需要一些画面来说明一些问题，所以我在这一讲当中用了不少的音频和视频。我们可以看看京剧是如何发展到今天的。现存的可以找到的最早京剧唱片是1905年的，当然这张唱片是不是孙菊仙本人录的，现在学界有不同的争议，因为孙菊仙是早期的京剧艺人，他当时是不愿意留下自己的声音的，因为有了唱片以后可能影响他的演出票房，所以早期有些京剧艺人不太愿意让自己的声音在市面上流传。但是无论怎样，这张唱片是1905年的，我们来听听现在能够听到的最早的京剧是什么样的，是不是感觉恍如隔世？（播放音频）

再来听听1970年以后京剧发生了多大的变化。（播放音频）1974年的这部红色经典《杜鹃山》，我想上了岁数的人都比较了解，也比较熟悉。我们可以听出来，20世纪70年代时，京剧的声音已经发生了这么大的变化。在京剧整个形成和发展的过程中，不同的发展阶段既有融合又有渐变，而有些时候则是巨变和裂变。

1905年上映的《定军山》是我能找到的最早的京剧无声电影，由京剧演员谭鑫培主演。《定军山》是中国第一部电影，标志着中国电影的诞生，但是没有声音。我们能看到最早有声音、有画面的京剧，是20世纪20年代的《牧虎关》，我们来看看那个时候的京剧有什么样的画面和声音。（播放视频）

我们大致感受了京剧在形成之初是什么样的演出形态，它的演出场地跟现代化的剧场不一样，演员都是从后面出场的，现在则有侧台等，演出样式也发生了很大的变化。

我们再来看看2021年的一部京剧电影《贞观盛事》是什么样的，它运用了最先进的3D拍摄手法。现在的京剧电影真是正当辉煌了。（播放视频）

“戏以曲兴，戏以曲传”，音乐在戏曲中的独特地位和价值是由中国戏曲的本质特征和内在发展规律决定的。有些戏不演了，但唱段仍在传唱。那么在京剧的形成与发展过程中，音乐发挥了什么样的作用？

接下来我与大家交流四个话题：一、京剧的萌芽及形成；二、京剧的成熟与繁盛；三、京剧的推陈出新；四、当代京剧音乐的新发展。

一、京剧的萌芽及形成

虽然这个剧种被冠以“京剧”之名，但京剧不是北京的地方戏，虽然它是在北京形成发展起来的，但它并不是由北京的地方音乐和表演形式形成的，恰恰是一个特定的历史时期、一个特定的历史事件促成了京剧在京城的逐步萌芽。

京剧是清末在京城杂糅了诸腔而形成的新剧种，其中有一个标志性的事件叫徽班进京。有一定岁数的同志应该还记得30多年前，1990年时北京举办过一次非常有影响力的活动叫“纪念徽班进京200周年”。为什么纪念这个时刻，是因为1790年适逢乾隆八十大寿，全国有很多戏班到北京来演出，徽班在进京演出的戏班中是非常重要的群体，于是从1790年开始陆陆续续有更多的徽剧戏班走到北京。由于徽班的胸怀，很多其他地方剧种的演员都搭到徽班里面来唱戏，这些演员唱各种各样的地方戏，徽班就成了京剧的摇篮。京剧是杂糅了很多地方剧唱腔的剧种，其中最重要的两种地方音乐唱腔，一个是西皮，一个是二黄，所以早年京剧叫皮黄。

但是徽班进京只是京剧的萌芽，京剧最终形成独立的艺术形态还是在半个多世纪以后。头些年纪念徽班进京时，大家觉得京剧有200年的历史，其实并没有那么长。京剧的真正形成是在1840年以后，正式命名是在1876年。唱皮黄的剧种到了上海，上海的报纸不知道如何定义这个剧种，因为它不是传统的老剧种，既不是昆曲，也不是梆子，而是杂糅了很多东西，应该叫它什么呢？后来因为这个剧种是从北京来的，就叫京剧，由此有了京剧这个名词。

京剧的形成与“徽汉合流”有着极大的关系。徽剧的戏班里面不包括那么多声腔，主要以唱二黄为主，不唱西皮。京剧的两大主要声腔二黄和西皮，西皮是从汉剧里面来的。我是武汉人，小时候在湖北戏校学戏，当时是京剧、汉剧、楚剧三个科的学生在一起学，我是学京剧的，我们听汉剧的唱腔和伴奏时，觉得怎么跟京剧这么像。后来随着自己的学习和研究知道了京剧跟汉剧有非常大的关系，实际上早期的汉剧艺人已经完成了西皮和二黄在汉剧剧种当中的融合，又把他们对于汉调剧种的融合带到了徽班，同时跟徽剧的音乐进行了新的融合，最后完成了京剧当中西皮和二黄声腔的融合。

要说明这个问题，也给大家看一段录像。（播放视频）京剧和汉剧在一起唱，大家是不是觉得它们有深厚的血缘关系？如果将完全不同的艺术形式搁在一起，大家肯定会感到非常强烈的违和感。这是汉剧《坐宫》里的一段，这两个剧种衔接起来非常顺滑。大家还可以听到汉剧里面有一些咬字发音跟京剧可以说完全一样，京剧里面有很多的上口字，有很多的语言从汉剧里面来，今天还保留着。汉剧和徽剧艺术对京剧的形成是有巨大贡献的。

不是简单把所有声腔放到一个戏班里面相互叠加就能形成新的剧种，过程中还需要很多创造性的转化。所以我们在观察京剧的形成过程时，不得不对这些前辈艺人心存敬畏。今天把两种完全不同的艺术形式搁在一起，你能不能将它们融合好，从而产生一种新的艺术形式？我们大概没有这样的本事。

在京剧的形成过程中，首先要解决一个技术上的难题，因为西皮来源于梆子声腔，梆子声腔有一个比较麻烦的问题，就是过去梆子声腔男声和女声、旦角和老生是同宫同调，唱的旋律、上下句的落音基本一致，早年的男演员没有好嗓子是唱不了梆子声腔的。京剧则在这方面做了很好的改造，将同宫同调转变为同宫异调。我们知道男生和女生的声音不一样，在戏当中，女生是用小嗓唱的，早年旦角也是男性扮演的，但是是用假声唱，假声和男生的真声在音上是有差别的。怎么解决这个差别的问题？早期的京剧艺人做了很好的探索和实践。今天的西皮声腔已经很好地解决了这个问题，所以现在的京剧唱段，男生女生在一起唱没有问题。

在京剧的形成和发展过程之中，前后三鼎甲即前面三个老生演员和后面三个老生演员做出了巨大的贡献。前三鼎甲分别是程长庚（安徽人，被誉为“京剧鼻祖”，对京剧早期的形成起到了非常重要的作用）、张二奎（河南人，但是出生在北京）、余三胜（湖北人）。三个人的出生地跟京剧有很大关系，解释了京剧中为什么还有湖广音、中州韵。所以我觉得前三鼎甲这三位老艺人的身份、出身和早期的戏剧活动实际上决定了京剧会形成什么样的融合态势。后三鼎甲分别是谭鑫培、汪桂芬、孙菊仙。

京剧早期是通过各个剧种、各个不同的声腔融合起来而产生的一个新剧种，但是只解决了声腔的问题，京剧还没有发展成熟，还要解决语言的问题，比如戏班里有说安徽话的，有说河南话的，语言不通怎么办？他们在北京生活，在北京演戏，渐渐把自己的方言跟北京的语言加以融合，所以京剧这个时候不仅有北京音，还有很多湖广音。

小时候我学戏曲，最先听到的都是现代戏，如《红灯记》《智取威虎

远集坊第七讲活动现场

山》等，那些剧里的语言已经完全北京化了，没有湖广音，没有中州韵。“文革”以后，传统戏恢复了，我听到传统戏里面有好多湖北话，很多的湖广音还留在京剧里面。

在第一代京剧艺人之后，有两位被称为“梨园汤武”的京剧艺人——“伶界大王”谭鑫培和“通天教主”王瑶卿。谭鑫培是老生代表人物，当时有一句话叫“无腔不学谭”。王瑶卿是一个了不起的人物，他为京剧中的旦角开辟了广阔的新道路，我们知道四大名旦都是他的学生，他在新中国成立以后担任中国戏曲学院的第二任校长。

京剧的伴奏乐器也发生了很大变化，最早就是京胡和三弦，后来把月琴加进来了，再后来把京二胡加进来了，之后又有新的乐器加入，就是中阮和大阮，这是皮黄的主要伴奏乐器。当然京剧里面还有吹打乐器如笛子、唢呐，早期的打击乐就是单皮鼓加大锣和小锣。在整个京剧音乐的发展历史中，伴奏乐器也在不断地丰富。

大家听老唱腔时，一方面觉得它在过去的基础上不断地发展，但是我们今天在听的时候，还是觉得它在声音表现力和美感方面与我们这个时代有一定的距离。

二、京剧的成熟与发展

在听戏年代，即艺术享受主要诉诸听觉的年代，艺人们把创造出卓尔不群的唱腔作为重要任务。每个流派都有自己特殊的唱段，形成了不同的板腔，都是这些艺术家独立的创造。在这个过程中，京剧的伴奏乐器也不断丰富起来。

20世纪20年代至40年代，京剧走向鼎盛时期，出现四大名旦和四大须生，其中对于声腔的贡献以两个艺术家最具代表性，一个是梅兰芳，一个是程砚秋。他们各自形成了自己独特的声腔艺术，一直影响到今天。在京剧早期形成过程之中，他们创造了许多新的声腔和板式，过去最早只有西皮、二黄，后来发展出了反二黄、反西皮甚至南梆子，极大地丰富了形成之初的京剧声腔，当然也有新的板式出现。

京剧之所以成为国剧，与它兼收并蓄、海纳百川，集众多地方剧种之长于一身有关。京剧以各个行当的角色塑造为特点，跟西方的歌剧是不一样的。京剧里面分生、旦、净、丑，按照不同的行当，甚至行当里面的不同流派来塑造人物。歌剧是以不同的声部安排不同的角色和人物，这是中国戏曲和西方戏曲最大的不同。我们不是靠声部来塑造不同人物，而是靠不同的行当，花脸有花脸的唱腔，老生有老生的唱腔，我们有那么丰富的行当和流派来塑造人物。

三、京剧的推陈出新

新中国成立以后，京剧迎来了推陈出新。当时有一个剧目政策叫“三并举”，使传统戏、新编历史剧、现代戏的创作取得了很多新成就，不像过去只有表现历史故事的剧目。早年梅兰芳先生也创作过一些时装戏，但都不是特别成功。新中国成立以后，我们所有的艺术形式包括中国戏曲，都要为现代生活服务，都要塑造当代的人物、表现当代的生活。在这个过程中毛泽东同志提出“百花齐放，推陈出新”“古为今用，洋为中用”的指导方针，使京剧又迎来了一个大发展时期。除了本身的声腔和音乐有所发展，京剧在乐队的构成和编制上也发生了很大的变化。声腔的发展既提升了旋律的美感，增强了欣赏性，也提升了音乐塑造人物的功能。

大家知道中国戏曲包括京剧有一个最重要的艺术特点就是程式化，一切表现手段都有一整套的程式，不仅是表演，音乐也有其严格的程式。所以我们听京剧时会觉得怎么老是这些腔调，这就是其程式性的延续。现代生活要用新的语言来表现，这些新的音乐语言的出现也为京剧创作的题材提供了更大可能性。

新中国成立以后诞生了很多新剧目，它们在唱腔、音乐编配、乐队构成上发生了很多变化。这些变化不仅使京剧自身得到很大丰富和发展，也影响了当时西洋音乐和民族音乐的发展。

传统戏是今天京剧演出的主要形式，但是有不少被称为传统戏的剧目，实际上都是新中国成立以后创作的。比如京剧《赵氏孤儿》《西厢记》《白蛇传》等，其实都是新中国成立以后推陈出新的成果。20世纪60年代大力倡导现代戏的创作，使京剧进入新的发展阶段。比如当时成立的云南京剧院，把少数民族的音调融进了现代戏的创作，表现少数民族的生活。

那个年代还对现代戏当中的技术难题做了攻破，比如说刚才提到的西皮的腔调问题解决得比较好。京剧用嗓基本分为大嗓、小嗓、大小嗓结合。大嗓又名直嗓、本嗓，小嗓又名假嗓、二本嗓。京剧用嗓是按角色行当划分的，生行中的老生、武生、红生和净行、丑行、老旦等行当，演唱时均用真嗓；小生演唱时用假嗓，但念白时则真假嗓结合；旦角中的青衣、花旦、闺门旦均用假嗓。本嗓演唱和假嗓演唱同时出现在一场戏剧甚至一个唱段中时就存在音区问题，《红灯记》对此做了非常成功的探索。

剧中的李奶奶是用本嗓唱的二黄，二黄的常规用调就是G调，老旦唱G调的时候声音状态是最好的，但是G调对于旦角来说调门太高了，怎么解决这个问题呢？我们的前辈音乐家非常有智慧，一个转调，将G调转到D调，听起来非常舒服，D调就是最适合旦角声腔的调。所以同样一把京胡，把定弦换了以后就用D调唱李铁梅的唱段，非常有智慧地解决了不同行当大嗓和小嗓的音区问题。现在大家觉得这个方法太熟悉了，但在早期这还是一个技术难题。在京剧的整个发展历程当中，音乐家做出了非常重要的贡献。

大家对《打虎上山》这一段前奏耳熟能详。1969年北京天安门广场播放了这段音乐，大家当时听到音乐都无比振奋，说今天的中国京剧可以用管弦乐队来表现音乐场景。我们来听听两年前1967年版本的《打虎上山》是什么动静。（播放视频）虽然唱腔、旋律是同样的，但是1969年的版本引入了管弦乐队，音乐配器发生了变化，更能体现出骑马奔驰的音乐形象。

为什么要进行乐队编制的改革？因为传统的京剧乐队，包括京剧音乐的写作方式已经不太能够适应和表现现代生活了。京剧的传统音乐和表演方式都是表现古代生活和古代人物的，那么新的人物出现以后怎么办？就需要音乐家们有新的创造，包括乐队编制的改变。比如表现抗日题材时，《红灯记》有一段音乐用的是“大刀向鬼子们的头上砍去”，只有用铜管才能表现这种音乐，笛子、唢呐、三弦等没法表现这种音乐气质和人物形象，所以逼着音乐家们要用新的语言、新的乐队编配方式来完成京剧发展的历史使命。

京剧的乐器发展也经历了一个过程，最开始就是那么几件乐器，梅兰芳引入京二胡形成京剧的四大件，四大件的表现力也是有限的；新中国成立以后开始加入民乐，二胡、中胡、琵琶等进来了，这些乐器也不足以表现现代生活；后来尝试引入西洋乐队，做到了洋为中用、古为今用，使古代形成的音乐语言、艺术语言为现代题材的创作服务。今天的京剧发展同样面临这个问题，一方面要把传统剧、历史剧演好，另一方面不能和时代产生隔膜。

京剧在注重创新的同时，也很注重对于传统的继承。《杜鹃山》这部戏大家很熟悉，它用了一段完全传统的音乐《夜深沉》，谁能想到这样的传统音乐用到现代京剧里能用得这么好。把人物主题音乐和最传统的京剧曲牌音乐进行有机融合，这是既继承，又发展。在这个方面确实学习了很多西方的作曲手法如主题贯穿，过去西皮、二黄都是沿用传统的声腔板式和程式化的语言，后来在创作中引入西方歌剧的创作手法。西方歌剧的创作手法在京剧现代戏创作当中运用得很成功，到了特别娴熟的创作境地了。

那么京剧有没有影响当年的西方音乐呢？也影响了，比如说交响乐《沙家浜》，这是由管弦乐团来进行演唱的，包括声乐的独唱和合唱。它没有用传统的京剧音乐伴奏，完全由管弦乐队来伴奏。这在当年是一个话题。

其实今天西方音乐在中国应该怎样去发展，中国的管弦乐作品和歌剧创作是食洋不化还是和中国传统文化结合起来，同样面临问题。曾经走过这么一条道路，就是民族音乐向本民族好的东西学习，甚至把传统的东西直接拿过来用，同时又向西方学习。反过来，西方音乐在中国如何更好地发展，也要向民间音乐学习。当年做过尝试，用钢琴伴唱《红灯记》。钢琴只能弹肖邦的作品吗？它能不能为中国民族音乐的发展所用？同时也有西方的音乐语言如何东方化的问题。

回到我一开始讲的话题，京剧在形成、发展的过程之中，有融合，有渐变，有裂变。

今天听的现代京剧会让人觉得它好像变成一种新的艺术形式了，既没有传统京剧的伴奏，又拓展了本民族的音乐语言，还让西方音乐有了一种新的生机，能够更好地契合现代中国人的听觉习惯和审美意识。如果按照这样发展下去，是否真的会形成一种新的艺术形态，我们很难预知。就像京剧的形成也是一个不断交流、融合的过程一样，很难说当年的京剧就是梆子，就是二黄，或是昆曲，它不是某一个剧种，而是一个新的剧种。京剧在这个时代能不能有新的融合，学习更多的东西，产生新的裂变？今天传统戏演出并没有失传，这是中国人的文化意识和历史自觉，我们要拓宽其表现内容和题材，使中国京剧不断往前发展。

京剧与地方戏相互融合、相互促进、共同发展，如京剧《红灯记》《沙家浜》也是从地方戏移植过来的；很多地方戏在音乐方面没有发展得特别成熟，也向京剧学习，比如河北梆子在对京剧的移植和发展中创造了很多新的形式。

同时，京剧也影响了民族音乐的发展。闵惠芬老师是一位二胡演奏家，她当年做了这样一些尝试，一直到去世前也在不断探索民族音乐的戏曲化。

四、当代京剧音乐的新发展

改革开放以后，结束了20世纪六七十年代只演现代戏一类题材的情况，又恢复到传统戏、新编历史剧、现代戏“三并举”。进入新时代以后，京剧音乐还有很多新的发展，但是我们对这方面的研究、宣传、推广还是做得不够。

改革开放以后，音乐创作题材更加丰富，艺术形式更加多样，也出现了不同编制。今天大家如果走到剧场里面去看任何一部新编戏，很少有只用四件乐器的，都会加入中阮、大阮，因为有了低音，声部更加丰富了，听觉上更加丰富和饱满，传统戏演出都不是只有京剧形成之初的三大件伴奏了。现在剧场里的新编历史剧或现代戏的伴奏形式非常多样化，没有一个剧团只有一种伴奏形式。

除了创作题材更加丰富，还有一个新的曲种出现了，叫作京歌。最早的京歌可能是李维康老师唱的《咏梅》，这首作品来源于20世纪60年代毛主席创作的《卜算子 · 咏梅》，改革开放以后又写了新词。京歌是一个新的曲种，里面有一些新的创作手法如二重唱，过去京剧有对唱，就是你一句我一句，京歌则是两个声部的二重唱，这在传统京剧里是没有的。

除此之外，整个音乐创作的手法，包括乐队的使用方面也有一些新的变化。在这里给大家放一段我写的《郑和下西洋》，这一段借鉴学习了西方歌剧咏叹调的写法，不是传统意义的板腔体了，还是有一些歌唱性的。我尝试过两种形式，起初是有京剧乐器伴奏，后来把京胡拿掉，完全由管弦乐队伴奏，就变成京歌剧这样一种题材。（播放音频）

在过去的现代戏创作当中，是不太突出流派的，但是传统戏则分为张派、梅派、程派等，艺术家个人的标志或艺术特征表现得特别强烈。而进入现代剧创作后，如何让这些流派为创作和表现现代生活服务是个难题，任何一部现代戏都不能说是梅派、张派、马派、唐派的。在这方面，京剧《江姐》的创作是非常值得研究的，它融入了程派非常有特征的旦角流派，但是只用其旋律，和歌剧《江姐》不完全一样。张火丁唱的《红梅赞》成为一个非常有代表性的唱段，完全用的是程派的发音和演唱方式。

刚才我讲到了二重唱，京剧早年有对唱，但是如何同时表现不同时空的人物情感，《贞观盛事》采用二重唱的形式做了尝试。当唐太宗李世民和魏徵身处不同的时空，如何在一个场景表现两个人的思绪呢？这不像两口子在吵架或者争辩，当二人身处同一时空时，可以你一言我一语形成对唱。《贞观盛事》运用了新的手法二重唱，将不同时空的二人交织起来，形成心灵上的对话。西洋歌剧里面有很多二重唱，民族歌曲后来也发展出很多二声部的对唱，但在京剧里面这还是一种新的创作手法。

还有一种全新的伴奏模式在戏剧伴奏当中出现了，是由电子合成器和电脑合成的音乐，这是中国戏曲学院的探索，用电子音乐参与戏剧的创作。这种新的伴奏模式听上去比较像管弦乐队，但不能完全代替管弦乐队，因为有新的音色和新的演奏方式、配器方式。

从徽班的诸腔杂陈，到徽汉合流致使京剧萌芽和形成；从生行、旦行的相继崛起，到不同行当和流派的异彩纷呈，京剧走向成熟与繁盛；从新中国成立后传统戏、新编历史剧、现代戏“三并举”，再到现当代更加多元的发展态势，音乐的不断融合和变革始终贯穿在京剧艺术的整个发展历程之中。也可以说，京剧作为中华优秀传统文化的代表，一直都在进行着创造性转化和创新性发展。

不知道大家听完我的分享之后是否可以得出这样一个结论：京剧自形成之日起，既是古典的，也是时尚的；今天它既要保留古典美，也要创造现代美。这是京剧历史的发展规律给我们的启示！

遗产坊

第八讲

『新时代优秀作品的创作与传播』高峰论坛

主讲嘉宾

阎崇年　　臧永清　　王睿霆　　朱永新　　康　伟
张辅评

主持嘉宾

阎晓宏

新时代与优秀作品
——我的一点体会

阎崇年 （历史学家、央视《百家讲坛》开坛主讲）

我今天想就这个题目说一点自己的读书体会。

一个大的时代一定会产生优秀的作品。我们今天处在一个新的时代，这个时代有很多的特点，我总结了如下几条。

一、中原地区70多年没有战争。我回顾了一下，从秦始皇开始一直到民国，没有一个朝代的中原地区能70年没有战争。国家统一又没有战争，这就给文化的发展带来了很好的机会。战争会让百姓流离失所，安不下一间书房、一张书桌来读书。和平统一的环境则可以让人静下心来读万卷书，行万里路。我们有这个条件。

二、70多年来我国的经济情况得到很大的发展。学历史的专家都知道，历朝历代都有饥荒、饿死人的情况，而我们这个时代可以说所有人都能吃饱饭，而且能吃上大米白面，比较穷的地方照样可以吃上大米白面。历史上没有一个朝代可以让每个人都吃上大米白面，而我们现在没有一个穿不上衣服、吃不上饭的了。读书、创作的一个重要条件是吃饱肚子，今天都能满足，这给创作优秀作品提供了一个很重要的条件。

三、社会对书和文化的需求空前增长。民国的时候，即便是鲁迅先生的作品，能卖3000册就很不错了。现在一本书卖几十万甚至上百万册是很常见的现象。巨大的社会需求为优秀作品的创作提供了丰沃土壤、新鲜空气和充足水分。

时代为我们提供了条件，作为学者、作家，如何回应时代的期待呢？我以我写的《努尔哈赤传》为例，讲讲时代与作品的关系。

我二十几岁刚学通史的时候就想做研究，中华文明五千年历史，我对于从哪儿入手很迷茫。这时候中国科学院的一个老先生杨向奎对我说，清史是一个未经开垦的处女地，随便丢个种子进去就可以有收获。我一想有道理，就开始研究清史了。但清史太复杂了，长达300年，从哪儿入手呢？我又很迷惑。

这时北师大的白寿彝先生对我说了四个字——寻根溯源，树有根，河有源，清史的根和源在什么地方，你就从哪里入手。我说根和源在关外，我从关外入手。从关外入手也太大，我就从一个人物入手，想写一篇论文，论努尔哈赤。我查了一下之前没有人写过，说明研究难度可能比较大。我还是决定试一试吧，这一研究就是20年。根据我的经验，要研究清楚清入关前跟努尔哈赤相关的这段历史，需要把明朝的、清朝的、朝鲜的和其他方面的相关书籍基本上看一遍，有1000种左右，看完需要20年时间。我说没关系，我还年轻，才20多岁。当时条件很差，不像现在有网络，有电子书，那时到图书馆看书要开介绍信，早上8点到，9点书提出来，11点要回库，满打满算不到两个小时；下午2点开始，3点提出书，4点半又回库，一天看不到几个钟头。

这样就把《努尔哈赤传》的书稿写完了，然后到出版社去排队出版。1983年，我出版了第一部学术著作《努尔哈赤传》，这是世界学术史上第一部系统研究努尔哈赤的著作。此后，我仍在继续做相关研究。

经过十年的积累，到1993年我又补充修改出版了第二版35万字的《努尔哈赤传》。1993年至2003年期间，我又研究了皇太极的历史，反过来再看努尔哈赤的问题就更清楚了，皇太极针对他爸爸当时存在的问题做了改革，于是我又对《努尔哈赤传》做了修改，2003年又增加了几万字。

再往后到了2013年的时候，条件比较好了，我也能到处去考察了。比如说满洲跟蒙古的关系很复杂，光看书不够。我先去了内蒙古，从呼伦贝尔开始考察，一直到锡林郭勒、鄂尔多斯等，路程两千多公里。再向西去了新疆，一直到阿勒泰等。我又找机会去了蒙古国，一直到乌兰巴托等。最后去了历史上的北蒙古地区，现在是贝加尔湖以东以南的地方，见到了布利亚特蒙古人。这样把努尔哈赤时期蒙古的四大部分都跑了一趟，有了一个了解。

还有朝鲜，因为满洲跟朝鲜的关系太密切了。我先去韩国看了大清皇帝功德碑，又去了朝鲜，努尔哈赤的先祖就在那个地方耕牧。这样把满洲和朝鲜的关系基本上弄清楚了。

2014年，我又出了一版《努尔哈赤传》，2022年出版了《努尔哈赤传》的第五个版本，大体上每10年一版，最新的这版增加到55万字。我心里想，如果上天再给我10年的时间，到了2033年的时候，我再出第六版《努尔哈赤传》，就是修订了5次，一共6个版本。

联想到今天这个主题，我认为创作优秀作品首先贵在创新。

关于创新有一个小故事，人民文学出版社出版的中译本《悠悠岁月》的作者得了诺贝尔文学奖，我也购买了一本看。一部好的文学作品，第一要有人物，第二要有故事，第三要有语言，如《红楼梦》有贾宝玉，《西游记》有孙悟空等。我一看《悠悠岁月》没有人物，没有故事，也没有警语金句，就是讲的普通的人、普通的事情、普通的语言，为什么能得诺贝尔文学奖？因为这也算一种创新。

所以优秀作品首先需要创新，没有创新很难称得上优秀。这是第一。

第二，优秀作品贵在于“壹”。《荀子·解蔽》中有一段论述就讲这个“壹”。“好书者众矣，而仓颉独传者，壹也；好稼者众矣，而后稷独传者，壹也；好乐者众矣，而夔独传者，壹也；好义者众矣，而舜独传者，壹也。”所以创作优秀作品贵在专一。

补充讲讲三个人物。

第一，顾祖禹，江苏常熟人。他的高祖、曾祖、祖父、父亲加上他自己五代都研究历史地理学，他本人花了30年时间，集中力量写了一本书叫《读史方舆纪要》，有280万字，这本书现在是学历史地理案头必备的。

第二，蒋衡。他进士落榜后就不继续考了，他祖父、父亲的字都写得很好，他说我也写字。于是他就到西安碑林考察，临拓片，花了几十年的时间准备，最后决心把《十三经》写一遍。家里也不喜欢他，一分钱不挣，还要吃饭，他就到扬州找了一个庙，在庙里头住，吃斋饭。蒋衡12年不出庙门，以楷书重写80余万字的《十三经》。我查了原稿，每一页四行，一行六个字，都整整齐齐的。这个时候扬州有一个巨贾马曰琯花费千金将《十三经》装裱起来，共300册，50函。

这件事还没有完，江苏河道总督高斌将书献给了乾隆，乾隆一看很有价值，就以此为底本刻了块石碑，共63万字，现在还立在孔庙与国子监之间的夹道内。

第三，段玉裁，就是《说文解字注》的作者。他也是考进士未中，30年时间里一边做小官，一边研究文字学。47岁时他把官辞了，回家专门著书，花了30多年时间写成《说文解字注》30卷，几十年如一日就做这一件事。他自己雇人刻版、雇人印刷、雇人装订，家里女婿、弟弟、儿子、孙子等全部参与校刻工作，终于将全书印出来了。印出来不久，这个老先生就故去了，享年81岁。

所以我就体会到荀子说的这个“壹”。司马迁也是两代人，从他父亲开始就研究历史，加上他，耗费一辈子的心血才写成130篇、52万余字的《史记》。司马光也是耗费毕生的精力编撰了《资治通鉴》，他给宋神宗上表进呈《资治通鉴》的时候说了一段话：“臣今骸骨癯瘁，目视昏近，齿牙无几，神识衰耗，目前所为，旋踵遗忘，臣之精力，尽于此书。”不久他就故去了。

今天的时代呼唤优秀作品，今天的作家和学者应该回应时代，尽量写出优秀作品。我将自己的一点感悟跟大家汇报一下，谢谢！

我所亲历的出版营销

臧永清 （人民文学出版社社长）

今天分享的是我所亲历的出版营销，因为阎晓宏理事长给我布置的题目是出版传播，所以我想讲点营销的故事。

我是1995年进入出版社工作的，在我进入出版社工作之前，我做过一段时间的广告工作。那时候我一边做广告实务，一边阅读一些与广告相关的经典著作，所以当我到了出版社工作以后，就对于图书的营销非常在意。

进入出版社之后，我参与的第一份营销工作是在1998年，那时我在辽宁人民出版社做发行部的副主任，参与了《红镜头》的营销发行。我想大家都知道《红镜头》这本书。这本书出来以后反响很大，当年就有20多万套的销量，在当时是巨大的。

当时我们的营销手段比较简单，在北京做了隆重的图书发布会，到各处签售、接受记者采访。我陪杜修贤先生和顾保孜先生去的签售活动，就有长沙、西安、延安等地。甚至我还到工厂去参与他们打假。当时的营销手段除了发布会，就是各处的签售、记者专访，还有不断地报道这本书被盗版的信息，把这当成一个营销的点。这是我参与的第一本书的出版营销。

2001年时我工作调动，到了春风文艺出版社管营销工作，其间有几本书比较有影响力。一个是2002年出版的陆天明的《省委书记》，这本书当年发行了26万册。在争夺版权时，我们要请作家吃饭等。当时有7家出版社在争这本书的版权，大家都知道，这是一本好书，也一定是一本畅销书。因为陆天明的《大雪无痕》《苍天在上》出版后反响很好，都有十几万册的销售量，所以多家出版社在竞争。

这个时候陆天明老师提出一个要求，说你们别说谁和我的关系好，我跟哪家出版社关系都很好，你们需要出一份营销方案让我看，谁的营销计划好，这本书的版权就给谁。因为陆老师的老伴当时在中唱公司北京分公司做经理，唱片公司对营销比出版业更重视。于是7家出版社各自拿出自己的营销计划。

当时我们做了一份营销计划，后来按这个来执行，效果还非常好。这份营销计划打动陆天明老师和他老伴的是：一、搞这本书的印数公证。这是国内第一次搞印数公证。二、向全国的省委书记赠送《省委书记》这本书的大字本。这个做起来也很简单，就是到网上查一下当时各地的省委书记叫什么名字，包括省委副书记、省长、副省长，请陆天明老师分别签名，再寄出去。

原以为可能会有省委书记为此书发言，后来没有一个人表态，但这件事作为新闻传播了很长时间。

当然最后，这本书的营销效果陆老师很满意，在他出版的所有畅销书中，这本书的销量是最高的，一年内卖了26万册。

转过年来到2003年时，我们又推了一个青年作家，这个青年作家后来非常火，叫郭敬明，年轻读者都知道。在我们推郭敬明之前，他在东方出版中心出过《爱与痛的边缘》，印了1万册就没有卖了。后来他喜欢我们的“布老虎”丛书，希望加入“布老虎”丛书里面，就和我们签了合同。

其实条件也不高，印2万册，9%的版税，相当低了。然后我们就开始做郭敬明的书。

因为《省委书记》当年非常火，所以2002年底的时候，我就以出版社社长的名义给全国的经销商写了一封拜年信，特别给民营的批发商写了拜年信。那个时代国有出版社社长能够给民营的发行商老板写信拜年是一件大事，这些经销商受宠若惊。我在拜年信里写道：感谢你们把《省委书记》这本书发得特别好，向你们拜年，再向你们介绍一位年轻作家——郭敬明和他的新书《幻城》。后来这些民营发行商到处找这本书，他们都很好奇社长推荐的这本书究竟是一本什么样的书。所以我们最初签约印2万册，结果首印6万册，后来紧急加印到10万册。这本书加印几次下来，至少有300万册的销量，这不是夸张，我离开春风文艺出版社的时候，《幻城》已经有150万册的销量了，当然带来了很好的经济效益。当年又出版了《梦里花落知多少》，一个月之内印了3次，每次印30万册，一个月就印了90万册，那个时候我真是体会到了什么叫洛阳纸贵。

这个时候做的是全案营销，要求每个营销方案必须有引爆点，比如像陆老师《省委书记》的印数公证，向全国经销商写信推荐郭敬明的《幻城》，从市场开始撬动它的影响力，这些都是引爆点。

当年还有朱主席的一位老朋友，就是叶兆言，我们2003年做了他的一本书叫作《我们的心多么顽固》，是以“布老虎10周年纪念版”做的，设计了一个相当复杂的营销方案。最后叶兆言说：你们真能营销，我们家电话都被打爆了，这么多年写东西从没有这么被记者追捧过。

后来我到了中信出版社工作，2005、2006年又跟进了两本书，一本是凌志军的《联想风云》，还有一本是王石的《道路与梦想：我与万科20年》，是两本本土的经管类图书。那个时候的营销手段就是到处演讲，到各个书店、俱乐部演讲。为《道路与梦想：我与万科20年》演讲的时候，王石8天走了9个城市，基本每天一个城市。后来我开玩笑说：王总，你实在太用功、太敬业了，让我太钦佩了。他说臧社长你不用钦佩，多卖点书我能多拿点稿费。我说：你还缺钱吗？他说：我在万科的股份不多，版税是我个人的。

其实这些营销手段还是比较立体的，包括对图书重要内容的摘编和传播，上各类电视节目，我们都做了很多。那时使用的媒体基本上还是传统媒体。

2012年前后，我到了现代出版社工作，也有两本书到现在为止影响也比较大，一本是几米的《星空》，还有一本就是《那些年，我们一起追的女孩》，现在销量都在70万至80万册。

我们那时候营销能力不强，但是能很好地借势，比如《星空》有电影，反响不错，特别是《那些年，我们一起追的女孩》电影大火，我们配合电影对这本书进行宣传推广，一年多的时间也有70万册的销量。这本书的出版也是有故事的，那时候跟一个民营的出版机构抢这本书的版权，一个台湾的朋友介绍给我说，要不要《那些年，我们一起追的女孩》的大陆版权，已经有人在抢了。我说条件是什么？他说印10万册。我算了一下差不多可以。第二天他告诉我，那个民营出版机构说能印15万册。我又算了一下，发六七万册就能保本，就让朋友再问问民营出版商还涨不涨印量。他答复说不涨了，不涨我就接了，我也印15万册。朋友说如果我也印15万册，他就把版权给我，同样的条件他还是更相信出版社一些。这本书的版权就给我们了。当时大家还觉得挺冒险，但其实后来这本书的销量远远超过了当时签的印量。

2017年，我来到人民文学出版社工作，也有几个案例令我记忆深刻。一个是《朗读者》，大家可能都知道这个节目，我们拿到了这个节目的图书出版权，当时竞争还是比较激烈的。定印量的时候我胆子比较大，觉得几十万册应该没有问题。

为了把这样一本书传播好，编辑下了很大的功夫，做了各种各样的版本，在电视节目向实体书的转化上做了很好的尝试，包括AI系统的使用。我们的副总编辑把书拿回家给他母亲看，他母亲说：这不是一些小电影吗？手机一扫图，节目马上就出来了。这本书最后的销量有300多万册，当然是几个版本加在一起，应该是这些年国内销量比较高的一本书。

当时在营销上下的力气也比较大，我总结了两点：一、晚会式营销。我们每次搞《朗读者》的活动就跟中央电视台搞一次晚会一样，请的主持人都是专业的，白岩松主持过两次，陈伟鸿主持过一次，还有张泽群，就是这样一个阵容。我们还请了朗诵艺术家、作家，全是顶格的，也花了一些钱，但是影响是足够大的。二、跨界。我们经常跳出文学圈，除了作家，也找一些社会各类自带流量的名人做活动，所以每次活动的影响都是非常大的。

2020年有一本书影响非常大，从中能看出整个图书营销的转型，那就是莫言的《晚熟的人》。这本书很多同志都知道，到现在为止，它的发行量超过130万册。原来讨论这本书能够卖多少的时候，莫言就跟责任编辑赵萍说：你说能卖那么多我不太相信，因为是中短篇集。但我们还是有信心。莫言自己说：这本书卖到100万册的话，我跟你沿街叫卖去。现在卖了130万册，我们也没有要莫言先生跟我们沿街叫卖。我们曾经想过卖到100万册时搞一个纪念活动，后来赶上疫情比较严重，这件事就耽搁了。我又说不然卖到150万册时搞一个活动，也快了。

为什么说这本书的营销形成了一次转型呢？因为《晚熟的人》真正用了线上营销的方式。其实在这之前大家都有顾虑，疫情那么严重，不能搞签售，这本书怎么推？我说赶紧上市，编辑也紧张，说这个时候上市能卖出去吗？我说如果莫言这本新书不能卖的话，其他的书就更没法卖了，成和不成都得做。当时我们下功夫请中央电视台的王宁来做主持，还有中国作协的副主席李敬泽，另外又从江苏把好朋友毕飞宇请到北京来，加上莫言本人，几位一块儿做了一次线上新书分享会直播，效果非常好，流量也很大。从这之后这本书顺风顺水。我们又给莫言开了抖音号，莫言老师的表演能力很强，总会突然爆火一次，影响力非常大。

2022年还有一次营销上的转变，就是《额尔古纳河右岸》，这本书得了茅盾文学奖，其思想和艺术含量毋庸置疑，但是此前其实销量没有多少，一年几万册。2022年6月《额尔古纳河右岸》上了“东方甄选”，董宇辉饱含深情地介绍了这本书，并几次推荐。当时董宇辉就说：我要把这本书带货带到150万册。我说：有点开玩笑了，这怎么可能？事实证明他说得对，连迟子建自己也没想到，一本老书能卖这么多。

我再来讲讲人民文学出版社现在是怎么做出版营销的，有几个方面。

一是真的在做晚会式营销。2021年是人民文学出版社成立70周年，一般来说，就在纪念日当天搞一次活动就行了。3月28日是正日子，我们从2月28日开始就疯狂地宣传，请各界名人为人民文学出版社送祝福，包括40多位顶尖作家，还有40多位翻译家、理论家、学者，整整一个月都在预热，规格非常高。他们开玩笑说，你这个活动来了相当于半个作协。我说这件事不能就这样结束，后来还在做新的节目，到年底的时候把这个活动推向了高潮，叫文学中国跨年活动。晚上7点半开始，到凌晨12点半结束，共5个小时，有1000多万人次观看，效果非常好。

因为这场活动做得非常好，中央电视台又找到我们，联合做了一档12天的节目，10个小时不间断直播，我们也请了朱主席参加。我们对于晚会式营销兴趣非常大。

二是注重品牌营销。刚才进门时我跟赵总见面还在聊，我们这个出版社更需要做的是品牌营销，因为我们的书那么多，如果品牌做好了，都不用宣传具体的书，就会对出版社非常有好处。2022年疫情很严重，我们出版社的效益仍然非常好，销售收入有增长，利润增长得更多，这是非常不容易的，就是品牌营销带来的效果。

三是强势推动新媒体平台的建设。2022年，我们在新媒体平台的粉丝量达到382万，包括公众号、快手等。我们现在做一次直播活动的话，自己公众号的推送量就是很大的。

四是始终坚持重点突出，做一书一案式营销，要么不做，要么就做得详细，并且争取每本书都做得有引爆点。在这方面我们做得还是不错的。

现在很多作家跟我们说，你们这几年的发行量和影响力越来越大。其实像我们这么一个出版社发展不快也没有道理，有这么好的资源和作家队伍，有这么专业的编辑，如果做不好的话，肯定是在发行和营销上的观念和做法不对路。这几年我们尝试的效果都还是不错的。

五是得益于我们搭建了一支特别能战斗的队伍，这帮人真拼命，2021年一年做的活动有多少场呢？138场。2022年截至11月19日，做的活动有143场了，差不多两三天一场活动，而且活动很多时候都不是凑合的，我们非常在意活动的效果。所以我们出版社的这些人确实很能战斗。

到今天这个时候，如果出版业有人说我们书好不用宣传，我觉得不可能。可以说无营销不销售，没有营销的话没法销售，包括一些所谓的名家的书，如果平平淡淡地出版的话，它的销量也不会高，跟真正做了营销的图书相比的话，差别会非常大。

如果一本书先做起来了，后面的书跟上的话，销售量也会非常大，比如《晚熟的人》火了以后，我们就开始做《生死疲劳》，销量也是巨大的。在这样一个时代不做营销，对于出版社来说是没有什么希望的。还有就是做营销的话，一定要有专门的队伍来做，并且要有很好的效果评估机制，而不是为了做营销而做营销。

我刚到出版社来的时候，也遇到过这种情况，有人说：社长，在哪个书房做了活动。我说：记者是谁？媒体是哪几家？回答说没请。我说：没请搞什么活动？我们请了专家花了钱，就几十个人现场听有什么意思呢？往后如果没有媒体参加，你们一次活动都不要搞，这是硬性要求。后来他们逐渐都习惯了这种方式。

做了营销后，后续一系列的配合和跟进能不能到位也是问题，所以要求出版机构的各个环节都有营销意识才行。比如董宇辉带货的那本书卖火了，对出版社压力很大，能不能保证供货，就是一个最大的问题。所以我周六过来把总经理、分管副社长，还有各个部门的负责人找来开会，讨论能不能充分供货。营销是需要各个环节努力配合和跟进的。

这是我个人的体会，不成章法，跟大家分享，谢谢大家。

从宽厚大地出发，到广阔世界去

王睿霆 （阅文集团公共事务副总裁）

阅文是做网络文学的，网络文学创作跟传统文学创作不一样，不知道各位老师有没有看过网络文学，它是每天更新的，三五千字不等。这样就打破了写作的稳定性，这些文章都是作者边想、边写、边改的，不像阎老师修订一版要花10年时间，我们改完一版一天就上线了。所以这些网络文学的文字的属性更多是空间上的，就是今天我们说的主体是传播的概念，我们更多是用一种传播的方式去承载自己所要表达的意思。

我们传播的是什么东西呢？主要是中国的武侠、仙侠、玄幻等。这些文学不光将价值表达传递给中国人民，还传播到了海外。它们传播的是不是中华文化呢？我觉得是。因为这些小说来源于中国人的神话叙事，表达的是中国人的观世之道。

党的二十大明确提出，中华优秀传统文化中蕴含的天人合一等是中国人民在长期生产生活中积累的宇宙观、天下观、社会观、道德观的重要体现。所以我想网络文学首先传递的是这样一种价值。

在明确了价值传递之后，阅文从成立以来的10年时间做了一些修正和努力，主要有如下三个方面。

一、向内。我们在不断地增加对作家的服务。你在阅文平台创作的不仅是一部文学作品，更是一个IP，我们会从文学作品开始，到动漫、游戏、影视，向作家提供整个IP产业链服务，这是其他平台不能提供的。

另外是打击盗版。网络文学的传播太迅速了，跟传统出版不在一个量级。2022年，网络文学读者约有5亿人，累计作家2000多万个，每年活跃作家30多万个，每天上线的文字量有1亿，所以对于审读团队要求很高。在这样一个互联网信息时代，文字很容易被盗取，作家的权益得不到保护。所以我们专门开展了版权保护行动，投入了大量的人力和物力，发现很有成效，作品追订收入平均涨幅有四成，有两成作品涨幅达到九成，很多离开了的作家又回到了阅文的平台。国家版权局发布《关于加强网络文学作品版权管理的通知》，也让我们备受振奋。这是向内，加强对作家的服务。

二、向上。我们希望为时代放歌、为人民立传，用心用情讲好中国故事。最早的网络文学大多是武侠题材，跟现实没有关系，但是从2015年开始，我们在上海市委宣传部的指导下发展现实题材的网络文学，几年下来积累了10万部的文学作品。2021年《大国重工》获得中国出版政府奖“网络出版物奖”，这是网络文学首次获得中国出版政府奖。

如今网络文学的作品质量越来越好，而且一些原来写仙侠题材的作家转到了现实题材，有写时代变迁的，还有写亲身经历的。有一本华为的工程师写的书，2021年得了第五届现实题材网络文学征文大赛一等奖，叫《与沙共舞》，写的是华为怎么在中东做援外工作。2022年这个作者又写了一本书叫《与云共舞》，是讲大数据的。现实题材作品成为品类增量的第二位，累计读者达到6000万个，作家达到23万个。向上是把价值利益和现实题材做出来。

三、走出国门。向海外传播中华优秀传统文化的价值、中国人的观世之道，有一定的难度。外国人要想理解中国的文化背景尤其是神话，还是需要一定基础的。辅导每一个希望成为作家的零基础的人成为作家，圆自己一个作家梦，我们把这样一种模式传播到海外。我们在海外有近20万个创作者，其中有一些女性作家非常突出，比如说菲律宾和孟加拉国的，她们可以通过写作获得经济独立，在她们的国家引起了一定的反响。还有IP联动出海，书之外的动漫、游戏一并出海，尤其是2022年我们投资创作了梁晓声老师的《人世间》电视剧，这部电视剧由迪士尼在海外播出，希望中国IP能够真正打动国外观众。

我用10分钟时间汇报了一下阅文这种网络文学是什么样的业态，我们以传播为导向，表达的是中国的观世之道。通过服务作者、内容上的正向引领、海外传播等，希望我们这样一个小小的公司，能为中华文化走向海外、影响全世界贡献自己的一点力量。

向公众普及教育常识，向世界讲好中国故事

朱永新　（第十四届全国政协副主席、民进中央常务副主席）

我想讲两个问题：一、怎么向公众普及教育常识。二、如何向世界讲好中国故事。

首先要回归常识，缓解教育焦虑。其实教育的问题远远不像我们想象的那么严重，很多问题是我们自己看严重了，很多常识没有成为全社会的共识。如果大家都能像我们教育界或者懂教育的人这样理解教育，很多问题就可以迎刃而解了。为什么一定要让孩子去考清华、北大呢？为什么一定要进名校呢？从教与学的研究成果来看，这些问题都解决了，但是大家还是拼命去往那条路上挤。

管理大师德鲁克所著自传体小说《旁观者》的最后几页给我触动非常大，他去看望他的老师熊彼特，那个时候熊彼特已经病入膏肓，他说：我到了这个时候才明白，写多少书、有多少理论并不重要，除非能够改变人们的生活。也就是说一个真正好的理论，应该是能影响和改变人们生活的。

作为一个学者来说，梦想当然是不断地出书，不断有成果，看过这本书以后，我觉得以前把获奖、做项目作为很重

要的追求的方向错了。所以从2000年开始，我发起了民间的教育实验，叫新教育实验。我有一个很重要的梦想就是用老百姓能够看得懂的语言，用一线教师能够听得懂的理论，去武装他们，去影响他们。

比如说幸福比成功更重要，成人比成才更重要，成长比分数更重要，教育从家庭开始，与孩子一起成长。这是我一个朋友写的一本书，《父母的书架决定孩子的未来》。这个朋友是一位大学教授，她本来想写我的故事，我没有同意。我说你写“父母的书架决定孩子的未来”，儿童时期的早期阅读对人一生的影响非常关键。为什么知识分子或者中产阶级以上家庭的孩子教育机会更多、阅读资源更多？因为他们家里有书，孩子随时可以翻家里的藏书，父母也会跟他们讨论，甚至跟他们共读。这本书里面明确讲到了儿童早期阅读资源的差异对人一生造成的影响，认为阅读的不公平是造成社会不公平的最重要原因，所以一定要呼吁阅读公平，让每个孩子都得到最好的教育资源。

研究教育的人觉得就是这么回事，人一生不就是为了幸福吗？难道是为了有更高的收入，有更大的房子和车子？其实到最后，亿万富翁跳楼的多的是，成功人士的烦恼多的是。我一个朋友经常为高端的成功人士治疗，看到他们光鲜背后的痛苦不堪。

我写过一本书叫《我的教育理想》，这本书到现在已经有将近60次加印了。这本书就是讲好的教育应该是什么样的，理想的父母应该是什么样的，理想的孩子应该是什么样的，理想的教师应该是什么样的。这本书也是新教育非常重要的起点。

《未来学校：重新定义教育》是2019年出版的，这本书发行超过了20万册，是面向一线教育工作者的。

还有一本书叫《教育的减法》，也是我对未来教育的一些新的思考，比如文凭能不能减一减，学制能不能减一减，负担能不能减一减。

一句话就是，我觉得作为一个教育理论工作者，很重要的使命就是通过自己的工作把教育常识传递给公众，从而使其变成社会共识。

其次，就是怎么让世界读懂中国的教育。2016年，我的一套16卷英文版文集出版了，世界上最大的教育出版集团为什么把我的16卷书全部推出来，最重要的是中国政府的支持，我们有经典中国国际出版工程的基金。这套书开启了中国教育走向海外的序幕。

要想走出去，优秀的出版社和优秀的翻译是非常重要的。到现在我的作品被译为28种语言，有87种书在不同国家和地区出版。

随着著作的出版，大家开始了解我们所做的工作、我们思考的问题。2020年我获得了国际儿童读物联盟的奖，我和一位荷兰的作家成为“IBBY-iRead爱阅人物奖”首届获奖者，这对我推动阅读的工作做了一个评价。

2022年9月，我获得了一丹教育发展奖。陈一丹非常有意思，之前晓宏邀请他到这里来，他讲：我一生最大的梦想就是做一个教育界的诺贝尔奖。一丹奖的奖金是3000万港币，是诺贝尔奖奖金的三倍多。前五届一丹奖没有中国人获奖，我是首个获得一丹教育发展奖的华人。这个奖项的评审非常公正和严格，邀请了联合国教科文组织具体组织评审工作。

有一本书很有意思，《朱永新教育小语》，最初是福建教育出版社出的，后来外研社出了中英对照版，这本书很快就传播起来。因为它篇幅比较小，所以很多国家往往是先引进了《朱永新教育小语》，觉得这个人讲得不错，又引进其他的书。

无论是对公众讲教育常识，还是对国外讲中国故事，我们都才刚刚起步，做的工作还不够，请大家多多指教。

坚守初心，牢记使命，以高质量的文化供给助力文化强国建设

康伟 （北京出版集团有限公司原党委书记、董事长）

今天的主题是“新时代优秀作品的创作与传播”，我想结合我们北京出版集团的实践和工作，跟大家做个分享和交流。

习近平总书记在党的二十大报告中指出，要坚持以人民为中心的创作导向，推出更多增强人民精神力量的优秀作品。这为我们的工作指明了方向。何为优秀作品？我想就是思想精深、艺术精湛、制作精良的作品，是立意有高度、表达有深度、情感有温度、制作有精度、传播有广度的作品。

今天大家介绍了很多优秀的作品，也介绍了各种传播方式，虽然初冬外面寒意渐浓，但是远集坊的房间里暖意浓浓。

北京出版集团有70多年历史，目前有9家出版社、6家杂志社，还有16家子分公司。我们在70多年间聚拢了一大批老中青作家，也获得了国家级、省部级及各类社会奖项2000余种。

近几年有个“中国好书”评选，这个挺好的，它比较大

众，因为很多国家级的大奖得起来是不容易的，但是“中国好书”我们可以更多地来参与。近几年我们已经有16种图书被评为“中国好书”，获奖数量在全国的地方出版社当中排名第一。2021年第五届中国出版政府奖，我们有7部作品入选，在各个出版集团和出版社当中创下了获奖之最，十分不易。

在中宣部“五个一工程”奖的评选中我们也取得了好成绩。第十五届我们有两部作品获奖，第十六届还是有两部作品获奖。大家知道，“五个一工程”奖一个省都可能没有一个，我们连续两届获得，在全国首屈一指。这也验证了我们在实践和工作当中取得的成绩，是坚持以人民为中心的创作导向和精品要求的结果。

我想把优秀作品的创作比作果实的话，完善的体制机制就是优秀作品创作的基本土壤，高水平的选题策划就是精心筛选优秀作品的种子，丰富和优秀的专家资源、作者资源是优秀作品的种子生根发芽的源头活水，强大的编辑团队是优秀作品的养护人。

先说土壤。国家和北京市有多项出版扶持政策，这些政策都很重要。我们近几年获奖的这些作品，像《北上》《云中记》是第十五届“五个一工程”奖的获奖作品，都得到了政府相关资金的支持。同时我们集团自己也成立了出版业务工作的领导小组，我担任组长，统筹谋划精品的生产，制订优秀出版物的奖励办法，优化考核和奖励机制，配套完善编辑业务的管理制度，有效激发精品创作的活力。这为优秀作品的生产创作提供了体制机制的保障。

因为我们是一个集团，不是单一的出版社，所以我们非常重视顶层设计管理和体系建设，需要深入的研究才能够达到我们的目的。

种子的筛选有赖于体制机制的保障，储备好优秀作品的种子则依靠选题策划。围绕党和国家的中心工作，还有重要的时间节点靠前准备选题，这是我们多年来的做法也是经验。比如围绕建党百年，我们提前策划并联合党史研究室、地方志办公室推出“北大红楼与中国共产党创建历史丛书”，这套书入选了“十四五”国家重点出版物出版规划项目。为进一步弘扬伟大建党精神，我们又联合作者朱秀海推出了长篇小说《远去的白马》。“北大红楼与中国共产党创建历史丛书”是北京市党员学习的基本教材之一，《远去的白马》获得了“五个一工程”奖优秀作品奖。

有了优秀作品生长的土壤，具备了优质的种子，接下来就需要确保种子生根发芽，源源不断的活水就非常重要。优秀的专家队伍和优秀的作者资源为优秀作品的创作提供了源源不断的活水。我们建立了北京出版集团重点作家专家译者库，重点遴选立场正确、学术造诣高、专业成果丰硕的专家学者，形成高水平的作家队伍。

到2022年为止，我们的译者库已经有4位外国翻译者获得了中华图书特殊贡献奖，这是国家级奖项。我们的专家库还在不断扩容，向海外延伸，积极打造京版全球作者库，坚守中华文化立场，坚定文化自信，讲好中国故事。

种子生根发芽后需要精心养护，强大的编辑团队就是负责优秀作品成长开花的养护者。我们通过各种培训和制度建设，特别是深化“三个不一样”的全员绩效考核，以及优秀中青年编辑奖的设立、评选，激发编辑人才的积极性和创造性。如负责《我们的老院》《北上》这两本“中国好书”的编辑陈玉成，今年不过三十出头，非常年轻。《云中记》《平安批》的责任编辑王淑红，与阿来沟通交流6年，终于争取到《云中记》这部作品；《平安批》的作者陈继明老师也是被她的耐心打动，主动把《平安批》的出版权签给了我们。优秀编辑对于工作的积极、主动、尽责是优秀作品生产的生长剂。

再谈谈优秀作品的传播。众所周知，优秀作品具有凝聚思想共识、激扬奋进的力量，优秀作品的传播则是充分发挥凝聚奋进力量的有效方式。随着当下大数据、区块链、5G等技术不断涌现，新媒体技术快速更新和迭代，数字出版发展迅速，这就要求我们必须与时俱进，积极用现代科技赋能优秀作品的生产和传播，才能在新媒体、新业态中凸显和发挥文化传播主力军的作用。

我们集团在2021年专门成立了融媒体中心，打造融媒体传播矩阵，通过线上、线下传播媒体和新媒体，内宣渠道和外宣渠道并重的方式，不断扩大优秀作品的传播深度和广度。

除了利用好传统宣发渠道，我们还特别关注新媒体渠道的信息分发。2022年，我们在“学习强国”投稿发布的文章总阅读量超过了700万次。我们还与央视频、抖音等平台合作，举办各类线上的讲座、直播超过200场，总观看量超过千万人次。第七届北京十月文学月在央视播出专题新闻时间长达2分40秒，联合主流媒体平台宣传推广总阅读量达到1.3亿次。想擦亮十月文学月品牌，把市场和读者有机地对接，就需要出版的破圈、扩圈、融圈。

我们与北京广播电视台联合录制的“十月文学之夜”综合节目在北京卫视晚上黄金时间9点播出，开创了文学进入屏幕的先例，取得了1%的收视率，这是很不容易的。在策划这档节目之前，我们跟中国作协有密切的交流，得到中国作协领导的大力支持，中国作协推荐的专家、作者包括领导都在节目上进行了交流。最早电视台建议给节目起名“十月文学盛典”，我说低调点，文学之夜更贴近大众，就改成了“十月文学之夜”。

除此之外，我们通过与外宣媒体的合作，扩大中国故事的传播广度。北京出版集团的“十月”品牌有40年的历史，已经成为北京文学的标志性品牌，积累了数以千万的粉丝。在“十月文学月”期间，我们邀请了《中国日报》英文版、中国国际广播电台、中国外文局美洲传播中心进行了集中报道，向世界介绍北京文化和北京文学，扩大了影响力，在国际友人中“圈粉”无数，实现了用中国的叙述体系讲述中国的故事，传播中国的声音。总书记也讲，我们要传播好中国的文化，特别要有文化自信。

我们的集团定位有四个要求：一、把握好方向；二、一定要出精品；三、坚持改革；四、文化走出去。所以《平安批》这部作品和泰国红山出版有限公司签约了泰文版版权，还有其他两部作品《北上》《青城》也签了约。疫情防控期间的对外传播是比较难的，但是我们探索了一下，2021年我们和英国伦敦的出版公司在线上进行了版权签约与优秀作品的推广，2022年和埃及、沙特、马来西亚的出版公司在线上进行了相似的活动。而且每本书的对外传播还有针对性，比如《平安批》讲的是爱国华侨热爱祖国，心系家乡，人物主要是泰国的华人华侨，所以我们跟泰国签了这么一个版权输出的合作协议。

2022年9月我们推出了一本力作叫《尖锐对话》，以采访实录形式再现了中国前驻英大使刘晓明驻英11年间接受170多次媒体采访的实况。刘晓明大使是外交家，他也打破了很多纪录，包括中国外交官在一个国家当大使的最长时间，尤其是在一个重要的国家；他在国外媒体上的对话次数，据我们统计，也是最多的，特别是在英国和欧洲其他国家，他对话的都是主流媒体。所以我们以采访实录的形式给他出了一本书，现在反响非常好。在现在的国际形势下，这本书里的对话内容应该说都是非常有意思的。而且我们第一时间和剑桥谈这本书的版权输出，使这本书在英国甚至欧洲第一时间引起了非常广泛的关注，并在德国书展上展出。

我想优秀的作品应该不限于说中国的故事，中国人和外国人也有很多故事，比如刘晓明大使和很多著名媒体人的交流就产生了很多故事。

作为北京唯一的出版综合机构，也是出版的主力军，我们应该坚守初心，勇担使命，紧跟人民美好生活的需要，以满足审美的需求、艺术的享受、心灵的陶冶、精神的富有四个维度，策划出版更多能够攀高原、登高峰的优秀作品，以优秀文化的力量推动我们全国各族人民文化自信的不断增强、全社会凝聚力和向心力的持续提升，以高质量的文化供给为文化强国建设贡献我们的力量。

让传统文化活起来、火起来

张辅评　（抖音集团副总裁、总编辑）

借此机会，我和大家分享一下抖音集团在推动优秀作品创作传播方面的探索，与大家共同探讨如何更好地通过短视频、二次创作、直播等互动方式来推广传统文化和作品。

我总结为四个方面：新舞台带来新观众、强版权撬动强创作、好内容获得好回报、兴科技更好兴文脉。抖音集团始终坚持以平台和科技之力，让传统文化活起来、火起来。

一、新舞台带来新观众

在抖音这个舞台，粉丝数量破万的传统文化创作者多达5万人，他们中有的是传承者和研究者，有的是传播者和爱好者。这些创作者犹如水滴汇入大海，随之而来的是万众灵感的波澜四起，是4300万个传统文化视频作品的大量涌现。新舞台光芒四射，新观众络绎不绝，折射出一个全新的传统文化创作景观。

在抖音，非遗手艺有了更多用武之地。2022年，抖音成为最大的非遗传播平台，有1557个国家级非遗项目在平台传播，覆盖率达99.74%。

在抖音，线上博物馆成为没有围墙的文化客厅。2021年平台上与博物馆相关的视频数量同比增加70%，点赞量超过12亿次，播放量超过394亿次，相当于全国博物馆一年接待观众人次的72倍。

在抖音，古诗词遇到了最轻盈的传播载体。2021年平台与古诗词相关的视频累计播放量达178亿次，同比增长168%。

在抖音，书法也能跃然于手机屏幕上。2021年抖音成为用户学习、欣赏、传播书法知识的重要平台，书法类内容累计播放量达1074亿次，点赞量超30亿次，书法类内容创作者同比增长161%。

在抖音，戏曲走向线上大舞台。平台覆盖戏曲种类超过300种，已有231种戏曲开通直播，2021年共直播80万场，累计看播人次25亿。百戏争辉，生生不息，已在线上实现。

在抖音，民乐把直播间当成了第二舞台。2022年，平台民乐直播覆盖超过87种民族乐器，累计看播人次超过61亿。2021年开播178万场，相当于每天有4876场民乐演奏会。

这些数字背后离不开平台为助力传统文化活起来推出的多元扶持计划，这些扶持计划针对性强、覆盖面广、含金量高，为打造一个百花齐放、专业健康的传统文化内容生态提供了有力支撑。

“抖有好戏”计划致力于帮助10个院团、1000位专业戏曲演员打造第二剧场；短视频版《唐诗三百首》持续邀请多位名家学者讲解唐诗之美。

二、强版权撬动强创作

搭建优质内容版权生态，是平台打好文化底色的重要内功，也是我作为版权协会的一员，在晓宏理事长和各位领导的指导下不懈努力的方向。没有优质版权这股源头活水，平台的创作活力只会逐渐消失、陷入枯竭，欣欣向荣、百花争艳的传统文化创作景观也无从谈起。

健康、有序、多元的内容版权生态是将平台托举成文化大观园的坚固基底之一。一直以来，抖音在强化版权治理的同时，借助版权合作的形式，突破内容围栏，不断完善自身内容版权生态。

2022年7月19日，抖音集团与爱奇艺达成合作，双方围绕长视频内容的二次创作和推广等方面展开探索，共同拓展长视频、短视频合作的可能性。这种跨越平台的合作，既能推动二次创作走向合法合规，也能充分利用平台媒体资源潜能，撬动巨大的创作活力，让优质内容有更丰富的延伸。9月5日，抖音发布“爱奇艺片单二创激励计划”，鼓励影视创作者共创好片，并对爱奇艺新热剧集快速宣发助力。翻开合作片单，以传统文化为依托的好剧目俯拾皆是：《康熙王朝》《宰相刘罗锅》追述历史人物的壮志豪情，《济公》《隋唐英雄传》重现民间文学的雅趣风姿，《武林外传》《唐朝诡事录》演绎江湖世界的逍遥浪漫，《花样年华》诠释东方爱情的古典含蓄，这些传统文化影视作品作为原始拟态，化作千百个灵感挥洒向抖音各个角落，落地成为平台创作景观中崭新而旺盛的生命力，其中的人物、剧情，甚至一幅水墨画都能成为新创作的灵感来源。

从影视科普到说唱解说，从创意混剪到创意配音，平台上40%的百万粉以上影视原创作者各显神通，对剧作进行深度加工、重新演绎，让它们变换出新鲜姿态，不再囿于固定的圈层，而是被更广大的用户群体看见。

截至10月30日活动结束，抖音“爱奇艺片单二创激励计划”累计播放量629亿次，总点赞量5.4亿次，热点话题70个，播放量破千万的爆款视频568个，单条最高播放量1.58亿次。不少经典老作品被一一盘活，一些冷门作品甚至迎来了第二春，其中与《康熙王朝》相关的二创短视频多达6000条，引发了观看经典历史剧的风潮；仅仅13条《济公》二创短视频，就创造了播放量破千万的好成绩；《隋唐英雄传》二创短视频累计播放量超6.8亿次，带动英雄情怀席卷全平台。通过短视频的宣推引导，大量经典老作品的长视频正片在爱奇艺站内热度不断提升，再次成了较好的电视剧爆款。

影视二创欣欣向荣，表面是创作者在不断拓展新形式，背后是每个拥有文化情怀的用户在无限接近传统。当影视作品在大荧屏和小屏幕之间完成华丽转身，其中的传统文化内容也流入更广阔的场域，靠近更广泛的人群。通过与爱奇艺长短互补，一个健康合规的内容版权生态在平台上更好地搭建起来，这势必会催生出更多优秀内容创作者和优质内容，助推更多以传统文化为依托的好作品出圈发酵，发挥更大的价值。

三、好内容获得好回报

在搭建优质内容版权生态的基础上，抖音也在拓宽赋能传统文化传承的新路径，争取实现好内容获得好回报的良性互动。

大众通过直播打赏进行文化消费，帮助相关从业者获得新收入，参与到传统文化的保育推广工作中。

抖音针对民歌、民族舞等领域推出优质主播计划，将在未来一年帮助1000名民乐演奏者月入过万，让100名民族非遗传承人获得开播收益。目前不少传统文化类主播凭借好内容获得好回报，一些艺人、匠人找到了延续专业的新信心和新路径。在疫情中，直播打赏更是成为传统文化行业化危为机、迎来柳暗花明的关键因素。2021年，戏曲、乐器、舞蹈、话剧等艺术门类的演绎类直播在抖音开播超过3200万场，场均观看超过3900人次，每天都有近9万场中等观众规模的演出在抖音上演，演绎类直播打赏收入同比增长46%，超过6万名才艺主播实现月均直播收入超万元。

抖音电商同样实现良性互动。抖音立足全域兴趣电商，助力传统文化打开生意空间，建立起独具特色的社会价值新赛道，每一笔买与卖的交易背后，都有生机旺盛的文化基因在跃动、流淌。

在非遗歌舞节等活动的助力下，文化传人变成了文化达人，非遗好物成为国潮。2021年，“看见手艺计划”帮助非遗传承人带货总成交额年增长15倍；知名作家走进直播间讲经典，文化典籍也被装进了抖音购物车；“全民好书计划”助力平台上图书销售单超过1.9亿笔，平台古诗词类书籍销量同比增长588%，《唐诗三百首》等诗词类书籍销量位居前列。

四、兴科技更好兴文脉

要读懂中华民族的文化，始终绕不过一卷卷古籍。由于技术难度大、行业冷淡、人才缺乏，许多古籍沉睡于藏书阁，一些甚至变得千疮百孔。在平台之外，抖音集团超越直接的经济效益计算，以文脉传承的维度考量，从古籍修复、数字化、活化三个方面注重古籍的保护与传承，希望让古籍真正活起来、传下去。

2021年6月，抖音集团联合中国文物保护基金会成立专项基金，与国家图书馆合作，定向资助古籍修复、古籍数字化、古籍活化等项目，其中包括修复《永乐大典》等100余册古籍。截至2022年10月，已完成古籍修复80余册。

2022年3月，抖音集团与北京大学合作研发古籍数字化平台，旨在加速中华典籍数字化建设。10月，“识典古籍测试版”正式上线，平台整理上线了390部经典古籍，共计3000多万字，未来三年将完成1万种古籍智能化整理，并对社会免费开放。秉持技术赋能、文化充盈的理念，识典古籍这一平台将与抖音、今日头条等场景相连接，让优质古籍内容触及更多用户。

求木之长者，必固其根本；欲流之远者，必浚其泉源。让传统文化与优秀作品活起来、火起来，需要植根于中华民族传统文化这片沃土，并在其滋养下，用心、用情打造有文化的平台，以科技赋能传统文化资源，实现社会效益和经济效益的有机统一。

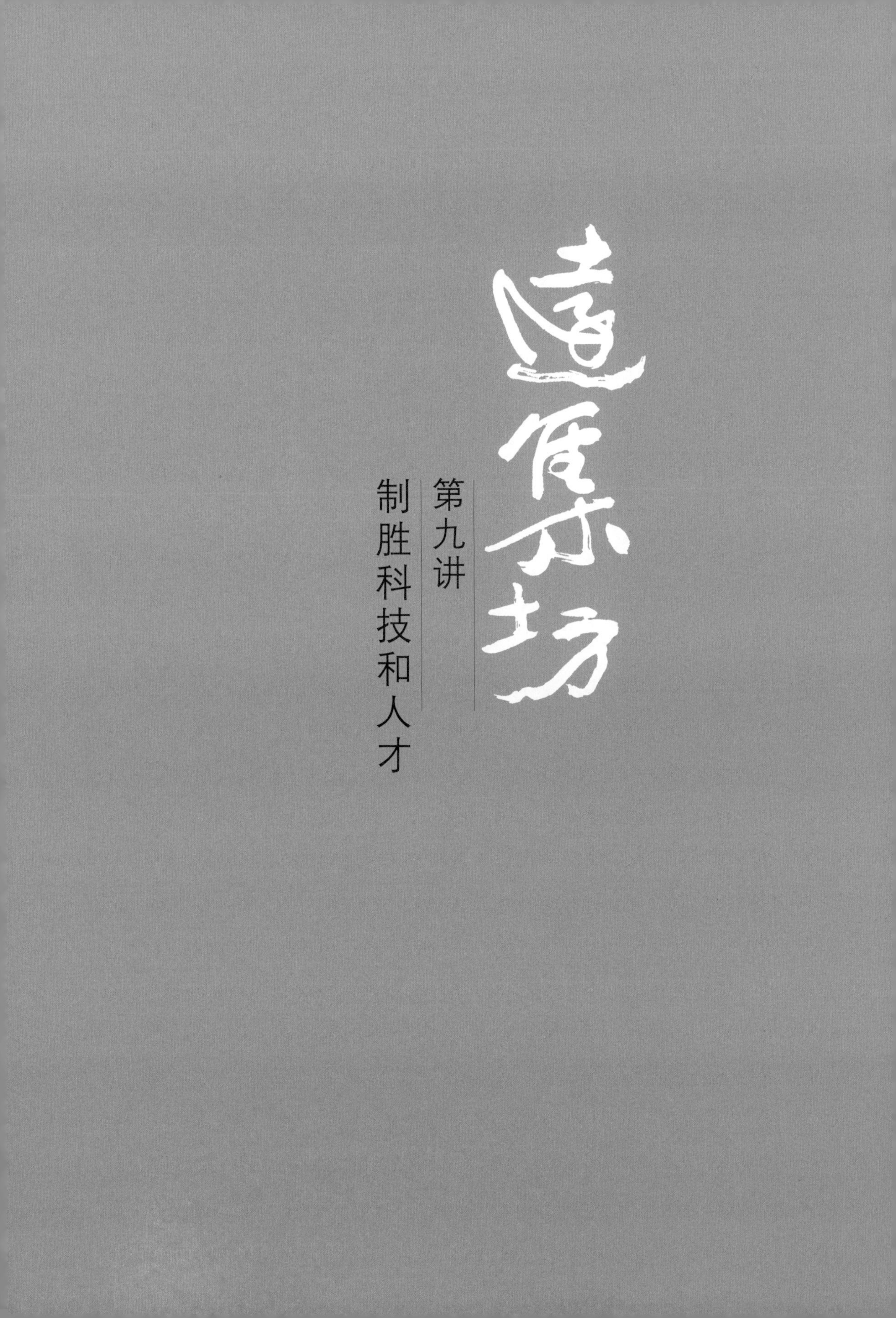

第九讲
制胜科技和人才

主讲嘉宾

尚　勇

主持嘉宾

阎晓宏

特邀嘉宾

董　进　　王宏广

制胜科技和人才

尚勇 ［全国政协教科卫体委员会副主任，中国科学技术协会原党组书记，应急管理部原副部长（正部长级）］

非常荣幸受邀就制胜科技和人才这个问题汇报一些学习体会。今天我讲四部分内容。

因为这是一个比较大的题目，我着重围绕学习贯彻党的二十大精神，就大家关心的一些问题谈谈自己的体会。

党的二十大报告中一个非常重要的亮点，是把教育、科技、人才提高到前所未有的位置，作为全面建设社会主义现代化国家的基础性、战略性支撑。

党的二十大报告中对教育、科技、人才三者的关系进行了深入阐释和剖析，特别强调了要加快建设教育强国、科技强国和人才强国。

关于这个问题，我先来谈谈它的重要性。习近平总书记在讲话里边讲了一个理念：科技是第一生产力、人才是第一资源、创新是第一动力；强调继续深入实施三个战略，就是大家熟悉的科教兴国战略、人才强国战略、创新驱动发展战略；三个要求：教育优先发展、科技自立自强、人才引领驱动；三个目标是加快建设教育强国、科技强国、人才强国。

这个起着什么作用？党的二十大提出以中国式现代化全面推进中华民族伟大复兴，特别是总书记在第二十届中央委员会委员和主要领导干部的研讨班上提到了要正确理解和大力推进中国式现代化。

教育、科技、人才作为全面建设社会主义现代化国家的基础性、战略性的支撑，是中国式现代化的一个核心。我们怎么去理解？

总书记对于怎么样完善科技创新体系、实现科技创新自立自强，怎么样把人才强国战略全方位地推进下去都做了指示。

我们先来理解中华民族伟大复兴，党的二十大提出以中国式现代化全面推进中华民族伟大复兴，这是站在历史高度和时代发展的前沿来全面建设社会主义现代化国家。靠什么来支撑？靠科技强国，科技强国靠人才强国支撑，人才强国要靠教育强国来支撑，这就是它们之间的关系。

现在的提法意味着有几个方面的发展路径和动力相较以前有重大转换。从原来的技术引进、消化、吸收，就是第一版的经济全球化，转到了自主创新、科技自立自强，这也是构建新发展格局的重要支撑。再就是由原来资源依赖型的粗放型增长，即依赖能源、依赖低价劳动力，逐步转为技术密集型的绿色低碳高质量发展。从原来低成本的人口红利——大量的农村劳动力涌入城市——开始转向高水平的人才红利，这个潜力很大。面临的环境，由原来加入WTO之后相对良性的国际竞争环境，到现在的遭受打压围堵、激烈竞争的国际环境。

在这种情况下，没有坚实的物质技术和人才基础，不可能建成社会主义现代化强国。必须率先建成世界教育强国、科技强国、人才强国，否则难以成为真正的现代化强国。党的十九届五中全会提出，坚持创新在我国现代化建设全局中的核心地位，把科技自立自强作为国家发展的战略支撑。所以必须坚持人才引领，贯彻三个“第一”的思想，坚定地实施三个战略。

这是我讲的第一部分，从党的二十大报告中理解它们的相互关系，特别是科技和人才在建设中国式现代化中的重要意义。

第二部分，现在面临着像美国这么强大的科技强国、人才强国，我们建设科技和人才强国的优势在哪儿？重点是三个方面的优势：先进制度和正确的战略、优秀人才和雄厚资源、迅猛创新势头和强大的实力。

一、先进制度和正确战略上，中国共产党是我们各项事业的领导核心，是推进中国式现代化的根本。集中力量办大事的社会主义制度，在很多战略问题、全局问题上发挥着显著优势。党和政府把科技和人才工作摆在了战略地位，给予优先支持。很多经济学家也讲了，很多国家还没做到统筹规划、战略指引。这对科技工作者来说是一个很大的动力，他们以报效祖国、造福人民为价值导向，而不是以名和利为导向。

看看我们的发展历程，在1949年新中国成立之前，中国的现代科学技术几乎是一穷二白。新中国成立时，全国科学技术人员不超过5万人，其中专门从事科学研究工作的人员不足500人，专门的科研机构只有30多个。1949年11月，中国科学院在京成立，之后各部门、各地区相继成立了一批科研机构，科技力量得到迅速发展。

党中央1956年号召“向科学进军”，从那之后，我们建立了学科齐全、技术开发门类完整的科学技术体系。特别是在改革开放之后，党和国家把科技发展摆在了全局战略突出地位，实施了科教兴国、自主创新、人才强国、创新驱动发展一系列重大战略。跟着世界发展的潮流，组织实施了一些科技攻关，如“973”计划、“863”计划和国家科技支撑计划等重大的国家科技计划，科技实力整体提升。

党的十八大之后，我国进入创新驱动发展的新时代，也是创新型国家建设的新时代。2016年中央印发了《国家创新驱动发展战略纲要》，这是在习近平总书记亲自主持下制定的，纲要中提出了要向世界科技强国进军的战略指南。第一步，到2020年进入创新型国家行列，已于2022年8月实现；第二步，到2030年跻身创新型国家的前列，这个位置我想在世界的前五，甚至更超前；第三步，2050年建成世界科技创新强国。《“十四五”规划和2035年远景目标纲要》中，提出把科技自立自强作为国家发展的战略支撑。

2021年9月召开的中央人才工作会议上，习近平总书记代表党中央发出号召，要深入实施新时代人才强国战略，要加快建设世界重要人才中心和创新高地，把人才提高到更高的战略层次。

二、现在我们到底是个什么情况？2022年的数据还没有拿到，先看2021年的数据。人才资源方面，人才数量居世界第一，专业技术人员3935万人，将近4000万人。我国研发人员总量572万人，远远超过美国，居世界第一。理工农医类大学的毕业生数量每年有几百万人。研究开发平台的数量处于世界前列。现在全国的重点实验室700多个，目前正在建设的国家实验室有10个左右。建设的世界“双一流”大学40多个，中国科学院以及部门、地方、央企的研发机构也都有很强的实力。改革开放后，发展高新技术的企业有30多万家，包括华为、百度、阿里等。另外，近年发展了一批新型的研究开发机构，实力很强。科技研发投入上，现在居世界第二位，2021年全国的研究开发投入2.8万亿元，占GDP的2.44%。2022年别的数据没出来，这个数据说了，占比超GDP的2.5%，年增长率为7%以上，这个数据紧逼美国。科研装备和大科学装置，像大型强子对撞机、500米口径球面射电望远镜（FAST）等大装置有30多个。研究机构的科研仪器设备，基本达到了世界先进水平。这是我们现有的资源。

三、产出能力呢？创新实力可以表现产出能力，2021年国内的专利申请140万件，授权45万件，国际申请专利7万多件，排在世界第一位。在世界公认权威的期刊发表的科技论文，我们国家每年都有很大的增长，现在数量上居世界第一位。不光看数量，还有一个更高的指标，论文被引用的情况。高被引科学家的数量，美国排第一，我们仅次于美国，排第二位。科技发展水平上，我们国家的科技从原来的跟跑，到跟其他国家并行，走得差不多，再到在一些领域实现领跑。

我国是制造业大国、强国，特别是装备制造能力。大型装备像盾构机、钻井平台、大型轮船、港口装备，包括现在的风力发电、太阳能发电、特高压输变电装备，以及核电站等等。我们的核聚变装置，在世界上是一流水平。高铁、大飞机也在世界先进行列。在航天上，我国在空间站运营、火星探测、月球探索等领域都取得了很大成就。在新一代信息领域，我们属于先进的水平，有些属于领先的水平。特别是在人工智能这种新的研究领域里，我们有时候和美国不分伯仲。科学前沿的其他领域，如超导、量子信息，以及生命科学技术，已经接近世界前列。

大概统计了一下，国际上180多个新兴研究前沿中，中国表现卓越的研究前沿有30多个，超过了英、德、日、法等国，仅次于美国。

总体创新能力和科技水平，世界上有个组织专门统计，我们2022年进入了创新型国家行列。世界公认的国家创新指数排名，我国2012年是第34位，到2022年上升至世界第11位，10年上升了23位，进步速度是非常快的。近些年研究型大学发展得很快，进入百强的数量逐年增多，去年世界大学排名统计，清华、北大进入了前20名。除此之外，我们还有一个独特的优势，我们有世界上最大的消费市场。为什么我们信息技术发展那么快？比如数字、信息、通信技术在世界上为什么能排第一？第一，用户太多了。第二，我们有最完整的工业品制造门类，我国是全世界唯一拥有全部工业门类的国家。第三，我国在科学上有最完整的学科门类。

总的来看，我们的优势就体现出来了。我们有着强劲的上升势头、后劲很足；有着雄厚的资源潜力，无论是人力资源，还是现在整个科研设备、科技成果的资源，都有着很深的积淀，底气很足。再是中国的科学家精神，为实现高水平科技自立自强注入了正能量。

所以，从这些方面来看，建设世界科技强国、人才强国，我们要充满信心。

第三部分，大家说你这个说得太乐观了，确实还有很多不乐观的事情，看看我们现在所面临的国际上的挑战，很严峻，但是历史机遇也很难得。

一、最大的一个挑战是美国疯狂的打压围堵。从特朗普开始是贸易战，失败之后逐步地转向科技战，科技战开始是不择手段地制裁华为、中兴等几个重要的企业，后来几乎对我们的科技进行全面打压，特别是前沿科技和重点科研机构。

王宏广主任曾在他出的一本书里说过，当上“老大”的美国历来容不下“老二”，一般经济总量到他60%的时候，他绝对会不择手段把你压下去。在历史上，英国、德国、日本、苏联都被他打压下去了，现在我们的整个经济总量已经占他的百分之七十几了，所以他是着重打压。美国现在已经把我国600多家企业，就是我们国家在科技创新上很强的企业列入他的黑名单，最近还在不断增加。当时美国参议院出台了《美国创新与竞争法案》，另外一个他们自己叫《中国法案》，历史上罕见地针对一个国家出的一个法案。

2022年拜登又签署了《芯片和科学法案》，要给美国半导体研发、制造以及劳动力发展提供巨额补贴，意在卡中国，完全围堵中国。美国不光自己卡，还拉着他的盟友卡，成立了一个联盟对中国实施“长臂管辖”，比如禁止荷兰将光刻机卖给中国。目前更变本加厉，2022年底到2023年初，把日本、韩国等都拉作盟友，企图在芯片上绝对打压我们。

另外是流氓手段，以前我们和美国科技方面的交流合作非常多，我那时候作为主管国际合作的科学技术部副部长也到美国研修了半年，那时候还是很开放的。现在整个限制交流，特别是成就很高的华人科学家，美国干脆用对待间谍的手段来打压他们，甚至编造莫须有的罪名，令华人科学家身陷囹圄。

美国单方面发动的新冷战确实给我们带来了很大的挑战，但是也起到一个倒逼的效果，加速了我们的自主创新。我们的自主创新是他们“卡脖子”逼出来的，当时在中美战略与经济对话的时候我说了一句话，你们制裁的清单挺好，我们拿过来就可以做研究开发的指南了，根据你们的清单，我们有针对性地来就可以了。

我们的科技自立自强是拼出来的，20世纪50年代研制“两弹一星”，我们当时的条件很差，即使这样，我们依然用比美国和欧洲短很多的时间把“两弹一星”搞出来了，后来载人航天也搞出来了。中国人有一个最强项是善于学习，引进、消化、吸收、再创新，只要有这个技术，美国再怎么封锁，我很快就能掌握，并且超过他。像现在的高铁、5G等这些都是从赶他到最后超过他。

美国想“卡脖子”抑制我们，现在可以得出结论，是绝对不可能的。已有的高端制造技术想卡卡不住，像现在限制我们的芯片，新闻说了，美国搞芯片的相关企业大幅裁人。为什么呢？14纳米、28纳米，我们基本上都自己生产了，中国已经占据了最大的市场，他也过不来了，最后搬起石头砸了自己的脚。美国公司将来日子更不好过，产品挤压、产能过剩。集成电路设备可能会卡我们一段时间，但是我们国产设备的研发步伐很快。比如说，光刻机，现在跟美国相比有点差距；刻蚀机，现在在世界上的水平是一流的；其他光刻胶之类的也慢慢都上去了。像航空发动机，原来是完全卡我们，包括C919，现在C919我们已经实现了自主设计生产，军用飞机的发动机基本上也是世界的先进水平。

美国如果再这样打冷战下去，我们是会遇到一些困难，但吃亏最大的是美国。

二、我们要看到自己还有很多短板弱项，短板弱项主要在哪儿？大家觉得在传统的技术领域应该是没问题的，但是也要看到我们基础性工业中有很多东西依然存在“卡脖子”的问题。比如现在的材料可以制造大装备，但在盾构机刀具、轴承，包括高铁里边的轴承等特殊工艺方面，仍然存在差距，还有一些工作母机。最近这两年突破很快的高档数控机床，也在被他们限制。

还有一些核心技术装备，像高端光刻机、先进的发动机等，都有差距。高端的仪器装备，比如科研的仪器大部分从国外进口，还有高端医疗装备现在也是从国外进口的比较多。所以在前沿基础研究方面，有些领域发展得不错，但是有些领域还是有差距，比如材料、信息技术、人工智能等技术方面。我们国家在前沿领域有很多优秀的人才，但总体来看，领军人才、学术尖子相对缺乏。但是只要我们看清了问题，明确了方向，聚焦重点，克服这些短板弱项只是时间问题。

三、很大的一个问题是体制束缚。体制有很大的优越性，也有很多弊端，尤其是科研机构存在人才管理行政化、“官本位”的问题，束缚了大家的创新能力。政府包揽过多，人才缺乏创新的自主权；论资排辈，人员使用不合理，帽子满天飞；科研机构资金结合不好，叫“烟囱往回倒”；等等。整个科研人才发展的环境还需要进一步优化。国际科技和人才交流不通畅，在前沿这方面就要吃亏。

四、现在最大的机遇是新一轮科技革命。从16世纪初开始，意大利成为第一个世界科学中心。科学中心经过了五次转移。前四次在欧洲，我的观点是，第二次世界大战之后从欧洲逐步向美国转移。新科技革命来了之后，可能会出现新的科学中心和人才中心的转移，所以，习近平总书记在2021年提出了我们要成为世界重要人才中心和创新高地，我们期待着很快建成科技和人才强国，把下一个科学和人才中心转移到中国。

机遇来了，我们要冷静，现在美国的科技实力和人才力量依然强大，习近平总书记在人才工作讲话中举了三个数据，世界诺贝尔奖获得者70%在美国，世界重大科技成果60%在美国，而且高被引科学家美国占40%。美国为什么那么吸引人才？他们的创新环境确实好。但是现在美国的科技优势成为他推行霸权主义的主要手段，他现在搞政治霸权、金融霸权、军事霸权、文化霸权，仗的就是科技和人才上的优势，不光是科技人才，还有文化人才、战略人才、经济人才、金融人才。所以说，美国世界科学和人才中心的地位，短时间内难以完全被取代，也就是说我们到时候有可能与美国并驾齐驱，想取代他还要相当长的一段时间。但是新科技革命的机遇，对我们来讲是一个难得的机会。

现在的新科技革命和以往的几次科技革命有相同之处，也有鲜明的特征。新科技革命有几个方面：使命主导，不再是像原来随便探索式的，革命就是一定要把国家的整个竞争力提升起来，这在战略上是第一位的；各个学科都向纵深发展，学科之间交叉融合，成为复杂系统，组群突破，加速转化。

这次的新技术革命不是单个的技术革命，而是综合性革命。但是领头的是新一代的信息技术，像人工智能、量子科技、工业互联网等，跟着的新材料、先进制造、新一代能源、绿色能源、生命科学、深空深海探索等都面临着新的突破。信息技术革命面临着智能化新时代的开启，这是最大的挑战。人工智能是新一代信息技术的灵魂，是领头的主导技术。基础技术方面，摩尔定律快失效了，它有一个大的转变。第三代的互联网，现在成为工业互联网或产业互联网，整体是智能化的平台。还有一些技术发展得很快，像区块链、边缘计算，还有虚拟现实、元宇宙，以及大家谈论得最多的ChatGPT。现在新一代信息技术带动工业化、城市化和信息化、智能化整个的升级换代。

新能源技术的发展也很快。新材料这几年发展得非常快，特别是现在我们都知道的石墨烯、超导体、生物材料等，都成了热点。深空探索，比如火星探测、月球探索、空间站建设、新一代的航天飞机等，还有深海探索、万米探索、每小时千公里的超级高铁研究等，都在取得重大突破。基础研究，现在也面临一些新的领域突破。

从综合创新能力和科技实力来看，我们已经具备建设科技强国的潜力，外部挑战都是可以战胜和克服的，现在关键还是解决我们自己的体制和发展路径上的问题。我们要把握好新的窗口期，建设世界一流的高水平的科技人才队伍。

第四部分，简单讲一下制胜科技和人才的路径。

一、要实现高水平的科技自立自强，就要按照支撑新发展格局的要求。从破“卡脖子”技术切入，加强原始创新引领，要走融合创新的道路，利用我们制度的优势，体系化推进，扩大开放，把聚集人才作为第一战略。

二、以优势拉动重点自立，可以利用我们的体制优势聚焦进口替代，实现“卡脖子”技术自创自给。对标制造强国，提升基础技术的高精尖水平，利用现在比较优势形成更大的强势。特别是要瞄准前沿技术开发，抢占领跑的先机。

三、利用我们的优势，体系化推进。原来是各自为政，力量比较散，人多，现在要体系化，要按照市场机制整合力量。特别是抓住现在的六个大的方面：绿色转型创新体系，绿色能源、绿色制造、绿色建筑等；高端装备制造方面，目前我们在世界领先的势头越来越猛；新一代信息技术，这是我们换道超车的一个重要方面；生命科学和生物技术，我们有14亿人，在这方面的市场需求也大；物质科学和高端的新材料；军民融合推动国家安全关键技术，它的带动力也很强，特别是我们国家安全受到威胁的时候，需要军用和民用的技术做支持。

四、前沿科技和基础研究方面，迎头赶上，我们国家部署了一大批这样的科研课题。

五、关键是营造一流人才发展生态环境。怎么样把人留住，把海外优秀人才，特别是华人给吸引过来，成为世界科学的中心。现在优秀人才脱颖而出，在这方面的改革还要下大功夫。

所以说，我们要把握人才队伍建设的规律，优化学术和人才发展环境，要改革人才发展体制机制，完善人才发展的社会生态。特别是习近平总书记强调的“强化人才激励机制，向用人主体放权、为人才松绑，建立以创新能力、质量、实效、贡献为导向的人才评价体系”的改革任务，改革任务很重，大家要攻坚克难。

最后用习近平总书记的一段话结束，我们前途光明，方向明确，但是面临的挑战和困难也很多，所以总书记说“要增强全党全国各族人民的志气、骨气、底气，不信邪、不怕鬼、不怕压，知难而进、迎难而上”。我相信，我们制胜科技和人才，建设科技强国、人才强国，大有希望。

特邀嘉宾

董　进　（信息技术专家，第十四届全国人大代表，北京微芯区块链和边缘计算研究院院长）

今天特别高兴尚部长让我来，其实尚部长也是我职业发展的引路人。

我是2018年底全职回来的，我以前在清华读完书，在美国跨国企业的研究机构工作了大概17年。17年中，主要做整个底层技术，包括芯片、量子计算、区块链这一系列的底层技术。对国际的科技创新还是比较了解的，因为以前的研究院有6个诺贝尔奖获得者、6位图灵奖获得者，我一直在那边负责整个基础科学的研发。2018年全职回国，像尚部长所说的，是一个契机。

什么契机呢？习近平总书记在2019年中央政治局第十八次集体学习中讲区块链，那个时候国内区块链应用繁花似锦，但是往底下看，整个区块链的底层核心技术全部是美国的，包括整个底层用美国的Fiber来做支撑。我们都知道区块链这类技术就是为了解决数据的安全可信问题，如果中国的区块链应用，尤其是很多国家的、政务的、能源的、金融的区块链应用，都建立在美国的基础设施上，仔细一想是很可怕的。类似于大概10年前的移动互联时代，国内的移动互联应用做得非常好，但是基本上所有的移动互联应用要么搭载在安卓的体系上，要么是苹果的IOS体系上，基本上没有自己的底层核心技术。在区块链领域也是相同的情况，直到2019年出现了这个契机。

我学生时期入党，一直做科研工作，那时候就觉得这一类问题很重要。2019年，在北京市委、市政府和科技部的支持下，我们用一个新的体制快速会聚了来自欧美100多个在区块链、隐私计算和开源芯片研究领域里顶级的科学家，在北京成立了一个新型研发机构。其实我也慢慢在学习、在体会新型研发。我的体会是很多从国外回来的科学家得有一个平台，很多人不想去学校纯教学，因为他是做底层技术的；回体制内，体制内还没有相关的制度安排。我体会到新型研发机构是怎么通过一种新的体制机制把100多个顶级科学家会聚回国的，这种新的组织模式能够更好地解决中国在区块链没有底层核心科技的问题。

科学家回来之后还得有学生，还得有整个的应用场景，在北京市委、市政府的支持下，我们快速把平台企业，把清华、北大、中国科学院等院校相关的学生、青年教师资源整合起来，加上工程师，整合了大概500多个全职科学家，一起做了三年，一直做“长安链”。长安链是底层核心科技，主要解决中国没有区块链底层科技的问题，而且我们专门用芯片来解决中国区块链底层科技的问题。

过去的几年还有几个体会，结合尚部长谈到的科技的自立自强、核心科技，我觉得在一些核心科技上，尤其是底层一些“卡脖子”的技术上，目前还是需要一种政府组织的方式，来把海外核心科学家吸引回来，尤其是在一些关键领域。目前，微芯研究院大概有100多位从美国全职回来的科学家，其中还有很多是美籍的，他们在国外做了一辈子的全职教授，最后全部都回来。但是现在这个窗口越来越窄了，2022年大概有十几位在开源芯片、区块链底层核心科技领域的全职教授，在回来过程中遇到的麻烦越来越大，美国FBI的审查工作越来越严格，所以还是要有组织地把一些关键领域的核心科学家吸引回来。

中国的科研为什么能领先？还有一个很关键的原因是我们有大场景，有非常复杂的大场景。比如说，国家金税四期工程是全球公认的最复杂的区块链应用场景，这是其他国家没有的，我们的技术是和大的关键场景的磨炼结合起来的。

科技的体制对我们现在做的这个事情有极其重要的作用。为什么呢？我们现在还是非常小众的新型研发机构，是一个特例型的试点工厂。在过去的三年，科技部给予了我们特别大的支持，因为我们这100多个科研工作者不算是体制内的，但这是在解决国家关键问题，得有一种新的体制。

随着“长安链”底层技术的发展和国家关键基础设施应用重要程度的逐步提升，2022年微芯研究院也被科技部升格成国家区块链技术创新中心，相当于国家“核心+基地+网络”格局下的国家实验室、全国重点实验室和国家技术创新中心等，成了国家战略科技力量的一部分。慢慢地应该会有更多不同的体制机制能够让科研人员的主动性提高起来。不仅要让科学家有情怀，还要让他们的努力能够产生真的价值，这个维度非常重要。

王宏广 （生物技术专家，全国政协参政议政特聘专家，北京大学中国战略研究中心执行主任，中国生物技术发展中心原主任）

非常感谢中国版权协会和尚部长给我今天来学习的机会。

我想利用这几分钟的时间简单报告两个情况，提两点建议。

第一个，把握世界科技革命和经济产业革命的规律。人类历史上经历了农业、工业和现在的信息三大经济时代。下一个时代是什么时代？跟我们有多大关系？日本经济中心的研究报告认为，中国2030年将成为世界第一大国，2060年把这把交椅交回美国。英国人提出我们到2050年把世界第一大国的交椅交回美国。为什么下次科技革命跟中国无缘？这是我给大家报告的第一个情况。

最近我们有一些研究成果，研究了中国安全的几个方面，在这儿给各位领导报告一下，请各位批评指正！顺便说一下，我们写的可能都跟大众的观点有点不太一样。

2020年以前，我国粮食生产实现"十六连丰"，农业农村部认为中国粮食安全没问题。后来我们写了一个内参，还写了一本书——《中国粮食安全：战略与对策》。我国粮食的自给率为98%，食物的自给率只有不到70%，进口的食物占我们所消耗食物的1/3，这组数据引起国家高度的重视。2020年4月17日，中共中央政治局召开会议明确提出保粮食安全。这是第一个方面。

我们的第二本书是《中国生物安全：战略与对策》。在这之前，大家都知道核安全、网络安全、金融安全是全世界共同面临的三大问题。但是我们认为，生物安全可能也要成为人类面临的最大的安全问题。大家想想我们刚刚过去的新冠疫情。病毒从哪里来？病毒到哪里去？怎样控制病毒？人类并没有搞清楚。生物安全已经成为我们现在面临的最大的安全问题。

我们正在完成一本书叫《中国科技安全：战略与对策》，初步的结论是芯片是目前最热的科技安全问题，但不是最大的安全问题。芯片的问题会在比较短的时间内有比较好的结局。有国外的科学家说，如果世界上有一个国家把芯片产业链全部建立健全，那个国家一定是中国。芯片技术，我们通过我们的创新能力已经做起来了。

那我们的科技安全面临的最大的问题是什么？这也是我要给大家报告的第二个情况。有一个将军问我，我说上错了山头。什么叫上错了山头？可能是没有找准下次科技革命的重点和主攻方向。为什么呢？人类历史上所有的第一大国都引领过一次科技革命，如果不能得到一次科技革命的红利，第一大国的地位保不住。现在是信息革命方兴未艾，信息之后将是什么？我们提出的是生命科学。

为什么是生命科学？第一个，现在全世界80亿人，8亿人吃不饱，还要再出生20亿人，什么技术能保证这28亿人都吃饱？第二个，现在博士30岁毕业，工作到60岁退休，到90岁去世，上一年学只能工作一年，成本太高。人类能不能延长健康工作的时间和寿命？怎么延长？只有科技革命。工业革命增强了人类的体力劳动能力，信息和人工智能强化了人的脑力，未来必须有一个革命来延长人类健康工作的时间，延长寿命。第三个，大家认为生活好了以后还需要一个好的环境，什么技术能把整个环境改变得更好？还是靠生物技术。所以我们觉得在信息革命之后，生物行业必将掀起一场新的科技革命。这个观点是否正确，供大家批评指正。

另外，尚部长刚刚讲了科技和人才的重要性，我觉得还得加个政策。

为什么呢？世界各国都在发展人才中心，有了人才才有技术，有了技术才有新经济，有了新经济才有国家的综合实力，所以说世界的基本规律是经济中心、政治中心、外交中心、文化中心，乃至军事中心，总是随着科学中心的转移而转移。而科学中心的转移则随着人才中心转移，能不能成为人才中心主要取决于政策能不能落实。

怎么样保障人才强国的战略能够真正落到实处？我提两点建议。

第一个建议，把我们引进的人才照顾好，原来答应人家的条件要做到，不能叶公好龙，请进来就不管，不能这样，这样以后别人就不来了。第二个建议，我们把自己的孩子引进来还不够，世界上一流的实验室没有一个是单兵作战，一定是多民族组成的最强的人才队伍，科技强国首先是人才强国，人才强国必须把这些留学的学生、老师一起引进来。成为人才强国之后，大致要二三十年的时间才能出成果，才能变成科技强国。

因此，我们现在必须立即行动，优化我们的政策，把已经引进来的人才照顾好，把没来的请回来，特别是把世界顶尖的人才请回来，否则我们就会面临更大的问题。

第十讲

数字时代版权高峰论坛

主讲嘉宾

甘藏春　　郇书林　　林广海　　程　武　　管育鹰
孙宝林　　阮　瑜

主持嘉宾

于慈珂

特邀嘉宾

阎晓宏　　孙　悦　　赵小波　　秦元明　　乔世民
陈　琦　　王　平　　王睿霆　　温亚莉　　张钦坤
陈　晨　　朱继国　　刘　闯　　周淑梅　　汪洪涛
艾　源　　王　旗　　秦　博　　刘政操

走向数字时代的中国著作权法治

甘藏春　（中国法学会原副会长）

数字时代的到来，影响着整个中国的社会生活，影响着人类的生活方式。在数字时代进程中，中国应该属于第一方阵，特别在数字应用场景上，中国是世界第一。如何应对数字时代下的法治，是法学界要研究的大问题。知识产权法在数字时代中处于前沿，同时也面临新型冲击，著作权法是知识产权法的重要组成部分，必然最先感知到挑战。

数字时代的到来，新的科技革命的到来，对整个法治的影响是深远的，将来整个法治的底层逻辑可能都要发生变革。在这个大的变动当中，如何应对数字时代？如何完善中国的法治，完善我们的著作权法治？这是目前需要研究的重大问题。

一、数字时代，中国著作权法治面临双重挑战。

经过改革开放40多年的努力，中国著作权法治已经达到甚至超过国际的法治水平，我们可以自豪地说，中国用短短40多年时间，实现了整个著作权法治的变革，从无法可依到法治比较健全，是一个了不起的成就。但是有法律并不等于法律能够自动实施，在法律体系当中有一个实施体系，我们现有的著作权法实施仍然是一个长期而艰巨的问题，这是法治本身带来的问题。

随着数字时代的到来，我们的著作权法治又面临一个新的问题、一个新的使命：积极应对数字时代对著作权法的挑战；跟随数字时代的进步，不断完善中国数字法治、著作权法治。

西方经过几百年发展，著作权法体系从立法到实施到司法都比较完备，也有盗版，但不像我们目前这么多，所以他们现在可以从容地进入数字时代应对挑战。而我们既要解决现有法律体系的问题，又要应对数字时代带来的新挑战，在一个压缩性的时间内完成双重使命，将成为中国式现代化进程当中法治建设的一个重要特征。

二、著作权法治应该如何应对数字时代带来的挑战?

应对数字时代的挑战，首先必须尊重、了解数字时代的一些特征，根据这些特征总结概括出法律规制的内容。传统法治中，著作权分为人身权和财产权。中国经过漫长的过程，好不容易承认了知识产权著作权的司法性质，就是民事权利性质，应该说是《中华人民共和国民法典》颁发之后才得到高度一致的认识，以前还要经过权力机关的授予。在这个基础上，数字时代到来了，形成了一个新的权利结构，这个权利变立体了，可以叫权利树或者权利空间。譬如说载体权利和内容权利，载体属于财产权的范畴，是财产权的客体，但是也具有司法性质，内容也具有司法性质，但更多是人身权的性质。

在这个基础上还可以细分出若干具体的和著作权相关的权利，这些问题都是我们现今法律没有解决的。比如说传统的著作权主要是著作权人和出版人之间的法律关系，现在就出现了著作权人、出版人和数字平台之间的三者关系。未来，我们还会遇到很多今天没遇见过的问题。在这种情况下，我们著作权法治如何应对日新月异的科技革命？我觉得有几个原则是需要把握的。

第一，要始终坚持法治的价值准则，法治就是追求公平正义，这是一个核心内容。公平正义是法治的最高价值，具体到每一个案件，就是要平衡好各种利益关系。譬如说在权利问题上，我最近关注了一下美国的ChatGPT，美国版权局宣布，ChatGPT生成的作品不受版权法保护。这是美国做出的第一个反应，依据主要是著作权人必须是自然人，软件不具备自然人属性，所以它生成的作品不受著作权法保护。

第二，我们的著作权要维护好著作权人的合法权益，始终尊重著作权的财产权属性。只有高度保护著作权人的合法权益，这个社会才有创新。现在数据平台的出现，带来了一个新的现象，就是科学思想、科学理论的传播，无论是速度还是广度，都是过去纸质媒体远远不能相比的。大多数作者都愿意自己的作品能够发表于学术平台，以便为更多人所知。因此著作权人、出版人和数字平台这三者之间的利益平衡关系就需要法律来规制。

所以，一是要坚持法治、公平、正义；二是要坚守著作权法的一些基本要素，否则改动得连基本要素都不遵守，这个法就不是著作权法了，当然具体制度可能会变化。

数字平台，往往涉及反垄断法的问题，我们的垄断标准都是在工业经济时代下确定的。进入数字时代，这个标准如何确定，的确需要研究。不正当竞争的标准怎么确定，也都需要我们研究。

积极回应数字时代的挑战，一方面要坚持法治公平正义的基本属性，维护好著作权人的合法权益，平衡好其和社会利益的关系；另一方面要根据数字时代的特点，来创新我们的法律制度，把两者更好结合起来；

第三，要采取审慎、兼容、包容性监管，进入数字时代，原来不是问题的往往会成为问题。现在大学老师面临很大压力，每年有发论文的考核指标，有的还有转载量等考核指标。这样下来，学术期刊始终是一个相对比较稀缺的资源。创作者、期刊，再加上数据平台，这三者之间的法律关系不平衡，可能就影响创新。

我们包容审慎监管就得研究奖励平衡性。

包容审慎监管，我们面临很多新情况、新问题。有的时候不具备试错的条件，比如说我当时接手了一个任务，制订一个法规来管理无人驾驶汽车，后来查了一下，除了美国有一个州有试验场地，其他地方都没有。没有法，无人驾驶汽车就不能上路，可能影响技术的发展，但又不能在没有试验的情况下编造一个法。现在来看，可以运用“沙盒监管”模式，在一个特定范围内进行试验，安全可控，成功了可以推广，不成功可以在小区域内解决。“沙盒监管”制度已经在汽车领域实施了，在知识产权领域也可以研究运用这个模式。

包容审慎监管还有一个方面，就是社会民众也应该对数字时代出现的各种事物有一个包容的心态，这是一个很大的问题。现在网上舆论的力量很大，要求企业会做公关，但是如何让人们用一个平和的心态来应对数字时代出现的种种问题，不要形成网络暴力，保持一个宽容、理性、平和的态度来看待？这个问题解决了，就可以为我们数字经济的著作权保护提供一个宽松的环境。

第四，要采取多方共治的方式，来缩小数字技术高速发展与著作权法滞后之间的落差。法律只是现有历史的经验总结，对新的事物总有滞后性。新技术在蓬勃发展，旧的法律制度无法为其提供帮助，还有可能阻碍发展。新的法律，有一个治理问题，“治理”这个词用得比较多，要仔细研究。治理是有确切含义的，治理主体包括政府机关、非政府机关以及私人机构等在内。我们要引入治理机制来缩小法律的落差。

在著作权里面有很多技术问题，不能都推给法官，有些行政部门也可以干。从世界各国来看，法官只是解决诚信原则问题，具体的数额计算不是法官的长项。英国有各种各样的行政裁判所，我到英国土地裁判所去看，里面没有法官，都是土地估价师，因为他要算征地的拆迁数额；法官是解决诚信、法律原则问题的，比如说医疗事故、交通事故等。

还有一个就是我们国家的保护机制没有完全转到以司法保护为主，我们经过改革，现在是行政和司法共同保护的机制。比如说国务院有“扫黄打非”领导小组，主要打击非法出版物；在著作权方面还有一个书号管理，书号本来是著作权号，但实际上是通过宏观控制的行政手段来管理的；还有内容审查；等等。司法解决著作权纠纷；政府、非政府组织发挥调解作用；还有一个，就是法院系统，特别是最高人民法院还要发布指导性案例，因为要解决同案不同判的问题，这个也很重要。先形成一个联动机制，最后成熟了才谈得上法律解释、法律修改，用这么一个过渡时期的法治机制，来缩小我们技术革命和法律滞后之间的落差。

数字时代的到来，给所有领域的法律都提出了挑战，著作权法是其中第一波接受挑战的法律，所以要感谢阎晓宏理事长邀请我来，我也希望今后和大家一起讨论数字时代著作权保护法究竟怎么完善的问题，包括理论创新问题，谢谢大家！

数字时代出版业盗版的危害与治理对策

邬书林　（中国出版协会第七届理事会理事长）

非常高兴参加今天的论坛，首先我要代表中国出版协会真诚地感谢中国版权协会举办这样的高层论坛，来研究数字时代的版权保护问题。我代表出版界说一说我们的诉求。

我这里主要对现代出版单位在数字时代转型时期遇到的问题，以及数字技术对版权保护产生了哪些影响做一些分析，同时对盗版的危害和如何治理盗版谈一点想法。

首先说一说当下中国的盗版状况及其危害。过去三年疫情防控期间，世界上出现了一个让我非常吃惊的现象。在疫情影响下，信息技术革命加速发展，发达国家的重要的科技出版公司，特别是有创新成果的公司有了快速增长。传播创新知识的国际公司，在过去三年中，好的大概有每年8%的增长，差的也有5%的增长，让我感到非常吃惊。另外一方面更值得关注的是传统出版业，由于疫情影响，大家在家的时间多了，读的书也多了，版权保护得好的国家，传统出版、纸本出版得到了发展，像英国等欧洲国家，还有美国，都是年均3%左右的增长。

再来回望我们，我就感觉到版权保护在数字时代的确值得我们深入研究，我们原有的传统出版业本身就受到盗版非常严重的影响，由于数字时代的进步，许多方面又雪上加霜，使我们行业遇到了非常大的麻烦。所以这个问题由版权协会提出来，分析现状，提出对策，对整个国家文化创新繁荣发展至关重要。

我讲一个现象，就是过去几年，原有盗版虽然屡经打击，但是仍然以一定的形式存在，还十分严重。由于有了平台，有了一个可以渗透到全国各个城市、乡村的快速网络，盗版现象更严重，整个出版行业苦不堪言，我自己做了一点调研。

比如说《狂飙》这本书，受电视剧的拉动，销量迅速起来了。我在网络平台上方便地买到了6种盗版。《狂飙》出版单位的定价是68块钱，我买的6种盗版书12到15块钱不等，而《狂飙》正版书的硬成本是28元。有意思的是过去的盗版图书，由于节省纸张或者印刷费用，印得不太好，但我这次买的版本已经不存在这种问题了，所以这个盗版情况我们要高度关注。

有一个平台上面有5000家图书网店，严厉打击了一下，发现基本上都是卖的盗版，网页展现出来的是正版，你拿到的一定是盗版，这是一个现象。

第二，盗版对出版单位影响在于，因为图书销量好，出版单位加印了，结果经销商卖不掉，还要以退货形式退给出版社，这让出版社怎么生存？

所以这种情况下，出版单位苦不堪言。我调查了几个出版单位，像最近这几年发展比较快的中信出版集团，去年一年他们投诉、打击的盗版案件高达3500起，还有吉林出版集团，哪一个出版单位都是若干官司。盗版情况这么严重，应该引起社会各界尤其是我们管理部门的高度关注，要严格按照党的二十大精神加强知识产权的法律保障，形成支持全面创新的一个基本制度。

盗版现象会对我们国家产生哪些危害？这是一个老问题。在数字时代，盗版现象给我们整个产业发展带来了许多新的问题。我们国家改革开放以来一直说科教兴国，鼓励创新，把科教兴国作为我们国家的发展战略，而盗版最严重、最大的危害是阻碍创新。出版物反映创新成果，是使创新成果转化成生产力的“最后一公里”，不管是期刊、图书还是数据库，如果“最后一公里”出现了问题，对这个国家的创新会产生巨大的冲击。

我们国家现在的状况是什么呢？我们是世界第二大经济体，也是第二大研发投入国家，在创新成果上也名列前茅，稳居世界第二大国。无论是知识产权方面还是著作权方面，特别值得关注的是：2016年，我国开始打造系统创新链，所以2016年到2021年五年当中，中国创新成果竞相涌现，取得重大突破。中国创新成果在学术期刊和学术著作这个领域上，已经成为世界第一。但是由于我们目前著作权保护力度不够，出现一个什么情况？2016年我们国家创新成果99%在国外发表，不在国内发表，即使经过这两年中央做出一系列的重大决策之后有了改观，现在仍然有96%在国外发表，原因是什么？就是我们不能很好保护作者的财产权。如果不能形成有力的保护，创新成果的论文就会流到国外去，这个后果很严重。

第一，我们国家投入那么多钱做研发，如果研发成果“最后一公里”跑到国外，我们首先是经济上吃亏，更重要的是，我们还要为了支撑教学、科研，再花重金把这些成果买回来，每年要花几十亿。像北大、清华这些购买国外资料的费用占了购买经费总额的90%，国内的期刊、图书所有加起来不到10%。“最后一公里”解决了，会有很大的改观。而且不仅是经济问题，因为最新的创新成果，特别是那些所谓“卡脖子”，有重大创新的成果，关乎国家竞争力，关乎科技、文化、安全，由于不能形成很好的评判制度，现在最新成果全部交到国外评判去了，将来国家在这个方面形成不了强大的传播能力，就没有话语权。

所以在以中国式现代化全面推进中华民族伟大复兴的进程中，要构建学科体系、学术体系、话语体系，如果不反盗版，我们永远做不好这三个体系建设。

第二，不反盗版会损害作者的财产权利和精神权利。我讲一个例子，《哈利·波特》给它的作者带来多少钱？我退休时她已经收入了16亿英镑了，现在又过去了8年了，我那天给英国朋友打电话，他说20亿英镑是有的，我们敢想象吗？作者的财产权被损害的话，他会创新精品吗？所以盗版带来的危害是巨大的。

第三，我们国家实行社会主义市场经济，出版单位在社会主义市场经济条件下运行，如果不保护出版单位的版权，出版单位辛辛苦苦和作者做出来的精品迅速被盗版，出版单位的再生产难以维持，国家的出版业在世界上就没有竞争能力，就会出现好东西不在你这里出版的现象。

第四，严重的盗版情况，会严重影响社会风气。有一件事让我一辈子忘不掉，我原来在中宣部是“扫黄打非”办公室的副主任，1996年，中国为申请加入WTO时，曾经在北京举办过一次大型的反盗版的动员会，大概有6万人在。当时很多人都认识不到盗版的危害，所以我们要好好宣传盗版的危害，使社会各个方面形成反盗版的合力。

再来谈谈如何治理盗版。要吸收古今中外的经验，多措并举，打击盗版。

一个国家做好一件事，不从自己国家传统出发是不行的，反盗版很重要，所以需要我们从古人那里去学习一些东西。在宋代时，我们已经有了比较好的版权保护意识，宋代有一本书，叫作《东都事略》，目录后面专门注明了刊行这本书的一个四川书坊，几乎相当于我们现在的版权声明。当时宋代法律有相应的跟踪，发现了盗版，要追版销毁，并追究盗印者的违法行为，刑事和民事的系统在宋代就已经形成了。所以我们要充分吸取中国古代经验来广泛宣传教育，形成打击合力。

我们现在的知识产权制度也是舶来品，还需要再研究。为什么在市场经济比较完善的发达国家基本上不会出现肆无忌惮的盗版行为？这个问题我们要好好研究。

现在有了信息技术，取证越来越精准，越来越便捷，我们用区块链技术，通过在印刷机上面搭载信息的技术，能快速判断一本书是不是盗版。在区块链技术下，每一笔交易都可以通过跟踪来确定它的来源，所以这个时候对版权所有人来说，盗版判断要精准简明得多。

最后要真抓实干，扎实推进，把反盗版工作做深、做细、做实。

第一，中国最大优势就是中国共产党的领导，我们目前还是行政保护和司法保护的国家，如果没有党和政府的重视，要想解决这个问题是不可能的。所以我们要认真研究现状，提出建议，在党和政府的关心领导下，使这个工作有大的进展。从20世纪90年代以来，国家“扫黄打非”，投入了大量的资源，做了大量卓有成效的工作，也有很好的基础。

第二，我们出版单位要团结起来，研究在数字条件下怎么共同用好信息技术来快速发现盗版，打击盗版。

第三，要以规范平台为核心，让他们知道维护版权这件事，做好了对国家、对民众有什么好处，做不好有什么坏处，同时要遵纪守法，认清现在的态势。

第四，要通过舆论力量，形成良好的文化氛围来打击盗版。

最后，最根本的是要按照党的二十大精神，认认真真地加强知识产权法律保障，形成全面创新的制度，并且形成合力，使我们打击盗版取得实质性的进展。谢谢各位。

从数字大国到版权治理：司法改革、技术赋能与规则创新

林广海 （最高人民法院民事审判庭第三庭原庭长、一级高级法官）

今天有机会再次来到远集坊研讨交流，我感到很亲切，也很高兴。刚才听了甘会长和邬理事长的发言，我本人很受启发，也很受振奋。今天这个发言实际上是晓宏理事长给我布置的一个作业，完成得好不好，我心里没有底，作为初稿，在这里和大家交流。对于说得不通、不透、不全的地方，请大家指出来，我再修改。

我们深入学习了习近平总书记和党中央关于建设数字中国，关于加强数字经济发展和治理的重要指示和决策部署，我们也欣喜地看到，加快建设数字中国正在向纵深推进，数字技术惠及生产生活方方面面，我们真切感受到了数字化浪潮。

从技术设施、产业规模、经济占比的情况来看，我国已经成为数字经济大国。数智创智品，类似的概念很多人讲是生成式人工智能产品，我觉得大体上是一个意思，我用了数智创智品这个概念。当前数智创智品纷至沓来，冲击着人们原有的观念。我们也看到，数智创智品生性张扬，

总爱占据娱乐鄙视链的最高端，滋养着人类的审美情趣，而又不屑于人类的情感涟漪。数智创智品兜售的爱和恨都是夹生的，哭和笑都是变调的。这是因为技术智能无法和人类共情。数智创智品成为大众娱乐的必打之卡，人们喜看其形色之斑斓，爱听其声韵之悠扬，醉心其意境之悠远。建设数字中国是民族复兴伟业，不可止步于娱乐，我们必须讨论在民法慈母般的眼里，数智创智品与人类创作的作品是否具有相同的法律地位，享有同样的法权荣光。我想这是版权法律制度的核心问题，正成为数字时代亟待解决的议题。

考问之一，被数字技术统辖支配的智能创智品是否受著作权法保护？

这个面临一些纠纷。走进法庭，有一段时间，一样的法槌敲出了不一样的声音。一种声音认为：人工智能生成物只要符合著作权法关于作品要件的规定，就应当认定为作品，并予以保护，权利限于人工智能开发者。我们某个基层法院作出的判决就回应了这种声音。另一种声音认为：著作权法仅保护人类的智力成果，人工智能不具备人类身份，它的生成物不应当作为作品进行保护。某个基层法院也作出了回应这种声音的判决。

有趣的对比是，2022年3月16日，美国版权局发布的《版权登记指南：包含人工智能生成材料的作品》，明确人工智能生成物不受美国版权法的保护。我还听到一个更加有趣的说法，那就是警犬再精明也不是警察，只是工具。

考问之二，被数字技术统辖支配的版权运用如何受著作权法规制？

根据研究，网络视听已经成为第一大互联网应用，我国网络视听用户突破了10亿，网民使用率超过97%。现在“视听+”的模式助力多领域数字化转型。我们传统的法律制度是以财产契约权利物为主要内容建构起来的。进入数字时代，数据作为一种非竞争性的和具有规模集聚效应的可复制资源，它聚拢的主体越多，释放的价值就越大。因此互联网平台是数据经济的重要组织形态，它的业务类型复杂，其对数据的收集、处理、运用已经突破了所有权的边界，也悄无声息地解构了权责保护制度。面对危机，必须育新机，开新局。在大数据的开放应用与个人信息的隐私保护之间，我们必须探出一条互赢之道，做到兼顾、兼得。

考问之三，对被数字技术统辖支配的版权侵权，如何给予法律救济？

互联网环境下的版权侵权行为涉及作品的信息网络传播权、数字智能平台责任，还与新业态、新模式带来的版权保护新问题重重叠加。

在司法审判中要平衡好个人权利和公共利益，恰当保护多层次的版权，统筹好发展和安全的关系，实现激励创新与公共利益兼得。

我刚才介绍了考问一、考问二、考问三，主要是聚焦在数字时代著作权创造、运用、保护三个不同的层面，提出我们所面临的挑战。当然还有更多的考问。

总之，观念之争，背后是利益之争，利益问题始终是人民群众最关心、最直接、最现实的问题。司法审判的使命就在于让人民群众更好地享有建设数字中国的利益，固根本、稳预期、利长远，迸发创新创造的无穷伟力。

进入数字时代，人民法院还面临刑诉审判体系现代化、审判能力现代化的考验。我从六个方面，介绍一下数字化时代法院在审判体系改革和审判能力提升方面所做的一些探索和工作。

一是率先设立互联网法院，设立杭州、北京、广州互联网法院，推动大数据、区块链、技术智能在执行领域深度运用，促进数字时代审判体系和审判能力现代化。三家互联网法院自成立以来，截至2021年12月31日，共受理案件超过42万件，审结案件超过41万件。在线立案申请率超过98%，在线庭审率超过99%，电子送达率超过93%。这些案件平均庭审时长是34分钟。所有裁判一审作出后的服判息诉率是95%，二审发起率是0.07%。这些数据展现的是互联网司法更优的公正与效率。三家互联网法院案件的大头是版权纠纷。比如北京互联网法院，2022年新收案件中版权案件占了69.4%。

二是领先全球创制在线诉讼规则，出台人民法院在线诉讼、在线调解、在线运行三个规则，更加便民利民，更加安全可靠。在线诉讼规则对从起诉立案到宣判执行等全流程诉讼环节予以明确规定。在线调解规则明确了在线调解的主体、事务阶段、平台主体、诉调对接、司法确认、调解程序、行为规范等主要内容。在线运行规则明确了支持在线司法的信息系统、应用方式、运行管理、数据安全等方面的硬件建设标准。

三家互联网法院自成立以来到2021年12月31日，在线诉讼平均审理周期是64.78天，在线诉讼审理周期比传统模式缩短了大约25%，也就是说实实在在地增强了当事人的获得感。

三是不断深化智慧法院建设，我们研发应用技术智能辅助系统，推进技术智能全流程辅助办案。现在我们从立案审理、证据保全、卷宗归档、管理查询到立案相关信息检索，都能够通过智慧法院系统无纸化完成。它的效率、内容的覆盖面、对偏离度的纠正，都是非常好的，跟过去的纸质卷宗档案相比显示出了无限的优越性。

四是我们及时回应数字时代版权司法的新需求，最高人民法院高度重视互联网、技术智能、大数据发展中的版权保护，通过发布司法解释指导性文件和典型案例，不断明晰版权的法律适用标准和规则。我们发布了关于加强著作权保护的意见，明确提出要依据著作权法，准确界定作品类型，把握好作品的认定标准，有效加强实体市场和新兴领域的权利保护。要依据署名推定相关权利归属，减轻权利人提交证据的举证负担。要求完善电子证据认定的规则，准许当事人通过区块链等方式，保存、固定和提交证据，有效解决知识产权权利人举证难的困扰。要求依法支持当事人的行为保全、证据保全、财产保全请求，使权利人在版权民事案件中得到更加全面、更加及时、更加充分的救济。要求销毁假冒盗版商品和材料以及工具，充分填补权利人所受的损失，全方位阻碍侵权。

五是以公正裁决规制数字经济惠益分享，人民法院依法审理了一批涉及体育赛事直播、网络游戏直播等新类型的案件，促进新兴业态规范发展。审理了一批涉及数据确权、交易、服务、隐私保护的案件，推动营造开放健康安全的数字审判。审理了懒人听书等企业的有声读物的著作权案件，明确了朗读文字作品保护规则，为有声读物行业提供清晰的指导，引导文化行业规范发展。

我们还通过案件裁判，让人民群众明白打版权官司去什么地方，去哪儿找法院，比如我们做出裁定，明确了侵害信息网络传播权的民事案件应当由侵权行为地或者被告住所地等人民法院管辖。这个裁定的做出，最高人民法院综合考量了信息网络传播权作为著作权的法定性权利的性质和特点，以及侵害信息网络传播权的行为只能通过网络实施，不可能通过其他方式实施的显著特殊性。裁定所蕴含的道理在于：侵害信息网络传播权的行为发生在一瞬间，公众随即可以在其个人选定的时间和地点获得作品，如果非要把侵权行为和侵权结果从时间上和空间上分割开来，划定侵权行为和侵权结果相分离的不同的时空，事实上是做不到的。所谓的侵权结果，所涉及的地域范围就具有随机性、广泛性，而不是固定单一的地点，因此不得作为确定管辖的依据。否则管辖就没有秩序，就背离了原则。

正视数字网络环境下的新情况新问题，我们做了有力、及时的回应。各地法院应当照此适用，让人民群众感到打官司找法院不困难。

六是将职能融入社会治理，共筑数字经济治理体系。这方面的工作更广泛，内容也很具体。

同志们，加强版权法治保障，中国版权协会举办这次数字时代版权高峰论坛，既是担当也是示范，让我们携手合作，团结奋斗，更好服务保障数字中国建设，谢谢大家！

守护知识产权，助力数字时代的文化产业高质量发展

程武　（腾讯集团原副总裁、阅文集团原首席执行官）

很高兴在春暖花开的日子里和各位新老朋友相聚，共同探讨数字时代网络版权的保护与发展。

前几天恰逢清明，是一年中草木萌动、万物皆显的时节，数字文化消费市场也呈现出强劲的复苏势头。2023年开年以来，电影院里的人流多了，低迷已久的院线电影市场强势反弹，春节档刷新了票房最快破百亿的纪录；视频平台屡出爆款，多部具有破圈影响力的作品引发全民追剧热潮；网文市场也表现亮眼，阅文有一位作家“爱潜水的乌贼”，两年前有一本书位居当年的网络文学榜首，今年又写了一本，仅凭30字新书预告，就让作品《诡秘之主》第二部《宿命之环》登上了起点读书的畅销榜榜首，很多人进行订阅、打赏，上线28天评论数就超过百万条，打破网文评论最快百万纪录。因为网络文学的出版跟传统出版有很大不同，传统出版是单向的，但是网络文学的出版是作者在网络上一边写，一边跟读者互动。

数字文化产业的发展，是由无数好故事共同驱动的；数

字文化产业的繁荣，离不开版权保护的强大支撑。作为数字文化产业的立身之本、创新之基，版权覆盖文化创作、生产、传播、使用、交易全链条，对激发创新创造活力、提升国家文化软实力发挥着重要作用。

2023年是全面贯彻落实党的二十大精神的开局之年。迈上新征程，党的二十大报告为我们的工作指明了前进方向。一方面，文化自强首次被写入党的代表大会报告，“推进文化自信自强”成为网络文学发展的根本遵循；另一方面，报告强调要加强知识产权法治保障，形成支持全面创新的基础制度，为产业高质量发展提供了坚实保障。

如何推动版权要素与文化产业、文化事业深度融合发展，是当前阶段全行业面临的重大命题。今天我结合实践分享一些我们的实践思考和碰到的不同的问题。

首先，IP生态链是推动版权价值转化的创新模式，也是推进文化自信自强的重要产业力量。

作为重要的IP源头，文学包括网络文学汇聚了上千万创作者的创新活力，以天马行空的想象和对现实的沉思，书写着丰富多彩的中国故事，并通过IP的全版权运营，影响着有声、动漫、影视、游戏、衍生品等下游产业约40%的市场规模，成为万亿级数字文化产业的重要基石。其实书的想象力是非常广阔的，但书是相对抽象的，以《哈利 · 波特》为例，每一个读者对于哈利 · 波特到底是什么形象都有想象，当没有一个统一的视觉形象时，很难在后续IP产业链进行开发。《哈利 · 波特》授权给华纳兄弟，连续开发了8部电影，全世界消费者和读者心目中就有了统一的哈利 · 波特的形象，不管是网络游戏，还是主题乐园，大家都有非常强的代入感。所以这是整个后续IP产业链重要的源头和基础。

过去三年来，阅文与行业伙伴开放合作，持续打造IP生态链的核心能力，目前在IP视觉化能力上，已经取得了显著的成果。我们不仅仅助力作家创作更好的网络文学，还有自己的动漫团队、动漫平台、影视公司和衍生品团队，能够把更多好的文学作品，转化成整个IP产业链上的用户喜闻乐见的文化产品。

阅文动漫和腾讯动漫开发了300部网文漫画，腾讯动漫也是我带领的团队。我们自己内部发现，漫画家既要写故事，又要想角色，绘画功底还要好，对漫画家要求非常高，所有环节都是在创新，成功率比较低，我们原创的漫画和动画的成功率有10%多一点。如果把优秀的网文故事、世界观，通过漫画家转化为动画作品，成功率达能到60%～70%，可以快速把文字转化为形象。

比如在动漫领域，阅文动漫与腾讯动漫的“300部网文漫改计划”，累计已有230多部漫画作品上线，产生了多部一线作品；腾讯视频上新的国产动画热度榜前10的作品中，有7部改编自阅文的IP。电视剧《人世间》，经过4年的孵化打磨，最后在央视上线，收获了许多“50后”“60后”的泪水，也收获了非常多“90后”和“00后”的感动。文字加影像的力量对观众的冲击非常强。

从黑马电影《这个杀手不太冷静》，到现实主义热剧《心居》《天才基本法》，再到2022年底打破《赘婿》平台热度值最快破万纪录的《卿卿日常》。这样一部部温暖人心、感动人性的品质之作，让阅文在行业里收获了“爆款制造机”的口碑，也为无数观众带来了积极的希望和力量。

其中，《人世间》《天才基本法》等许多IP的选题，在最初立项时既不是市场主流，也没有光环和流量，但通过文学到影视、动漫等多元化的开发，通过很多优秀演员的表演，能够让观众看到这些动人的故事，甚至进一步去阅读原著。影视上线以后，促进了正版小说的销售。这是我们期待的IP价值的良性循环，以全产业链的融合与转化，让更多好故事被人看见。

其次，加强知识产权保护，为版权事业激发文化创新创造活力。在网络文学20余年的发展过程中，盗版几乎是与行业相伴而生的顽疾。

线下盗版还要印刷，还要运输，数字盗版不存在这个环节，几乎是零成本，甚至拍一张照片都可以做分发。在新技术的加持下，盗版愈加隐蔽化、规模化，让打盗版变成“打地鼠”，清除了一个盗版平台又有新的盗版平台出现。

“网文盗版能防住吗？”很长一段时间，许多作家都发出了这样的疑问。其实作家是数字文化产业可持续发展的源头活水。我们只有营造良好的版权环境，让作家安心创作，好故事才能源源不断地诞生。保护知识产权，既是保护作家的创造力，更是保护数字文化产业的创新根基。

我们看到，党的十八大以来，党中央和国务院把知识产权保护工作摆在更加突出的位置。2022年5月，中国版权协会组织发布《2021年中国网络文学版权保护与发展报告》，对于版权引领网络文学高质量发展做出了系统总结，坚定了行业加强版权保护的信心。

2023年2月，国家版权局等四部门联合发布《“剑网2022”专项行动十大案件》，其中两起案件与网络文学相关，这是将网络文学纳入侵权重点领域进行专项整治的最新成果，也让我们深感振奋。在政策和主管部门的指导下，阅文在反盗版方面也取得了前所未有的突破。

在“2022远集坊数字内容高峰论坛”上，阅文首次提出将版权保护提升至公司战略高度。过去一年，我们联合行业和作家，建立起网络文学反盗版的统一战线。公司内部成立了反盗版联合作战团队，迭代了十多种“武器”，上线200多种技术来守住最新章节。以前作者在网上连载5000字，5到10分钟以后就会出现盗版链接，当时作家就比较绝望，现在我们有自己专业的反盗版团队，采用了非常多的攻防措施来制止盗版，发现盗版渠道及时封堵。从风险账号定位开始，跟盗版商比拼速度，也有不同的方法，你破解我升级，再破解再升级，直到盗版商无法破解。另外，我们还发起了100多起民事、刑事诉讼，去年拿到了网络文学行业历史上第一个诉前禁令，获得了里程碑式的突破。

一开始，对于我们要把反盗版放到全公司战略高度的这个说法，有很多作家还是将信将疑，是不是又是雷声大雨点小，没有什么效果。后来作家看到我们的决心和动作后，主动加入了我们的行列，给了我们更大的鼓舞。我们旗下有位作家“出走八万里”把阅文反盗版比喻为“抵挡住了恶魔的一次次攻击”；“会说话的肘子”在作家群里说，我还能再写10年；《三寸人间》作者“耳根”组织自己的热心读者“策反”“招安”盗版群群主。不少行业伙伴也来找我们沟通合作。

有效的反盗版措施，推动了精品作品订阅收入的明显增长，也激活了作家的创作热情。从数据上看，起点读书App2022年启用防盗版系统后，每500本书的单日泄露链接数从18万条下降至0.8万条，当然大家看到了，每500本书还有0.8万条链接，从每天18万下降到不足1万，已经是数量级的下降，是巨大的成果。

在这里，非常感谢主管部门的支持，我们也感恩所有作家和行业伙伴。良好的版权保护机制能够持续激发文化创新创造活力，为作家生态、精品阅读带来正向循环，促进网络文学向高质量发展不断迈进。未来我们也将坚持推进版权保护。

最后，还想谈谈创新科技给数字文化产业和版权保护带来的变化与挑战。

在过去5个月左右的时间，以ChatGPT为代表的创新科技，引爆了新一轮人工智能热潮，我们在持续关注，和作家朋友们也在讨论，到底ChatGPT会不会取代我们，它能不能写出声情并茂的作品？人工智能擅长归纳、推理和总结，它可以成为作家创作的优质的助手，但是无法取代人类最优秀的内容创作者。人对生活的感悟，对人生的理解，是机器无法取代的。人工智能生成内容（AIGC）技术，正在逐步走向普适化、平民化应用，将来会给文化创意行业带来许多新的可能。

AIGC在优化创作与提升IP开发效率、丰富社区与产品体验等方面，有许多创新的应用场景和空间，有望为数字文化产业发展扩大产能、创造增量，我们的团队也在积极探索中。但毋庸置疑，以网络文学为代表的数字文化产业，其核心是人类无穷的创造力，依托人类对于世界、对于生活的感悟，这是文学创作不可替代的人性内核。我们觉得，技术作为一种工具，无法代表人类的智慧、情感与精神。

如何应对版权生态即将面临的颠覆性机遇和挑战？AIGC产生的内容有没有版权，如何界定？在拥抱新科技革命的同时，守护好创作者的创意，是行业的全新课题。

回看过去十年，5G、人工智能、区块链、云计算等技术迅猛发展，新内容、新创意不断被激发，文化的新业态随之涌现，新消费场景不断解锁，数字文化产业其实一直处于结构性变迁的过程中，不变的是人们对好故事、好创意的追求与热爱。

阅文集团将始终以好内容为核心，在主管部门的指导下，与行业、创作者共同努力，助推数字时代下文化产业高质量发展，为文化强国、知识产权强国和版权强国建设贡献我们自己的一份力量，谢谢大家！

加快确立文本数据挖掘的版权侵权例外规则

管育鹰　（中国社会科学院知识产权中心主任）

刚才甘会长从学术的角度，邬理事长和阅文集团首席执行官程武分别从传统的出版产业和新兴内容产业的角度，对数字时代版权保护的法律、产业需求和司法者等方面，提出了非常多的真知灼见，非常感谢，也很荣幸能来参加这个会议。

我今天讲的角度是非常微观的，数字时代下，在目前著作权法的框架下，我们会遇到一些什么样的问题。

文本数据挖掘（Text Data Mining，TDM），这个词很专业，它是一种数据挖掘方法，属于AI技术运用问题。文本数据挖掘利用计算机软件的技术对海量文本数据进行处理和分析。不仅限于版权领域，还有医疗、交通运输，很多行业领域都在运用大数据的挖掘，包括自动驾驶，它通过不断地收集数据、分析数据、输出数据，来使产品智能化。今天讲的主要是版权领域，因为版权领域中的这个挑战是全球共同面临的。

在著作权法领域有一个规则，也是立法里面提出来的避风港规则。版权领域要平衡内容产业，比如文学、美术、影视等，这是创作的源头，只有这些原创性的内容才能产生后端的传播。我们国家在数字信息领域，在应用场景的适用方面发展得非常快，包括抖音开发了国际版，很多新业态非常活跃，但版权保护没有跟上。我们国家知识产权的发展时间短、速度快，我们用40年时间走过国外几百年的路，又赶上信息技术“弯道超车”，大众的版权意识很弱。刚才大家都讲到盗版，这是一个顽疾，是因为人的意识跟不上。我们讲知识产权的法治保障，法治是什么？立法、司法、执法，还有全民守法，民众意识跟不上，所以就产生了盗版。这种问题不仅发生在互联网平台对内容的直接采用上，今天讲的大数据挖掘也存在这个问题，包括ChatGPT之类的应用，它不是直接把内容拿过来传到另一个平台上，而是拿过来之后重新生成一个作品。

这种情况下，从学术研究的角度来分析一下这种AI技术的应用。在学术领域，知识产权涉及多方利益平衡，这里讲的就是这个问题。

这个问题在国内和国外都引起了争议，在国内主要是知网的争议。国外也有相关的案例，比如美国的谷歌图书案，因为国外版权制度非常严，扫描就算侵权了，谷歌把全部图书收集起来扫描并在线提供，被认为侵犯了作品的信息网络传播权，在美国打了很长时间的官司。最终的结果是，如果网站扫描过来的内容是用于学术，跟市场利益没有潜在的冲突，这种情况下可以适用美国合理使用原则。就是你只是在谷歌学术一个网站上浏览这些图书的前几页，类似于你在书店看实体书，有的个别情况下会让你一直看，不收你的钱，但是在数字化的场景下就不能实现了，这样可能会使作者知识传播的权利受到一些损害。所以法院认为，这种扫描后只把内容提要、个别篇幅提供给别人是不侵权的。

欧洲是通过单一数字市场版权及相关指令来规范的，非营利性科研、文化遗产等机构使用不侵权，但是有一个条件，要合法获得产品，要确保前端授权没有问题。

日本的合理使用管理更宽松，日本立法上没有限定使用主体，也没有限定获取来源必须合法。日本在立法过程中有没有这个争议，如果有这个争议他们怎么解决的？这个是我下一步要去关注和研究的问题。

在我们国家，类似的问题前两年争议非常大的就是知网，涉及两个问题：一、关于学术作品提供的问题，在这里不去讨论；二、知网扫描了这么多学术期刊，在去适用当前著作权法的时候，这个行为本身的合法性存疑，因为扫描行为与著作权法的合理使用条款对应不上。我们国家现在面临一个查重的问题，查重在法律层面，就是典型的TDM应用，就是大数据，尤其是在学术领域，它是必须的。我们刚才都讲到了原创，讲到人类的知识，我们为什么看得远，因为我们站在前人的肩膀上；如果把知识全部封闭起来，人类文明的发展就不可持续。所以各国的著作权法在保护原创的同时，开一个口子，就是合理使用。当然还有其他一些产业上面的利益，如我们国家的教科书、报刊转载，还有广播电台这些有法定许可。但是为学术目的的合理使用，不同的国家在立法时有不同的选择，在我们国家现行的条文里面还没有这一条。

像知网的查重，是平台扫描了大量文献后形成一个数据库，再拿新的文章与数据库比对，看是否存在抄袭行为。那这些文献的来源，它的合法性是不是要影响后面查重行为的合法性，这个在法律上成为一个问题，因为前端授权没有通过。现在的纠纷就是在于作者没有同意知网的扫描行为，那么它后端提供的服务也是非法的。这个要区分开来看。日本和美国，他不管前端是不是合法，只看后端的应用，如果只是用于学术研究，那就是合法的。比如说现在我带那么多博士和硕士，我真看不出来他们的论文是不是抄袭的，我得依赖于网络查重，学生抄袭的话老师负连带责任，所以我指望有一个工具，数字时代既然有大数据的工具应用，我当然希望可以借助于这个。我不是为了卖钱盈利，我是为了查学术上面的一些内容信息，在这个上面我觉得可以开这个口子。

目前我们国家的著作权法没有这种法律安排，但是著作权法在我们国家的立法体系上有特殊之处。我们国家的著作权法是67条，修改之前只有61条，但我们国家有很多配套法规，还有各种司法解释，各种案例，都可以解释这个法律。所以像这种比较紧迫的论文查重的问题，通过一定的法律法规解决比较合适。著作权法的第二十四条“法律、行政法规规定的其他情形”，著作权法的实施条例得马上把这个情形考虑进去。这样的话不光对著作权法，对其他领域的法律也会有影响，比如医疗领域，精准医疗会不会涉及侵权个人信息的问题。受数字技术冲击最明显的就是著作权，可以先以著作权法做一个示范，然后在民事法律规范上形成一系列的连锁反应。在《中华人民共和国侵权责任法》颁布之前，网络侵权案件都是参照著作权法来处理的，比如避风港规则等，这些都是从著作权法领域推广开来的，很多民事权利都可以做这个例外的规定。

这是合理使用的原则，在数字时代首先要保护原创的前提下，在学术研究、公共利益层面，平衡原创者，开一些例外的口子。

我今天讲的是一个小点，是整个著作权法立法里面非常小的点，就是著作权法实施条例里面需要增加TDM的例外规定，为教育科研目的，可以复制已经发表的作品并提取相关数据信息进行统计分析，但不得将复制的作品公开发行和传播。并且在司法解释，还有个案里面，都要进一步明确适用条件。针对性质不同的营利主体，以及以后可能会发生的纠纷，在司法解释和案例中进行明确。

数据确权，将成为数字版权的新方向

孙宝林 （中国版权保护中心党委书记、主任）

我到远集坊学习了几次，这里是一个版权思想的策源地，也是有关版权重大问题的阐发平台，感谢各位刚才的发言，我学习了很多。

版权保护中心，我和同事叫它为“学术+技术+服务”。我们做的就是学术引领，2021年开始我们向社会征集了几组课题，包括民间文艺、版权保护、大数据、元宇宙等。技术支撑就是一个数字版权链的3.0，版权协会自身也有，都是版权局的试点单位。服务就是公共服务，就是作品自愿登记、计算机软件自愿登记。

对AIGC生成物，我们版权保护中心集体研究，对于作品的自愿登记要做一个前置声明，作品是人类完成的，还是借助工具完成的，以备后续审查。美国版权局2023年3月16日对已登记的AIGC生成物予以撤销登记，因为不符合版权法的要求。其实中国版权保护中心作品登记已经面临新技术应用的问题，我们要继续做好服务。

我今天讲的内容主要有两方面：一是观点的依据，二是我的学习体会。已有的东西都纷繁复杂，面对数据、数字经济、数字版权时代，我们怎么办？我们都知道，法律是滞后的，有很多解释的空间，但对新兴的、增量的东西，以及未来可能出现的，我们是否可以主动做一些安排，避免后续成为一堆麻烦再去解决。

首先是两个依据，一是数字版权、“数据二十条”、数字中国建设的整体规划。二是《“十四五”文化发展规划》里面对加强版权保护体系建设做出的系列部署，尤其对数字版权保护提出了明确要求。

习近平总书记在2017年党的十九大之后的第二次集体学习中讲到大数据，当时由中国科学院院士梅宏做了讲解，我们今天看数字中国，其实在那个时候，党中央、总书记就作了安排和部署。在这次集体学习中，总书记强调了实施国家大数据战略，加快建设数字中国，还强调切实保障国家数据安全，其中就讲到了要加大对技术专利、数字版权、数字内容产品及个人隐私的保护力度。

2022年12月19日，中共中央、国务院印发了《构建数据基础制度更好发挥数据要素作用的意见》。意见中提出20条政策举措，简称“数据二十条”。其中讲到了推进实施公共数据确权授权机制、推动建立企业数据确权授权机制，当然还有个人隐私的保护。建立数据来源可确认、使用范围可界定、流通过程可追溯、安全风险可防范的数据可信流通体系。

《数字中国建设整体布局规划》是2023年2月27日发布的，这个里面对整个数字经济、数字中国的整体规划都做了安排，其中就有加快建立数据产权制度。我们知道产权制度实际是市场经济发展的重要的底层逻辑。著作权法其实就规定了两大类权利，人身权和财产权，对于数据而言，将来会弱化人身权，我们机构和平台实际也是有贡献的，所以财产权的确认是未来在数字中国、在数字时代最为重要的。

我的观点：数字空间一切皆数据，一切数据皆有版权。为什么讲版权呢？我们讲到知识产权，主要的三种就是著作权、专利权和商标权，其实对于数据而言涉及的专利少，涉及的商标更少，基本都是版权。在座的每个人专利可能少，商标也不是每个人都有，但是版权将联系着14亿多中国人和地球80亿多人，所以版权联系着每一个人。

2023年3月6日，我在政协会议上的发言题目就是《大力推动数据确权，推进国家文化数字化战略实施》。我提交了提案，就是推进数据确权和交易，建立国家版权信用体系，这个在《版权工作“十四五”规划》里也有。

大家刚才讲到了AIGC生成物有没有版权，在这儿先搁置这个问题。我设想的是在未来要对一个文本或一本图书做标注。最近ChatGPT开始做标注师，还有发令师、指令师。所以我们将来准备研究文字的语义，是18个字还是20个字能反映作品里作者特有的表达，标注好以后，一个文本就是一个数据包。所以ChatGPT生成物，就是由若干个来源可靠的数据包组成的东西，至于是不是有版权再说。

现有问题已经很复杂了，如果我们再不提前做好应对准备，将会越来越复杂。这就是今天我汇报的核心观点，谢谢！

AI时代的数据存储与隐私保护

阮瑜 （百度副总裁，百度百科、百度网盘原总经理）

非常高兴能在数字时代版权高峰论坛上和大家分享关于百度网盘的内容。我们在做产品的过程中面对新的AI技术产生，有哪些新的思考，以及在产品上面有哪些新的探索，借这个时间跟大家分享一下。

随着数字技术的发展，数据存储的介质发生了比较大的演变，大家还记得20世纪90年代经常用来存储数据的是3.5英寸、容量为1.44M的软盘，现在它已经是历史的藏品了，但是再回想它也不过是几十年前的事物。后面有了U盘，存储容量有8G的、32G的、512G的，现在常见的大规模数据存储，比如个人私有数据的存储，就是网盘，以T为单位。

现在智能手机成像技术高度成熟，随便拍一张照片基本上就是几兆字节，拿百度网盘来说，现在用户存储的总数据量已经达到100亿GB，这个数字每年还在持续增长。结合自己做网盘的经历，我把网盘产品的演进分为三个阶段。最早的1.0阶段是线上云存储，用户在网盘搜索文件并下载。2.0阶段的网盘是综合云服务，用户不需要下载，云上就可以打开、编辑，通过手机的应用软件可以直接浏览，这一阶段的特征就是数据规模越来越大，用户越来越重视服务体验。3.0阶段，AI技术和大语言模型的发展，让数据存储变得更智能，支持更多场景连接。人工智能设备包括音箱、可穿戴手表等，这些设备都是联网的，其产生的数据可以上传至云端，所有数据实现互联互通后，用户便能在不同终端设备上享受跨场景的智能化应用体验。这对用户的体验和隐私安全的保护提出了更高的要求。

1.0阶段是纯粹云存储阶段，关键是通过硬核的技术去保障用户的隐私安全，这个里面包括账号安全，我自己独有的内容不能被别人看见，我把照片分享给别人的传输也必须是安全的，同时存储也一定是最安全的，存储的内容不会被其他人获取，这个很考验互联网公司背后的技术实力。

百度网盘为此做了非常多的努力。在数据隐私保护方面，百度网盘获得了由中国质量认证体系颁发的三个标准化认证，这三个认证侧面证明了我们在个人信息处理的透明性、准确性、安全性上面达到了国际领先水平，国内网盘类产品只有百度网盘同时有三个标准化认证。考虑到用户的隐私安全、版权保护等，百度网盘内部推行了基于零信任的安全理念，建立了全链路的隐私保护，每年接受安全机构的审查，确认内容存储是安全可靠的，到现在为止百度网盘没有出现过数据泄露问题，整体数据存储安全性是99.999%。

大规模数据存储还牵涉能源的问题，我们能否把节能做到实处？百度在2015年就自建了大型的数据中心，就是百度云计算的阳泉数据中心，这个数据中心利用屋顶的空间来发电，也是国内首个应用了太阳能光伏发电技术的数据中心。2017年到2023年我们累计签约的风电可再生能源已经达到1.56亿度。

在AIGC时代，网盘也做了一些变革，智能图片搜索是我们去年利用文心大模型尝试的一个产品。很多用户会把私人数据存在网盘里面，数字人怎么理解网盘的内容？比如我想找出2019年在青海草原上拍的照片，数字人就会根据你存在网盘中的内容，通过文心大模型的分析，找到这些照片，不需要用户对照片进行标注，全是基于文心大模型自动匹配。跟行业内竞品相比，在同类型的分类索引上面，我们有16项都是在行业里领先的。这是基于百度的文心大模型来做的产品端的一些尝试。

我们还做了一项典型的AIGC的尝试，网盘根据用户存储的照片的色调、拍摄地点，自动生成有故事感的图文，很多用户非常喜欢这个功能。尤其我们为照片匹配了高适配性的文案，使得用户愿意在社交媒体上分享。

在时代的新起点，互联网产品有很多不同的出发点，面对用户的需求以及新的技术革命，我们希望做好数据和智能化的融合，在保护好版权和用户隐私的同时，生成更多的触手，连接无限的未来，感谢各位。

远集坊第十讲嘉宾合影

远集坊

第十一讲

构建书香社会——阅读高峰论坛

主讲嘉宾

阎崇年　高洪波　邹书林　聂震宁　郝振省
李　岩　黄　强

主持嘉宾

阎晓宏　于慈珂

特邀嘉宾

陈　彦　王嘉毅　童之磊　王志刚　毛增余
魏　崇　王睿霆　宋志军　诸敏刚　刘东风
邱显清　潘　平　赵小波　何曼玲　张玉国
郑旺全　陈海娟　颜　慧　周康青　肖慧俊
任志鸿　卫　鑫　阙　超　高义程　任秀颖
张　艳　孟英杰　梁　飞　柯春晓　王希光
温亚莉　林　聪　施春生　成海蛟　王　旗
秦　博　孙　悦

读书、藏书、著书

阎崇年　（历史学家、央视《百家讲坛》开坛主讲）

读书是一个常说常新、超越时空的永恒的主题。我最近有一个想法，人类自从有书以来，能够与人始终相伴的是什么。不是父母，不是夫妻，不是兄弟，也不是师友，更不是金钱、地位、权力和荣光，而是书。只有书可以伴随人的一生。

父母不能陪子女一生，师友也不能陪自己一生，夫妻是半路结合的，也不能陪自己一生，只有书可以陪一个人一生。那么读书就变成了一个人类永恒的主题，跨越时间和空间。我就联想到一个故事，汉朝的韦贤做宰相很有名，他老了以请求退休，开启了宰相致仕的先河。后来，他的一个儿子又当了宰相。韦贤是鲁国邹县人，就是现在的山东邹城，这地方流传着一句名言，大意是说留给儿子黄金一竹筐，不如教他读一本书，后来宋朝变通了一下，留给子女一本经。很多人重视给子女留金银、房产，其实真正爱护下一代应该让他们读书，所以人应该成为读书的人，家庭应该成为书香家庭。

第二就是藏书，读书人书多了就藏书，我回顾我的藏书有三个阶段：第一是书房从无到有，第二从小到大，第三从私到公。怎么说从无到有的？我小时候跟我祖母住一间屋子，没有自己单独的卧室，当然不可能有单独书房了；刚成家时，房间只有9平方米，放一张双人床，放一个书柜，就没地儿了；一直到50岁才有了自己的书房，社科院分房子，那个厅大概30平方米，我就把厅当成书房了，四壁放上书架，房间、阳台、卧室，包括玄关，全放上书柜。这样我的书房就从小到大，现在更大一点了，前天我量了一下，我的书房面积大概60平方米，这还不够，我就很发愁，我这书怎么办呢？

我就想着藏书的第三个阶段，由私到公。首都图书馆馆长到我家看我，问，你这么多书怎么办？卖给我一本行吗？我说不卖，我捐给你们，分期分批，他说好吧。他们很认真，我的书房叫四合书屋，他们就完全仿造我的书房在首都图书馆建了四合书屋，连书柜都一样，我昨天去看了一下，跟我原来的书柜一模一样，把我书房的匾也复制了一个，挂上去了。

2023年4月21日，他们要搞一个我捐书的仪式。我很高兴，最后我的书由私变公，大家都可以利用，我人不在了，书都可以利用。

第三，就是写书。我们国家在春秋时期以前，书基本上收藏在宫廷殿阁里面，私人有书的很少。到孔子才开始私人教书，书还是写在竹简上面的，唐朝基本上还是一卷一卷的，真正具有现代书的形态，是宋代的书，在咱们国家图书馆能看到。

写书在唐之前是极少数文化人的一种义务或者享受，宋之后才比较普遍，但是我看一直到明清，能够写书出书的知识分子仍然寥寥无几。真正实现普及是在1949年以后，到现在一年出版几十万种书。今天写书人和国家环境都和以前不一样了，我想了一下，就北京的公务员，全是本科学历或者以上的文化程度，一部分已经博士学位了。其实这些人都有相当高的阅读能力和写作能力，这些人拿起笔来把自己的经验，把自己对社会、对历史的体会写成书，来进行文化传播，这是更高一层的读书。

我最近想了一句话跟大家分享：“眼不要懒，多多看书；腿不要懒，要多行路；心不要懒，要多多思考和顿悟；手不要懒，多多写书。”这一点跟大家分享，听取大家的批评，谢谢大家！

从图书馆之夜说起

高洪波　（儿童文学作家）

这个地方是我第二次来了，上一次我发表过一些关于语文教学课本的观点，语文教材对于孩子的心灵成长至关重要，我们这一代人对语文教材上的作家都非常尊崇。

之前来这里有个重要议题——校准人生的坐标，谈的就是读书。校准人生的坐标里面我引用了朱永新先生的重要观点，人生有三种风景：一种是自然风景，要用脚去丈量；一种是社会风景，要体验人生百态；还有一种是精神风景，要在书里寻找。那次演讲中我谈了一些我的经历和体会。

小时候我因脑膜炎休学在家，我妈妈给我办了个借书证，我开始不断地借书，两三天一本，那个图书馆的老头说，你是不是恶作剧？就问我那些书的作者是谁，我都说出来了。我只看小说和传记，对诗歌和散文没有任何兴趣。我当时谈到了读书和一个人成长的关系。

八年前我到深圳图书馆，意外发现他们有个特别好玩的活动，每年的4月22日，他们要选100到120个孩子，晚上孩子带着他的爸爸妈妈或者姥姥姥爷来参加兴趣活动，一家一个帐篷，有绘画、书法等。每个作家给每个孩子一本签名书，第二天早晨起来，孩子们把被子叠好，集体看着视频朗读诗，当时是个美国诗人的诗，讲太阳升起之后整个地球的各种风光，各种变化，挺有意思的，给我留下特别深的印象。我写了一首小诗《图书馆之夜》，发在《人民日报》上，后来编成了绘本。

图书馆之夜，温馨又开心的经历，
存储于我童年的快乐记忆，
梦起与图书宝贝的一次趣味相逢。
在穹顶的星空下，
我们搭起天蓝色的帐篷，
也搭起一个灿烂的梦境。
钻进帐篷的时刻，
我好像进入时空隧道，
步入童话山洞，
我的眼睛和心灵幻化成星星，
闪闪烁烁，大音希声。
就这样，在南海边的童话之城，
我画出了一匹飞奔的红马，
骑着我的红马进入森林，
我采摘浆果和大朵的蘑菇。
蘑菇太多太多，
篮子太小太小。
更神奇的是这些蘑菇，
它们会像云朵一样变化，
一眨眼变成了数不清的帐篷。

图书馆之夜，
盛产传说和童话。
当黎明叫醒我们的时候，
夜色和晨曦握手。
我夹在它们中间，
开心地说：
我就是一朵图书馆的蘑菇。

这是成人和孩子视角混合的书，我看到那帮快乐的孩子就感觉回到了我的童年。

在军营的十年里我是地下阅读，好多书是不允许看的。我记得10月15日习近平总书记谈到他的阅读经历，当年他走了30里地借了一本《浮士德》，这个故事唤起我的共鸣，因为《浮士德》我也有一本，也是看得似懂非懂，但是它很厚，看着很有成就感。

我离开部队的时候，有两个理想，就是人生的坐标：一个是当图书管理员，可以看大量的书；第二是当个中学的班主任，当教育家，后来没有实现。第一个梦想图书管理员也可以通过买书、藏书，再加上自己写书间接实现。这就进入了另外一种境界，在浏览精神风景时还可以制造精神风景。

刚才我这首《图书馆之夜》，被一家出版社做了绘本，他们特别认真，做了好多设想，特别有意思，4月23日有一个比较有意思的活动，他们一定让我在结尾说两句话，我就写上了：如果人间真的有天堂，就应该是图书馆的模样。

我想用一首诗来结尾，是我为国际儿童读书日写的献词，这首诗的题目叫《酿造聪明》：

图书是文字的房东，

文字安静地住在书中，
开心地等待访客，
每一双好奇的眼睛，
眼睛是心灵的伙伴，
文字生出阳光，
温暖和智慧，
好奇的眼睛通过阅读喂养渴盼的心灵，
书本、文字、眼睛、心灵，
更像一群神奇的蜜蜂，
酿造甜蜜，
深邃辽阔希望，
还有最受小朋友欢迎的礼物——聪明。

把全民阅读引向深入

邬书林　（中国出版协会第七届理事会理事长）

尊敬的各位专家，各位来宾，各位领导，非常荣幸，也非常高兴，受中国版权协会的邀请参加这次论坛。刚才晓宏同志在主持论坛开始的时候讲了世界图书与版权日，本来有一段稿子是要讲其他事情的，我把内容换一换，我回应一下晓宏同志刚才讲的重要事情，就是中国全民阅读怎么来的。

1995年联合国教科文组织提出世界图书与版权日，很有意思的是，一开始只提出版权日的时候，欧洲的许多专家向联合国建议，要把读书跟版权一同考虑，所以把版权日和读书日放一起。当时负责版权和图书出版工作的新闻出版总署开始只是参与版权日，2005年总署在深圳调研时，深圳市委宣传部正式向我们提出来，他们按照联合国教科文组织的倡议开展阅读活动十多年了，越来越难，希望中央能举起这个旗子，由中央部门推动全国读书活动。我清楚地记得，新闻出版总署党组认真研究了以后，认为应当在版权日和读书日中同时发挥总署的职能。所以当时党组向中央宣传部报告，向中央领导报告，引起了国家的重视，后来经过两年的努力，11个部委，有文化和旅游部、作协、妇联、工会等，一起举起了全民阅读的大旗，号召全国人民读书。经过了十多年的努力，中国的全民阅读已经形成燎原之势，到了需要深化的阶段了。

我刚才讲这一段经历，是回应晓宏提到的世界图书与版权日。

以习近平总书记给首届全民阅读大会致贺信为标志，我们已经进入了深入推进阶段，需要自觉吸收古今中外的经验。我们要把全民阅读引向深入，需要继承并弘扬中华民族的阅读传统，把中国全民阅读深度升华。只有不忘本来，吸收外来，面向未来，才能把全民阅读这项工作做得更加扎实。

中华民族有优秀的阅读传统，中华文明是四大文明中唯一没有中断，延续至今的文明，这和中华民族有一个从未间断的文脉，有优秀的阅读传承有重要关系。中华典籍是文明传承的重要载体，也是传承的重要见证。优秀的阅读传承离不开好的学习方法和学习经验，从诸子百家到唐宋八大家，古代先贤为我们留下大量的好方法、好经验，需要我们深入研究，弘扬光大。以下六个方面值得我们高度重视：

一、对阅读本质的哲学思考——为什么要读书？这是开展阅读首先必须回答清楚的重大问题。关于阅读，古今中外的先贤都说过精彩的话，雨果说，书籍是造就灵魂的工具。中国古人对为什么要读书的思考曾经在相当长的时间内远远领先于世界上其他民族，而且留下了非常经典的论述。

中国古代先贤在这方面的论述我举三个例子，有的是古文。

1．朱熹有部书专门谈读书，《朱子读书法》，这是最早研究阅读的重要理论专著。我们过去对朱熹读书法的认识主要集中在他的方法论上，即“朱子读书六法”，这当然非常重要，实际上朱熹最大的贡献是从哲学层面讲清楚了我们为什么要读书。朱熹在《朱子读书法·上》开篇就写道：“读书已是第二义。盖人生道理合下完具，所以要读书者，盖是未曾经历见许多。圣人是经历见得许多，所以写在册上与人看。而今读书，只是要见得许多道理。及理会得了，又皆是自家合下元有底，不是外面旋添得来。”朱熹的意思是：读书已经是第二个层次了，知识来源于实践，来源于人生的经历，但是人生苦短，不可能事事经历，而圣人们是经历过的，是把自己经历的实践成果写在书上让人看，我们读书就是把先贤经过实践升华成理论层面的认知变成自己的知识。从哲学层面讲清楚了阅读的本质，可以使我们更好理解阅读的学术价值。

2．《论语》的开篇也是讲阅读的，“学而时习之，不亦说乎”，按照书中的道理去实践，成功了非常愉悦，正好和朱熹的论证相得益彰，相互印证。朱熹老师程颐给《论语》作序时有这样的话：“未读时是此等人，读了后又只是此等人，便是不曾读。”

3．苏东坡对为什么读书也有论述，他说：“象犀珠玉，怪珍之物，有悦于人之耳目，而不适于用。金石、草木、丝麻、五谷六材，有适于用，而用之则弊，取之则竭。悦于人之耳目，而适于用，用之而不弊，取之而不竭；贤不肖之所得，各因其才；仁智之所见，各随其分；才分不同，而求无不获者，惟书乎？自孔子圣人，其学必始于观书。”

二、对阅读目的的高远立意。我们今天是青少年阅读论坛，青少年时期弄清楚为什么要读书和为什么而读书至关重要。欧阳修认为：立身以立学为先，立学以读书为本。欧阳修从理论层面讲清楚了立身、立学、读书三者的相互关系；朱熹关于读书能明德、明理、明智的看法，总结了古人对读书的认知。中国古代的读书人把修身、齐家、治国、平天下和立德、立言、立功作为读书的崇高境界，这些都是我们今天开展阅读要解决的认知。

三、对阅读方法的科学归纳。孔子的“学而不思则罔，思而不学则殆”，朱熹读书六法中的循序渐进等，在中外阅读史上占有重要地位，是系统的、科学的阅读方法，值得我们继承。

四、对于早期阅读的高度重视。《颜氏家训》中有关于重视早期教育的大量论述，特别是胎教。中国古代讲究胎教，胎教的方法是母亲怀孕三个月就应当严格遵守道德规范，胎儿出生后，还是幼儿时，就要给他讲解孝、仁、礼、义，引导他学习，《颜氏家训》当中写得很清楚的。我们耳熟能详的《三字经》《千字文》等中国的早期启蒙读物中，绝大多数内容都与阅读有关。

五、阅读风格的不拘一格。中国古代的帝王将相、才子佳人、平民百姓都留下了大量不拘一格的阅读趣闻。欧阳修抓紧一切时间读书，有了“三上（马上、枕上、厕所上）”之说；陶渊明的名言：“好读书，不求甚解，每有会意，便欣然忘食。”可惜我们现在往往只记得前面半句，“好读书，不求甚解”，把他废寝忘食的境界忘了；诸葛亮的“观其大略”读书法也非常值得我们借鉴，诸葛亮的“观其大略”是一种科学的阅读方法，即提纲挈领地领会实质精神、要点，这样的读书方式在信息爆炸时代需要我们好好学习。

六、精心营造阅读环境。盛世修典是中国自古有之的优良传统。从国家层面来看，东汉时期的《熹平石经》、明代的《永乐大典》、清代的《古今图书集成》和《四库全书》都是盛世修典的重大文化事件，南朝梁武帝的长子萧统不仅有《昭明文选》传世，还在江南地区留下了大量的读书遗迹。封建社会的开明乡绅为本地的读书贡献自己的力量。苏州虎丘有一个文物保护地，和一个鞋匠勤奋读书的典故有关。一个不识字的鞋匠想要读书，谁教他认字，他就给谁一个铜钱，不论小孩还是大人，经过长期努力，这个鞋匠能读《论语》《孝经》等古籍，此事经当地乡绅报告给知府，知府报告给巡抚，直至朝廷，最后受到国家的表彰。这种民间读书故事太多了。

在许多古人的门联上都写着“忠厚传家久，诗书继世长”，我国有深厚的阅读文化基础，需要我们好好挖掘。中国有约960万平方千米的国土面积，我们地大物博，资源丰富，但是把中国资源除以14亿人口，我们国家最重要的资源大部分远远低于世界平均水平。耕地18亿亩，除以14亿人，每人一亩多一点，在南方一亩地都不到。中国人均水资源占有量仅为世界平均水平的35%。中国怎么样才能成为世界强国？怎么样才能为人类做出更大的贡献？唯有用知识这个最重要的资源把14亿人武装起来。中国人在掌握知识的基础之上去推动中华民族伟大复兴，迸发出来的力量才会使中国永远立于不败之地。

谢谢！

青少年学生读书行动应该更加坚决有力

聂震宁 （韬奋基金会第四届理事长）

各位领导，各位嘉宾，大家下午好！3月份以来我特别激动，因为《全国青少年学生读书行动实施方案》出台了。刚才各位专家都做了重要演讲，我觉得很重要的就是要深化全民阅读活动。深入推进全民阅读，怎么深入？就是三点：希望党员干部带头读书学习，修身养志，增长才干；希望孩子们养成阅读习惯，快乐阅读，健康成长；希望全社会参与到阅读中来，形成爱读书、读好书、善读书的浓厚氛围。

山西吕梁柳林县的读书活动搞得不错，我去山西看了，就是党员干部带头读书，也就是我讲的第一点，这是关键点。第二个，让孩子们养成阅读习惯是重点，我们的全民阅读活动如果不从青少年学生抓起，就是舍本求末。最后目标是全社会参与到阅读中来，共同建设书香中国。

教育部等八部门印发的《全国青少年学生读书行动实施方案》非常了不起，为什么了不起？因为它总结了十多年来全民阅读，特别是校园阅读的各种实践和理论研究的成果，它是实践出来的，是总结出来的，而且有理论的深度和高度，所以令我非常激动。可以说这个实施方案对于学生的阅读，对学生的读书活动给予了高度重视，真正把阅读作为立德树人的重要途径。

我们在学校对孩子的教育，你跟他说太多观点，不如一本书两本书能打动他，20世纪50、60年代我们读了很多英雄传记，就想当英雄，现在很多传记书也让学生树立起了爱国主义的信念。

《假如给我三天光明》就能使孩子们振奋起来，盲聋的作家都能够成长和生活，我们有什么理由畏惧困难？张海迪的事迹激励了众多青少年立志奋进。居里夫人也使很多青少年立志当科学家。所以一部文学作品可以激发孩子心灵的正能量，一本科学书可以让孩子们对未来充满向往，立志做科学家。

2022年报纸上报道，丘成桐做了一个演讲，说一定让孩子学好数学，多读数学家传记，要读近300年来的近代数学史，他初中二年级看到一本书，书中介绍了几个意大利天文学家，通过数学的办法研究了天文学的一些问题，他觉得太奇妙了，决心学数学。你不爱数学，你不可能学好数学；爱了数学，有一定的天赋，就可能学好数学。我们想让孩子会唱歌，必须让他爱唱歌，会写作必须爱写作，而不是强制他学，要通过读书激发他们的兴趣。所以我想现在教育部的读书行动实施方案真是抓到了重点。实施方案正当其时，希望孩子养成阅读习惯，快乐阅读，健康成长。

教育部这个方案就是要激发学生的读书兴趣，以往我们都是告诉学生读书是一种责任，但是我觉得兴趣更在前面，责任是后天的意识，兴趣是内在动力，所以实施方案从兴趣出发来鼓励学生。

为了健全青少年读书计划的长效机制，现在提出要求各级各类学校将青少年学生读书行动与教育教学有机结合，而且把学生读书融入学生教育教学。究竟如何将读书行动融入既有的以应试教育为主体的教育教学？目前没有具体要求。

我去柳林县，它是三纳入：第一，纳入课程；第二，纳入教研；第三，纳入考核。真是做得不错。

武汉一所民办大学，武昌理工学院，校长坚持做阅读测评，他给在校学生列了200多种书，学生每个月都可以到他们指定的场所，在电脑上进行阅读测评，阅读测评达到65分，就能拿到学分。这个就相当于考试，一共200多本书，这个学生如果每个月都去考，行，每个月都给你学分，学分够了就可以毕业。这样就使得我们读书行动跟教育教学融合起来，使阅读成为教育教学的一部分。北京市十一学校实施学分制，这种办法可以使读书真正融入教育教学中。有一个最严重的问题，至今还是我们教育“指挥棒”的中考、高考以及各类选拔人才的办法，怎么跟读书结合起来？这是任重道远的问题。

1999年全国教育大会就提出向素质教育转变，20多年了，通过读书在进行转变，已经在高考中做了有益的尝试。

方案要求加强学生阅读指导，这应该成为各地各级学校最重要的任务之一。方案提出了鼓励学校开设阅读课，我看到这里可以说是眼前一亮。因为我在全国政协十二届常委会第十五次会议上提出了一个提案，关于在我国中小学设立阅读课的建议，受到教育部有关部门的重视。我们部编教材对阅读提出了很多要求。我下去了解了一遍，老师也不知道怎么读书，七八年前我在北京教师训练营，北京有一个老师说我就不喜欢《西游记》，还让我教《西游记》。《西游记》是成长小说，你要看成长，告诉孩子孙悟空怎么成长，这个里面很多很好读的东西，但是没有人辅导。

我们绝大多数老师都是接受的应试教育，读书较少，做题较多，有的文学博士，连《红楼梦》都没有读过，让他怎么带学生？所以阅读课必须设立，鼓励学校开设阅读课，应该变成学校应该开设阅读课，至少是应该，至于有没有条件，大家共同努力。我在这里妄言，请各位专家指导。

全民阅读与编辑阅读

郝振省　（中国编辑学会会长）

我今天讲的题目是《全民阅读与编辑阅读》，分四个问题：

一、全民阅读对编辑阅读的定位要求；二、全民阅读对编辑提出的阅读制高点的要求；三、编辑阅读的近水楼台；四、编辑的写作对编辑阅读的拉动。

第一，全民阅读对编辑阅读提出的要求。编辑也是全民的一部分，当然包括在全民阅读中，也要读好书，多读书。但这远远不够。因为全民阅读赋予编辑朋友一个特别的责任，那就是为全民阅读提供思想精深、艺术精湛、制作精良的出版物，这是全民阅读的伟大事业赋予编辑的责任和担当。

编辑所在的位置，要求编辑同志把阅读作为基本生活方式和生产方式。我们国民要逐步把阅读作为自己的生活生产方式，编辑朋友应该做这种方式的引领者和示范者。

什么叫作基本生活方式和生产方式呢？作为基本生活方式，人不能离开空气、阳光、水分而生存，也必须依靠衣食住行、语言交流才能发展。把阅读作为基本的生活方式和生产方式是我们所处的时代决定的。怎么把理论说清楚？我是这么想的，当社会从农耕时代进入到工业时代，再到信息时代时，阅读由一般必要性进入到充分必要性，出版物就从一般国民非必要性和少数国民的奢侈必要性转变为人民的普遍的生活资料和生产资料。阅读作为基本生活方式与生产方式就在逐步地变成事实，也将成为必然。

编辑作为新的生活方式和生产方式的引领者和示范者，先决条件就是你必须是这种生活资料和生产资料的生产者和供给者，你首先要供给，由供给倒推你必须是已有的这种生活资料的消费者或者高端消费者，换句话说你必须站在阅读的制高点上，才有可能履行好自己的特别责任，所以在编辑的培养方面，我觉得这是一个点。

第二，阅读制高点的要求，我们不能要求所有人都读经典，但是对于编辑来说，读经典是必然的要求。编辑与从事其他职业的读者不一样，经典是编辑进行基本修炼的阅读文本，“涉深水者得蛟龙，涉浅水者得鱼虾”，阅读经典也不可能是一件轻松的事情。何为经典？古今中外各个知识领域，那些经久不衰，经过历史筛选后留下的典范性、权威性的著作就是经典。我觉得从纵向来看，中华文明五千年积淀的优秀传统文化，还有中国共产党领导中国人民取得新民主主义革命胜利过程中所形成的革命文化，以及在社会主义革命和建设时期、改革开放的历史时期和新时代形成的先进文化，都需要编辑去学习。

从横向来看，有文学经典、史学经典、艺术经典等。文学经典包括四书五经、四大名著及《平凡的世界》《人世间》等当代精品佳作，史学方面的著作也有很多，哲学经典方面，有《共产党宣言》，毛泽东的《实践论》《矛盾论》《论持久战》等，还有《邓小平文选》《江泽民文选》等，领袖著作都是结合那个时代的关于理论和学术的精华。编辑朋友要特别注意习近平总书记在文艺座谈会上的讲话，在哲学社会科学工作座谈会上的讲话。

读经典，有三个结合：计划性与随意性结合，粗读与精读结合，必要性与可能性结合。

计划性和随意性结合，根据你的编辑业务和涉及领域动向，选择一定的经典来阅读，业务上遇到一些障碍时不是置于一边，而是及时查阅，尽可能地顺藤摸瓜，带着问题去阅读。

粗读与精读结合，对于和自己的需求吻合的，和基础知识相衔接的，能拓宽较大思想空间的，当然精读。不在需求范围内的也可以读一些，深入浅出，因为人的精力毕竟是有限的。

必要性和可能性结合。我们有必要阅读很多经典，但是人的时间、精力是有限的，比如说像三选、四书、五经，要把这些经典读完相当困难，要有所读，有所不读，有所深读，有所浅读。你作为古典文献编辑，那不用说了，都要读。你要是其他领域的，至少把三选、四书，把《论语》《大学》《中庸》《孟子》读一下。这是我想讲的第二个问题。

第三，编辑阅读的近水楼台，我们对稿件的编辑加工本身就是在做阅读的功课，换句话说，编辑加工是编辑朋友比非编辑朋友得天独厚的阅读条件。有时候我自己审文稿，特别看到是一些很好的文稿，我会摘抄下来，有时候从自己阅读的文稿中得到的比专门去学习得到的东西更多一些。这是我的体会。

编辑朋友必须认真阅读书稿，然后写出书面的结论。这个书稿亮点在哪儿，创新在哪里，有没有存在的热点和问题，怎么修改合适，如果这个书稿不可用，为什么不可用，需要编辑朋友去发现和思考，加以分析并给出答案。这是一种思想式的和分析式的阅读，思想和分析恰恰是阅读的本质。没有思考的阅读只是形式的阅读，而与思考相伴的阅读才是实质性的阅读，实质性的阅读才可以产生思想，思想才是我们编辑人的王者。

有时候想想老一辈编辑，写了那么多，特别当遇到资深作家的书稿时，便是一场思想盛宴。唐浩明先生通过编辑加工30多卷本的《曾国藩文集》，成就了自己的名作，这份经验是值得编辑朋友学习和借鉴的。

第四，编辑的写作对编辑阅读的拉动作用，再继续追溯就会发现，编辑的写作对编辑阅读有极大拉动作用。有三种文稿可以拉动或者促进编辑朋友的阅读行为，选题申报书、审读报告、理论文章，出版单位和编辑朋友要用好这种拉动作用。

选题申报书必须有市场调研和精准的理论分析，才能说服决策者，最后进入到选题的生产过程。这一点逼着你要看书，如果不看同类的书，不找出它们之间的差异，不策划出新书的创新点和独到价值，你的书就很苍白无力。

审读报告可以反映出编辑的水平，编辑能不能对各方面的价值做出评估和评价，能否提炼出其中亮点，能否发现结构性问题、观点性问题、表述性问题，能否指出修改的方向和着力点。编辑的阅读功力，都能在审读报告中反映出来，如果没有深厚的阅读功底，很难写出好的审读报告，也难以给出结论。

评职称需要具备撰写理论文章的能力，这个能力要求编辑朋友有稳步拓展的精神。正是这种对理论分析、对语言表达艺术的需求，进一步推动了编辑读书习惯的养成。这是编辑写作和编辑读书的关系。

阅读是人类社会进步的阶梯和全民族文化人格养成的基石

李岩 （中国出版传媒股份有限公司原董事、总经理）

今天各位讲得非常好，特别是阎先生讲的，以人文精神和人生智慧总结了三点：读书、藏书、写书，让我特别受益。

我今天更多是从具体操作层面来谈一下如何贯彻和执行全民阅读。

全民阅读活动蔚然成风，离不开领导的推动，特别是2022年“4·23”世界读书日，习近平总书记致信祝贺首届全民阅读大会举办，同时也推动了我们后续全民阅读活动的开展。杭州2023第二届全民阅读大会，进一步形成全民阅读热潮。

在贺信中，总书记深刻阐述了阅读对促进人类文明发展和人的成长进步的重要作用。总书记指出：“阅读是人类获取知识、启增智慧、培养道德的重要途径，可以让人得到思想启发，树立崇高理想，涵养浩然之气。”总书记从三个层面强调：一是希望广大党员、干部带头读书学习，修身养志，增长才干；二是希望孩子们养成阅读习惯，快乐阅读，健康成长；三是希望全社会都参与到阅读中来，形成爱读书、读好书、善读书的浓厚氛围。

我们在日常出版工作中也可以感受到总书记对读书活动的大力支持，包括对考古和人类文明史的研究探索的高度关注，包括中国文化遗产。中华文明智慧成果和文明形态的物质，解决了中国从哪里来的问题，这是中国现代化的基础。传统文化和文化遗产成为出版和学术研究领域互动的丰厚资源，也是主题出版的重要内容。现在关于传统文化的题材成为热点，这是我们编辑特别受益的。

总书记的贺信对于推进新时代全民阅读工作起到了重要作用，也为出版业的发展带来了契机，使我们更加深刻认识到阅读始终是我们人类社会进步的阶梯和全民族文化人格养成的基石。我们作为业界人士，可以用实际行动认真贯彻总书记的批示精神，用“行业之手”推动全民阅读工作走向深入。

我想了三个具体建议：

一、持续推动价格立法，规范图书整体折扣，确保行业的基本权益。我从政协的提案和反馈了解到，国家发展改革委相关的一些管理部门，对这个问题比以往更加认同，更加理解，时机越来越成熟，特别是习近平总书记发表贺信，推动全民阅读的工作以来，社会对阅读，对读书，对出版业的基础性工作越来越认可和支持。

二、我觉得应该由国家行业主管部门或者政府主管部门推动形成国民基础阅读书目。在做国民的基本阅读书目，这是一个基础性工作，当然我们教育部这些年也在推动，已经形成了300种图书在内的中小学课外阅读指导目录，有《红楼梦》《乡土中国》等，对行业影响非常大。

但是我觉得最重要的书目，是从孩子出生到上小学这个阶段的阅读书目，也需要社会来推动。孩子成年以后，阅读习惯和人格已经形成了，基本改变很难，从胎教阶段开始培养，更容易形成好的阅读习惯，所以这个阶段需要基本的阅读书目。

另外一个重要渠道，就是行业组织，从出版协会，到编辑协会，到图书评论协会，他们集中了全国最优秀的评论家、出版专家，可以通过这个渠道，来推动这两个基本书目的形成，一个青少年阅读书目，一个中国国民基本阅读书目。书目是非常重要的，书目形成以后会对出版业产生深刻的影响。

三、要充分借助新媒体的力量，拓展传统出版的边界，形成全媒体出版。不能把出版边界理解为纸本书的文本阅读，出版概念应该更宽泛一些，要拓宽出版行业的生存发展空间。在图书营销上也要借助新媒体的力量。迟子建的《额尔古纳河右岸》，到目前为止，销量达到168万册，新媒体推动接近100万册，另外60多万册是传统渠道的推动。《故宫六百年》，也是利用新媒体进行营销，发行量非常大。还有像莫言先生的《晚熟的人》，目前也发到了150万册。

出版就是选择作品，按照西方流行的出版理论，选择什么样的作品，怎么出版，也体现了对它的支持，进而实现对人类社会发展的贡献。

在青少年心里埋下书香的种子

黄强 （人民教育出版社党委书记、社长）

感谢中国版权协会将远集坊阅读高峰论坛这样一个高层次的重要的活动安排在人教社举行，我本人很荣幸在这里进行演讲。阅读是人类获取知识、传承文明的重要方式，是社会发展的阶梯，也是一个人自我提升，获得终身发展的重要途径。自2014年起，全民阅读已经连续10年写入政府工作报告，国家“十四五”规划和2035年远景目标纲要同样强调：要深入推进全民阅读，建设书香中国，这些都体现了党和国家对于阅读的高度重视，去年习近平总书记在致首届全民阅读大会的贺信中指出：希望孩子们养成阅读习惯，快乐阅读，健康成长。

近日教育部等八部门发布了《全国青少年学生读书行动实施方案》，要求引领激励青少年学生爱读书、读好书、善读书，立志为中华民族伟大复兴而读书。

“少而好学，如日出之阳”，青少年时期是养成阅读习惯、发展阅读能力的关键时期。推动全民阅读，构建书香社会必须先从青少年学生抓起，要尽早在他们心中埋下书香的种子，静待花开。我所从事的教育出版工作，实际上也就是推动青少年阅读的工作，下面围绕青少年阅读的内容、路径谈几点体会，跟大家进行交流。

一是抓住课堂教学主阵地，引导青少年读好教材，夯实阅读基础。学校是青少年学习成长的重要场所，过去我们社会上把到学校去学习都称为读书，这真是抓住了这个事情的本质。打造书香社会，首先必须打造书香校园。根据最新的课程方案，一个学生从小学到高中，至少要完成12114个课时。教材作为学校教育和课堂教学的基本依据和基本要素，是中小学生阅读时间最长的书，是需要反复学习和深度阅读的书，也是对他们一生影响最为深刻、最为长远的书。相信在座的每一位都对教材中的某些经典篇目、某些场景、某些知识点有着深刻印象，教材就是这样传承着我们民族的共同记忆。

在青少年心中埋下书香的种子，要保证课内阅读的质量，让学生读懂教材，读透教材，以此为基础，将课内阅读形成的方法广泛应用到课外阅读中去。

抓好课内阅读，以语文教材为文本，帮助学生习得系统的阅读方法，激发内在的阅读兴趣，培养良好的阅读习惯。语文是所有学科的基础，它的功能决定了语文教材必然是青少年阅读素材的重中之重。

当青少年有了读书兴趣和习惯，素质教育、人文教育自然而然就会被带动起来。目前全国统一使用的统编语文教材，构建了教读、课内自读、课外阅读的体系，明确了三类课文各自承担的功能，用好这套教材可以拓展学生的阅读兴趣和思路，提高学生自主阅读的意识和能力。在打好语文阅读基础的同时，也要兼顾其他学科的阅读，每个学科都蕴含着独特的阅读资源，要让史、地、政、数、理、化、外语等学科协同发挥作用，提高学生的素养。理科教材以故事的形式呈现了科学探究的过程，有利于深化素质教育，培养学生的科学精神。

二是加强课外阅读，鼓励青少年系统地读，完整地读，广泛地读。课外阅读是课内阅读的拓展，语文学得好的人无一不得益于课外阅读。现行统编语文教材加强了对课外阅读的指导，并在构建课内外阅读有机结合的同时突出了课外阅读的系统性和完整性。

一方面在一篇课文后推荐若干课外阅读篇目，设置一定任务，引导学生进行同主题阅读、拓展延伸性阅读、回顾总结性阅读或者比较阅读，增强阅读的关联性。另一方面设置导读的栏目，或者推荐阅读书目，让孩子完整读完一本书，抵抗碎片化阅读、功利化阅读带来的影响。

最新颁布的《义务教育语文课程标准》，鼓励学生从一至二年级开始尝试整本书的阅读，并在各个学段提出了整本书阅读的要求，鼓励初中生每年都能阅读两三部名著，感受经典名著的魅力，丰富自己的精神世界。整本书阅读理念深深影响着青少年的课外阅读。

除了引导学生系统地读、完整地读之外，还要鼓励他们广泛地读，就像课内阅读不能只靠语文学科一样，课外阅读也不能仅仅局限于文学作品。社会科学类、自然科学类、历史类、艺术类的书都要读，习近平总书记在中共中央政治局第三次集体学习时强调，要在“双减”中做好科学教育加法，科学阅读对于提振青少年的科学素养具有重要的意义。在课外阅读中可以根据青少年不同发展阶段的特点，有意识地引导他们阅读科学童话、科学故事、科学史等不同类型的科普读物。

近年来，少儿主题出版逐渐升温，其以青少年喜闻乐见的方式，一改主题出版严肃而又宏大的印象，既有意义，也有意思，为青少年的课外阅读提供了新的选择。去年人教社围绕《蓝海金钢》这本书，开展了“读《蓝海金钢》，做强国少年”的主题阅读活动，受到了很多青少年的欢迎。有很多有益的阅读主题值得关注，有很多有趣的课外读物值得阅读，要鼓励学生博览群书，开阔视野，增长见识。

三是将亲子阅读贯穿青少年成长全过程，学校、家庭、社会要形成合力，共同推动书香社会建设。《全民阅读“十三五”时期发展规划》提出大力倡导家庭阅读、亲子阅读，发挥父母对未成年人监护人言传身教的重要作用。亲子阅读是父母与孩子相伴而行的阅读过程，它强调的是大人和孩子一起阅读，创造共同的阅读记忆。

学龄前的儿童通过听父母讲故事，在父母的陪伴下看绘本，在懵懂的状态中逐渐识字认字；孩子上学以后，虽然有了老师的指导，但是父母的陪伴依然不可或缺，父母要在适当的时候给孩子的阅读以指导，和他们分享自己的阅读体会，让孩子真切地感受到父母的陪伴。大人阅读可以产生示范作用，看到大人阅读，孩子自然而然地去翻书阅读。反之现在情况是好多父母不读书，却要求孩子爱读书，这样的结果必然是收效甚微。

我们的教材也关注到亲子阅读的价值，在小学低年级就设置了和大人一起读的栏目，希望唤起家长对孩子阅读生活的关注，进一步打通学校和家庭的阅读空间，让孩子时时沉浸在人人爱读书的良好氛围之中。

推进亲子阅读不仅仅是父母的事情，学校和社会也要给予充分的支持。学校可以定期组织亲子阅读的讲座、经验交流会，邀请家长观摩教师的阅读开放课；社区也可以依托图书馆等公共场所，提供专门的亲子阅读服务；我们出版单位作为阅读内容的提供方，要增加内容供给，提高出版质量。我社为3～6岁儿童出版了一套书系，希望可以帮助家长更好开展亲子阅读。

近年来青少年学生的阅读，也得到了社会的广泛重视，相关阅读活动开展得如火如荼。中小学教材中阅读的含量有所增加，课外阅读的资源更加丰富。亲子阅读理念为更多家庭所认可并付诸实践。

未来的青少年阅读，我认为还可以从以下几个方面着力。

一是要摒弃功利性阅读管理，让阅读成为青少年的一种生活方式。现在受浮躁的社会风气影响，青少年阅读领域出现了一些认知和实践的偏差。

比如为了在短期内取得更好的考试成绩，以教师的精讲代替学生漫读，将完整篇目肢解为训练材料，不让学生阅读所谓的闲书，剥夺了学生的阅读自由，牺牲了阅读乐趣。把阅读变成了应试的事情，违背阅读本质。

习近平总书记说：“我个人爱好阅读……我经常能做到的是读书，读书已成了我的一种生活方式。”前两天我看到一篇文章，讲丘成桐小时候读书的。丘成桐从小学开始，父亲就让他熟读中国的古典四大名著、鲁迅的《中国小说史略》《安徒生童话》等，但是幼年的丘先生更爱读金庸的武侠小说，他的父亲认为武侠小说品位不高，不允许他在这些书上浪费时间，但是丘先生还是偷偷地看，躲在床上或者洗手间里看。这些故事对我们有一定的启示。超越狭隘的功利性阅读，通过与阅读的自由对话，养成终身阅读的习惯，真正将阅读融入个人生活，这应当成为我们大家共同努力的方向。

二是要辩证地看待数字阅读，警惕青少年阅读中的随便化、浅表化风险。技术变革促进了阅读方式的变化，2022年全国国民阅读调查显示，数字化阅读方式的接触率已经达到80.1%，而图书阅读率仅为59.8%。生长于数字化时代的青少年学生，更是天生的数字阅读者，数字化阅读究竟带给青少年什么样的影响，恐怕是一个非常复杂的问题。数字媒介使得内容传播更加快捷广泛，可以方便读者随时随地阅读，能够融合视频、音频、图片等多种呈现方式，给予阅读者丰富的感官体验，还可以提供海量的信息，供使用者快速查阅浏览，这些都是数字阅读的优势。但是如果将数字阅读与青少年成长建立关联，必须回答阅读对青少年成长的深层次的意义。

如果阅读仅仅是为了获取一般的信息，那么数字阅读就完全可以胜任。如果说阅读的目的在于消遣、放松，数字阅读比如说网络小说也完全可以胜任。但是我们仔细想来，对于青少年而言，他们正处在人生的关键期，阅读更深层次的意义在于发展他们的思维，塑造认知的方式，那么碎片化、浅表化、消遣式的阅读不但不能发挥作用，还会损害青少年的注意力，使他们难以形成全神贯注的阅读，使他们丧失追求深邃智慧的动力。

数字阅读可以带给我们海量信息，但是孤立的、零散的信息并不能生成知识和智慧，尤其是对于青少年学生而言，更需要打好阅读的基础，涵养阅读的品位。数字阅读可以作为深度阅读的补充，但是对于系统知识学习和创造性思维的培养，数字阅读只是辅助性的手段，而非主导方式，青少年还是要花大量的力气阅读经典。

三是要切实保障农村地区和特殊青少年群体的阅读权利，推进教育公平。学生在阅读上的差距决定其视野和未来选择的差别，在培植书香种子的道路上，要关注阅读公平性问题，研究显示2017年阅读量在10本书以上的城市学生比例为48.1%，农村学生为30%，差距十分明显。而且还有更贫困的地区好多孩子常年见不到课外书籍，我们要采取多种方式进一步提升农村青少年的阅读数量和质量。特殊儿童作为一个特殊的社会群体在阅读方面也有其特定的需求，今后我们还要着力加强对特殊儿童群体阅读特点和阅读规律的研究，为他们提供更为适合的阅读资源和更有针对性的服务，使特殊儿童也能够同享阅读的快乐。我们人教社出了一大批特殊教育的教材，但是面对特殊学生的课外阅读书籍比较贫乏，我们还要努力。

少年强则国强，青少年阅读是全民阅读的基础，全面提高青少年阅读素养是我们共同的责任。人民教育出版社的使命是在打造精品教材的同时，做强做优适合青少年阅读的精品图书，引导青少年爱读书、读好书、善读书，在青少年心中埋下书香的种子，为推动书香中国、文化强国建设做出我们应有的贡献。

特邀嘉宾

王志刚 （人民教育出版社党委常务副书记）

我从出版社的责任讲点体会，今天的主题是构建书香社会，构建书香社会得有充足的精神食粮——好的出版物的供给，我们出版社在这个过程中发挥着非常关键的作用。

我记得我小的时候，读的书很少，那个时候就是几本书大家传来传去，《林海雪原》《西游记》《十万个为什么》，现在想起来都还是记忆犹新。20世纪六七十年代我们国家每年出书也就是1万多种，现在是接近50万种，完全不是一个层次的。

上大学读的书多了，大学图书馆的书非常多。我虽然学的是工科，但是除了专业书和教材之外，我还利用图书馆读了大量的中外名著，包括很多的科普书。我记得读过一本奥地利作家写的《野生的爱尔莎》，就讲他的亲身经历，把收养的母狮子最后放归到自然界的故事，写得非常生动，现在想起来还能记得一些情节。我觉得我们出版社要发挥关键的作用，尤其是我们教育出版社、少儿出版社，要为青少年的成长多开发一些培养品德，培养良好习惯，激发想象力、好奇心的科普图书，出版社应该有这个责任。

我做数字出版做了很多年，我认为阅读应该有一个丰富多样的形式。线上读书也是一种阅读，尽管属于碎片化读书。我们现在强调整本书阅读，但是碎片化读书可以让我们随时获取信息，我觉得也可以发挥很好的作用，纸质书、电子书共同构成一个立体化的读书环境，更有利于少年儿童的成长。

人民教育出版社这几年除了打造精品教材之外，也出了很多供学生课外读的书，为低龄儿童开发的有《中国童谣翻翻乐》、“最美中国”系列图画书等，这些书立足于中华文化的传承，带领儿童感受温暖的亲情和纯真的友谊，滋养他们的心灵。人教社为青少年推出了分级阅读系列的图书，包括课文作家作品系列、“快乐读书吧”等，根据学生的心理成长规律，拓展学生的阅读面，增加阅读兴趣，提高阅读能力。还出了很多科普方面的书，比如说“走进科学大门丛书”“科学家带我去探索丛书”“亲亲大自然丛书”等，以儿童的视角和探究过程为线索，穿插了科学知识、科学研究的方法，并配有大量图片，有利于孩子了解科学知识，理解科学的本质，培养科学精神。

习近平总书记曾经说过：“要提倡多读书，建设书香社会，不断提升人民思想境界，增强人民精神力量。”我觉得我们出版社在打造书香社会的过程中，应该发挥应有的作用，和社会各界携起手来共同推动全民阅读，形成爱读书、读好书、善读书的浓厚氛围。

童之磊 （中文在线董事长兼总裁）

我今天想跟大家分享一个话题，是人工智能和阅读的关系。最近有一个词特别火，就是AI，人工智能，尤其在2022年11月30日，OpenAI发布了ChatGPT，这是一个历史性时刻。“计算机科学之父”艾伦·麦席森·图灵被称为“人工智能之父”，他在1950年写过一篇文章，讨论如何判断人工智能具有人的智能，图灵就想了一个办法，这边坐着人，中间用幕布隔开，那边不知道是人还是机器，这边的人和那边通过计算机交流，然后判断对面是人还是机器，如果对面实际上是机器，但是被判断成人，证明这台机器就具有了人的智能。这个测试因为是图灵提出的，被叫作“图灵测试”。

从1950年到现在，前面70年时间，科学家们做过很多尝试，从来没有突破过。但是在2022年11月30日推出的ChatGPT突破了图灵测试，它可以完美通过图灵测试，如果不说对面是机器，绝大多数人都认为是在和一个人交流。

2023年3月14日，那天我正好飞美国，十几个小时的航程，一下飞机我同事就给我打电话，说，童总，出大事了。出什么大事了？OpenAI发布了ChatGPT-4。为什么这件事是令人震惊的大事呢？因为ChatGPT-4的性能比ChatGPT有了本质性的提高。举一个例子，此前用ChatGPT参加美国的律师考试，这是非常难的考试，ChatGPT的排名大概是后10%，也就是说它通不过这个考试；而ChatGPT-4的排名是前10%，就是它超越了绝大多数人。当然OpenAI做了一系列的测试，其中还有一项是参与美国的高中毕业生学术能力水平考试（SAT），相当于美国的高考。它参与SAT的阅读和写作的考试表现怎么样呢？阅读和写作满分800分，GPT-4考710分，超过了93%的考生。它通过了阅读和写作的考试。

所以就有人会问这么一个问题：AI时代来了，阅读有没有价值和意义？我今天要分享一下我自己的思考，AI时代来了，阅读更有价值，更有意义。我们讲阅读的作用，先讲一下获取知识和增长知识的区别。我们今天表面看到人工智能可以进行大量知识学习，它可以百问百答，但是实际上我们看到一个问题：它的回答当中有很多错漏。李彦宏在“文心一言”发布会上举了一个例子，刘慈欣出生于哪儿？人工智能每次的回答都是错的。它的回答是知其然而不知其所以然。学习不是简单地获得知识，老师曾告诉我们，学校教给你的，不是给你“猎物”，而是给你“猎枪”，不是简单地我把兔子什么的给你，而是给你获取知识和掌握知识的能力。所以从这个角度来讲，阅读非常重要，可以让我们真正理解知识背后的原理和知识形成的过程，帮助我们构建新的知识。

当然阅读的作用不仅仅在此，阅读可以陶冶情操，可以启迪智慧，那是AI远远不能实现的。所以从这个角度来讲，AI只是我们的工具，在这样一个信息时代，我们可以通过AI更快地掌握知识，留出更多的时间进行更深层次的思考，形成更高阶的思维，这正是我们超过AI的地方，所以我要说，在AI时代，阅读更重要。

魏 崇 （国家图书馆出版社社长）

我结合经典阅读和古籍出版，和我自己的一些工作，分享一点个人的思考和探索。

经典阅读，古今中外的维度有很多，我说的这个主要基于中国传统经典阅读这个概念上的。这几年习近平总书记对经典阅读，对于中华传统文化的传承保护，对于古籍保护都有多次指示，古籍出版和普及出版也都迎来了新的局面和新的发展机遇。同时，对于经典怎么发挥当代价值，也提出了更高要求。古籍出版终归来说还是小众的出版，怎么处理好小众和大众的关系，就像我们经常说古籍的整理研究是小众的，但是古籍或者经典传播是大众的，怎么处理大众和小众的关系是需要理解的。

这几年我们承担了中宣部组织的重大出版工程《中华传统文化百部经典》，这是规划的重点项目，这个项目从2017年启动，截至“十四五”末，总共要完成100部中国历代古代典籍经典的出版。这个项目有几个特点，首先是基于经典的，再一个就是基于当代的主流价值观，它不同于我们自己出版社或者编辑策划选题。它的目标是用大家写小书的方式激活经典，熔古铸今，它选的都是名家解读，目前已经出版了70部，每位作者都是其所解读经典的研究专家。

这个过程非常不容易，很多大家写小书，是本身的志趣。百部经典，要求体例上统一，在这个过程当中要做好学术性和普及性统一非常不容易。

再谈一下古籍传播当中小众与大众的关系，《永乐大典》《四库全书》是有代表性的古籍，以前，大众对《永乐大典》的关注度略低于《四库全书》，但是2023年以来，我们能够看到大家对《永乐大典》的关注度在提高。包括国家图书馆办了《永乐大典》的展览，再一个就是《典籍里的中国》第二季第一期选了《永乐大典》这个选题，还有2023年我们出版社和北大合作做了《永乐大典》的高清数据库，依托字节跳动这个平台，也是相对大众的平台。《永乐大典》大家都有一定的了解，但是《永乐大典》背后所隐含的知识和历史源流，普通人并不了解。在多元立体的传播方式下，我们古籍出版相对小众的工作，也可以得到大众的关注。

王睿霆 （阅文集团公共事务副总裁）

特别荣幸，今天中国版权协会阎晓宏理事长请我代表阅文来参加这个论坛，听到邬书林理事长等前辈们的讲话，受益匪浅。刚才我印象特别深刻的是邬书林理事长讲的一段话，讲世界读书日怎么来的，我们回顾一下数字阅读的初衷，我讲一讲数字阅读怎么来的。

阅文的基因是好故事，什么叫好故事呢？我们成立于2002年，当时是起点中文网。在起点中文网成立之前，很多人愿意在网上写小说，发表一些自己喜欢的故事内容，当时我们几个创始人看到了这些内容。好内容如何让大家认可？其实付费是一种方式，只有花钱买了才真正认可这是好内容，免费的东西你不会认为它是很有价值的。所以从那个时候有了好故事之后，就诞生了这么一个公司。

我们另外一个基因就是文化加科技，科技的不断迭代和发展，造成了阅文一步一步的跃升。科技最核心的东西是什么？讲得片面一点，就是我们用越小的能量传递越多的信息，互联网就做到了这一点，现在基本上人类每三年产生的信息就等于过去人类所产生的信息。2002年我们诞生之初，互联网还是2G时代，我们当时是把好故事卖给那些愿意为好故事付费的人。当时面临一个瓶颈，就是读者愿意付费，但是付不了费，现在微信支付非常方便，那个时候不要说微信支付，连信用卡都没有，所以当时起点中文网接到的第一个付费单子是从银行邮寄过来的。后来盛大文学出现了，盛大收购了起点中文网，因为盛大有遍布线下的网吧，并且可以跟游戏卡一起售卖，解决了渠道问题。

2G时代基本上还是以盛大的网络以及电信运营商为主，当时很多网站都跟移动、联通、电信来合作，通过电信增值服务进行付费，才让这个行业生存下去。

3G时代好了，开始有了互联网移动支付，所以我们的想法诞生于2G，活下来依托于3G。

4G时代图文就出现了，就是大屏转小屏，从看电脑屏幕，转成看手机屏幕，很多人上下班拿着手机看剧，看电影，看网络文学，才真正造成了内容的繁荣。这个时候阅文从小阅文走到大阅文，开始做影视、动漫、游戏，不光是读文，也读图，也读视频。

到了5G时代，到了人工智能时代，我们还能做什么呢？刚才童之磊先生已经讲过了，ChatGPT-3.5是人工智能基于2020年11月30日之前人类产生的所有数字数据进行学习，它有1500亿个参数，所以为什么叫大规模语言学习呢，为什么它能基本理解这些东西呢？因为这些数据代表了所有的过去。比如说下围棋，可以把阿尔法狗理解成ChatGPT-3.5，它把人类的棋谱学完了，咱们有可能赢它的。但是到ChatGPT-4的时候，人类赢不了了，它原来只是学人类的棋谱，后来它会把自己没下过的棋自己下一遍，就产生了一些新东西，这个时候人类怎么应对？

去年阅文增加了54万位作家，产生了390亿的文字量，95万部作品，这个可能就是数字出版和传统出版的不同。我们2023年的最新数据，新增的作家中60%是“00后”，我觉得这是非常让人振奋的。这些“00后”的年轻人是怀揣着梦想去写作的。我们连续7年跟上海市委宣传部做现实题材的创作，现在现实题材已经成为阅文平台上增长量第二的题材，很多现实题材小说，你很难想象是“95后”写的，获奖的很多是“95后”，甚至是“00后”。《破浪时代》讲一个科技企业从小到大变成世界级的科技企业，《上海凡人传》写的是上海弄堂的生活琐事。这些都是“95后”年轻人的作品，所以我们应该对这一代的年轻人充满信心。

总结起来，现在好故事有三个特点：与时代共振，与社会共鸣，与读者共情。很多东西暂时还是AI替代不了的。我相信未来我们会有更多的事情要做，年轻人依然有自己的梦想，希望我们的平台可以帮助年轻人实现梦想。

毛增余 （中国经济出版社社长、总编辑）

非常感谢远集坊给我这个机会，我跟经济学家打交道比较多，他们这些人都是阅读大家，阅读量特别大，我就学习他们的阅读方法，其中有几个经济学家的阅读方法，我总结了一下还是有一定规律的，我概括为饮水思源法。

比如说贾谊写了《过秦论》这篇文

章，他为什么能写出这篇文章？我就特别想了解贾谊是什么人，就去找贾谊的文章，找到《贾谊论》，这是苏东坡写的，文章得出非常重要的结论，他认为贾谊生活在一个非常好的时代——汉文帝时代，但他却郁闷而死，在盛世遇到一个明君，最后郁闷而死，所以苏东坡认为有问题，他觉得不应该。我就觉得苏东坡得出的这个结论可能跟他个人也有关系，所以我就去找，苏东坡又是什么人。《苏东坡传》是谁写的？是林语堂写的，林语堂跟苏东坡是有共情的，他们都是豪放派的作家。林语堂这个传记我也看过，所以这个学习读书方法概括为饮水思源法，去挖，挖到深处。

2023年是改革开放45周年，经济社会高速发展的情况下成长了一批企业家，我关注到青年企业家的阅读特点：一、作为社会财富生产的组织者，很多年轻的企业家有一个共同特点，他们特别爱学习，特别注重精神世界的塑造。二、企业家群体是一个创新的主体，或者叫创新的主力军，他们创新的来源是什么？一个非常重要的来源就是阅读。三、企业家群体特别容易从读者转化成作者。我出版服务的对象有很大一部分是企业家，这些企业家大部分既是作者又是朋友。我在接触的过程中，为了加快企业家由读者向作家的转化，我经常讲：不想写书的老板不是好老板。我们编辑是有近水楼台的便利条件的，有时候要学会引导。很多青年企业家一开始不知道怎么写书，写出第一本书后，就一发不可收。我有一个青年企业家朋友到现在写了五本书。所以这样一个大的背景之下，在远集坊高峰论坛这个会议上，我愿意跟大家分享，我们要关注企业家，特别是青年企业家的阅读，促进他们由读者向作者转化，谢谢大家！

远集坊第十一讲嘉宾合影

第十二讲

国粹魅力何处寻

主讲嘉宾

张建国

主持嘉宾

阎晓宏

特邀嘉宾

吕昆山　王瀛政　李　斌　李　杨　邱小波
周长源　裘　识　王　茜

国粹魅力何处寻

张建国 （著名京剧表演艺术家，中国京剧艺术基金会理事长，国家京剧院一级演员）

今天雨过天晴，大家聚集在远集坊，非常高兴能和大家共同寻访京剧的形成和发展历程，以及京剧当中的一些讲究。今天的讲座应该说是一个初级阶段，因为我们想留下更多的机会，把京剧作为系列在远集坊推出来，使更多的人不但了解京剧，还能了解到京剧的内容，不但了解京剧的内容，还能了解京剧的表演是如何体现内容的。我想这样会更加深刻。

今天第一讲先谈谈京剧，谈京剧之前首先要讲一下中国戏曲。

中国戏曲与古希腊戏剧、印度梵剧并称为世界三大古典戏剧，而且它是唯一一个活态传承的，现在仍然在中国戏曲舞台上活跃着的，为人民传播着文化的戏剧。前面说的古希腊的戏剧以及印度的梵剧，它们已经演变成其他艺术形式，甚至已经走进了博物馆，不能够在舞台上表演。

中国戏曲大致形成于宋金时期，由古人在祭祀、婚丧嫁娶等各种典礼上的歌舞、说故事等的形式演变成中国戏曲，可谓源远流长。文化和旅游部2017年普查显示，全国现存剧种有348个，在上一次普查的时候，中国戏曲剧种有370多个，随着社会的不断演变，戏曲也在衰落。衰落过程当中还有新的剧种诞生。中国剧种现在348个，除了京剧，比如我们的昆曲、豫剧、越剧、川剧、晋剧、汉剧、藏戏、河北梆子等，按每天看一个剧种来说，要有一年的时间才能把中国的戏曲剧种看完。

在中华民族五千多年历史发展的进程中，戏曲不仅仅是一种表演形式，更是一种文化载体。我出生在河北晋州，生在农村，长在农村，村里很多老人都没有文化，连自己名字都不会写，但是他能讲很多的历史故事，这些历史故事从哪儿来的？他们是听戏、看戏，从各种剧中获得的，所以中华戏曲是我们传播中国文化的一个大平台。它不但讲中国故事，还讲仁义礼智信，教授中国人怎么为人处世。它更是一种文化的载体，全方位展示了中国文化，表现了中国历史，是中国历史的百科全书。

清乾隆五十五年也就是1790年，乾隆皇帝八十大寿，徽班三庆班进京祝寿，和随后陆续进京的四喜、春台、和春并称为“四大徽班”，也就是过去经常说的“徽班进京”。后来一些汉调艺人进入徽班，经过徽汉合流，借鉴吸收了秦腔、昆曲、京调等，融会贯通，大约在19世纪40年代的北京逐渐形成了京剧。所以京剧并不是北京的地方戏，而是集我国众多戏曲的精华，在北京和其他地方戏、文化相融合，形成于北京，最初的时候叫京戏。

最初叫京剧是在上海《申报》刊登的一篇题为《图绘伶伦》的文章中，后来就统称为京剧。随着时代发展，京剧的名称也随着城市的变迁而变化，北平时叫平戏，1942年初在延安成立了京剧院叫延安平剧院，不是现在我们所说的唐山的那个评剧，是北平的平，平剧，北平后来又恢复为北京，平剧自然改为京剧。

历史上京剧还曾有乱弹、皮黄、京戏、平剧等称谓。京剧作为中国戏曲中影响最广、观众最多、艺术成就最高、最具代表性的剧种，被世人称为“国粹”。大家都知道我们的党和政府，对文艺事业，特别是对我们传统文化、京剧文化的发展非常重视。2014年习近平总书记召开了文艺座谈会，为文艺发展指明了方向。

2010年11月16日，联合国教科文组织将京剧列入了人类非物质文化遗产代表作名录，把京剧艺术列为全人类共同的宝贵财富，这也是世界对中国京剧的崇高定位。

纵观中国文学艺术的发展史，每个时代都有其代表性、标志性的文学形式，如楚辞、汉赋、唐诗、宋词、元曲、明清小说等，实际上从19世纪末以来，京剧就以其独特的艺术魅力成为名副其实的国粹。

京剧之所以成为我们几百种戏曲当中的代表，不是因为它形成于北京，是它能够更加包容，更加与时俱进，它的行当最齐全。拿我们地方戏来说，比如说黄梅戏，说起来大家都知道，树上的鸟儿，唱起来朗朗上口，但是从行当这个分支来看，黄梅戏是有缺陷的，它行当不全。比如说它老生和小生不分，它老生也是小生，小生也是老生，就是用一个声音的发音部位来演唱黄梅戏。花脸也没有独立的专门的学问。京剧则不然，京剧有生旦净丑，过去还有“末”，现在分到老生和老旦行当当中去了。从这个方面来看，京剧吸收了各个地方戏的精华，任何一个地方戏都不能和京剧来比拟。

行当的划分有助于开门见山、单刀直入地表现特定人物的性格特征，帮助观众认识人物的本质。京剧和电影电视剧不同，京剧上来就要把饰演的人物用脸谱和行当分清楚。电影不一样，比如说看一个悬疑电影，到最后才能看出谁是好人，谁是坏人。京剧一开始开门见山，我是什么，用行当就带出来了，所以说是单刀直入。行当是戏曲演员的专业分工，演员专门从事某个行当，通过对某类人物形象的钻研、创造，促进专业技巧的提高。我们讲这四个行当，攻哪个行当就要从小按这个行当来练功，这个行当一攻就是一生，比如说我是唱老生的，分了行当之后，你就按老生来练功，老生里面有很多分支，生旦净丑四大行当下面又有很多分支，下面一点点地讲给大家。

第一个行当是生行，指戏曲剧目中的男性形象，多以面部化妆为俊扮为其特点，根据其年龄、身份的不同可以分为老生、小生、武生、娃娃生等不同的种类。

我重点说说老生，因为我是唱老生的，我们今后还要继续展开关于戏曲的讲座。老生指生行中的中年或老年形象，以戴胡须（即髯口）为其特点。如《空城计》中的诸葛亮、《赵氏孤儿》中的程婴以及我本人新排演的《大漠苏武》等，根据不同年龄戴不同颜色的髯口。老生分为唱功老生、做功老生、武老生。唱功老生最初叫安工老生，就是以唱为主的，大家看过《四郎探母》，里面的杨四郎是唱功老生，就是安工老生。唱功老生，以唱为主，嗓子要好，要有足够的气力，连续唱三四个小时不能中断，嗓子不能败，这是唱功老生最基本的要求。

除了老生之外，还有小生、武生。

小生指生行中的年轻人形象，如《群英会》中的周瑜、《小宴》中的吕布等，根据不同的表演特点，可分为文小生、武小生，文小生中又可分为扇子生、翎子生、穷生等类别。

武生则指生行中身具武艺的男性形象，分为长靠武生和短打武生，如《长坂坡》中的赵云、《武松打虎》里的武松等，赵云属于长靠，武松属于短打。前者扎大靠，重功架；后者穿紧身衣服，重翻打。

第二个行当是旦行，指戏曲中的女性形象，可分为青衣、花旦、武旦、刀马旦、老旦等类别。

青衣多表现端庄稳重的中青年妇女，以唱功见长，如《贵妃醉酒》里的杨玉环、《西厢记》里的崔莺莺等，是讲大家闺秀的。

除了青衣之外，还有花旦、武旦、刀马旦等。花旦多表现那些年轻、活泼、俏丽的小家碧玉或小丫鬟之类，以做功和念白见长。比如《拾玉镯》里的孙玉姣、《西厢记》中的红娘等。

武旦表现那些勇武的女性，如武将和江湖人物中的女侠，多穿紧身衣服，表演上重翻打。如《扈家庄》里的扈三娘、《十字坡》当中的孙二娘等。

刀马旦则表现那些女将或女元帅，一般要扎大靠，表演上重靠把功架。如《杨门女将》中的穆桂英、《战金山》中的梁红玉等。

老旦表现那些老年女性，用本嗓唱，大嗓，不是小嗓，青衣就是小嗓，老旦就是本来的嗓，就用大嗓，和老生唱的声音是一样的。老旦表现老年妇女用本嗓唱，多重唱功。比如说《杨门女将》中的佘太君、《岳母刺字》中的岳母等。

京剧的每个行当中都有流派，我们今天就不再展开讲了，比如说“四大名旦”梅兰芳、尚小云、程砚秋、荀慧生，后又分出梅派、尚派、程派、荀派。荀慧生先生既能演青衣，又能演闺门旦，还能演花旦，戏路之宽，创作的剧目特别多。梅先生多以青衣为主，他以端庄、稳重、秀丽、大方著称。尚小云以冲、脆、亮这种特色为主。程派则以婉转、细腻为特点，多表现那些贫穷的、受压迫的女性。

下面我们讲第三个行当是净行，我们通常讲净行叫花脸，实际上净则不净，脸上是花的，不是干净的，它有一不说一，要从其他的地方来点到。这是中华文化的含蓄之美，它总要给人留下思索的空间。

净行指那些面部勾画脸谱的男性形象，又叫花脸，分为文净、武净，细分又有铜锤花脸、架子花脸、武花脸等。《大保国·探皇陵·二进宫》当中，徐彦昭手拿铜锤，因此而得名叫铜锤花脸，裘盛戎唱的《铡美案》中的包公，民间称之为黑头，实际上也是铜锤花脸的一种表现。

铜锤花脸也称“大面”“正净”或“黑头”，所表现的人物多为举止稳重者，偏重唱功，因京剧《二进宫》中的徐彦昭抱着铜锤而得名，后泛称偏重唱功的花脸角色。

裘盛戎创立的裘派艺术，有“十净九裘”之说，就是10个唱花脸里的有9个都是裘派的弟子，在他之前是金少山，这是最著名的金派、裘派，还有其他流派，将来我们有机会再往下讲流派的分支。裘盛戎为什么称之为裘派？他说自己的天赋不够好，不像金少山先生张嘴就有黄钟大吕之声，他需要方法，他在克服缺点的过程中形成了特点，这些特点又形成了他的艺术特色，人们便称之为裘派。但是在裘先生看来，他并不认为这种艺术特色是他的长处，而是他的缺点和先天不足所形成的。

除了铜锤花脸，还有架子花脸、武花脸等。架子花脸也称“二面”“二花脸”“副净”，以功架、念白、表演为主，多表现性格豪爽者，如李逵、张飞一类的角色。张飞属于架子花脸，李逵是梁山好汉，也是架子花脸。

武花脸多表现身具武艺者，以武打翻跌见长。如《定军山》中的夏侯渊、《竹林计》里的余洪等，这些花脸基本上只有一两句唱词，以翻、打、摔等高难技巧为主。

第四个行当是丑行，指那些滑稽幽默或相貌丑陋的人物，有男性，也有女性。

男性多在鼻眼间勾画一个豆腐块状脸谱，勾一块白，里面有一些代表人物的图案，比如说昆剧《十五贯》中的娄阿鼠，就在鼻眼间画一个老鼠，故又称“小花脸”。小花脸有文丑、武丑之分。

文丑，指那些不具武艺的滑稽人物，脸谱勾豆腐块，又根据其身份、地位、年龄等区分为方巾丑、褶子丑、袍带丑、老丑、彩旦等。比如《群英会》里的蒋干、《女起解》里的崇公道，这两个人物是不同的分类，《群英会》里蒋干是个文人，是方巾丑，崇公道算是老丑了。

京剧的基本功是“四功五法”，四功是唱、念、做、打，五法是手、眼、身、法、步。京剧演员选人之难，个高不行，个矮又不成，五音不全不行，没有节奏感、演唱当中没有板也不行，所以有了手、眼、身、法、步，这就是选择演员的具体要求。

手，演员要练出每个行当不同的手形，比如说老生，叫瓦面手，老生形象以含蓄为主，从手形上就要体现出来，我们现在有很多青年演员不太注重手形，其实手是排在第一位的。往往演员出来观众未必先看见你的脸，可能先看见你的手，懂行的就能看出是什么行当。手讲究不讲究，一出来就知道演员的基本水平，老生讲究瓦面手，青衣讲究兰花手，花脸讲究扇子面手，所以每个行当要把手形先要练到。

眼，眼睛要明亮，我们讲究喜怒哀乐忧思悲恐惊，都要在眼睛上体现出来。老生，眉头一皱，再转眼，就是在琢磨事情，所以，演员要练出所攻行当的眼神特点，上台后，观众才能看得明白。

身，就是个头，上下身合不合，上下身好看不好看，但这个要求和舞蹈不一样，舞蹈演员要求胳膊长、腿长，我们戏剧演员讲五短身材，长胳膊长腿的不能招，上下身要合，逢左先右，逢右先左。讲身就想到“擞”的问题，京剧演员的“擞”无处不在，好比我们写字一样，字好看也是因为擞，京剧唱得好听也是因为擞，你的身段漂亮，眼睛漂亮，也是因为擞，这个擞不是你傻瞪眼，不是你在动作上傻使劲，而是一种自然的流露，自然流露出来的擞，我们讲逢左先右，逢右先左，往右转身，不能直接就转，一定要先动左面，才能往右转身，这是京剧的味道，这就是擞。

法，京剧讲法的人很多，我对这个法的理解和其他老师不太相通，三年疫情防控期间我读了老子的《道德经》，读了六七遍，认真研究，我觉得这个法和《道德经》上讲的法天圆地方分不开，讲法是自然的。《道德经》第25章说“人法地，地法天，天法道，道法自然”。这个“自然”就是本来的模样。比如说马连良天生就是老生的脸，老生一定得是长脸，瘦长脸才漂亮；花脸就得是大脸庞，虎头虎脑。招演员时这个法度就是法相，法相就是扮相，先接近。我一开始学小生，我说我不喜欢，我得学老生，我就唱老生，其实我唱老生不够格的，我的脸短，经过这些年的练习，脸也长长了一点。唱老生扮相是第一的，所以叫法相。梅兰芳扮相素颜都好看，所以他成为四大名旦之首。

步，讲的是腿，你的腿长得特别匀称，才能把腿练出来，练出来才能走脚步，老生什么脚步，小生什么脚步，花脸什么脚步，每个行当都不一样。而且还要讲究人物，平民百姓怎么走，宰相、皇帝、官吏怎么走，它是不同的，阶级不同，走路也不同，年轻人走路是脚带着身子走，老人是头带着脚走。衰派老生就是头在前面，脚在后，年轻小生就是脚迈步，身子在后面。这就是京剧舞台上所体现的手、眼、身、法、步。

四功，就是成为京剧演员最基本的四功，唱念做打，现在还有一个舞，实际上舞在打里已经包括了。

京剧演员唱是重要的，但又不是最重要的。念白，以前不像现在有字幕，还有麦克风，观众听得清楚。念白不清楚，观众不知道戏的意思。所以念白讲究“千斤话白四两唱”，这就是告诉观众，念白是多么重要。老师在教戏时也告诉学生，你的念白比你的唱还重要。我们老师讲：你的唱、你的念要达到最高境界，唱要像说话一样自如，念白要像唱一样优美。这就是我们演员的追求。当然唱还是主要的，有一些票友能念白，但是有几个票友能唱？所以唱是最能拉动和牵动人心的，最能让人喜欢的，但是念白也非常重要，是一个演员最基本的基本功。

做就是表演，面部表演，刚才我讲了喜怒哀乐忧思悲恐惊，惊一定是有什么往上提。这是做的一些基本的身段和面部表情。演员还要揣摩戏里的人物特征，才能把戏演好，不单单要有功夫，还要有人物的印记。

打，京剧的武打是约定俗成的，把传统武术中打的方面吸收借鉴过来，搁在京剧舞台上，我们有马上的打、马下的打，有棍棒的打，有刀与枪的打，有刀与刀的打，有空手的打，但不能让观众看出来是约定俗成的，要打出真实的感觉才好。

在声腔艺术上，京剧以板腔体“西皮”“二黄”两种基本声腔为主，兼有高拨子、南梆子、四平调等。所以我们经常把京剧称为“皮黄”。每种声腔又有不同的板式，如原板、慢板、流水、二六、摇板、散板等。

裘识唱的是西皮唱腔，西皮唱腔音域较为宽广，节奏极富变化，曲调相对活泼明快，比较适于表现高亢激昂、明朗欢快的情绪。二黄节奏较为平稳、舒展，曲调委婉流畅，比较适于表现深沉凝重、悲郁哀怨的情绪。当然，这也是相对而言，不是绝对的，比如说京剧反二黄《碰碑》当中“叹杨家秉忠心大宋扶保”唱段，既是在叙事，表达悲情，又用高腔唱出了对奸臣的痛恨，高亢悲凉。

西皮，比如说我唱的《哭灵牌》，它是“反西皮”，也是以抒情为主，所以说这种不是绝对的，两种唱腔都能在特定情形下发挥出同样的功效。西皮唱腔也不都是欢快活泼的情绪，二黄也有表现高兴愉悦情绪的时候。

京剧是一门综合性的艺术，综合性、虚拟性、程式性是它的三大审美特征。其实现在有很多戏不好看了，也是因为把程式程式化了，我们一些武打是约定俗成的程式，但是不能将其程式化，比如说老生出场，我们就拿《四郎探母》来说，出场一定是有一套程式的，换另外一个流派演也得按照这套程式来演，小挪，冒头，出场，出来之后先得正冠，正冠不能真正，真正就掉了，就象征性地正冠，两手伸出来比画一个正冠的动作，观众就知道是正冠了。捋髯，也不能真捋，就是象征性的，然后抖袖，不是程式化的抖，这一抖是情绪，今天不高兴，想老娘了。杨四郎出场后，情绪很烦闷，一边往前走，一边告诉观众，我现在的情绪是怎样的，所以京剧和电视剧、电影是不同的，京剧上来就告诉你了，我杨四郎想老娘了，不是上来弄半天，观众看完了以后还琢磨，这个电影谁是坏人，怎么破案，琢磨好长时间，京剧不是这样的。杨四郎一上来，情绪非常忧郁，“失落番邦十五年，雁过衡阳各一天，高堂老母难得见，怎不叫人泪涟涟？”这四句定场诗，就把杨四郎整个的情绪以及状态告诉观众了：我现在就想回去，听说我老娘来了，我要回去。同样的引子发生在不同人物、不同情节当中，表现出来的状态是不一样的。比如说其他人上来也是这句，丞相到这个岁数了，众星捧月一样，上来非常高兴。同样是这个程式，搁到不同人身上就不一样。引子不一样，词唱出来的感觉也不一样，听着就是透亮、欢快。这个程式对不同人物的塑造，通过情绪渲染、念白语气就传递给观众了。

要根据人物和故事来运用程式，要把程式用活，用到人物的关键处，这才是好演员，不是有嗓子就能成为好演员，但是没有嗓子绝对成不了好演员。

今天讲的是京剧当中的一小部分，以后我们再继续深入谈论京剧的程式、流派，以及京剧的师承和发展现状。实际上现在的京剧比过去好看了，它增加了很多可看性，比如说舞美、音乐的渲染，通过多媒体技术等多方面的运用，使京剧舞台比过去更加色彩斑斓，更加丰富。

京剧作为国粹，在世界文化版图当中高扬起了我们中国文化艺术的

远集坊第十二讲嘉宾合影

一面旗帜。同时，在两百年的发展历程当中，京剧随着时代的发展变迁而丰富，表现方式也不断地拓展。京剧经过几代人的不懈努力，以“善于继承，精于借鉴，勇于创新，与时俱进”的精神，不断完善、发展，形成了具有“中国气派”的表演体系，是名副其实的“中国创造”。

中国京剧是民族的，民族的也是世界的，所以说我们为之自豪，也为之骄傲，而且我们作为京剧人，如何传承，如何守正创新，也是摆在我们面前的重要课题，希望大家集思广益，多给京剧人提意见和建议，让这门民族艺术在新时代的发展当中，不被丢下，不被失去。我们期待着全社会的支持，期待着人类文明的共同发展以及京剧艺术的进步。

第十三讲

人工智能生成内容版权问题研讨

主讲嘉宾

甘藏春　　童之磊　　沈　阳　　周　明　　施其明
卢海君　　朱　阁　　刘　朝

主持嘉宾

阎晓宏

特邀嘉宾

谢广才

找寻数字时代法律变革的底层逻辑

甘藏春　（中国法学会原副会长）

今天我主要讲三个问题：

一、应对数字时代法律变革需要找寻底层逻辑。

我们已经进入了数字时代，数字时代给我们的社会关系、生活方式带来的冲击，我们也逐渐地感受到了。今天会议研究的主题就是“人工智能生成内容的版权问题”，这也是一个世界性的问题，美国、日本、欧洲都在做出回应，除了版权问题还有很多问题。我们面对的不是局部性的法律调整，而是一个整体性的法律变革。如何从容应对数字时代对我们法律制度的挑战？我认为应该找寻数字时代法律变革下的底层逻辑，找寻到底层逻辑我们才能从容地应对具体法律制度变革。

二、数字时代的法律变革是人类历史上第二次根本性的变革。

回顾人类法律制度的变革历史，人类第一次根本性的法律变革，应该是在从农耕文明自给自足的小农经济时代转向社会化大生产的市场经济时代的过程中逐渐发生的。

这个变化从14至15世纪开始，这个时期西欧以英国为代表的资本主义萌芽开始发生，市场经济开始成长。在市场经济成长的过程中，首先面对的一个问题是统一市场。欧洲当时尽管有国王，但如马克思讲的，那个时期，王权虚设，小国林立，制约国家发展。要解决市场经济的发展问题，就必须建立统一的民族国家，所以这个时期重点在于现代民族国家的形成。

与民族国家形成的过程相适应，法学理论提出来一个概念，叫主权。主权的概念最早由法国人让·博丹提出，还有胡果·格劳秀斯对此也有所阐述，他们认为一个现代民族国家必须有主权。什么是主权呢？是对内对外的最高统治权，是为了集中国王的权力而形成的一个理论观念。

启蒙时代之后，民族国家已经形成了，高度集中的封建专制也形成了，但这带来一个新问题，就是国王权力的随意，表现在两个方面：一是随意征税，二是随意征兵打仗。在这个基础上，各地的诸侯、贫农、贵族、资本家开始不满。这个时期开始了资产阶级革命，最激烈的是法国，英国是缓慢演化的过程。

这个过程中法学理论又提出来一个概念，叫人权。洛克、卢梭、孟德斯鸠都为人权概念作出过杰出贡献。人权理论是假定人出生之后都是原始的自然人，人生而平等，但是为了让社会有秩序，从自己权利当中让渡一部分组建政府，维护秩序。如果政府权力不受限制，反而有可能剥夺公民权，所以要构建一个约束公共权力的机制，以尊重人权。

按照这个底层逻辑，又对主权理论进行了革新，卢梭提出了人民主权，加上孟德斯鸠提出的分权制衡，完成了从法律原则出发的体制机制的理论设计，所以西方国家在现代进入了一个二元结构法治模式的法律时代。

在普通民事关系上，基于传统罗马法构建的民法体系确立了意思自治原则。这一法律转型实现了国家和社会的分野、公权力和私权利的界分，进而形成了一套保障个人权利、限制公共权力的法律机制。

应该说，到现在为止，几百年风风雨雨，法律制度随着时代的变迁在变化，但是形成于那个时期的市场经济体制下的法律底层逻辑没有变化。

到今天我们进入了数字时代，数字时代法律变革的底层逻辑有哪些？我们现在的认识还是粗浅的，只能在时间和感知当中不断地总结，不断地提炼。我想了一下，主要有这么几个特点：

第一，由传统法治的二元结构转向三维结构，这是一个很大的变化。传统的法律涵盖公权力、私权利，涉及国家、社会层面，是二元结构，通过法律的约束，形成了一套相应的机制。

到了数字时代之后，从公法关系上来看是三维关系，即公共权力、人权、技术权力。从理论上来讲，技术权力应该遵循技术中性原则，但是在实践当中它是变成了一个独立的权力。当技术权力和政府权力相结合，又没有很好规制的话，就会侵犯人权。假如说技术权力和人权完全结合，也可能形成无政府的社会。这个时期的法治任务就是要构建这三者之间的制衡机制。

从司法关系来看，传统民事关系基本上是交易双方之间的关系，遵循平等自愿的原则。在数字时代，出现了新的交易主体，交易关系也发生了变化，原本的交易双方和平台都互相构成关系。中国第一部规范平台交易的法律就是《中华人民共和国电子商务法》，这个立法难度很大，难点就在于如何找寻立法空间。正因如此，整个社会的法律结构也随之发生了变化。

第二，法律关系、法律行为也发生了变化。在数字时代，人们通过对数据信息的分享和控制来组织生产生活，配置资源，创造价值，塑造社会秩序，进而形成了一个有虚有实、虚实同构的数字社会关系。这种社会关系不仅包括交易关系，还涉及生活的方方面面，以及政府管理的方方面面。所以这样一种数字的社会关系，已然成为我们法治建设所面临的一个新挑战。

第三，形成了一些新的法律基础概念。一是法律主体，传统法律主体主要是自然人和法人，法人就不说了，自然人是生物体；在数字时代，人除了自然人的属性以外，还有数字人的属性。数字人是具有和生物属性相区别的身份属性，呈现出生物和数字的双重身份特征。在人机交互的过程中，二者之间存在权利和义务的关系。同一个生物人可能有多重的数字身份，进而产生不同的社会关系。生物人和数字人之间又有一个相互制约的权利义务关系。现在各国都在呼吁放缓人工智能的研发进度，主要就是担心人类控制不了人工智能，让它变成比核武器还厉害的东西来危害人类。因此，构建这样一个生物人和数字人之间的权利义务关系，是我们现在面临的难题。二是数据权利，有人认为它属于物权的一种，有人认为它不是一般意义上的物权，而是一种财产权，还有人认为它不是财产权而是由政府配置的，关于这个话题人们还在深刻讨论着。数据权利是客观存在的，对它怎么归类，怎么运用，恐怕要在应用实践中不断总结提炼。数据权利应该是一个“权利树”，它会根据数据开发利用的情况衍生出若干分支权利，在这些分支权利下再构建各种法律关系。三是数字主权，刚才讲了，传统主权概念是局限于物理空间，数字主权和物理空间之间存在什么关系，将成为国际法领域的重大问题。

所以在新的环境下，我们除了要研究传统的法律制度之外，还要研究规制，以及多项交互、功能互换等问题。到今天为止，人类再也找不到纯粹的物理时空和生物行为，所有人都既处于物理空间，又涉及数字空间；既是生物学意义上的人、法律学意义上的人，又拥有数字身份。这就形成了数字化元素、数字化场景和数字化表达，它们成为未来社会的基本色调。

在这种情况下，整个法律的底层逻辑已经发生变化了。我们需要应对的是底层基础逻辑，构建一套法理的哲学，推导制定出法律规则，来从容应对。

三、坚持法治的基本基石。

面对汹涌而来的数字化浪潮及其对法律底层逻辑的冲击和挑战，我认为，在当今中国，这对我们的法治来说既是挑战又是机遇。说挑战，主要表现在和西方国家相比，西方国家的法治发展道路经过资产阶级革命，有着自然的成长过程，已经完成了法治的建构任务。而我国在新中国成立以后经历了很多挫折，直至党的十一届三中全会以后才恢复法治建设，从加强法治到逐步迈向全面依法治国，我们已经初步形成了中国特色社会主义法律体系。但是法治体系建设任务还很重，所以，党的十八大提出全面依法治国。一方面，传统的法治建构任务还要继续完成；另一方面，又遭遇了数字化的挑战。加速时空下的双重挑战，成为当代法治面临的难题。

这个过程当中也蕴含着机遇。数字法治不是传统意义的部门法，也不是一般意义上的领域法，它带来的是整个法律制度的变革。中国处在数字变革的第一方阵，数字技术的应用场景比任何国家要宽阔、快捷，这使我们可以从容地总结应对数字法治的一些问题，进而引领中国法律制度变革，实现弯道超车。

在这个过程中，我们要十分注重法治的基本精神。一个是公平正义的价值，在数字时代，公平正义被赋予了新的含义。比如说数字弱势群体的保护，很多老同志在乘车、买东西、到银行办理业务时不会用手机，怎么解决？特别在市场竞争方面，在传统工业社会中，滥用市场支配地位的行为有明确界定，在数字时代的平台经济环境下，出现了赢者通吃的现象，怎么样界定垄断和不正当竞争呢？适应数字社会的要求，制定新的标准，也是我们面临的重要任务。同时在数字时代还面对数字鸿沟等问题，也需要我们秉持公平正义的原则，实现各方利益的平衡，这恐怕是当今十分重要的问题，包括在版权保护领域、知识产权领域，以及反垄断领域都要将利益平衡置于首位。第二就是人权保护，在数字时代，人已经变成了“透明人”，人权保护究竟要怎么办？尤其是隐私权的保护，需要新的方式、新的规制来保障，这些问题都是需要我们认真研究的。

总而言之，数字时代给我国法律带来的既是挑战也是机遇，只要我们积极应对，中国是能够把挑战变为机遇的。

迎接AIGC时代
保护数字版权

童之磊 （中文在线董事长兼总裁）

非常高兴在远集坊跟大家讨论最前沿的人工智能生成内容（AIGC）的版权问题。

AI技术的发展为我们的内容产业，尤其是数字内容产业，带来了全新的机遇。比如在AIGC绘画领域，原来做一张海报可能需要花一个月时间，现在AI十几秒就做出来了。前段时间，日本推出了AI动画片。视感科技发布“PopuPiano”，用户在键盘上任意点三个键，系统便以这三个键作为生成歌曲的主要线索，生成一个20到30秒的乐段。腾讯AI Lab发布3D场景自动生成方案，过去“构建”一座大规模城市需要多名美术师以年为单位的时间才能完成，而结合AI技术只需数周，生成单个建筑仅需17.5分钟。可见AIGC给内容产业带来了全新的机遇。

AI有三个关键要素：算力、算法和数据，其中，数据的来源主要是内容产业，所以这给内容产业带来了全新机遇，因为高质量的数据是AI模型的底层技术。

关于高质量的数据，有人觉得数据越多越好，但是我们可以看一下GPT-3，它的数据量并不是想象中的天文数字，最重要的是它有大量高质量的数据，比如说图书数据、维基百科数据、期刊数据等，这是高质量的数据。所以，目前必须从追求数据量转变为注重高质量数据，这是至关重要的。

同时，我们也可以看到AIGC也会产生大量新的内容产品，第一个就是ChatGPT，ChatGPT被称为人类历史上用户数最快过亿的产品，超过了之前所有互联网产品。在AIGC中，ChatGPT体现为一种百问百答的新型内容产品，之前说“知之为知之，不知为不知”，未来就可以说“知之为知之，不知AI知”。这只是其中一个产品，我们还看到越来越多的全新内容产品不断涌现。举个例子，英伟达有一个软件，输入词语以后就可以生成一个视频产品，越来越多的新型内容产品正在不断诞生。AIGC在内容生态领域将持续落地，可应用于文字、图像、音乐、视频、3D建模、建筑等多个领域，在办公、传媒、艺术等场景中担任辅助者甚至是创作者的角色。

从产业化进程来看，AIGC在文本和代码领域发展较快，如今已具备长文本写作和基础软件开发能力；在艺术创作领域，AIGC仍在初级探索阶段，创作能力仍有较大提升空间；在视频领域，还有巨大的空间。红杉资本做了一个预测，预期在未来短短的7到8年内，我们可以看到AIGC在内容领域更多场景的落地和创新。

AIGC的发展给我们的未来带来了全新挑战和问题。比如模型很难保证答案的准确性。昨天我问了ChatGPT一个问题：《三体》作者刘慈欣是哪个省的？它回答说是黑龙江省，出生于哈尔滨市。其实刘慈欣是山西阳泉人。这是人工智能为人诟病之处，一本正经地胡说八道，如果信了它，就会被误导。

AIGC还有其他非常严重的问题，比如AIGC对数据的违法使用和滥用。2023年1月份，美国的三名漫画艺术家就状告三家公司，指控他们的AI产品在未经原创作者同意的情况下使用他们的图片，侵犯了数百万艺术家的权利。

另外就是2023年1月份盖蒂图片社（Getty Images）以侵犯版权和商标保护权为由，在伦敦高等法院起诉了Stability AI。盖蒂图片社认为，Stability AI非法复制和处理了数百万受版权保护的图像，以此训练旗下的Stable Diffusion。这是首例AIGC的侵权案件，引起了国际国内版权界的广泛关注。

目前，全世界在法律领域，尤其是在版权领域开始积极研究立法情况。这是当前全世界最关注的前沿问题之一。我们可以看到欧盟已经在行动了，2023年公布了一项新的法律提案，就是《人工智能法案》，这项法案预计在2024年正式生效。其中特别重要的一点是：在使用受版权法保护的数据进行训练时，需要进行公开披露。可以使用这些数据，但是必须说明数据来源，而不能使用了别人的成果，还不告知，也不让别人有署名权。

我们特别高兴看到中国现在也在积极行动，国内首个AIGC管理办法开始征求意见，《生成式人工智能服务管理办法（征求意见稿）》的第七条特别强调：提供者应当对生成式人工智能产品的预训练数据、优化训练数据来源的合法性负责。用于生成式人工智能产品的预训练、优化训练数据，应满足以下要求：（一）符合《中华人民共和国网络安全法》等法律法规的要求；（二）不含有侵犯知识产权的内容。这个征求意见稿非常值得关注，它将会影响到整个AIGC的发展。希望大家予以重视。

AI给整个内容产业带来了全新机遇，也带来了挑战。中文在线做了积极尝试和探索，我们正在努力构建数字内容版权保护体系，主要在推进三方面工作：一是提供高质量的数据，二是强化版权服务，三是构建版权联盟。

中文在线致力于提供高质量的数字内容。为什么ChatGPT会回答错误？因为它没有高质量的数据，根源在于数据来源或者训练数据有问题，因此，我们认为：

一、应该在这个领域推动应用高质量的内容数据。中文在线成立于2000年，历经23年的积累，拥有了海量高质量数据，有超过550万部文学作品，超过4万条视频内容，210万集音频内容，数据总量超过了55TB。

昨天我特意问了一下GPT-4，这个问题只能问GPT-4：你用了多少数据进行训练？目前OpenAI并未公开GPT-4的训练数据量，但是GPT-3.5的训练数据已经公开了，是45TB。也就是说中文在线一家的数据规模就超过了GPT-3.5或者ChatGPT的训练数据规模，而且我们的数据都是高质量的。中文在线可以为这个行业的AI训练提供高质量的数据，以保证模型未来生成式内容的准确性。

二、通过技术创新赋能数字版权保护工作。我们自主开发的区块链创新战略已经发布，已以人工智能为基础打造一站式版权检测和维权平台，可以实现自动取证、AI调解等功能。中文在线以大数据为基础，构建了版权价值评估体系。既然问题是以技术为因，就应该以技术去应对，这样才可以解决AI时代产生的新版权挑战。

2005年至今，中文在线主导内外部维权案件超万件，涉案著作权作品10万余部，累计获赔金额数亿元，为数千权利人提供知识产权服务。今天这个反盗版联盟构建了强大的体系，有超过100家律师事务所，拥有百余人的专业团队，有强大的技术支持，更重要的是，近20年来我们在知识产权保护方面持续不断地努力，构建了强大的知识产权保护体系。当然我们所做的工作还只是一小部分，还需要团结很多前沿技术公司、内容产业从业者，以及法律界和版权界的同人。我们倡议各方携手保护数字版权，开启AIGC版权保护的新格局。

其中包括进一步完善数据相关立法，推动在现有法律框架和新的司法保护框架下合理使用数据，也倡议使用高质量的数据，确保模型质量，今天的倡议只是一个开端，未来一定是AIGC的时代，让我们共同迎接这个时代，共建版权保护的新生态！

AIGC发展研究1.0版

沈阳 （清华大学新闻与传播学院教授、元宇宙文化实验室主任）

清华大学建了一个元宇宙文化实验室，整合校内14个单位一起推动人工智能领域的研究，欢迎大家到我们实验室参观。

我今天讲的有几个点：ChatGPT在训练过程中使用了大量的数据和文本，这是跟以前不太一样的。在ChatGPT之前，大家不会把全世界的数据整到一起来，花几千万美元进行运算，然后来推理、回答问题。ChatGPT把这条路走通了，大家知道了现在花一定代价可以做这件事。

人工智能未来的趋势是什么？一、多模态发展。从单纯的文本走向多模态，多模态再往后就是元宇宙。多模态包括语音、视频、空间信息等，再往后就是嗅觉、触觉数据等。我刚才一直在思考，元宇宙大模型的版权问题究竟该怎么解决？我提供一套可以形成一系列嗅觉体验的方案，这个方案是否也在版权保护的范畴内？从多模态到未来元宇宙大模型，这是一个趋势。二、知识表示和推理。从目前来看，GPT-4有一定的知识推理能力，但还不算强。最近有人让它做不同学科的卷子，发现它物理学卷子做得不太好，但是法学、经济学科目的卷子做得不错。还有一个就是通用人工智能能否达到人类水平的自然语言理解问题，AI最终会不会觉醒，或者叫人工智慧，我们现在还不知道，这需要时间来解决。

从模型不可解释性到涌现现象，再到AI觉醒，这是三个阶段。我们现在没有办法细致追踪每条回答是怎么形成的。比如说童总说到的刘慈欣的例子，人工智能是怎么犯的错？不一定能够还原出来，这就是模型的不可解释性，正是因为这种不可解释性催生了涌现现象。

所谓涌现，具有不可预测性，就是事先没有设定某种能力，但是随着训练数据的数量达到某一临界点时，系统突然就具备了这种能力，这是让我们特别开心的。但这引发了一个哲学思考，就是AIGC的思考过程不是100%确定的，有可能这次问它一个问题，过会儿再问它同一个问题，它的回答是不一样的。我们今天谈到的所有思维都是确定性思维，特别是法律，要求100%确定，一般来说不会出现歧义。可能人工智能在某些情景下是确定性思维，某些情景下是不确定性思维，这是需要我们思考的。

Meta推出了一个跨模态大模型：ImageBind大模型，这个大模型我们最近准备用到机器人上，因为机器人需要有空间的信息、感知的信息。两个趋势，一是模型越来越大，越来越聪明，另外一个趋势就是越来越自由。我们做了一个新的模型，近期会做一些内测。

有几点思考：

一、在数据的预训练阶段，有大数据的概念，有小数据的概念，有高质量数据的概念，以及高价值数据的概念。这些概念决定了在这个阶段必须有一个比较严格的版权保护措施。比如说中关村论坛做了钱学森老先生的数字人，马上就有人问：钱老的这些肖像权、数据到底有没有得到授权？后来我解释，钱永刚先生在现场，应该是得到了家属的授权。所以在预训练阶段就涉及很多版权保护问题。

二、提示阶段。我们跟AI交流，一般是提问题，这个提问是很有技巧的。像我自己的话，我跟AI聊天，喜欢让它生成一段文言文，我已经让它生成很多篇文言文，它的水准还是不错的。这些生成的内容需要有提示词来引导，这个提示词的版权怎么进行保护？这个也很重要。未来，这将成为一个非常大的需要保护的领域，至少需要部分保护的领域。

三、生成内容方面。国内的发展方向就是跟各个细分领域结合，比如说工作当中，政府公文的版权问题，工作GPT，其实大家很关注这个，好多领导到我们实验室参观后就想，我还需要秘书吗？如果有三个秘书，肯定可以裁掉一个。工作GPT中高质量权威数据的版权问题，这个怎么解决？

还有自动干活，AIGC不仅仅可以生成内容，还可以帮你干活，所以不仅仅是内容的数据保护，还有行为数据的保护，这个也是值得我们去关注的。包括代码、工业设计等，我最近喜欢用GPT进行工业设计，我思考过在家里面能不能设计毫米级的机器人或者纳米级的机器人，得出的结论是在家里面做一个厘米级的机器人是有可能的，但做毫米至纳米级是不可行的。所以我们刚才谈到的设计领域，也有大量需要保护的内容。

这是未来的虚实世界与数智人。比如说百度要把所有内容重新打造一遍，核心逻辑会是什么呢？充分利用大数据，借助人工智能作为工具，最终以虚拟人或者机器人生态作为交互界面，这是我们近期的判断。

在这个过程当中，我们看到有人用GPT-4写小说，半个小时就写了1.4万字，然后投稿到中文在线，GPT在这个过程中发挥了很大的作用。

到底能不能把AI视作人？我们对AI的角色做过分析，一开始我们只是把它当实习生，当一个可信不可信的助手，下一步如果GPT提升到5.0或者有其他技术的升级，慢慢会把它当成同事，你觉得可以把工作交给它了，随着它可信度的提高，能承担的工作量也在增加，角色也在变化。当你发现某件事情它做得比你强，它就可以当老师了，如果你发现它做任何事情都做得很好，它就如神一般了，可能在10到20年内会完成这样的转变。

我们对待AI的态度实际上可以划定一些阶段，它达到什么阶段就用相应的方式对待它。不同的能力和可信度决定了我们对它的态度。生成阶段、交互阶段、进化阶段，我们都可以用AIGC来强化。

我们也对AIGC做了一些评测，大部分情况下GPT-4可以获得80分左右。我们还对一些模型进行了分析，并且正在做更加深入的理论研究。在这个过程中我们提出了一个版权概念叫“最小版权识别单元”。我们最近正在启动一个项目，研究如何进行文本保护。随着时间的推移，AIGC用得越来越多的是什么数据？是AIGC自己产生的数据，我们把它叫作AI数据合成与生产（AIGD），这个相当于二次数据，比如说中文在线的高质量数据产生了好的AIGC内容，基于这个内容又产生了新的数据，最近GPT-4正在成为好多模型的母模型，很多模型在训练自己时会从GPT-4获取数据。从一次数据到二次数据的版权保护，一次数据我们应该按照人类标准正常保护，二次数据是不是可以采取轻度保护或者适宜保护？二次数据里面人类的痕迹越来越淡了。为了促进AI技术发展，是否可以在一些版权保护的理念上做一些调整呢？

人工智能的发展还存在很多巨大的风险，包括隐私泄露的风险，另外，AIGC可能被用于制造病毒，因为现在AIGC的操作难度大幅度下降，基因编辑的难度也大幅度下降，在技术扩张的趋势下，怎么强化科技伦理，这个非常重要。另一个风险是AIGC跟核武器结合，它一旦掌控物联网，掌控无人驾驶汽车，那是很可怕的。今天上午我带本科班学生去体验无人驾驶，其间发了几次微信问他们的情况，主要是担心安全问题。AI和硬件结合，这带来的风险很高。

我们今天还是要正向引领整个AI的发展。有一个重要的概念，就是AI的托管。随着AI的能力越来越强，我们会把大量工作交给AI来管理，比如说日程管理，甚至内容创作、社交活动，以及现实生活中的一些职业。最近美国出现了一种新的风潮，人们创业时会把创业计划和实施提交给AI。这种态势下，我们把大量内容交给AI托管，版权部分也会有一部分由它托管，版权托管也是一个有价值的点。

大模型如何促进行业智能化

周明　（澜舟科技创始人兼首席执行官、中国计算机学会第十二届理事会副理事长）

前面几位嘉宾都讲的版权保护问题，对我们从事人工智能或者大模型训练的人来说，是非常好的警示和启发。

假设我们这些数据是合理合规的，一个大模型的训练是怎么落地的?

首先，有两个概念要搞清楚：一、大数据，从互联网或者行业那里获得的合理合规的数据；二、算力，用大规模的算力，最后训练一个大模型，这个大模型的参数有多大？现在都说1750亿。我们做过一些调研，百亿到千亿规模的模型就够了。如果面向消费者，更强调通用人工智能的能力，百亿模型就差一点儿，可能需要千亿甚至更高规模。

AI1.0时代的训练模型特点是每个任务都要单独重构一个模型，一个模型只管一个任务。有了ChatGPT之后，一个模型可以管N个任务，每个任务只需用提示词，告诉它你要干什么，它就能够执行你的任务。如果还不清楚，还是做不好，再给它一些例子，引导它一点一点地做好。这是现在大数据、大模型所产生的一些威力。

出现了这种大数据、大模型之后，还有两件事特别重要：一、大模型，尤其是ChatGPT以来的大模型，融合了语言理论和多轮对话技术，进入实用阶段；二、有效解决了碎片化开发问题，大幅度提高了开发效率。

落地一个大模型，不是一件简单的事。我们拿ChatGPT举例，你问它一些浅显的问题，它能给你一定的回答；可是你要让它回答一些特别专业化的问题，它给你的都是比较简单的回答，不解渴。所以大模型落地要经过几个层次，我最近想了三层体系，最底层就是用通用大数据训练的通用大模型，这个相当于人类高中毕业之前的水平，它具备人类常识，拥有语言理解、简单推理能力，但是问它特别专业的问题，它朦朦胧胧可以给你说两句，都不太具体。你就得走到第二层模型，就是行业大模型，这个就相当于读了一个专业，比如说计算机专业，它就把计算机专业知识输入进去，回答计算机专业问题的能力大幅度提升。有了计算机专业能力之后，到了不同的场景，不同公司有不同的要求，还得再培养刚刚毕业的人了解这些规范，这就是第三层，场景模型。从通用大模型到行业大模型，需要加入行业数据，从行业大模型到场景模型，需要把场景的数据融入进去进行调试。在这个架构里，所谓的AI1.0和AI2.0模型可能会同时存在，有的时候你用提示词就能解决一些问题，有些时候还得加上一些数据。在一个企业中可能并行存在着功能模型（AI1.0）和通用模型（AI2.0）的混合。

行业大模型的出现，极大改进了人类的生活和工作方式，这里我就举三个例子：第一就是搜索，过去搜索就是输入一个关键词，系统把企业或者行业中的相关文献列出来，你自己挑，你觉得不过瘾你自己看，提炼出要点，自己写一个报告，现在由于大模型有了强大的语言理解能力和推理能力，能更好支持搜索，你可以用提示词查找数据库，可以得到更好的回复。搜索完了以后它还可以帮助你做摘要，总结关键要点，并将这些总结的结果生成一个文档，就是所谓的搜、研、写三位一体，提高了工作效率。

第二就是客服，各个企业都需要客服，大模型出现之前，企业客服都是以多轮对话为主，实际上是有问题的，在进行多轮对话时，回答下一轮会忘了前几轮的问答内容，可是有了大模型之后，就能够记住前面几轮的问和答，它回答下一轮时会更加精准，我们期待借此构建更加高效的客服体系。

第三就是营销文案创作，我们在工作中要写很多营销文案，不同平台的风格也不一样，比如小红书、微信公众号、微博，还要针对不同受众进行调整。过去人工创作压力比较大，甚至会出现创意枯竭的情况。但大模型可以瞬间生成多样化、有温度的、不同风格的营销文案。

前面介绍了大模型的三层落地体系以及对我们工作的影响，下面举一个例子，孟子生成式大模型。

这个生成式大模型想打造一个“创作大脑”，你想写小说、散文、应用文，你先有创意，可能就几个关键词或者一个小题目，模型根据提示写一段，你可以跟它交互修改，比如说改一下风格，甚至把白话文改成文言文。这个模型还具备版权检查功能，看是否有抄袭行为，比如8个字以上的内容是否跟某一个知名作者的作品重叠了，都可以给出提示。

完成文字创作之后再给你配插图，解决多模态的问题。诸如此类的功能，还有客服、风控等功能也有望用这个模型做出来，这就是创作大脑，任何一个创作者或创作单位都应该有一个大脑帮助他降本增效。

创作大脑也分几层：第一是通用大脑，用通用数据训练的模型，具备人类语言和常识。第二就是文学创作大脑，融入古今中外的名著、诗词、散文等文学数据，形成更具专业性的大脑。第三层大脑，就是针对每个任务进行微调，使其具备完成这些任务的能力，形成可以支持各个阶段任务的专项大脑。

这个“创作大脑”是我们跟中文在线一起推动的，希望不仅能为我们两家所用，还能帮助整个行业降本增效，提高版权保护和风险控制意识。我们就是做人工智能大模型的，中文在线在这个领域积攒了不少经验，拥有大量合规数据和丰富的版权保护经验，希望通过这次合作能为这个领域带来新的突破。

过去三个月，我们取得了以下进展：

我们过去开发了10亿级的“孟子”轻量化模型，也做了一些文学创作和营销文案写作。现在，我们采用百亿级自创的大模型重新构建“创作大脑”。随着模型的规模变大，其性能得到显著提升。在内容丰富度、内容可控性、前后一致性、文本流畅度等方面都有很好的改善。相信随着更多数据的加入和模型的进一步优化，这方面的能力将会持续提高。

具体来说，百亿级模型相较于10亿级模型，在内容呈现上更加丰富。百亿级模型支持多次创作、交互式修正，还可以做角色扮演，模拟男性角色、女性角色，并完成包括人物刻画和场景描写在内的多样化文本创作需求。

还可以根据设定生成不同风格的小说，如穿越、武侠风格等。这个大模型见过所有类型，你让它生成什么风格都可以。它还可以将文章转成诗歌，你提供一段浅显的文字，它给你生成一首诗，你再改一改，既加快了写作过程，也增添了文采。甚至你给它一个题目，它可以把剧本写出来，开始写得不一定完全正确，你可以进一步修正。也可以写出一些微电影的情节，写对故事的理解等。你看了一篇小说，你让它做一个总结摘要，它也可以帮你总结出来。

还可以创作营销文案。比如要推广一本小说，它可以帮你写介绍这本小说的营销文案，这样可以大幅度提高出版社、创作机构的工作效率。

出国的时候，可以利用大模型的翻译能力。以前小模型是一句一句翻译，现在大模型是理解了整个段落后翻译出来，所以翻译得更加精准。目前，孟子生成式大模型可以做中文、英语等15种语言的翻译。

今天的会议讨论的是大模型和版权问题，我们既是版权的潜在使用者，也希望能成为版权保护的推动者。我问大模型：人工智能生成物的版权问题怎么解决？我用AIGC工具做了一幅画，版权怎么算？大模型会给你提供一定的规范建设。像沈老师也说，大模型产生的数据归谁？你用大模型产生的数据再去训练模型，这个东西又怎么去论？这些问题目前都不是非常清晰。

总结一下，大模型带来了跨越式发展，带来了一些新的工作方式，为个人、企业的工作方式带来新的范式，尤其在文学创作领域。未来，希望大模型能够发展得更好，从1.0到2.0，能力越来越高，数据越来越多，从通用走向专用，再到场景化应用，大幅度提高企业和个人的工作效率。

AIGC的版权价值与版权保护

施其明 （数传集团执行总裁）

非常荣幸能来参加远集坊这次关于人工智能的研讨会。刚才听了几位专家的分享，从技术领域到大模型的推进等，我学到了很多。接下来，我想分享一下数传集团这几年在人工智能场景运用方面的一些实践。

数传集团成立于2014年，过去9年里，我们一直致力于纸质图书到读者手里之后，继续为读者提供各种延伸服务，比如音视频、线上读书社区、互动评价等服务，当然也包括读者在用书过程中的各类小服务。现在大家看到的图书上的二维码里面有很多服务，都是我们做的。完成这些升级改造之后，这几年我们开始探索人工智能服务，特别是人工智能生成内容（AIGC）兴起后。数传在2020年就开始关注ChatGPT，并已做了一些相关的应用和服务。

AIGC在读者服务和图书服务领域应用场景非常广泛。无论是内容生成、用户交互，还是机器人和人的交互，我们都发现，智能化服务能够显著提高读者的付费意愿、阅读的满足感和延展性。

自2020年以来，人工智能在读者服务中已经产生了显著的收益。比如，读书社区现在主要由机器人维护，从2020年3月开始，微信群和读书社群开始引入机器人服务。最初是小模型，现在随着大模型的介入，我们发现，微信社区和读书社区中机器人服务更加贴近读者需求。我们最近发布了3.0版本，读书社区中90%的交互是由AIGC机器人完成，这给读者带来了极大的满足感。

在国外，已经有了一个完全机器人化的社区。我们也有一个小社区，现在有40多万用户。2023年3月31日，我们上线了一个包含2000多本图书的读者社区，这个社区里面是真人介入的，但真人更加关注读者的真实需求，而非原来单纯的用户交互，大幅提高了服务质量和效率。

在读书服务中，我们也会更加精准地回应读者的信息需求。以前我们所做的教辅书服务，主要是让读者通过二维码获取，这个我们做了很多年。现在，AIGC可以自动生成解析内容，不过回答错误的问题还没有办法解决。

现在，读者通过跟机器人交互，可以迅速定位图书中的知识点，提高学习效率。我们在和全国300多家出版单位做图书延展服务的联动。为提高纸质图书的数据质量，我们邀请图书的作者和编辑来训练机器人，机器人的成长速度非常快。过去几年，我们与全国3万多个编辑合作，联动周边资源，提升图书馆的延展服务。我们为300多家出版社做了500多个平台，包括小程序、应用软件等。读者通过这些平台可以获取丰富的书后服务。

AIGC出现之后，产生了很多有意思的现象，比如教辅书原本是提供教学服务，有了AIGC的服务之后，还能帮助学生生成作文，代替学生完成作业。现在很多学校已经禁止AIGC生成作业或论文。未来，人类需要学会如何合理运用这些工具，而不是简单地禁止它们。这也带来了版权问题，比如学生使用AIGC生成的内容版权归谁？因为它根本不是学生写的。

最近我们调用了GPT的接口写了两段代码帮助编辑组稿，很多编辑反馈至少降低了1/3的组稿成本。

我们在努力给读者提供更好的资源服务，同时也在思考未来生成的课件、辅导内容的归属问题。法律上，生成内容的版权归生产者所有，但我们仍在努力探索这一规则。

我们为每本书配备了一个机器人，读者通过扫描二维码就可以加入机器人社区。我们发现读者在使用过程中会对机器人做相应训练。在观点互相冲突的过程中，机器人为C端的读者提供专属服务，并且实现相应的引导。机器人有一定引导性，它可以引导读者思考，还可以引导读者购买更多课件。这个机器人是服务型的还是销售型的，仍有待明确。读者如果发现被奉为神的机器人实际上是一个销售，会怎么认知它？现在，我们改进了1300多个在书上的服务，将人和机器交互界面换成人人交互的聊天室服务投诉界面。

最近，我们收到很多作者的诉求，他们认为在书中和读者进行交互的机器人应该代表作者本人。例如前段时间出了一本医学图书，作者希望书中的机器人所有回答的语气和所用的知识点都要和他一致。我们为此开发了一个模型推给这个作者，作者天天跟这个模型聊一个多小时。我们还跟这个作者签了数传历史上第一份和人签的数字人版权协议，但版权归属尚不清晰。由作者训练的机器人生成的内容是否归作者所有，仍有待探讨。

在绘本智能回答方面，我们还原了绘本里面的卡通人物，扫码后，小朋友可以跟书中的卡通人物对话，这个功能很受孩子欢迎。其上线之后，我们又在思考一个问题：我们还原的卡通人物、卡通动物所生成内容的版权应该归谁？

随着AIGC的发展，版权问题将变得越来越复杂，版权的商业价值也会逐渐显现。我们认为这个巨量的版权市场将会成为具有商业价值的市场。日本、美国已经有专门针对元宇宙版权和数字人版权的架构。最近数传集团也在积极探索这一领域，未来可能会形成巨大的经济效益。

如果一个人训练出来的数字人所产生的内容，能让人类从中持续获取收益的话，是否还会激发出我们人类对高质量数据的需求。在版权市场上，我们希望激发创作者，训练生成更好的AIGC内容。在版权立法中，我们希望更多激发创作者的积极性，鼓励他们用自己优质的思想和知识训练出更高质量的AIGC内容，数传希望可以在其中扮演重要角色。

希望在未来数传可以持续参与版权工作，激发个体创作更好的内容，服务全人类。未来，我们相信AIGC将在数传的服务领域里带来更好的读书体验和交互方式。同时，希望每一位读者和作者都能从版权中获得持续的权益。

著作权法意义上的“作品”：以AIGC为切入点

卢海君 （对外经济贸易大学法学院教授）

今天听了各位专家非常精彩的发言，特别是刚才清华大学沈教授提到的一个概念——版权识别单元，我很受启发。我把这个名称改了一下——“最小可版权的单元”，接下来，我想从这个角度探讨数据挖掘过程中怎么解决版权付费的问题。

探讨固然很好，但是我们要知道，在很多表达形式当中，并非所有东西都是可版权的，像《三国演义》《西游记》等很多数字化的作品，已经过了版权保护的期限。从版权角度出发，解决数据训练过程中内容产业的发展问题，这条路走起来可能会有些困难。因为当中涉及的内容非常复杂，比如ChatGPT抓取的全网数据，这些数据中有些是受版权保护的，有些不是，如果都要通过版权这个路径来解决内容归属问题，可能会遇到很多障碍。

如果要论证GPT生成的内容是否享有版权保护，涉及的问题就更多了：创作者是人吗？有感情吗？有思想吗？是思想情感的外在表现吗？现行法律很难将这些问题完全纳入著作权法的框架中来回答。

换一种思路，从数据二元性为人工智能数据挖掘问题提出解决方案。数据具有二元性，它可能承载着商业机密、个人信息、科研数据、公共利益等内容，这些都可以受到一定程度的保护。但这些内容跟数据本身之间是有区别的，数据只是载体。

我们认识到数据的二元性之后，刚才讲到的高质量数据训练人工智能的问题就迎刃而解了。怎么解决在人工智能大数据训练中对数据本身利用的问题呢？我们不看数据上面承载的东西，只看数据本身的持有者是谁，通过获取授权和付费的方式来解决。那么，获取授权和付费依据什么呢？并不是我们探讨的“最小可版权的单元”。我说“尊敬的各位领导、嘉宾，大家下午好”，这句话已经超过8个字了，也需要付钱了。这显然不太符合实际。

从法律角度来讲，并不是所有的表达都应该受到版权保护，所以在数据训练过程中，包括美国ChatGPT抓取的很多内容，质量不高，但是这些内容不受版权保护，大家觉得这个东西无所谓，可以随便抓取。

但是我们了解到，中国很多公司在训练自己的人工智能时，都会购买大数据包，为什么要去买大数据包呢？可能是觉得它有价值。这个价值怎么衡量？双方协商。还有一种方式，如刚才童总讲到的，数据量非常大，有视频、音频等，这个海量数据中有很多优质的内容，公司就会去购买。至于价钱怎么衡量，不应该从版权保护的角度来考虑，而应该换一种思路，从数据本身的价值出发。我愿意买，就说明有价值；我愿意出多少钱，就反映了它的价值。因此，我们要跳出版权的框架，从数据二元性出发来解决人工智能数据挖掘中的问题，这可能是更加可行的方案。如果从作品版权交互角度来衡量，这个问题很难解决。比如很多数字作品没有版权保护，可以随便挖掘，但是数传集团做了很多延伸产品。《三国演义》《西游记》这些作品虽然不受版权保护，但我们做了延伸产品之后形成的持有数据，如果被认为有价值，就需要付费，而不是依据数据承载的作品有没有版权。这种解决思路在大数据时代，是一个好的路径和解决方案。

为什么这么说？举个例子，现在很多人讨论数据本身的版权保护，主要集中在要不要用知识产权，要不要用专利、商业秘密。这些路径都走不通，它们跟数据本身是两个维度的东西。数据本身是一个层面，数据上承载的个人信息、商业秘密、科研数据信息等又是另外一个层面。如果科技的技术方案可以申请专利，那么对于承载这个技术方案的个人信息数据，谁持有，谁就享有相关权益，没有经过许可，其他人不可以随意复制或者挖掘。

现在人工智能发展是大势所趋，人工智能产业对数字经济、数字中国的发展有着重要的促进作用。如果设置太多障碍的话，人工智能的发展会受到很大影响和制约。现在，企业不仅需要解决版权授权问题，还要为自己生成的内容寻求版权保护。在这个生态中，有一些解决方案可以探索。

比如过去在搜索引擎领域中，有一些数据协议的做法：你想让我抓取你的数据，你就不要设置限制；如果你不想让我抓取，你就可以通过特定的协议来阻止。在人工智能挖掘数据时，数据授权怎么处理？与其搞“选择进入”，还不如搞“选择退出”。你的数据有价值，不想让别人挖掘，你就出一个特定协议来禁止；如果你觉得这些数据可以为人类作出贡献，无所谓，随便用，你就可以不加任何的保护措施。而不是在任何情况下都拿授权解决问题，这个授权本身很难操作，别人用了多少，怎么定价，法院怎么判，这些都是混沌时代的解决方案。

如果现在我们换一种思路，认识到数据上承载的东西跟数据本身是两码事，这个问题就好解决了。我们到大型企业集团，购买大量的视频、音频等数据，来训练我们的人工智能，训练完之后我们的模型可能比美国的更强，因为我们的都是优质数据。这样就可以跳过很多复杂的环节，关注数据本身，而不是数据上承载的内容，包括个人信息、商业秘密等，跳出版权来解决那些看似是版权的问题。因为版权就像丛林规则一样，如果设置太多障碍，人工智能就搞不起来。如果我们想清楚了，允许数据自由抓取，不加限制，那么人工智能的发展会更顺畅。当然，如果你想获得更优质的数据，你可以买各种数据包来训练自己的模型，让答案更加精确，生成的内容更加高质量。

人工智能生成内容版权司法保护的实践与思考

朱阁 （北京互联网法院综合审判一庭副庭长）

我是朱阁，来自北京互联网法院。我的题目是《人工智能生成内容版权司法保护的实践与思考》。

有三个内容值得我们关注：一、以ChatGPT为代表的Transformer架构大模型技术，展现了强大的内容生成及多轮对话能力。二、我们距离通用人工智能（智能体能够在开放世界环境中像人一样感知、理解和交互）更近了——有预测认为这一目标在10年内就可以实现。三、这些技术进步将引发新一轮的人工智能创新浪潮。

关于风险问题，我认为大家只要关注到了就能集中力量去规范和解决，所以提出问题和关注风险本身显得尤为重要。目前的风险大概有这么几类，如：人可能被塑造、被取代；社会财富可能分配不均衡，进而导致社会不稳定等。这不是大模型的问题，是算法歧视导致的问题，也是大家比较关注的问题，此外，还有数据利用安全和隐私保护问题。这些问题已经引起了大家的注意，并形成了一定的共识。

我国是较早监管人工智能技术的国家之一，整体思路是重视人工智能技术的发展和治理。2017年，国务院发布了《新一代人工智能发展规划》；党的二十大提出，要建设现代化产业体系，推动战略性新兴产业融合集群发展，构建人工智能等新的增长引擎；2023年4月28日，中共中央政治局召开会议，指出要重视通用人工智能发展，营造创新生态，重视防范风险。北京市靠前布局，出台《北京市加快建设具有全球影响力的人工智能创新策源地实施方案（2023—2025年）》《北京市促进通用人工智能创新发展的若干措施》。咱们的目标是实现安全可控。我国民法典、刑法、行政法、数据安全法等法律体系对人工智能都有相应规制和具体监管。《生成式人工智能服务管理办法（征求意见稿）》《互联网信息服务算法推荐管理规定》和《互联网信息服务深度合成管理规定》都已出台，接下来就是细化的问题了。

对人工智能的监管，不同国家有不同的政策。意大利明确禁止使用ChatGPT。德国、加拿大等国出于数据保护方面的考虑，禁止使用ChatGPT，或对人工智能采取更加严格的监管。欧盟立法比较全面，在2023年5月11日通过的《人工智能法案》草案当中，严格禁止对人类安全造成不可接受风险的人工智能系统，包括有目的地操纵技术，利用人性弱点或根据行为、社会地位和个人特征等进行评价的系统等。该草案还要求部署生成式人工智能工具的公司对其算法保持人为控制，提供技术文件，并为高风险应用建立风险管理系统。美国于2022年秋季发布的《人工智能权利法案蓝图》中确定了五个原则，涉及系统的安全有效性、算法歧视的保护、数据隐私的保护问题、通知和解释问题以及人工替代方案、考虑和退路等方面，意在指导、规范人工智能系统的设计、使用和部署。2023年1月，美国发布《人工智能风险管理框架》，将可信度考量纳入设计、开发、使用和评估AI产品、服务和系统中，并基于其他机构的AI风险管理工作，要求确保制定过程的公开、透明。

在国内、国际和产业三个背景下，我国未来的人工智能技术发展思路是促进发展，同步进行依法治理与规范。在过程当中要注意整体考虑，除了法律体系层面，还有全球合作层面，共促发展、共护安全、共享成果。

生成式人工智能是指基于算法、模型、规则生成文本、图片、声音、视频、代码等内容的技术。从版权角度来看，版权保护对象就是生成物。鉴于AIGC爆发出来的巨大生产力，人工智能生成的内容在所有内容中的占比将会呈现指数型的增长。目前由人工智能生成的内容在所有内容中的占比不到1%。据预测，到2025年，这一比例将达到10%。所以我们以后看到的很多内容，可能有一部分是人类创作的，有一部分是人工智能创作的，还有一部分是混合方式创作的。

2023年，互联网法院成立5周年。互联网审判有一个裁判理念是守正创新，特别是在新技术应用情况下，通过守正创新处理好保护和发展的关系，以妥当的法律手段保护创新。

作品是著作权法保护的起点，生成物是否能构成作品也是大家很关注的问题。对法官来说，判断一个内容是否构成作品，可能有几个要件，这几个要件完全依据法律规定，比如要有一定的独创性等。我院涉案作品类型广，新型创作成果不断出现。

一个13秒的短视频是否构成作品？我们在2018年受理相关案子时，考虑到整个短视频行业的发展，对独创性的标准做了解释，提出一个原则——一点火花原则，即对于创作空间有限的内容，只要有一丁点火花，就可以纳入到作品之内，得到著作权法的版权保护。这一原则得到了广泛认可。

2019年的一个人工智能案涉及数据库。原告在一个数据库上输入了几个关键词后，数据库自动生成了大数据报告。原告诉到本院，认为他就是版权人。我们认为，虽然人工智能生成的文字内容体现出针对相关数据的选择、判断、分析，具有一定的独创性，但是，由自然人创作完成仍应是著作权法上作品的必要条件。自然人创作完成的作品才能作为智力成果受到保护，这个跟民法体系的整个理念是相通的。分析报告系人工智能软件利用输入的关键词，与算法、规则和模板结合形成的，从某种意义上讲可认定人工智能软件“创作”了该分析报告。但因为人工智能不是自然人，即使人工智能软件“创作”的分析报告具有独创性，该分析报告仍不是著作权法意义上的作品，不能认定人工智能软件为作者并享有著作权法规定的相关权利。

有几个裁判要旨：一、作品应由自然人创作完成，计算机软件智能生成内容并未体现软件研发者（所有者）和使用者的独创性表达，不能构成作品。二、软件研发者（所有者）和软件使用者均不能以作者身份进行署名，但从保护公众知情权、维护社会诚实信用和有利于文化传播的角度出发，应添加相应计算机软件的标识，标明相关内容系软件智能生成。这个理念和现在的监管非常相似，体现了当时法官的前瞻性。三、软件使用者也可采用合理方式在涉及计算机软件智能生成内容上表明其享有相关权益。

关于人工智能生成内容是否应获得版权保护，有两种观点。

一种认为人工智能生成内容不能成为作品。这个观点下面有很多分支，比如：智力成果要由自然人创作完成；还有从人工智能生成物的过程、机器数据和人在其中的参与程度进行分析的；还有人认为可以将这部分纳入邻接权的制度进行保护。澳大利亚的一份报告认为：计算机生成的内容无法达到独创性的要求，不能作为作品进行保护，可以作为邻接权的客体进行保护。日本学者曾指出计算机系统作为人创造性表达的“道具”而被使用。

另一种观点则认为，只要人工智能生成内容在外在表现形式上与人类创作的作品一致，就可以获得版权保护。这是针对之前的技术。现在大模型的技术已经往前发展，生成的内容在外在表达上和人类创作的作品基本一致了。所以如果持这个观点的话，可以将人工智能生成内容作为作品来进行保护。

在保护和发展问题上，对新兴产业进行保护时应坚持守正创新，以妥当的法律手段保护创新，但是不要轻易对法律体系进行突破，要坚持现有的立法。

现在落地的大模型跟过去不一样，人类可以对生成的内容进行反复调整和修改，那生成的作品中人类有没有独创性的贡献？可能会有。如果由人工智能创作一个片段，人类进行续写，像续写小说，你写一段，我写一段，这个是否可以作为汇编作品进行保护，这些都是可以讨论的。关于这些问题的讨论，需要具有发展的眼光。在现有的并非通用人工智能的技术背景之下，我们认为应更注重“作品由自然人创作完成”这一理念，随着人工智能技术的发展，这一理念可能会发生调整。

借用远集坊这个平台，我想提出三点个人倡议：

一、以人为本，所有技术研发和使用应不断满足人的多方面需求，实现人的全面发展。人可能不会被替代，可以被替代的是职业，当某个职业被替代之后，也许会在其他方面为人类提供机会。比如说我注意到一个新闻，大模型的培训行业开始兴起，就是教人们怎么使用大模型，现在已经非常火爆了。随着时代发展，可能有一些职业会消失，这就需要人们进行角色转型。

二、智能向善，坚持伦理先行的理念。因为技术研发需要投入的资金量特别大，只有少数企业才具备这样的能力。这些企业在强调伦理先行的时候，我们可能就会产生更多安全感。在研发和使用阶段都要注重智能向善，并确保先进的科学技术始终掌握在负责可靠的人类手中。

三、显著标识。现在有一些企业也提出了相关倡议，如标识水印和元数据规范。这些企业给用户提供打标识的服务，你在我平台上进行创作，如果使用了人工智能软件，生成的内容上要打上“人工智能生成”或者“合成”标识，强调元数据规范，以便在不同平台之间进行识别。这是非常重要的，通过标识让大家知道，这个内容跟人工智能有关，从而避免误导或者欺骗公众，这是诚实信用的问题。

以上内容是我的一些思考，希望能起到抛砖引玉的作用。

对国外生成式AI训练内容相关版权诉讼的思考

刘朝　（中国科学院大学知识产权学院副教授、中国科技法学会人工智能法专委会执行主任）

尊敬的各位领导和嘉宾，我今天分享的是对国外生成式AI训练内容相关版权诉讼的思考。

我的分享分为三点：一、相关案例；二、探讨这些案例中的关键问题；三、初步思考和展望。

关于相关案例，刚刚童总介绍了两个举世瞩目的案例：Getty Images诉生成式AI公司案及三位艺术家诉几个生成式AI公司的案例。童总已把案例的基本情况讲了，所以我不再赘述。

关于Getty这个案子我想补充一点，Getty并没有起诉提供训练数据集的德国非营利组织，起诉的是生成工具的所有公司。这里有一个疑问：Getty为什么不起诉直接抓取数据集的公司呢？可能有两点原因：一是Getty对于数据集跟AI生成公司之间的法律关系还没有理清，而且两家公司的商业法律关系可能跟他们协议有关；二是非营利组织在诉讼中有可能受到优待。这个案子比三位艺术家起诉案更值得关注，因为Getty公司本身就是一个互联网公司，主要经营图片授权业务。

这个案子让我想起了当年的Napster案。有趣的是，当年七大唱片公司一边起诉Napster侵犯版权，一边跟被告谈协议合作。Napster案最终确定了音乐分享交流模式，并沿用至今。回顾距离现在更远的“索尼案”，那个时候录像机还是前沿技术。到今天的Getty案，生成式AI成为前沿技术。近50年来，尽管历经前沿技术的冲击，著作权的基本逻辑并没有改变。

三位艺术家起诉案中，很有意思的是，其中一位艺术家一开始在自己的社交媒体上也分享过，她觉得这个生成式AI绘画很好，输入几个命令之后，很快就生成画作，她非常喜欢这个功能。但是当她发现输入自己的名字后，生成的是跟她风格高度相像的画，这触动了她的利益，于是她发起了诉讼。发起诉讼的和在诉讼最前沿的各个群体，无论是艺术家个人还是倡议公司、授权公司等，都是因为自身的利益受到了损害。我们可以判断，未来到法院发起侵权诉讼的都是利益受损的一方。

解决这个问题的思路是，如果我们的商业模式能让各个群体都从中受益，这样就可以使我们的诉讼风险降到最低。

还有一个案例是一位摄影家起诉后现代艺术家。20世纪80年代，摄影家给一位歌手拍了一张照片，后来发现后现代艺术家利用他拍的照片创作了12幅绢画，并进行了商业使用。摄影家2016年到法院起诉，官司一直打到美国最高法院。核心争议在于后现代艺术家利用摄影作品创作的画是不是衍生作品，以及是否属于合理使用。地方法院最初认为是合理使用，支持了被告。但上诉法院推翻了地方法院的判决，认为不是合理使用。这个案子大家都很关注。这个案子对衍生作品的判定，尤其对合理使用的解析对AI判决具有启发意义。2023年5月18日，最高法院表决结果是7：2，坚持认为不构成合理使用，坚守了著作权的基本逻辑。

这个案子从诉讼到最终判决历时5年，引发了一个问题：在这段时间内，这种技术会发展成什么样？在三位艺术家的起诉案中，很多人声援艺术家，但是对生成式AI有误解，主要有两点：一、认为生成式AI存储了他们的画，实际上没有存储；二、生成式AI抓取的是图像相关的数据，它生成的画，并不是复制你的画，是它重新创作的。

法院作为最后的判决机构，天然具有滞后性。所以我们一方面要鼓励和尊重技术发展，一方面要尊重各级法院，他们有不同的逻辑，可以做出不同的判决。面对这个问题，我想起古人的一句话，“退步原来是向前”，有的时候，法院和法律人并不一定要超前。

现有法律框架中，有哪些问题？一、衍生作品的界限。衍生作品在版权法中一直存有争议，比如民间艺术作品衍生作品、游戏中玩家生成内容衍生作品，还有全球开源诉讼中产生的开源作品，都有很大争议。但是由于生成式AI的出现，它的衍生作品恐怕要被重新探讨和认识。二、合理使用的判定。三、商业信息秘密的风险。四、商标侵权。五、开源许可问题。很多数据集包括模型开源，开源许可相关的诉讼会越来越多，这个会重点探讨。六、其他伦理法律风险。

其中有一个难题，就是显示生成内容的来源。技术能在多大程度上显示生成内容的来源，跟现在授权模式和规范有关系，所以打一个问号。最后版权许可问题始终是永恒不变的话题，按照现在的新技术发展，许可似乎有很大困难，但真的是不可解决的吗？还有待商榷。

最后分享几点思考和展望。

司法实践会保持著作权的基本逻辑，几十年了，甚至更久，新技术在发展，但著作权的基本逻辑并没有发生根本性变化。最高人民法院的判决结果是7：2也好，5：4也好，都体现了这一点。但是大家会觉得新技术出现、新的商业模式出现，总会和法律发生一些冲突，为什么法律还能坚持其逻辑呢？法律是不是拖了后腿呢？我们还是回顾一下，从历史探知未来，当计算机技术还是新技术，当软件许可还是新商业模式的时候，原有的版权许可模式并不适用于软件，软件企业开发了自己的商业模式，比如说拆封合同，在拆封合同中规定了自己的交易规则，不仅突破了合同法，还突破了版权法的基本逻辑。这种突破合同法和版权法的交易规则必定会引发诉讼，后来用户果真诉到法院。和现在一样，不同的法院有不同的逻辑和判决。

针对这样看似乱象的情境，美国出台了《统一计算机信息交易法》，不仅把软件企业突破合同法和版权法的交易规则上升为联邦层面的基本法，同时要求各州使用这个法律。但美国目前只有两个州使用这个法律，因为它突破了合同法和著作权法基本逻辑。而且它在使用5年之后，使用不下去了，现在走进了一个死胡同，怎么解决呢？开源社区的出现解决了这一问题。

开源本身是一个伟大的制度创举，它既没有突破著作权的基本逻辑，又为技术创新提供了空间。随着代码价值的提高，开源社区内的许可模式逐渐成熟，降低了企业的法律风险，促进了共享收益。虽然开源诉讼依然存在，但是大部分问题都在社区内得到了解决。

所以，我对这个问题的展望，还是基于历史，政府应给企业空间，甚至给法院空间，宽容地对待各类企业和法院基于逻辑的判决。他们想守正就守正，想创新就创新。在这种宽松的环境下，希望我们有一天能够做出类似开源这样的技术创新，通过新的商业模式和交易规则，解决绝大部分的难题，而将无法解决的非常少量的问题，留给法院解决。

这是我的初步思考，感谢大家。

特邀嘉宾

谢广才 （中文在线常务副总裁）

大家好，自2022年11月30日ChatGPT发布以来，人工智能生成内容技术突飞猛进，人工智能时代呼啸而来，国内人工智能产业呈现百舸争流的迅猛态势。

2023年4月11日，为促进生成式人工智能技术健康发展和规范应用，国家互联网信息办公室发布《生成式人工智能服务管理办法（征求意见稿）》，向社会公开征求意见。

今天，为形成行业共识，推动产业健康、高质量发展，特此向人工智能领域专家、学者及人工智能从业机构发出如下倡议：

一、加强研究，助力科技赋能产业。相关机构和人员应正视技术发展，加强对生成式人工智能发展引发的版权问题研究，推出务实且前瞻的研究成果，以最大限度发挥生成式人工智能的技术效能，让科技赋能版权产业，促进强国建设。

二、尊重版权，赋能产业正向发展。保护版权不仅有助于维护广大权利人的合法权益，还能激励创新，为人工智能学习模型提供可靠、稳定、安全的内容来源，使模型效果更加显著，更好为人类生产、生活服务。

三、避免侵权，营造良好发展环境。版权侵权会打击全社会创新、创作的动力和热情，对行业产生恶劣影响，导致市场失序，呼吁行业共同营造一个抵制版权侵权的良好人工智能发展环境。

四、指导用户合法理性使用内容。生成式人工智能技术提供者应当指导用户尊重版权，合法使用人工智能生成的内容，不利用生成内容损害著作权人的合法权益，不利用生成内容进行不正当竞争，形成诚实守信、多方共赢的良性格局。

五、加强宣传，提高版权保护意识。在全行业积极开展保护版权的宣传活动，提高各方尊重版权的意识。倡导全行业合法、有序地传播和利用版权作品，推动优质版权资源在人工智能行业的广泛应用和价值释放。

六、规范行为，优化内容授权渠道。各方应积极努力，在模型训练者与内容提供者之间搭建便利、有序的内容授权渠道。模型训练者在使用包含版权内容的数据时，应确保数据安全，防止数据滥用和泄露。

基于以上倡议内容，我们愿意从我做起，加强规范，期待广大人工智能领域从业者共同努力，携手同心，共建一个更加美好、繁荣、可持续的人工智能产业生态。敬请响应与支持！

倡议单位（排名不分先后）：

中文在线集团股份有限公司、上海阅文信息技术有限公司、同方知网数字出版技术股份有限公司、中国工人出版社、知识产权出版社有限责任公司、光明日报出版社、冶金工业出版社有限公司、北京时代华文书局有限责任公司、中国纺织出版社有限公司、中国建筑出版传媒有限公司、学习出版社有限公司、中国城市出版社有限公司、中国医药科技出版社有限公司、长江文艺出版社有限公司、江西美术出版社有限责任公司、浙江文艺出版社有限公司、阳光出版社有限公司、西安交通大学出版社有限责任公司、广东花城出版社有限公司、广西科学技术出版社有限公司、国家开放大学出版社有限公司、中国妇女出版社有限公司、中国科学技术出版社有限公司、中译出版社有限公司、华语教学出版社有限责任公司、西安地图出版社有限公司。

向以上单位一并表示感谢，谢谢大家！

远集坊第十三讲嘉宾合影

遗产坊

第十四讲

用声音传播优秀文化

主讲嘉宾

余建军

主持嘉宾

于慈珂

用声音传播优秀文化

余建军 （喜马拉雅联合创始人兼联席CEO）

感谢各位，特别开心跟大家做这个交流，我从大学开始创业已经20多年，做喜马拉雅也12年时间了，上次于慈珂司长到我们公司指导时提出来，能不能到远集坊做一次分享，我非常愿意，非常荣幸。用声音传播优秀文化。我谈一下自己的理解。

我们曾经让余秋雨老师做过一个节目，专门讲中国传统文化，他里面提到了一个文化的定义：文化是一种形成了习惯的生活方式。

声音是什么？它有两个属性：第一是媒介属性，最早做喜马拉雅中想到的就是声音的媒介属性，很多人每天开车、跑步、散步，在家做家务时，甚至晚上睡前，都会听音频。声音作为一种媒介，不影响开车、跑步、散步，人们可以把碎片时间利用起来。目前，喜马拉雅的用户平均一天听2.5小时。我们内部经常讲，这相当于让每个人每天多活了2.5小时，喜马拉雅让这2.5小时变得更加有意义。第二，我感受到声音不仅是一种媒介，它还具有内容属性。《论语》最早是孔子和弟子的对话集，后来才被整理成文字版本，还有《心经》《金刚经》等佛学经典，最早就是释迦牟尼讲授给他弟子，后来弟子帮他整理成文字。

声音历史比文字历史要早很多，文字历史是几千年，声音的历史，就是人和人之间用声音来沟通交流是从10万年前开始的。喜马拉雅的内容主要有三类：一、故事类，各种小说；二、知识类；三、观点类。这三类构成了喜马拉雅内容的核心特征，都是人类语言类的内容。

所以后来我们越来越清晰地认识到，我们不仅是做一个媒介，让每个人每天时间变得更加有意义，也是在做一个新的语言类内容创新，围绕着故事和观点。

接下来想跟大家分享一下，我们过去这11年多时间做喜马拉雅的一些体会：一个是媒介属性的喜马拉雅，一个是内容属性的喜马拉雅。

从媒介属性来说，喜马拉雅作为一个音频平台，区分于短视频或者文本的平台，它主要是让每个人每天在跑步、散步、做家务等场景中将时间有效利用起来。早晚高峰和晚上睡前是两个收听峰值。另外一个特征就是用户的收听时长很长，平均下来每个用户每天听2.5小时，这是媒介里面用时比较长的，也体现了声音媒介的伴随性特点。从内容属性来说，人类区别于其他物种的最大区别是什么？我们会用语言进行沟通和交流，表达思想、情感和观点，就像小红书聚焦于分享生活，我们聚焦于分享人类的思想、情感和观点，这是最核心的内容。

所以今天的内容分三部分：用声音分享人类智慧，用声音培育人类精神食粮，科技赋能文化。

第一部分，阎崇年老师跟我们平台有很好的合作，他在《百家讲坛》讲清史，后来喜马拉雅有幸邀请阎老师讲《故宫六百年》，节目非常受欢迎，在用户中的口碑和评价极高。文史哲类是我们非常强的品类，老师和用户量也非常大。

还有北大的于晓非老师讲的《金刚经》，我自己是个传统文化重度爱好者，来的路上我听了一路的《金刚经》。传统文化本身有非常大的魅力，但是很多内容我们普通人去学习和掌握是非常有难度的。像阎老师和于晓非老师等研究文史哲各个领域的专家能够用通俗易懂的话语讲出来，方便我们了解和学习。《金刚经》现在也有几千万的播放量。

还有余秋雨讲的《中国文化课》，他专门研究戏剧，他在喜马拉雅上开了一个课堂，这个课堂对全社会开放，现在有亿级播放量。出版社也过来谈合作，把他的音频课做成书来发行，也有40万的销量。喜马拉雅的音频课已经产生了较大的影响力。还有蒋勋老师讲的《红楼梦》，也很受欢迎。

还有一个是中医品类，这是我自己没有想到的，我自己对文史很感兴趣，对中医接触得比较少。我们平台有一个《大白话说中医》的节目，现在有两三亿的播放量。这位老师是个退休医生，他用一种比较浅显易懂的方式讲中医知识，讲怎么样调理脾胃，保持好的生活状态。后来他们自己开了中医的诊所，变成了从线上到线下的闭环的业务模式，也非常有意思。

像历史、文化、哲学、中医等领域，都是中国传统文化的不同方面，这些领域都有非常多的案例。

我简单总结一下。前面提到了声音的两个特征：一个是媒介特征，一个是内容特征。声音还有一个非常有意思的特点，就是“入耳更入心”，耳朵跟人的心灵是相连的，声音从耳朵进去以后，会与内心产生深度的连接。这也是为什么大家在学习《心经》《金刚经》等佛学内容时，通过听的方式可以跟心灵产生更有效的连接，从而能够有更深层的理解和感悟。

经过这些年的发展，从2012年8月到2023年，喜马拉雅已经走过了11年，内容的总时长达到24亿分钟。每天上传内容约40万条，平均每条节目时长十几分钟。这些内容大部分都不是我们公司的员工制作的，而是创作者在家庭、办公室等各个地方制作好后传上来的。

这些年的发展，我们经历了几个典型的阶段：从2012年8月公司成立，到2013年在苹果公司的移动操作系统上线，再到2016年。2012年到2016年这四年，我们完全没有收入，完全靠风险投资融资，融了好几轮，养活产品和技术，开发应用软件，并与上游老师合作制作内容。

2016年，我们第一次尝试商业模式，其实也是为了帮平台上的老师和创作者获得正反馈。最早我们跟马东合作了“好好说话”，并在2016年12月做了“123知识狂欢节”，转眼间，这个节日已经举办了六七年。2018年也是一个很大的里程碑，我们推出了会员功能，互联网之前的模式是让用户为每个作品花钱，买多了以后用户的负担比较重，2018年我们借鉴了奈飞（Netflix）等平台的做法，推出了会员模式，并在这几年取得了快速发展。目前，我们有1700万会员，每年每位会员花200多元的会员费收听内容。这些收入会分享给上游的创作者、老师等，会员模式成为我们最核心的商业模式。

除了成人用户，孩子们也很喜欢听喜马拉雅，很多孩子的收听量还挺大的，有2000万到3000万的家长播放儿童故事给孩子听，孩子从两三岁就开始听故事。因此，我们后来专门推出了儿童版的产品，并针对儿童推出了会员服务。

这是喜马拉雅的发展过程。如果看用户每天的行为轨迹，早上醒来时，很多人躺在床上，甚至设置一个闹铃播放当天的新闻、资讯等，接着是洗脸、刷牙，上下班路上、晚上散步、睡前时间，声音伴随着用户一天的生活，逐渐成为一种习惯。

第二部分，分享一下喜马拉雅三年前提出来一个理念，“一家人一辈子的精神食粮”，希望喜马拉雅能成为每个人的精神家园。回到源头，我们的使命是用声音分享人类的智慧，这与用声音分享优秀文化是一个逻辑。

我们发展了七八年的时间，差不多三年前开始思考这个问题。我们判断互联网已经进入到下半场。互联网上半场是供给稀缺的市场，你有内容用户就会聚起来；下半场的供给是过剩的，各个领域的供给量越来越多，这个时候谁能够吸引用户，用户会留在哪个平台上。平台到底解决了用户什么问题？提供了什么价值？这个问题必须回答。所以我们不能仅仅停留在做一个音频平台，而是要思考我们为用户提供的终极价值是什么。最后得出的结论是：一家人一辈子的精神食粮。

“一家人”指的是用户的分层，比如说家里面有老人、孩子，有年轻人，有职场人，有学生。“一辈子”指的是生命周期的不同阶段。我们把用户做了分群。过去互联网把人当流量，很多公司没有把人当作活生生的人，而是当成虚拟的流量。2023年开始，我们不再把用户看作流量，而是看作有血有肉的人。他处于哪个生命阶段？有什么需求和痛点？结合这些需求和痛点做供给侧的变革和创新，真正满足客户的需求。

比如：孩子从妈妈怀孕时开始听胎教，这是第一个阶段；孩子出生，再到2～3岁听故事，这是第二个阶段；接着是到学生、职员、为人父母阶段，再到退休阶段。我们把人群分为六个细分人群，针对不同细分人群的需求进行洞察和供给侧变革。最终的目的是提供“精神食粮”，把人群分层以后给他们提供精神食粮。我们不认为精神食粮一定是阳春白雪的东西，互联网的内容平台既要有阳春白雪，也要有下里巴人，让每个人各取所需，但是要满足底线监管的要求。

举个例子，有些纺织女工每天在生产线上工作非常枯燥，如果可以听书、听小说，比如《红楼梦》，她会获得精神的滋养，她会觉得内心很开心很愉悦，这也是精神食粮。

很多政府的领导、官员，很多企业里面的中高管，他们特别喜欢听东西方哲学、传统文化、历史等内容，从中获得智慧的启迪。有的人从中获得温暖，有的人获得陪伴，有的人获得不同观点的碰撞和启迪，都很好。

这些都是每个人的精神食粮，满足他们在不同生命阶段和场景下的需求。

我们希望这个精神食粮是积极向上的，让每个人每天充满希望，更加快乐，就像每天吃饭一样，吃饭会让我们充满能量，但是有的人喜欢吃面包，有的人喜欢吃米饭，有的人喜欢吃包子。每个人需求不一样，我们要了解清楚，针对千人千面提供内容，从而让每个生命阶段的用户都能获得满足。这是我们的大逻辑。我们希望喜马拉雅可以成为每个人的精神家园，提供一家人一辈子的精神食粮。过去三年喜马拉雅一直沿着这个方向不断迭代，包括业务、团队，以及公司内部分工调整都围绕这个展开。

我们做了这么多内容，这么多精神食粮，怎么把它们跟每个人连接起来呢？连接的通路特别重要。目前，喜马拉雅全场景的月活用户达到3.28亿，手机端用户占40%～50%，约1.35亿。

车联网生态的用户达到2264万，比如新能源汽车比亚迪、特斯拉、蔚来、理想、小鹏，一般都会装喜马拉雅，车主上车后打开就可以收听。车上的用户量增长比较快，已经达到2000多万。

还有音箱的生态，像小米、百度、天猫等品牌的智能音箱，通过调用我们的内容，用户量达到4000多万。

儿童手表的用户量也很大，达到4000多万。家长不希望孩子很小的时候接触手机和屏幕，担心影响视力和养成不良习惯，但又希望孩子获取信息和成长，就会给孩子听故事。因此，儿童手表就成为孩子们听故事的主要设备，小孩子每天路上都可以用手表听儿童故事，家长也可以看孩子收听了哪些内容。我们就发现小天才手表上面，第一活跃的应用是微信，第二就是喜马拉雅。

移动端用户占了将近一半，物联网（IOT）用户量也很大，短短几年已经占据了一半甚至更多一点的消费。汽车、手表、音箱等这些都是物联网设备，非常方便。声音的市场跟视频有一个不一样的地方，它跟物联网的连接非常方便。这也是一个有意思的特征。

喜马拉雅上每年活跃的创作者将近500万，他们来自各行各业，有一些是专职的，有一些是出于兴趣。比如很多妈妈除了让孩子听儿童故事，还会让孩子朗读故事，培养孩子讲故事的习惯，这些内容也会上传到平台，让孩子获得锻炼的机会。创作者数量每年都在快速上升，去年增长了20%多，内容增加了146%，一年下来给创作者分享的收入达到20亿左右。通过构建这个平台，让创作者创作内容，用户消费内容，无论是会员还是单体售卖，都会把收益返回给创作者，让创作者有动力持续不断地创作内容。

简单总结几个分类，前面讲了人文、国学类内容量非常大，喜马拉雅在互联网平台里，是人文国学做得最突出的平台，月活用户达到1000多万。

还有一个典型的就是出版物，我前面讲喜马拉雅的内容生态可以简单分为两个生态。一是版权生态，与出版社、网红平台合作，获取版权，让演播者进行二次创作。这些演播者就是今天的单田芳、刘兰芳。出版物类内容分为虚构和非虚构，比如说《明朝那些事》《平凡的世界》等虚构作品，以及《莫非定律》等非虚构类作品。这是“文字版权+演播创作者”的生态，培养了很多草根演播者。比如一个播悬疑小说的演播者，粉丝达到2000万，月收入达到好几百万，他从一个人发展成一个工作室，专门做有声悬疑小说。

有一个东北的小伙子，他初中二年级辍学在家，开始家里给他找了份工作，开挖掘机，小伙子开了几年的挖掘机。他每天听喜马拉雅，听到后面就想能不能自己学演播，后来不开挖掘机，干有声书演播，一年收入也能达到百万级，还有一两个助手跟他一起做这个事情。

上海有一个视障女生，眼睛看不见，她通过学演播，养活了自己，还组织了20多个视障人成立了一家公司，这20多个人一起做有声书演播工作。过去，视障人群大多从事按摩工作，但是通过她的探索，找到了新的职业方向。这是非常有意义的。

喜马拉雅的演播生态非常丰富，最早是单人播讲的，现在单人播讲没人听了，要听多人播讲，要听精美的配乐。所以变成了多播，有男主角、女主角、男配角、女配角，一个有声小说像一个广播剧一样，除了没有画面，跟电视剧非常接近了。

二是原创生态。原创生态也在快速发展，也是现在年轻人比较喜欢的。在美国有一个品类是播客，播客的核心是针对热点事件发表每个人自己的看法。播客类过去是不常见的，最近这两三年播客类上升得很快。这种形式不依赖于文字版权，创作者可以自由表达。过去这三年，播客类有很大的进步和成长。2016年喜马拉雅开始做内容付费，也有很多老师做原创的知识内容，跟播客有点像，但是当时没有这个概念。今天播客类内容大多是免费的，通过广告变现。

接下来分享一下儿童品类。儿童品类内容的累计播放量达到95亿以上，月活用户1700多万，高的时候能达到2000万。小孩子每天的平均播放时长72分钟，涵盖国内外原创故事、经典改编等。亲子儿童也是我们做得很有特色的一个品类。还有儿童手表，儿童手表每天新增加的用户超过10万，不包括历史存量用户，每天新增的手表用户就超过10万人，现在儿童基本上人手一只手表，儿童手表已经成为儿童听有声故事的主要设备。我们上传的内容当中有1/3左右都是妈妈带着孩子演播的，让孩子讲故事，这对孩子和家长都非常有价值。

第三部分是关于科技这一块，这是过去三年我们投入非常多的。我们自己总结了一句话：用科技赋能文化，让每个人成为更好的自己。我们做了很长时间，一直在思考音频到底跟我们是什么关系。音频本质上是个媒介，但用户消费音频的真正原因是内容。用户喜欢音频的便利性，可以在上下班路上、睡前听，眼睛闭着也可以听。但用户更在意的是内容带来的价值，比如开心、启迪、觉悟，包括前面讲的获得内心情感的滋养、温暖等。

我们发现做文化、做内容，最终的目的是让人变得更好，内心获得更多的愉悦。比如美国在大萧条时期，电影行业反而蓬勃发展。内容消费、文化消费是逆周期的，外部环境压力越大，人们越需要内心的慰藉、温暖，以及启发。所以我们做内容、做文化，最终是为了让每个人变得更好。我们做的事情是用科技赋能文化的创作与传播，最终服务于人。只有让人变得更好，这些事才有意义，我们也更有动力。

我们用单田芳老先生的声音生成了AI单田芳，在喜马拉雅做了一个账号叫“单田芳原音重现”，用AI单田芳播了几十上百本书，已经有过亿的播放了。很多用户听完以后觉得挺感动，因为没想到还能用这种方式听到单老演艺新作品。这是去年开始上线的，短短半年多时间，播放量已经过亿。除了单老的声音，我们还用经济学家管清友的声音做了AI演播，听起来几乎跟他真人的声音一样。我们也跟出版社合作，将大量出版物批量上传，用AI来演播，收益跟出版社分成。

我们通过数据标注处理，做了可以识别并表达出各种不同情绪的AI，比如开心、悲伤、愤怒等，甚至复合情绪。我们想尝试赋予AI情绪感知能力，让互联网上虚拟的声音能够有情感和情绪，能够表达喜怒哀乐。比如小说对话场景中一句表达愤怒的话，AI能否识别并用愤怒的情绪表达出来，对话的另一方听到这句话时，能否识别出其中的愤怒情绪。这是一种双向的情绪理解和识别。

我们现在已经将情感AI应用到喜马拉雅平台的内容制作上，而且可以做到多播。一本小说中有五六个角色，AI程序可以自动判断出男主角、女主角、男配角、女配角，生成贴合角色的声线，完成多角色的演播。目前已经有一大批作品上线，我们在观察用户的反应，我们最在意的是用户喜欢不喜欢，因为每个人都不愿意浪费时间，就看用户的完播率怎么样。像用AI单田芳老先生的声音做的作品完播率能达到80%，跟他真人演播的数据大致相同，如果不特别提醒的话可能感受不到是个AI播的，除非提前知道或者特别用心去听才能分辨得出来。随着时间推移，AI会不断迭代，它的理解能力会越来越强。

情感AI不仅可以用于小说演播，还可以用于电影配音，甚至可以用于做译制片，比如学习汤姆·克鲁斯的声音，然后用同样的音色讲中文。情感AI可以用到音频小说、短视频、影视剧等所有需要人情感化表达、发声的场景。

还有一个技术叫全景声，在耳机上体验不明显，但是车上有多个喇叭，多个声道，可以营造出声音从不同角度传过来的效果。比如听恐怖故事时，声音从不同角度传过来，可以增强沉浸感。

AI在我们公司内部的应用，首先是在内容创作上，2022年有3%的内容是AI生成的，2023年会达到10%，将来的比例会越来越大。

我们不仅自己创作内容，还将工具提供给平台上的主播和老师,让主播用人机结合方式创作内容。比如演播一本小说，人不同状态下播的效果是不一样的，但用机器来播，可以保证高质量的演播标准。主播可以参与修改脚本、后期剪辑等工作，实现人机结合。

其次是用于完善用户体验，喜马拉雅是音频内容，听之前你不知道讲什么东西，我们现在把所有声音都转成了文字，用户在听的同时可以看到字幕，这个字幕绝大部分都是用语音识别出来的，虽然有一些错别字，但我们在不断优化。有了文字以后，可以进行关键词识别和语义理解，提高搜索和推荐的准确性。

我们还给创作者提供了一个平台，比如播客对谈节目。我在上海，您在北京，我们可以在线对话，节目可以直接保存并在线剪辑。比如我一段话说错了不想要了，直接把识别出来的文字删掉，声音部分也会自动删掉，叫云剪辑，这样就大幅降低了成本。包括平常讲话时的口头禅也可以自动识别出来，一键删除，方便创作者剪辑。在线邀约、在线录制、在线剪辑，可以让作者低成本创作优质内容，创作门槛越来越低。

AI还用于内容的过滤和筛选。平台每天上传40万条内容，完全靠人工审核的话工作量非常大，通过机器过滤，将内容分为高危、中危、低危等级，分门别类处理。20%～30%的内容可以通过AI来审，不需要人工干预。

还有新上线的功能叫“爸爸妈妈讲故事”。父母只要花半个小时录制故事，生成AI声音后，就可以用他们的声音给孩子讲故事，孩子在听故事时听到的是父母的声音。这个功能上线以后很受家长的欢迎，尤其是那些在外打工的父母，可以用他们的声音陪伴老家的孩子，弥补爸爸妈妈不在身边的缺憾。还有的孩子缠着爸爸妈妈讲故事，父母也挺累的，用这个功能，就可以让机器代劳了。

未来几年，我们想的是怎么把语音AI推向数智人平台。过去讲数智人，大家更关心视觉和听觉层面，脸能不能看得见，声音能不能听得见，我们希望把IQ、EQ也整合进去，变成真正能满足人需求的东西。比如今天我们做的是“爸爸妈妈讲故事”，是亲子陪伴场景，未来有没有可能做一个AI爸爸或者AI妈妈，或者AI玩伴，这个玩伴可以给孩子讲故事，也可以跟孩子沟通对话，启发这个孩子。这是一个探索的方向。

还可以做虚拟主播。像平台上阎老先生做的故宫的节目，很多人听完以后想和阎老先生聊聊天，AI可以通过学他的音色，学习他讲过的东西来跟粉丝对话，这是AI主播。

还有很多针对教育培训的场景，比如说针对职业的教育和银发人群的服务。有没有可能打造一个AI老师的概念，可以讲课、辅导、互动问答。

所以从应用场景来说，有AI的玩伴，AI的主播，AI的老师。当然我们做的AI数智人本质上不是替代人，是服务人，去服务爸爸妈妈，服务老师，可以减少大家的工作量。完成这些东西我们要做很多底层的基建，要建立AI的演员库，要做数智人的基础能力，包括要把IQ和EQ加进去，这个需要很长时间的研发。

喜马拉雅希望让每个人登上自己人生的喜马拉雅，无论是平台的创作者、用户，还是同事、行业合作伙伴，我们希望跟大家一起共建、共赢，虽然已经过了十年，但这只是开始。我们希望跟大家一起多多交流合作，一起探索未来，谢谢大家！

远集坊第十四讲嘉宾合影

遗住坊

第十五讲

为大西部换一个状元

主讲嘉宾

卜　键

主持嘉宾

乔还田

特邀嘉宾

阎晓宏	郭义强	李　岩	蒋茂凝	袁亚平
苏雨恒	潘振平	李永强	毛增余	王小宁
谢广才				

为大西部换一个状元

卜键　（文史学者、原国家清史纂修领导小组办公室主任）

大西部，我这里指的是清代的大西部，包括陕西、甘肃、宁夏、新疆，范围很大。

为什么要用这个题目？因为大西部在教育、文化、地区上与其他地方有很大差异。在清朝整个时间段里，状元主要来自江浙一带。比如江苏出了49个状元，仅苏州一地就有26个，浙江出了20个状元，而大西部几乎没有状元。如果不是乾隆年间换了王杰，大西部一个状元也没有。

第一，乾隆为何要将穷书生王杰改为状元？这件事发生在乾隆二十六年（1761）四月。乾隆皇帝对科举非常重视，对参加科举的学子也非常体贴。比如他会根据学子们的路程远近，给予不同的补贴，云南的学子补贴多少，江苏的补贴多少，山东的补贴多少，他都安排得很细致。他还允许学子们在赴京赶考的路上，由官方驿站接待，远的可以乘坐驿车，调动驿马。驿站在当时是非常重要的国家资源，轻易不允许使用。即使是高级官员，未经批准也不能使用驿站，但乾隆却允许赶考的学子使用。

乾隆还把会试的时间从二月改为三月，因为二月天气寒冷，考场条件艰苦，握笔都困难，所以乾隆决定推迟考试时间，将第一场考试定在阴历三月九日。同时，殿试的时间也从这一届开始确定为四月二十一日。

殿试的阅卷程序非常严格。读卷官改完卷子后，排出名次，将前十份卷子报给皇帝，由皇帝最终确定名次。乾隆皇帝在这一届将原本的第三名和第一名就是探花和状元，做了调换，结果来自陕西的王杰成了状元，这也是大西部唯一的状元。

我想说一下殿试的阅卷过程。乾隆时期，阅卷官确定为八人。礼部先列出一个清单，列出有资格阅卷的官员，这份清单不会公布，并且会回避上一届已经阅过卷的官员。皇帝就从这份清单中勾选八人。这八人一旦确定，就会立即带着行李前往故宫文华殿，封闭阅卷，其间家人不能来送信或探望，整个过程要两三天。

这一届，乾隆做了一个调整。八人阅卷官确定之后，正好有两江总督进京办事，这是一位很有资格的两朝老臣，乾隆让他也参与阅卷，变成了八加一。后来户部尚书乌雅·兆慧从外地进京，乾隆看到后让他也参与阅卷。兆慧是黑水营之战的主帅，曾带领四千清军抵抗数万叛匪，坚守三个月，最终等来援军，成为西域回归祖国的关键战役。乾隆对他印象非常好，让他也参与阅卷。兆慧说，我实在改不了这个卷子。乾隆说这个很简单，你不用改卷子，每个卷子有五等，最好的画一个圈，第二等的画个三角，第三等画一个点，第四等画一个杠，五等画一个叉，他说你只负责统计，圈最多的就是第一名。这是这一届的阅卷官。

殿试不再考诗词歌赋，而是考时政，叫“大廷献策”。考生需要针对国家面临的难题提出解决方案。题目很长，康熙的时候有400多字、500多字，乾隆时限制在200多字。这种题目对边远地区的考生来说非常困难，因为他们不了解朝廷的运作。但是有一个特殊群体，就是内阁和军机处的考生，他们一旦过了会试，在殿试中便极占优势，因为他们每天都在处理奏折。凡是地方来的奏折都由他们先抄一遍副本，奏折中地方官员会针对某个问题提出建议，因此他们非常熟悉这一模式。上一届的状元和榜眼都来自内阁中枢。

这一届的阅卷结果出来后，第一名和第二名都出自中枢机构，第一名是赵翼，后来成为著名的史学家。很多考生对此非常不满，考生们编了歌谣，乾隆对外界的议论不满，认为这种结果对其他考生不公平，因此训斥了军机大臣和内阁大学士，要求他们想办法改进。

阅卷官们在阅卷时，特别关注赵翼的卷子，因为他是最有可能进入三甲的人。皇帝有话，不能把他排到前面去，但他们找了一圈，没找到赵翼的卷子。原来赵翼知道阅卷官们会限制他，特意换了字体。最后，左都御史刘纶说："我感觉第一名的卷子就是赵翼的。"刘统勋也说："他在我家里做过门客，我熟悉他的字，这不是他的。"结果最后，排到第一名还是赵翼。

乾隆皇帝非常认真地看了前十份卷子，花了五个小时。最后他把阅卷官都叫来，问："本朝西部有没有出过状元？"阅卷官回答说明朝出过，陕西人康海，但本朝至今没有。乾隆决定将原本第三名的王杰调为状元，因为当时刚刚收复大西域，乾隆希望通过这个决定激励西部学子。王杰因此成为状元。

尽管如此，乾隆还是有些担心，毕竟没见过王杰本人。清朝的状元长相各异，有的甚至像张飞。于是乾隆召见了前十名的考生，亲自查看。确定之后再正式举行大典，公布名次。见到王杰后，乾隆用了四个字形容他——"风度凝然"，沉稳、自尊，乾隆非常喜欢他。当天回去后，乾隆写了一首诗，其中有两句："西人魁榜西平后，可识天心偃武时。"西人指的是王杰，西平指的是平定大西域。乾隆对王杰的状元身份非常满意，认为这是对西部学子的激励。

第二，寒门学子的科举路。科举是一条很窄的路，西安还算是比较偏远的地方，乡试考生都超过一万人，顺天贡院、南京和江南考场的人都更多。但最终能成为进士的只有两三百人，且每三年才举行一次。寒门子弟考中很难，考中第三甲已经是谢天谢地了。

王杰的家族祖辈都是农民，从山西逃荒到陕西韩城，定居在山窝子里。到了王杰父亲这一代，家族决定让王杰的父亲捐一个从九品的税课大使，希望他能带领家族的孩子读书。王杰的父亲带着家族的孩子去了杭州，生活非常艰难。王杰在18岁时考入韩城县学，23岁进入关中书院读书。他的老师孙景列教导他："古之学者为己，今之学者为人。"意思是古代学者学习是为了提升自己，而现代学者学习是为了向别人炫耀。王杰牢记这句话，终身受益。

王杰的书法非常好，乾隆皇帝认为他是清朝书法最好的官员之一，曾让他整理诗稿。王杰的字写得很好，工笔也好，行书也很出色。有时生活艰难，他会靠书法补贴家用。

所以王杰早早地就被他的老师推荐给陕甘总督尹继善，尹继善调任后，又把他推荐给巡抚陈宏谋，后来陈宏谋把他带到了江苏。这两个人给王杰带来了很大的影响，即便如此，王杰36岁才考中举人，37岁中状元，与他同期的很多考生18岁就考中进士。在为数不多的记载中，王杰一次次考试，一次次落榜，科举之路非常艰难。

第三，为臣不易。雍正皇帝曾刻了一枚印章，上面写着"为君难"，出自《论语》："为君难，为臣不易。"做官不容易，权势容易让人迷失自我，亲友圈的人情牵缠也难以摆脱。清朝官员的俸禄不高，一品大员一年只有180两银子，加上恩俸也不过360两。因此，很多官员不得不靠兼职、写字、写墓志铭等方式补贴家用。

王杰刚到北京时生活非常艰难。他在韩城的两个哥哥日子过得不错，但王杰的父亲去世后，他一心科举，生活拮据，他的哥哥也没有援手相助。后来他做状元进京后，他的二哥曾写信给他，要求他把侄子接到北京读书，信中说："你家已经那么多人了，多一双筷子而已。"王杰回信说，北京生活艰难，又不愿坏品行向人求助。虽不知道下一步怎么办，但王杰始终记得他老师的教诲，绝不走动公卿，不拉帮结派，不参与圈子活动。即使像尹继善、陈宏谋这样的恩公，尹继善后来做到内阁大学士、军机大臣，还是皇帝的亲家，陈宏谋也做到了吏部尚书、内阁大学士，他也从不走动，觉得不应该打搅上官。

王杰的清官风格不仅体现在不贪不占上，更体现在他对华夏道统的自觉坚守上。他拒绝勾兑，即使担任礼部尚书，负责科举考试，他的四个儿子连一个举人都没有。和珅曾想通过拉拢王杰的儿子来接近王杰，但王杰坚决不同意。他的二儿子最终回到老家参加考试，王杰写信给陕西巡抚，说如果他儿子过了乡试，他会先弹劾巡抚。王杰的二儿子最终没有中举，早早去世，王杰对此有些愧疚。

我还是很感动，因为他作为负责国家教育的最高长官，他不让孩子挤占这个资源，科举是一条窄路，是农家子弟上升的通道。有了这个通道，社会阶层就不会板结。大部分不是进士的官员想要高升，是很难的。

第四，君臣之间。有一句话是"伴君如伴虎"，皇帝和大臣之间能不能建立比较深厚的感情？我以王杰的例子来说，可以，能建立。

乾隆皇帝在位实际超过63年，他身边一直文星闪耀，像刘墉、纪晓岚、彭元瑞，王杰也是。王杰曾长期为乾隆誊录诗稿，现在故宫里收藏了很多王杰的书法作品。给皇帝整理诗稿，有的是他写在一张纸上，改改画画，整理一下就可以了，这是比较容易的；有的是他在外面随口说几句，你手边又没有笔，就不容易记住，又不敢再去问乾隆，所以也不是一件容易的事。

乾隆皇帝热衷于编书，比如《四库全书》。当时还有一个小组专门来查这些人的错，每三个月统计一次错误。王杰在担任《四库全书》副总裁期间，非常认真，还请了浙江一个著名学者做助手。结果每一次统计，王杰都被记过，被罚俸禄。尽管如此，乾隆还是对王杰非常器重。

乾隆皇帝对王杰的好，我想举一个例子。乾隆四十八年（1783），王杰的母亲去世，王杰回老家服丧。服丧期间没有俸禄，王杰就到处借钱，生活非常艰难。他还为自己做了准备，担心回不去朝廷，借钱买了20多亩地。因为服丧对于官员来说是一道坎，比如可能你为母亲服丧完，父亲又去世了，为父亲服丧完，爷爷又没了，有的官员会遇到这种情况，就得一直在家待着，没有俸禄。而且就算之后回到朝廷，还要重新排队，原来的位置早有人占了，得等着，有时候一轮三年，总等不上。因此很少有官员在服丧期间能够升官的，但王杰是一个例外。

乾隆南巡时，调整六部官员，提拔王杰为兵部尚书。王杰在老家接到消息后，非常感动，也很忧愁，为什么？对于皇上这种破格，甚至违反常例的提拔，如果没有一点反应，不通情理，但如果他跑去北京，比如说当年皇上过寿的时候他赶过去，他又是一个在家服丧的人，别人会说他、笑话他。所以既不能装不知道，也不能够表现得太积极，怎么办？他想来想去，写信给他在北京的管家，他家还在北京，不是所有孩子都跟着他回了老家。他在信里说，我想在皇上南巡回来的路上，到德州运河码头上去等皇上，表示一下我的感谢，这样我也不用跑到北京，不会违反人伦。但是到那里见皇上我不能空着手，韩城实在买不到东西，你找谁谁谁借钱，没钱，你叫谁谁谁帮我看，贵的买不起，买点小屏风便宜一点的东西。这种叫路贡，买多少呢？我看过和珅的贡单，都是9个一套，都是名画、青铜器、佛像等。王杰买不起这些，但也要表示。所以，管家从北京拿着东西到德州，王杰从家乡赶到德州等皇上，结果等到了。乾隆皇帝一听说他来了，非常高兴，立刻召见了王杰。有一个人记录说王杰是哭着出来的，非常感动。乾隆皇帝只收了四件最便宜的，他没有都收，剩下的让王杰带回去，还可以再退回去，把钱再赎回来一些。所以乾隆和王杰之间的感情是非常深挚的。

第五，聚敛之臣和珅。王杰与和珅同朝为官23年，和珅是大贪官，贪污数额惊人，二十亿两，比清朝一年总收入都高。和珅曾极力推动议罪银制度，这是乾隆时期的一大弊政。官员犯错后，可以通过赔钱来免除处罚。和珅通过这种方式搜刮了大量钱财，乾隆南巡的费用也来自议罪银。

嘉庆四年（1799），乾隆驾崩后，和珅被迅速拿下并赐死。王杰作为主审官，依法办事，没有踩和珅，也没有为他求情。

第六，典范的意义。王杰是一个清廉、忠诚、善良、认真做事的典范。历史上这样的官员很多，和珅这样的官员很少，但是满世界都知道和珅，有几个知道王杰的？所以我觉得这是历史学家的一个责任，我们要搞清楚历史书写应该以什么为重点，整天写和珅那点事，没有人去写像王杰这样的官员。陕西人民出版社最早的时候希望我在清史编委会找两个人，一个写王鼎，一个写王杰。打听了一圈，没有人接这个活，没有人对他们做过专门的研究。

钱穆先生说，对祖国的历史要有一种温情。我想发掘这些历史人物，为这些清正之事做传，而不是无视他们，不是曲解和猎奇，不是扎堆，是认真地梳理那些人，作为对后人的一种典范，一种人格的典范，做事情的典范，做官的典范。但是写这些人也很有难度，像林则徐，他把日记和信都存下来，后人都找到了，所以他的资料蛮多的。所以写林则徐这样的清正之士还好，但是很少人会像他这样的，王杰这样的几乎没有什么资料留存。好在王杰是个著名的书法家，坊间收藏界很多人收了他的书信，书信和日记不一样，日记是自己看的，书信是给别人看的，有事说事的。书信连不起来的，这两个月可能写得很多，那两三年一封没有。我特别感谢出版社，感谢著名历史学家张岂之先生，我写王鼎，他都已经这么大岁数了，还亲笔写了一篇书评，鼓励支持。

王杰78岁时辞官回乡，嘉庆皇帝再三挽留，最终同意他回家。王杰离开北京时，刘墉、纪晓岚等人都为他写诗送行。纪晓岚给他写了一首诗，非常感人："遥知明月来相照，人似孤云无所依。"还加了一个注："公归无恒产，仍一贫士也。"王杰家里没有任何家产，依然是一个贫士。嘉庆皇帝也给他写了送行诗，有两句，非常有名的，"直道一身立廊庙，清风两袖返韩城"。

赵翼曾因被乾隆从第一名改为第三名而耿耿于怀，但在王杰去世时，他写了一首诗，"素风到老如寒士，公论同声说正人"，称赞王杰是"正人君子"。

所以阅读历史，你会发现没有一个时代是漆黑一片的，每个时代都有杰出人物，闪耀着道德、智慧和人格的光芒。这些清廉忠正之士的典范事例，至今仍对我们有深远的影响，也是中华思想宝库的重要财富。

远集坊第十五讲嘉宾合影

远集坊

第十六讲

数字文化产业发展与版权保护

主讲嘉宾

徐　炎

主持嘉宾

孙　悦

特邀嘉宾

阎晓宏　　于慈珂　　刘伯根　　茅院生　　赵　杰
张雅珊　　常晓霞　　李秀明　　张洪波　　严　波

数字文化产业发展与版权保护

徐炎　（腾讯集团副总裁）

在过去十几年当中，中国的版权保护事业取得了很大发展，不仅如此，版权事业本身也有了很大的发展。这离不开国家版权局一直以来的指导、保护和支持。下面就谈谈我们对于数字文化产业的思考，请大家多多指导。

在版权领域，数字文化产业的重要性日益凸显，数字文化产业不仅被写入党的二十大报告，而且在政策指引下，文化科技已成为“十四五”时期文化产业创新发展的动力引擎，文化产业也成为文化科技重要的“孵化器”与“试炼场”。数字文化产业包括两个方面：一是信息科技，二是文化创意。其涵盖了数字娱乐、数字文学、数字艺术等一系列与信息产业、网络产业以及文化产业密切相关的行业。

具体来看，在版权保护的语境下，数字文化产业与网络文学、网络游戏、网络直播、网络视频、动漫、人工智能、视觉识别系统等产业密切相关，不仅具有经济价值，也承载着文化传承和输出的功能。在国际背景下，这个价值和意义会更大。

在文化领域，美国好莱坞、迪士尼等文化创意产业在全球有很大的话语权。

再来看看我们的邻居韩国，韩剧在东南亚地区甚至全球都占有相当大的市场份额。腾讯在东南亚有自己的网络平台，根据我们的调研，在东南亚地区，韩剧市场排名第一，占有30%的播放时长。

日本的文化符号则是动漫，我们小时候看过的日本动漫非常多，比如《火影忍者》《忍者神龟》，这些都是日本非常重要的文化符号。

法国的奢侈品文化、红酒文化席卷全球。

那么中国呢？中国的文化输出是什么？刚才我讲了东南亚地区，韩剧排名第一，第二是欧美剧，占大概20%的市场份额，第三才是华语剧场，占15%的市场份额。一开始开拓东南亚市场时，这个数据更低，经过几年发展才达到15%的市场份额。

游戏，是中国内容产业“走出去”中走得最好的一个。全球游戏市场除中国以外的市场收入是1400亿美元左右。据统计，中国纯自研的游戏出海收入约为170亿美元，中国游戏占全球的市场份额为12%，这在所有内容文化产业里算比例最高的，其他无论是视频、文学、音乐都没有这么高的市场份额。虽然腾讯集团旗下有腾讯音乐，但是它的产品在全球范围内也做得不尽如人意。相比之下，美国在全球音乐产业中占据主导地位，其唱片公司如华纳等非常厉害。

在此背景下，我们的文化产业“走出去”任重道远，尤其在“一带一路”背景下，我们还有很多事情可以做。

一、中国网络版权产业发展的历程

根据腾讯研究院发布的《中国网络版权产业十年发展回顾》，中国网络版权产业市场规模从2013年的2100多亿元，增长到2021年的约1.4万亿元，年复合增长率近25%。这个发展非常震撼，其背后有很多原因：

第一个原因是党中央、国务院的政策支持，即加大知识产权保护，鼓励文化做大做强。标志性事件之一是2014年对快播的2.6亿元处罚，这一事件使我们不用下载即可直接观看，以前我们看网络小说，尤其视频都要先下载，这个转变是非常有意义的，是行政手段推动正版化发展的重要里程碑事件。

第二个原因是网络版权发展离不开技术发展和进步。在过去十几年中，技术有了巨大的进展，从2G、3G、4G到5G，网络传输质量大幅提高。加上终端设备也在不断发展，手机算力、清晰度、播放情况及电脑播放视频的清晰度都是以前没法比的，用户体验更好。推动用户从电视端转向电脑端和手机端。

促进网络版权发展的还有几个因素，比如音视频的传输技术，现在的技术标准是H264、H265、H266。在H266领域中国企业崛起得很快，有几家企业都进入了全球标准必要专利的前十，这是基础性的发展。

第三个原因是立法的修改，包括司法的一些举措，配合着行政执法一起推进，使得正版化做大做强。

我2006年进腾讯时，整体上版权保护比较弱，后面才一步一步地发展起来。到了最近有两个重要的标志性事件。一个是禁令的颁布，如行动保全措施。2014年我们跟网易之间的音乐禁令，使得之后正版化的趋势大幅度增强。另一个是判赔金额大幅度提高。虽然中国在网络领域的判赔金额有大幅度提高，但是跟欧美相比还有很大差距，泰国的保护力度也比中国大得多。

二、网络版权保护领域的应用

网络文学领域产业规模是200多亿元，网络文学对整个中国网络发展有很大的帮助，因为当时很多中国互联网公司靠两大领域挣钱：一是文学，二是彩铃彩信。这帮助中国互联网渡过了第一个难关。通过彩铃彩信，腾讯扭亏为盈，这具有非常重要的意义。

动漫领域产值比较小，但是意义非常重大，它的客户群体主要以青少年群体为主。近年来国内动漫也慢慢发展起来了。腾讯对此投入了非常多，比如《斗罗大陆》播放量是200多亿次，它的集数很多，一集点击量超过1亿次。

网络音乐方面，腾讯的QQ音乐在几年前收购了酷狗、酷我，并且在香港上市了。

网络文学、长视频、动漫、游戏、音乐等领域需要投入大量版权成本去运营，但是短视频领域创作模式变了，短视频创作依靠用户上传的模式，网络运营者不需要付出版权成本。在创作过程中，不可避免带来很多盗版问题，如切条、搬运等，但是收益方往往是短视频网站。这是短视频和长视频起争议的地方。这个争议的根源在于，一家付出大量的版权成本，却收益甚微，这时就会出现问题。在这个过程中规范网络版权发展，保护好原创者的利益，保护真正投入版权的人有好的利益分配机制，才能促进整个行业的发展。

三、数字文化产业的形态模式

网络游戏、长视频近年来持续面临模式升级挑战和运营结构压力，产业规模逐渐下降。

我们希望一些为了版权真正付出努力的人能够得到尊重和回报。市场的力量非常大，用户的选择比较重要。在这个过程中我们应该怎样规范整个行业发展，怎样让这个行业更加健康、更加有序地发展，这是大家共同面临的问题和需要努力的方向。

刚才我也简单讲了一下数字文化产业高速发展的原因，包括国家政策、平台发展、大众的生产及著作权法的修订，以及行政执法机关和司法机关的共同努力，才促进了整个数字文化产业的发展。

版权业是一个无形产业，版权如果不加以保护很快就会被盗版，一定要有一个机制出来才能促进整个行业发展。未来中国版权保护面临的挑战是什么？简单举几个例子。

比如内容创作模式发生改变，从专业生产内容（PGC）转化为用户生产内容（UGC）后，用户既是受众，又是制作者，这个转变使得整个创作领域非常宽泛，可以说人人都可以成为创作者。

再如人工智能用户生成内容（AIUGC）和人工智能生成内容（AIGC），版权纠纷很多。2023年6月，美国有两个作家在加州北区起诉ChatGPT，认为它在训练过程中使用了他们的文章。2023年9月，17个作家通过美国作家协会起诉ChatGPT，这是在纽约曼哈顿法院起诉的，他们的指控更严厉一些。不仅指控ChatGPT盗用其作品，而且通过美国作家协会，把OpenAI的训练途径给展示出来了，这个案件于2024年年初开庭。

除了这些争议，还有隐私权和个人信息保护的问题，后面我也会讲到。这种内容创作模式发生变化时，比如说从PGC到UGC，不仅是创作模式的变化，传播渠道会发生变化。分发渠道、运营模式也不一样。创作模式改变以后导致版权保护难度越来越大，需要有新的技术、新的司法来认定到底侵不侵权，怎么来界定是否侵权。新技术发展导致法律上难以对版权定性，在这些方面体现得非常明显。

我们也可以看到，现在网络著作权案件非常多，有各种各样的原因：第一，版权本身是跟大家密切相关的，比商标还多。第二，现在最高人民法院也在推广诉源治理，为什么会有那么多网络著作权侵权案件，到底是什么原因造成的？有些是侵权盗版问题，有些是新型问题。侵权定性后，为什么还有那么多纠纷？为什么要通过一个个诉讼案来解决？这是需要思考的问题。本来很简单，这种行为是侵权的，确定了就按照规则执行，但是中国司法在这个方面的威慑力或者判处的赔偿金不够，使得部分人有利可图。

我的同事总结出网络视频的几个发展时期：2008年之前是孕育期，

2009—2012年是萌芽期，2013—2016年是发展期，2017年至今是兴盛期。2008年之前，我们在网络上看到的视频主要是海外的以及中国港澳台地区的老剧。当时有一些比较有名的收购国外版权的影视公司，如乐视网等，由它负责分销，将内容提供给各大网络平台，主要购买港台剧和海外剧。但是中国本土剧很少出现在购买清单上，这是一件很奇怪的事情。影视作品首轮上映/播出5～10年后的网络传播力，远远超过作品热播期。到萌芽期也差不多，影视剧综合发展，增加了在传统媒体播出后的长尾剧，但也是过了热播期后才在网络上传播。与此同时，剧集内容的创作经营者，对于网站这一新事物的心态发生了一些变化。

发展期，当时有八个大的视频网站，爱奇艺、优酷、土豆、聚力、六间房等同时发展，当然，也包括快播。后面大家开始加大力度进行自己的内容制作，网络侵权现象开始多发。一些剧集首轮上映后一两年就开始在网络上播放了，那时没有用网络剧来代替电视首播的情况，也绝对看不到先在网络上发布，再在电视上播出，或者同步播出的情形。现在不一样了，从2017年开始到现在，有很多标志性的事件。影视剧《三体》是央视和腾讯同时播放的，还有爱奇艺的《狂飙》以及《人世间》都是网台同步播出的。整个发行模式发生了根本性变化。腾讯的剧就看中了网络市场，网络受众比电视受众更多，网络价值比电视价值更大，网络投放广告的收益比电视上的收益更大。受众群体从电视转移到网络时，整个商业模式要变化。市场在哪里作品就应该展现在哪里。很多剧由网络首发或者跟电视剧一起首发。在网络首发过程中，随之而来的侵权问题更加严重。加上新的技术，切条、剪辑、改编、搬运技术门槛非常低，网络侵权到了集中爆发期。

为什么2019年、2020年有那么多短视频盗版现象发生，有很多种因素造成：第一，整个网络影视剧发行模式发生变化；第二，侵权门槛变得更低；第三，传播更迅速；第四，算法的推荐；等等。这些因素导致侵权泛滥。要规范好这方面的发展，推动整个行业往前走。为什么国外的短视频网站没有像国内的短视频网站侵权那么多，这是值得思考的问题。其实作品市场价值、侵权损害结果与作品热播期密切相关。《三体》在首播两个月内播放量达到顶峰，搜索指数40万。《鬼吹灯》的三部剧，引导用户开通会员，会员数量飙升，最高峰达到二十几万。网站有两大盈利模式：一是会员，二是广告。

《狂飙》《三体》《漫长的季节》《人世间》等剧热播时对视频平台会员增长人数产生了显著的拉动效应。热播期的保护是最为重要的，也是所有网站经营者最为看重的。

四、网络版权司法保护的一个历程

2008年，网络版权剧判决成本比较低，只有几万块钱。视频网站买剧的品质、性质不一样，他们没有把网络传播当作盈利手段，本身采买价格也不是很高，受众已经在电视端完成了整个创收的过程。所以那个时候整个判赔金额也不高。

2017年以后，网络剧发展迅猛。优酷起诉央广手机电视和云图直播手机电视未经授权播放电视剧《军师联盟》，索赔1300万元。优酷又因电视剧《三生三世十里桃花》被侵权获赔1160万元。爱奇艺起诉澳网赛事盗播方，判赔220万元；抖音播放腾讯出品的网络剧《云南虫谷》剪辑片段，被判赔偿腾讯3200万元；深圳某公司涉嫌抄袭网易出品的游戏《我的世界》，被判赔偿网易5000万元。这是当时国内游戏侵权纠纷案件判赔金额最高的，但这个金额还不到侵权方半个月的收入。

这么多年，腾讯有很多维权案件，判赔金额最高的是美国法院判的，判赔950万美元。相比国内，这个保护差距比较大。

还有一个保护措施是禁令。2014年，武汉市中级人民法院针对网易云音乐侵害信息网络传播权采取了诉前禁令。以前禁令多用在专利、商标等有形产品中，但在版权领域的使用确确实实不多。在国外的维权过程中，我们在加州北区起诉的一个网络案件很快受理，法院马上签发临时禁令，15天之后组织双方听证，给侵权方一个永久性禁令。

2021年《斗罗大陆》的案件入选了我国最高人民法院五十大案例；2021年青岛市中级人民法院对《玉楼春》给予了禁令；《云南虫谷》案件也是签发禁令。2022年北京互联网法院针对世界杯赛事作出禁令，这是北京互联网法院成立四年来第一个禁令。

司法保护举措有两个：一个是禁令，一个是赔偿。行政执法威慑力越来越大，越来越规范化地推进。

五、侵权表现与司法判赔的趋势分析

第一，现在侵权内容发生了转变。由各平台多轮播出或者上映多年的老剧向热播剧转变。因为各个剧场，包括腾讯X剧场、爱奇艺剧场现在播放的都是热播剧。

第二，作品的制作和采买成本逐年走高。这个走高并不是一个坏的现象，这是对创作者的一种鼓励，只要创作好的作品就给予高的成本回报，只有在这种环境下才能形成一个良性的发展。给予《狂飙》《人世间》《漫长的季节》等优秀作品奖励才能形成良性的发展。

第三，侵权情节更加恶劣。侵权时间距离作品热播期，由十几年之久到逐步拉近，再到与正版平台同步更新。在侵权过程中，我们怎样保护好这些产品，使发展更加良性？对于热播期的产品保护，未来需要加大保护力度。

司法判赔金额有增多趋势，但仍与作品市场价值存在较大差距。为了激发产业创新活力、增强中国文化软实力，更加期待加强对知识产权的保护。

本土文化产业经历十余年耕耘创作、巨额投入，厚积而薄发。高品质原创内容和原生IP崛起，中华文化影响力不断扩大，优质原创内容的市场价值巨大。我们有一部剧叫《庆余年》，它是由网络文学作品改编成动漫、电视剧，又改编成游戏的典型案例，大英博物馆收录了这个剧。因为这个剧传播影响非常大，不仅在中国地区，在东南亚和英联邦地区也有非常广泛的传播，这是大英博物馆收录的腾讯的第一个影视剧，我们希望这些文化作品能够在海外有影响力，能够被其他国家认可，被欧美市场接受，被中东、东南亚国家接受，这是文化输出很重要的内容。

司法定价损害赔偿与侵权获利、实际损害尚不匹配，期待加大对本土优质原创内容的知识产权保护，以及对数字文化产业内容生产和利用中的著作权问题探讨。

我们面临很多著作权问题，随着人工智能、虚拟现实、5G等技术的出现，并与现代版权产业日益密切结合，生产内容、分发、消费的模式和形态发生了重大变化，我们必须妥善应对数字内容产业发展中的著作权问题。

问题包括：首先，客体范围的扩展，以前是电子产品，后来是数字作品，到现在的智能生成作品。智能生成作品有很多争议。其次，主体资格的突破。AI作画的主体是谁，是人还是机器？再次，权利保护规则发展。包括侵权行为的类型、侵权认定的规则、侵权责任状态，都有新的发展和变迁。后面我都会展开讲述。

新型作品扩展方面，体育赛事、网络游戏和人工智能生成内容产生的争议较多。

体育赛事侵权比较多，前几年还有很多争议。体育赛事节目涉及两大版权保护的原则：独创性，可量化。但是体育赛事到底有哪些权限应受保护？司法上有很多矛盾的地方。

而北京市高级人民法院改判了凤凰网转播赛事的判决之后，把这类作品的性质定下来，就是视听作品，司法判决基本延续这个判决。但是这只是司法的判决，没有上升到立法的高度，也没有行政机关认可。

网络游戏画面是用类似摄制电影作品的方法创作的作品，还是什么别的类型的作品，过去争议很多，各个法院审理思路也不一样。游戏抄袭是很普遍的现象，但是画面抄袭现在越来越少了。因为画面抄袭，都认定为侵权。法律对于权益的保护是循序渐进的过程，游戏画面当作“类电作品”来进行保护，只是司法上达成了这样一个默契，在立法上是没有确立的。

网络游戏玩法的保护争议也比较大，广州互联网法院针对阿里灵犀《三国志》游戏侵权案作出了判决，阿里灵犀向网易赔偿5000万元。这一判决对于规则方面有了很大的突破。法院对游戏进行了细致的列举和对比，如《王者荣耀》游戏规则可以细化为更具体的操作，就拿补血的过程来说，这个过程中你可以回程进行全量补血，还可以打怪补血。规则细化是不是一种思想和表达？这个时候就有讨论空间了。游戏的规则不停细化，细化到一定程度，由五六十条规则产生一个游戏时，全抄规则时构不构成侵权？如果著作权不保护，那由谁来保护？这个在全球范围内都是一个难题，到底是对于思想的保护，还是对于表达的保护的界定问题。我们在看这些判决，也在学习这些判决。这只是一审，二审要在广州知识产权法院进行。广州知识产权法院刚刚推翻了广州互联网法院的判决。

六、AI对于数字文化产业的深刻影响

1950年，图灵发表论文《机器能思考吗？》，提出图灵测试。现在对话应用很多，其实它在50多年前就有了。1966年，第一款人机对话程序产生，只是做得没有那么好，这个产品的进化是在这几年爆发的。

2007年，AI创作出第一部小说。2022年8月，AI绘图工具Midjourney画的《太空歌剧院》，获得了一等奖，但争议非常大。国外两大文生图平台做得非常好，我自己试过很多，比如《北京秋天的落叶》，画得非常好，比很多美工画得都好。这引发了很多的挑战。第一，美工以后干什

么？十几万名美工，这些人以后面临很大挑战，机器画得更精美，为什么不用机器而用美工？第二，机器画出来的东西真的可以用吗？会不会存在版权问题？因为机器画画要靠学习，学习什么？这是很有意思的问题。学习以前的东西，以前的东西产生的画会不会跟以前的东西重合呢？会不会侵权呢？诸如此类问题很多。ChatGPT一经发布就引爆了整个大模型的发展。当时有很多公司在跟进，包括腾讯、阿里巴巴、百度、字节跳动等平台都在研发大模型。

大模型的发展要用很多芯片，图形处理器（GPU）的芯片属于大模型训练里面最重要的芯片。美国限制了中国购买其高性能芯片，这个跟版权保护关系不大，但涉及文化产业里面很重要的一环——GPU，技术限制情况下未来怎么发展？这是很大的挑战。

人工智能引发的法律争议很多。第一，主体身份。机器能否成为作者。第二，作品的属性。能否证明作品具有自然人的创造性贡献。第三，权属问题。人工智能的创作，著作权应该归谁？开发者、使用者还是投资者？从目前大模型公布的用户协议来看，人工智能创作出来的作品的著作权应该属于使用者。这个很有意思，谁使用归谁，但会有很多侵权问题。

在生成式人工智能生态形成和发展过程中，存在多重挑战。

首先，知识产权安全挑战，包括内容本身带来的挑战。刚才我讲了ChatGPT带来知识产权侵权问题，很多创作者认为是作弊，是对艺术家的不尊重。如好莱坞有很多人罢工，就是抵制使用AI来创作内容。

其次，新型违法犯罪行为。在国内已经有好几个案件了，涉及编造假新闻，骗取流量来赚钱。这个制作门槛非常低。2023年4月，有人在自媒体上发文章称：9人出车祸死亡。这篇虚假文章有文有图，引起政府部门的怀疑，因为并未有相关报告。最终，造谣者以寻衅滋事罪被批捕。但更合适的罪名应该是故意编造传播虚假信息罪。类似案件，如绍兴视频案，一分钟就生成了视频，该视频声称某工业园区发生火灾，这也是虚假信息案件。因为有第一例被定性为寻衅滋事罪，所以这个案件也被判为寻衅滋事罪。我们可以看到，利用AI技术，可以伪造图片，连声音也可以造假。

现今，即使是电话确认也无法保证对方身份的真实性，因为声音也可以被模仿。技术一方面给大家带来很多便利，但是另一方面也给犯罪分子提供了新的作案手段。

最后用户隐私和身份安全。在ChatGPT中输入一段索引信息会暴露个人信息，不仅是ChatGPT，很多大模型都会遇到类似的问题。AI系统抓取了很多个人信息，包括联系人、联系地址、交易账号等。个人信息泄露之后，一旦被机器抓取，就可能被犯罪分子利用。所以这个问题非常严重。

接下来讲一下算法推荐，它不仅应用于短视频。在2003—2005年，门户网站上有很多内容供我们选择，点击进去就能看到更多内容。接着产生了很多新功能，比如可以收藏，下一次访问时，系统会推荐更多相关内容。到短视频领域出现了非常大的变化。跟小程序完全相反。小程序只有通过搜索才能看到，你平常看不到小程序在哪里，你喜欢看什么你自己搜索。这是被动的东西。而视频号有一个推荐功能——看一看，它会推荐算法认为你感兴趣的视频。

视频内容生产方式不一样了，现在是用户自己制作、上传，上传之后怎么到你这里，为什么把这个视频推荐给你？这里涉及很多标签。你的身份在网络上有标签，影视剧也有标签，比如《漫长的季节》，它的标签与东北的题材有关。只要跟这个题材相关就推荐给你，或者你喜欢看范伟就推荐关于范伟的消息给你。而且这个剧网络热度越高，被推荐的可能性越大。所以这些平台，包括短视频平台，不仅掌握了信息存储空间，也掌握了推荐机制，决定了传播速度，决定了用户看什么，这是算法推荐下的结果。

七、数字文化产业发展下网络版权的保护建议

核心问题在于注重网络版权保护下各方主体利益平衡。不是谁取代谁的问题，而是在这个过程中怎么平衡各方利益，怎样在版权保护的机制下，实现各方主体的均衡发展。这才是目前所讲的版权保护的原则。依法保护，平等保护，协同保护，严格保护，让大家有共同向前发展的机会。要保护创作者。保护好创作的机制和文化、创作的激情，这是最根本的。

在生成式人工智能领域，我们希望构建数字传媒新景观，引发AI治理新挑战。以ChatGPT为代表的生成式人工智能成为2023年数字科技领域最热门议题。发展还是规制？面向人工智能内容的版权归属、治理会成为未来重点。随着国内生成式人工智能快速发展，相关监管政策也逐步落实。

ChatGPT不亚于一次新的工业革命，这个技术未来怎么样我们不清楚，但这个技术发展太快了，引发了很多问题，版权只是其中之一。又比如现在的人形机器人发展，包括马斯克公布的机器人，这些高科技的发展对我们未来的冲击是非常大的。因此国内出了很多人工智能的服务管理办法，包括新一代人工智能的伦理规范等，这是国家部委提出的一个伦理规范，即不作恶。怎么让人工智能有更好的发展，这是我们面临的共同话题。刚才说由于GPU的技术挑战等，其实国内创新在跟国外竞争过程中压力挺大，尤其是在芯片类的基础设施方面，这是整个中国企业都面临的问题，也是使中国在下一轮科技竞争中取得先机的关键。

结合版权领域，我们面临几个问题：版权主体，权利周期归属，以及由此引发的纠纷。从这个角度来讲，我们希望能够加大对侵权行为的惩罚力度。例如实施禁令制度，有一些过滤拦截禁令能有效遏制侵权，这对整个网络版权发展有非常重要的作用。

在现阶段，尤其是短视频兴起，我们面临新形势下的侵权问题，这值得我们思考。

在这个过程中，特别感谢国家版权局一直以来在行政执法领域的指导与支持。2005年，随着“剑网行动”的启动，国家对网络侵权盗版进行了分阶段精准打击。这一行动不断深化，领域划分越来越细致。治理手段日益多元化，预警清单、约谈、通报、行政处罚等，还有刑民结合，民事问题适时转向刑事问题。北京、深圳、上海等知识产权保护比较成熟的区域，刑民结合的实践比较多。我们有几个行政投诉案件，通过与检察院的联动机制，直接移送至检察院处理，这样的打击效果更明显。侵权打击趋势也越来越严格，这对于版权保护来讲非常重要。

最后，感谢国家版权局通过版权协会对腾讯公司乃至整个行业的版权发展给予大力支持和帮助。

远集坊第十六讲嘉宾合影

特邀嘉宾

茅院生 （中国出版集团有限公司党组成员，中国出版传媒股份有限公司总经理）

听了今天的讲座，我感到收获不浅。作为一个出版人和学习法律的人，我的感受更深刻。对于出版人来说，版权是出版社的根基和最重要的资产。如果出版企业没有版权，那么其生存发展的基础也就没有了。因此，出版企业非常重视版权保护，中国出版集团对于版权保护和版权使用也做了很多工作，制定了很多规范。

在数字文化产业之下，网络版权的保护，面临科技对于传统业态及产品的挑战。传统版权保护和数字版权保护不一样，比如出版社打击盗版很多是到现场收缴非法出版物。传统出版中盗版可能要印三五百册才能实现其底线成本。而在网络版权下，一本也可以盗版。这个给我们传统出版企业版权的保护工作带来了极大的困难。一是取证难；二是取证过程中得到行政执法部门（包括法院）的保护支持很难。因为一本书的损失很难成为起诉理由，所以对传统出版企业来讲，现在侵权盗版越来越多，维权成本越来越大，传统出版企业的维权有一些艰难。这是我听了今天的讲座后的感触。

法律本身是有滞后性的，科技发展十分快，我们的版权保护法律规范和制度与科技的发展之间存在差距。因此，在法律规范尚不完善的情况下，怎么保护这些新的产品形态、新的传播方式和新的运营方式，这是需要执法部门，包括运营平台一起来思考的。

如果没有法律规范，我觉得版权保护是很难实现的。法律规范在现阶段立法体制下怎么推动，这也是一个问题。

对于我们传统出版企业来说，在数字化转型过程中，怎么保护和平衡各方主体之间的利益非常关键。首先是作者的权益。现在作者自己授权的情况越来越多，但是作者、出版企业和传播平台在最初的合同约定当中没有认识到，我们是一个利益共同体。比如很多作者在授权时，给出版社三到五年的专有出版权，出版社在保护作者内容版权方面的动力是不够的。作为利益主体的各方，从创作者到编辑加工生产者，到我们的传播平台，怎么建构一个共同保护的机制，需要大家共同思考。

赵　杰　（中宣部版权管理局执法监管处处长、二级巡视员）

徐总提出的这个主题很好，我申请参加学习，更多是想听一下有关网络版权的问题和建议。徐总讲到了一些观点，也指出了下一步工作的方向。

我也想分享我的看法。首先，立法的滞后性问题。立法要积极拥抱新技术。比如徐总提到的“避风港规则”的重新审定，平台的责任，以及在AI条件下，数据筛查及数据挖掘是不是适用新的合理使用制度等。作为版权行政管理部门，我们向立法部门提出了修改实施条例的建议，我们都要考虑新的技术。此前已经启动了实施条例的修订，力图通过点对点征求意见以及面向社会广泛征求意见，在立法过程中将这些内容系统地写进条例中。希望大家在公开征求意见的时候提出宝贵的意见。

其次，网络版权保护需要综合治理。手段包括高判赔、禁令、专项行动、预警机制等。通过临时的手段、行政的手段，以及权利人、权力组织共同发挥作用，通过各种手段做好这项工作。

我们也在不停地跟公安机关、检察机关、法院沟通，探讨怎么通过民事、行政、刑事手段，包括社团的各方面力量，提高网络著作权的保护水平。

还有电商平台的问题，怎么规范它，除了司法个案治理，行政部门也会对电商平台提出具体要求。除此之外，还会针对某一个行业来进行监管，从2005年开始我们做网络监管就是这个思路，细分领域，明确哪些领域该怎么做，把这个思路理清楚。

最后，要提高宣传培训的力度。拿软件正版化工作来说，2022年审查的单位里面，使用盗版操作系统的比例达到8%，当然很快就整改了。很多单位对正版化的意识不足。一些单位对哪些是正版、哪些是盗版没有搞太明白。政府部门有这个问题，老百姓也有这方面问题。怎么来做宣传，怎么增强意识，是我们需要考虑的。

第十七讲
《芥子园画传》的成书与流变

主讲嘉宾

李　庚

主持嘉宾

阎晓宏

《芥子园画传》的成书与流变

李庚　（李可染画院院长，日本京都艺术大学教授，中国美术家协会会员，中国美术家协会河山画会会长）

今天我要跟出版界的朋友们谈一本大家熟悉的书，可能由于我的工作关系，我发现这本书非常不一般，因此把我个人的感受跟大家谈一谈。

大家都知道有一本书叫《芥子园画传》，在很多人的书斋里，据我调查都曾有过这本书，在中国出版界，出版这本书的出版社也不在少数，可是这本书在中国出版界的评价并不是很高。它被认为是中国绘画的一本入门书，对学习绘画的人来说，有一定的参考价值，这是中国很好的美术史家、出版专家、版本鉴定家对这本书的一个认定。但是我在30多年的海外教学中发现，这本书的功用远超国人对它的认知，我一直想进行一次调查，从英国、法国、意大利、德国的大学，或者是从出版物中，了解一些外国专家对这本书的评价。我发现他们的评价跟中国学者们的评价有所不同，因此我想把这本书分成三部分向大家做一个介绍。

首先，这本书的成书。

其次，这本书出现之后对社会的影响，这是今天的重点。

李庚发表主题演讲

最后，这本书的当代意义。

接下来，我简要介绍《芥子园画传》的成书与流变。

根据我的调查，这本书在新疆、海南、黑龙江、吉林等地的出版社都有出版。

《芥子园画传》是中国美术史上一部奇书，同时也是中国出版史上第一部用图解方式介绍山水技法的彩色套版精印本，这句话我用了很多词组，又是山水技法，又是彩色的、套版的、精印的，这几个词非常关键。此书初集内容涉及山水画构造，造型结构图式、样式、程式，用图形演绎其技法、技巧，是第一部解构中国画构造的珍贵图书。这部书在印刷史、版画史、绘画史、出版史、美术教育史、人类文化史、日中文化交流史、世界艺术史，在图形学、造型学、符号学、构图学、艺术学、中国视觉艺术学、民族艺术造型语言学等领域中有着重要位置。

中国学者认为其是绘画的入门书，而德国、法国、日本等学界认为，研究民族文化，不看这本书不行。很多国家研究版画史时，经常会提及和讨论这本书。曾经我也认为中国宋代的版画居世界领先地位，唐代的版画也很伟大，但是外国学者为什么经常在各种文章和领域里，都强调它的重要性，我起先持着怀疑态度，但是随着对它的进一步认识，才发现这本书的重要性。

《芥子园画传》成书于1679年，也就是康熙十八年，前言由李渔撰写，这本书被他高度认可。2021年1月，容庚先生所藏一部原刊初印本《芥子园画传》以人民币400万元的高价成交。这本书很有意思，一出版就风靡国内外，被很多学者抢购一空，据说乾隆皇帝想看这本书的原本，也不容易找到。这些说法多是传说，没有正式的记载，散见于一些笔记之中。

中国的画谱很多，但是李渔认为唯山水无传，画山水画的少见，不知道怎么回事。其实明代的山水谱很多，甚至《芥子园画传》有多页书都是从其中套刻下来的，有一些是借鉴，有一些是直接搬过来了，这些事情被很多学者专门论定，特别版本学家在这个方面有很多专著。李渔也跟别人谈论，特别他撰写的前言里也说到这些，他说山水是中国绘画的高峰。

《芥子园画传》的作者叫王概，王概是南京的画家，芥子园是南京的一个园，谁的园？李渔的，这在历史上有很多的地区都有记载。古人的堂号是不会借给别人用的，这本书叫《芥子园画传》，而作者叫王概，这是一个大谬。

中国各个出版社都沿袭了王概这个名字，但是日本在最早几个版本中定为李渔画谱。我开头讲的在中国拍卖到400万的这本书，它在第一册书衣左上方贴有“笠翁画传”题签，推测为康熙时期的签。它的封面上印着“芥子园画传”字样，这本书的作者隐去了自己的名字，使它成为一个谜。

这本书在流传时有多个版本，王伯敏先生认为有8个版本，我认为不止8个，日本有一个学者叫古原宏伸，他也认为不止8个版本。国内大多基于中国知识分子视角，而国外，对这本书的看法大相径庭，稍后我会做一个解释。

先说名字，《芥子园画传》用了一位万历年间的学者李渔的名字。李渔是1611年出生，1680年1月13日去世，享年70岁，也有人认为是71岁。与李渔同年代的，在欧洲版画史上占有重要地位的人——伦布朗，一名荷兰的画家，是巴洛克绘画的巅峰人物，至今在油画领域也享有盛誉。版画跟出版有密切联系，在没有照相机的时代，油画你根本不能印刷，只能通过缩小成版画，再印刷。制作版画需要工匠重新刻图，伦布朗对此并不满足。我在德国主持讲学期间，对伦布朗进行过调查。

伦布朗出生于1605年，李渔则出生于1611年，李渔比伦布朗小6岁，在世界非常重要的艺术的制高点上，东西方都出现了很多在社会学上、在艺术传播上，存在共同关注点的人物，我感到无比震惊。

让我们回到芥子园这个话题。

古代的学者再贫穷也不会把自己的堂号借给别人用，我父亲有2个最为人熟知的堂号：一个叫“有君堂”，一个叫“师牛堂”。在抗日战争时，我父亲住的农民家里有一根竹子从桌子底下长出来了，竹子，是中国人爱的东西。实际上这个“有君堂”有双意，它既指竹子，又象征着我母亲对父亲的陪伴，因为有母亲伴着他，他的艺术生涯越来越成名。所以一个画家的堂号是伴随他一生的，同时也是非常重要的。因此“有君堂”和“师牛堂”这两个堂号我们都不可以用。

那么为什么《芥子园》的作者是王概呢？我们做了一个调查，发现王概的父亲王左车跟李渔关系密切，有各种各样的笔记记述他们的关系非同一般，李渔很重要的一部著作的前言是王左车写的。王左车有三个儿子：

王屎、王屁、王尿，作为一个有文化的人，他能给李渔的书写前言，给他的书做评论，应该是一个文人，但到了清朝他不做官了，大概是因为愤世嫉俗，就给孩子起了这样的名字。孩子结婚时，老丈人觉得这个名字不行，就改了名字，其中一个叫王安节。这个人会画画，据说是金陵八家其中一个画家的学生，现在有人认为他是龚半千的学生，算到龚半千身上也是可以的，李渔曾经跟龚半千在湖上乘船饮酒作乐写诗，这些都被记载下来了，他们之间确实有关系。《芥子园画传》上的很多刻法，有些与龚半千有一定关系。

李渔在前言中提到了一件事，他说好几年前他跟他的女婿商量，要出一本画谱，于是就出了这本书。这本书的稿子从哪里来呢？据说是李渔的女婿家中藏了一些明代大画家李流芳的画稿，两人商量将画稿改改写写，参照明代的版本做成一个集子，共144幅画。这都是版本学家们做过的考证。经过我们的调查，发现李渔的女婿是一个倒插门的，因家境贫寒，就入赘在李渔家里，李渔家也不是那么富裕，但他是当时的名人。女婿入赘后，李渔就安排给他三件事，管家、料理家中事务，以及出书。李渔是中国文化人里面比较少有的自己写书、自己出书的作家，在清代不多见。

“芥子园”是他的堂号，也是他本人的居宅，有人说芥子园一亩八分地，很小很小，我和朋友去芥子园考察过，发现那里变成了一个单位的职工宿舍，我很希望恢复芥子园的原貌，这个愿望并非我个人所想，而是受南京一位著名画家傅抱石的影响，他与我父亲是非常要好的朋友，据他女儿说，傅老去世前给中国政府写了一封信，信中提到恢复芥子园，我听到这儿，泪下如雨，非常激动。

可以说《芥子园画传》在画家心目中是不得了的书。回到《芥子园画传》的成书过程，最初是李渔跟他的女婿修改了李流芳的画作，再让王概绘制并刻成一本书。经过了三年的绘制及套版。如果有100多页，就得四五百块板，得五六间房子才能装下。李渔家生活不富裕，债主来逼债，无奈之下就把板都变卖。李渔给身居高位的朋友们写信时，曾经提到“枣梨尽失”就是指家产已抵债了，把芥子园卖掉以后，为了儿子考试，必须在家乡入试，他不得不搬家。搬到杭州后，李渔又设计建造了层园，准备在此安享晚年，但搬家前他的身体便不好，到了杭州又生了好几次病，不久就在杭州去世。这些经历是向大家说明《芥子园画传》成书不易的事。

李渔的传奇故事很多。我记得小时候，有个乡绅送了父亲一本书，打开一看，是本画画的书，父亲说我对这本书爱不释手，到了什么程度？夜里睡觉时把书搁在胸口，就这么睡着了。这本书就是《芥子园画传》。这本书质量非常差，不是原本，是民国时期印的，还是缩印版。但父亲说，我小时候老抱着这本书睡觉，就觉得非常幸福，那我就对这本书有了印象，就继续研究它。刚才说到，这本书是《芥子园画传》，而不是画谱，为什么叫“传”？有学者认为“传”应该念“chuan”不念“zhuan”，但按照画谱的惯例应该称为《芥子园画谱》。

当今社会，中国文化如何向全世界传播，借这本小书的流传过程，我们可以看到，它改写了历史、民族史、版画史、出版史和美术史。在我来看，这本书的作者非李渔莫属，别人做不了这本书，明代的各种版本，像唐六如的作品，把他的画与诗结合，那也是画谱，但是他没这样做。

《芥子园画传》最名贵的一本就是第一集，它的第二、第三集是康熙四十年出版的，相较第一集过去了20年时间，还有第四集人物集，则在嘉庆年间出版，距第一集已经过去了138年。出版第四集的时候，李渔、他的女婿，还有当时王概三兄弟，以及当时参与这项工作的文人都已经过世了，但即便如此，第四集出版时仍旧有各种版本出现，出现的是盗版、再版、衍生版、特别版、派生版。可以说在中国出版界里出现这么多奇奇怪怪的版本书籍，在我的调查当中从来没有过。

《芥子园画传》第一集将山水拆分开来，比如单独画树或人，这种画法看似不合适，甚至有些愚蠢，可是外国学者、外国的大画家对这本书的看法，非常吃惊，他们对这本书的理解跟咱们国人完全不同，但是这确确实实是一本中国的书。

这本书出版后，受到广泛的欢迎。我的学生说，李渔没能见到过这本书。李渔是上海人，江南地区的，到了冬季的时候，很多工匠就背着包袱回家过年去了，直到春节才能复工，得休息一个月，因此也得到二三月才能印刷成书，实际上李渔没见过这本书。

这本书非常了不起，拿日本街头的一家书店为例，一进门摆放在最显眼位置的是一幅描绘江户时期东京之繁华的木刻版画，而这幅画的左边是《论语》，右边则是《芥子园画传》日本人为何会把《芥子园画传》和《论语》放在一起，这要引起高度重视。

康熙年间，中国的人口只有几千万人，雍正时期，中国人口开始激增，到了乾隆朝晚期，清朝人口就超过了2亿人，而1000个人中大约只有1个读书人。1950年左右，中国人口中上大学的比例仍然很低，但《论语》始终是读书人接触的第一本书。

《芥子园画传》是一本无字书，不需要认识汉字就能看懂的一本书。当这本书到了国外的时候，它像长了双金色的翅膀，传播到了世界各地，没有阻碍。日本国宝鉴定委员会的主任提到，《芥子园画传》出版38年之后传入日本，日本政府出资印刷，日本幕府将军评价这本书是天书。而中国直到1960年才由国家出资印刷这本书，距离日本印刷该书已经过去了334年。《芥子园画传》对日本上层社会、文人阶层、绘画界产生了巨大影响。它是一本没有一个汉字的书，它画了一只鸟，画了一支荷花，这是民族学的图式，如梅兰竹菊，这些文化自古掌握在至高的皇权、贵族和富人手中。但是这本书一出版，改变了这种现状。有人统计，每一个村落都有这本书的影子，小孩出生要办喜事，除了写几个福字之外，要画图像；女孩结婚，自己绣个小鸳鸯；老人做寿，画个松树，都可以临摹这本书。

竹雕、漆器、建筑、刺绣都有一个谱，这个谱是从汉代就有，流传至今。但是第一次把谱拆开，允许人们自行组装的人是李渔。

为什么他能做这个呢？他不仅喜欢小说，还喜欢戏剧，他被视为一个无聊文人。其实我们对历史误解很多，从明代到清代，文人需要一种内心的自强，而非与军队一样需要刀剑相拼。因此李渔心里怀着无数东西，他写的书不写名字。我之所以站出来演讲，就是因为这本书非李渔莫属。我只能用一个词形容它——“奇书”。这本书给无数不认字的人，提供了最可靠的、最有用的价值，小姑娘结婚、孩子出生，老人们做寿，以至于棺材上面的一些花纹，都可以用到这本书，因此这本书发生了奇妙的变化。盗版书、再版书、改造书，各种各样的奇奇怪怪的版本出现，不足为奇，就这一点来说，我们把它称为“奇书”不为过。对于李白的诗，改一个字就不是李白的了，这是文字的法则，后人订正时错一个字都不行。而《芥子园画传》的各个版本错误百出，但是他所用的方式在中国诸子百家里面独树一帜。不靠文字传播，它用最低廉的价格流传，甚至手抄本的数量超过了《红楼梦》。

接下来说说这本书的流变给社会带来的影响。

首先《芥子园画传》传到日本后，日本官方印刷了这本书，它对日本各个阶层产生的影响很大。文人、大画家都对《芥子画传》推崇备至。不仅如此，《芥子园画传》对底层民众也产生了影响。

《芥子园画传》对日本来说是天书，带颜色的版画全世界哪里有？其实明代就有，是一幅鲁迅和郑振铎先生推崇的画作，画家来自安徽，但是它不能拆。《芥子园画传》是拆开、安上去的，这种东西拿到日本之后，惊天动地，产生了一个艺术品类——浮世绘。浮世绘的原名叫赤绘，比《芥子园画传》还早，可以跟明代接上。日本百年前的学者曾就提到文徵明、中国明代的版画，文化人的日记、笔记里都有提到。

从早期的赤绘，到中期的锦绘，在日本浮世绘的历史中，都出现了《芥子园画传》的身影。

这本书传到欧洲的时候，对两个团体产生了重大影响：巴黎的印象派，维也纳的分离画派。当时亚洲艺术掀起了一场风暴，浮世绘颠覆了欧洲自希腊、罗马至今的美学观念。

李政道提倡艺术与科学要并肩齐驱，艺术和科学都不能忽视，科学的发展使我们的生活更舒适，而艺术只管一件事，就是你的人生，对你的人生的看法和评价，所以二者都不能少。

为什么我在这个时候提出这些，是因为忽略这些的话人类很危险，科学发达的国家，往往伴随着许多负面的事情。

伟大艺术家们的私人日记、语录和他们对东方艺术的看法使我们感到吃惊，自印象派、分离画派之后，世界艺术就向现代艺术发展，而不会倾向于古典主义、巴洛克、文艺复兴或希腊罗马方向，没有这种迹象了，它一直向前发展。

浮世绘征服了世界的大艺术家们，有一位著名的浮世绘画家葛饰北斋，他创作的很多作品都模仿了《芥子园画传》，这一点被许多日本学者所指出。

西方当代艺术的高峰是印象派的创始人莫奈，他说他看了一幅画后才会画画，他说有一棵树，底下有一座房子，有个桥，这就是画了，这就是艺术了。中国文人认为，这只是初学者的水平。他打破了没有女神就不是艺术、不裸体不行、非得是罗马的某一个战场和故事，否则不能进到展览会的传统。为此印象派出现后遭到恶评，印象派这个词和浮世绘一样，是一个外号。

当时日本人没有把浮世绘当回事，是外国的旅行者、学者、律师、神父、军人等看这个东西又便宜又好看，拿回去捐给美术馆。这些画蕴藏着人的喜怒哀乐，它的艺术生命力奇强无比，冲破了很多人的看法，于是一颗灿烂的明星产生了。

其实不是欧洲的艺术打破了欧洲的艺术，而是借用了东方的艺术。我几次到欧洲调查这些事情，我来到一个欧洲文人的家，他的床头左面是松鹤延年，另一边，一只鸟踏在梅花上面，这不是中国的谱吗？这是日本大画家安藤广重天天练习的。

梵高是一位著名画家，他去世时，在一个修道院里，遗物除了24张版画以外没有其他。曾有人说梵高的画有浮世绘的感觉。梵高回答，浮世绘是他的灵魂向导，是他的精神向往。

外国学者说，石涛三分之一的画都来自《芥子园画传》，这也印证了《芥子园画传》对大画家的影响，而不仅仅是普通人。

我任教的京都艺术大学所在的街就叫北白川，两边都是寺院，我去那里是为探寻中国的版画，探寻浮世绘，探寻中国文化、西方文化和日本文化之间的关系。据说以前王国维租了庙中的一间房，他在那儿破译敦煌文献。有一个年轻人也到过，他在里面修行，在里面寻找禅宗的要典，他想对中国传统文化有一个理解，他的入手点是寺院。这些典籍是怎么流传的呢？必须靠版画、印刷，这个传统使日本的出版业是从寺庙开始的，它不受政府的限制。这个年轻人得到一点体会就是艺术的简洁。这个人就是苹果公司的创始人乔布斯，他将简洁性融入苹果公司的设计理念中。今天年轻人手机里都有很多动漫，它简化了很多东西，这些都是我们今天应该关注，并且在生活中呈现的，它们在艺术领域达到了新的高峰。

我就用此来结束今天的讲话。谢谢大家！

远集坊第十七讲嘉宾合影

第十八讲

我谈书法

主讲嘉宾

阎崇年　连　辑　修福金　郑晓华　张公者

主持嘉宾

阎晓宏

特邀嘉宾

刘　广　李　庚　苏德良　叶　青　黄　君
杨京岛　刘三岁　袁亚平　宋志军　高世屹

我谈书法

阎崇年　（历史学家、央视《百家讲坛》开坛主讲）

本期主题是“我谈书法”，我想书法跟文化的关系，不能谈得太早，甲骨文刻在龟甲、兽骨上，谈不到书法。钟鼎文把文字铸在钟、鼎等礼器上面，那个时候没有书法家，也不谈书法。从什么时候谈？从秦始皇元年即公元前221年，到宣统三年即1911年，一共2132年，这段历史我学过，今天谈谈这段历史期间的书法和文化的关系。宣统结束以后，我就没有资格谈民国书法，1949年以后就更没有发言权，所以今天都不谈。谈的范围就是这2132年封建专制时期的书法历史。

我想简单思考归纳一下中国书法2132年中所发生的变化，在关键点上的变化，我概括为四大变局：一、秦、两汉时期书法的变局；二、魏晋南北朝时期书法的变局；三、隋唐、两宋时期书法的变局；四、元明清时期书法的变局。今天说的可能不少是糊涂话，我今年九十了，要是说错了的话，大家别往心里去，听之任之就算了。

秦、两汉时期的书法变局。这三个朝代都是大一统王朝，从秦朝到西汉再到东汉这三个全国统一政权持续时间为441年。在这441年中，秦、两汉文化有什么特点？我觉得就是两个字：划一。政治划一了，皇帝专制；疆域基本上划一了，基本奠定今天的版图，后来有所发展；管理体制划一了，春秋五霸、战国七雄彼此不统一的，秦统一全国后推行郡县制，县上面是郡，再上面是国家，三级划一了。车同轨，书同文，划一了。

我说书同文，就是书法划一了。秦始皇忙于修阿房宫和陵墓，就将统一文字的任务交给丞相李斯。李斯领会秦始皇的意思，你不就要划一吗？所以李斯统一了大篆和小篆。《史记·李斯列传》也讲了这件事，而且李斯留下《峄山碑》作为见证。秦的文字是统一的。不统一怎么办？毁了；不符合他的要求的书，焚了；不符合他的事，坑了；这就是焚书坑儒，是为了划一。

秦篆写起来很麻烦，抄写的人逐渐发展出了佐隶，进而演变成隶书。秦朝开始有隶书，汉朝隶书又进一步发展。汉朝，特别是西汉武帝时期，罢黜百家，独尊儒术。那么书法也得划一，所以汉隶基本比较统一，我们今天所见的碑刻基本上都是汉隶。但是也有别的，行书开始有了，草书也开始有了，但都不是书法的主流。

东汉基本上是一个统一的王朝，继承了西汉的体制，书法也保持划一。因此，秦、两汉的书法特点是，秦统一篆，汉统一隶，形成了一种书法文化风尚，其间自然也有一些行书、草书等，但都不是书法的主流。碑刻主要使用隶书。这一时期也出现了一些有名的书法家。

接下来就是魏晋南北朝时期，中国历史发生了天翻地覆的变化。这个变化就是中国处在一个大的分裂、战争的时代。这个时期的特点就是，汉、匈奴、鲜卑、羯、氐、羌、苗等众多民族，争着建立自己的政权。今天你推翻我，明天我推翻你，老百姓生活当然很苦了，士人也很苦。

大家熟悉的陶渊明、竹林七贤，就是这个时代士人的一种缩影。所以这个时期书法的特点，我认为是百花园里百花在争艳。

隶书有写得好的，草书也有写得好的，出了一些著名的书法家。阎晓宏先生所著的《临帖笔记》开篇介绍了钟繇，说钟繇很用功，他涮笔的池子都变成了墨池，他废寝忘食，甚至晚上躺到床上都在用手指头在被子上练字，被子都被磨出个窟窿，所以钟繇成了著名的书法家。

这一时期，有一个很显著的特点，即文化的交融与冲突并存。就是中国农耕文化，匈奴的草原文化、森林文化，这些文化在交融，各个民族在交融。儒家、道家、佛家、法家也在交融。交融过程中有冲突，就有融合；有交流，就有互相借鉴。这个时候书法的各种书体，篆、隶、楷、行、草等，各种形式都有，百家争艳。这个时期中国书法出现了一个新的高峰。

譬如师宜官这个书法家能写见方的大字，也能在方寸之间写千字。他酷爱喝酒，据《晋书》记载，师宜官有时去酒楼，并不带钱，付不起酒钱，就在酒楼墙壁上挥毫书写，观者要掏钱才能看。当酒钱凑够后，师宜官就会将墙上的字迹抹去。他有时候把字写在木板上，大家不能白看，得给他付酒钱。有个人叫梁鹄，也是一位很著名的书法家，师宜官一喝酒，梁鹄就去，拼命地给他灌酒，喝醉了就把字板偷走。

梁鹄字写得好，曹操喜欢他的字，但是他没投靠曹操。天下大乱后，他赴荆州，跟随刘表。曹操打荆州的目的之一就是抓住梁鹄。仗打赢了，梁鹄担心曹操会杀他，但曹操说我不杀你，你给我写字。曹操喜欢这些书法家的字，常将其悬于他的帐子上或者做成木牌挂在墙上欣赏。

梁鹄在东汉末年因为字写得好做了选部尚书，选部尚书就是后来的吏部尚书。因字写得好在当时官拜吏部尚书的很少。后来梁鹄的字传得比较多，就是因为归降曹操后受其重视，写得比较多。

然而这个时期好多书法家没有入传，《史记》《汉书》《后汉书》《三国志》等，书法家都没有入传。有人认为，书法家之所以能入传，并不是因为字写得好，是因为官大，官做到三公。那个时候的书法家，第一是官品，第二是人品，第三是书品，三个皆好才能入传。很多书法家光写字没有官品，所以不能入传。钟繇有官职得以入传，梁鹄因做了选部尚书，故也入了传。

这个时期还出了大书法家，比如卫瓘。卫瓘官至三公，但因得罪小人而遭灭门之祸。他的儿子叫卫恒，也是非常有名的书法家，著有书法理论作品。钟繇很讲义气，他上报朝廷给卫瓘平反。

这个时期往后就是王羲之。王羲之被誉为“书圣”。《晋书》有王羲之的传，不仅仅因为他字写得好，还因为他的家族、官职等原因。晋朝之前没有一位书法家是因为字写得好入传的。钟繇也不是因为书法，史书记载了他的官职、品行、修养等，最后提了一句，他字写得也不错。所以在秦、两汉、魏晋南北朝，书法家在史书上的地位还是欠公平的。

一直到北魏，隋统一之前，虽然魏晋南北朝合起来一共是369年，这369年社会动荡、纷争不断，但是给书法的创新提供了条件，想怎么写就怎么写，想写什么就写什么。书法因此出现百花齐放的情况，达到了中国书法史上的一个高峰。

第三次书法变局就是隋唐，隋时间很短，唐时间长，我把宋也算了进去。唐是大一统的时代，我认为唐朝是中国历史上一个伟大的朝代，虽然它存在很多问题，但国家统一了，对外文化交流、诗歌、文章、书法、绘画等都出现一个高潮，后来的封建王朝也达不到唐朝的水平。所以宋朝人很明确，不写唐诗，写宋词。

隋唐是一个大一统时代，这个时代开放一点。唐太宗自己喜欢书法，他集中了一批书法家。《大唐三藏圣教序》是唐太宗亲自主持的，后由沙门怀仁把王羲之的字集起来，历时25年。

唐朝书法家太多了，篆、隶、楷、行、草都达到新的高峰，有一些是后来达不到的。我举几个例子，一个就是怀素。怀素的书法完全是自由创作。《怀素自叙帖》如惊雷闪电，如惊蛇奔走！怀素的狂草达到了历史上的高峰，后人难以超越他。

为什么把宋朝归在这里呢？宋朝基本上只剩半壁山河，北方有辽、金，西边有西夏。内部又经过诸多变动。尽管如此，宋朝也留给文人一定的自由空间。

宋朝有四大书法家，即苏轼、黄庭坚、米芾、蔡襄。苏轼一生遭到多次贬谪，丰富曲折的经历激发了他的书法创作，别人仿不出来他的风格，没有这个阅历就没有苏轼的书法。所以宋朝少了一个宰相苏轼，但多出了一个著名的文学家、书法家苏轼，这是值得的。崇祯一朝有50个宰相，而苏轼这样的书法家千年出一个。

第四个变局发生在元明清。元明清700多年最大的特点就是封建专制达到顶峰，超过以往任何一个朝代。虽然元明清出现了很多书法家，他们的书法贡献都值得肯定和尊敬，但从整体书法的走向和主流影响来看，已不复以往。

譬如赵孟頫，他的字华丽、优美，但是缺乏浩然之气，缺乏风骨，这也难怪。他的祖先赵匡胤曾金戈铁马，四处征讨，最后才建立了宋朝。赵匡胤第十一世孙赵孟頫可就不会骑马了，后来还投降了元朝。忽必烈对他很敬重，在大都召见他，当时那个路不像今天的柏油路，沿着城墙根有护城河，赵孟頫骑着马，连人带马掉到护城河里去了。赵孟頫的骑马技术不行，完全没有他祖先金戈铁马的豪迈气势。你说这么一个人的书法能有筋骨吗？不可能。他就是追求优美、华丽。他个人的字是应该肯定的，有一定的功绩，但是从时代和文化关系来说，已经没有王羲之、颜真卿、苏轼的那种风骨。

明朝推翻元朝重新统一之后，封建专制比元朝更盛了。我讲两个例子。一个是朱元璋，他上朝时，大臣高启奏报事情，朱元璋一不高兴下令将其腰斩，高启当时才39岁。还有一个大臣叫王行，写字很有名，他因与蓝玉有关联而被灭门。在这种环境下，书法家们谁还敢随便给别人题字？

明朝的书法家如早期的沈度、中期的文徵明、晚期的董其昌，他们的作品影响很大，影响清朝，一直影响到现在。

沈度的字受到朱棣的喜爱，他常伴朱棣左右，负责书写重要文件。馆阁体就是以沈度为代表，《永乐大典》就是典型的馆阁体，要求规规矩矩、一笔一画。明朝前期馆阁体在书法界盛行。

明朝中期著名的书法家文徵明，科举考试总是不顺利，后来他一生气不考了，就去写字画画了。据说日本人排着队购买文徵明的字，但他给外国人不卖、不是清官不卖。很多达官显贵封了金银财宝给文徵明送去，他都原封不动地退回，所以文徵明有点骨气，但是是小骨气，他的字写得还是很好的，但是绝对没有王羲之这些大书法家的豪气。

董其昌官至礼部南京尚书，也是很大的官，字写得不错。康熙很喜欢董其昌的字，乾隆也喜欢，我也挺喜欢他的字，但是我们从书法史上来看，他的字秀美有余，缺乏豪气和筋骨。

清朝文字狱更严密。清朝专门给书法家立传，这是个很大的事情，有一些没有官职，只是普通写字的，字写得好的，也专门给他立传。

清代的书法家金农，你看他的字，刻刻板板，规规矩矩，方方正正，横平竖直。《清史稿》中有包世臣传，他把清代书法列为五品九等，第一品是神品（就一个人），第二品是妙品，第三品是能品，第四品是逸品，第五品是佳品；后面四品每一品分两等，一品就一等，合起来是五品九等。邓石如、金农排在前三。邓石如的字还是写得很不错，很有功力的，被包世臣在《国朝书品》中列为“神品”，整个清代就评了一个。邓石如的字规规矩矩的，笔画很匀称。金农也是，每一笔都是规规矩矩的，所以他被放在第二位。

邓石如也好，金农也好，他们的书法在清代书法史上的确有重要地位，也值得我们学习和弘扬，但是就整个文化的发展、书体的流变来看，人都被拘束死了，每一笔每一画都不能像怀素那么写。在清朝，书法循规蹈矩，奴气十足，个性有余，豪气不足，尊古仿古，欠缺创新。

清朝的士人谨小慎微，为什么历史学家都去做考据，考证一个字？因为写一本书去考证一个字，安全。做其他，要是哪个字犯了忌讳可能导致满门抄斩。好几个文字狱都是灭门的结局。所以史学家做考据，文学是研究秦汉以后的作品，哲学就是考据经典。

举个例子，徐元梦比康熙小一岁，学识渊博，曾担任皇子的老师，地位显赫。但徐元梦被人诬告篡改起居注，未经调查便被逮捕，判绞刑，后来皇帝饶其不死，鞭打一百。

再有一件事发生在中南海瀛台，康熙皇帝的孩子都在那里念书。康熙下朝后去了瀛台，说要射箭，拿出一般人拉不开的强弓，即十石弓，康熙可以拉开。康熙让徐元梦拉弓射箭，徐元梦说这是强弓，我是个文人，拉不开。康熙大怒，命人当众鞭打徐元梦，还将他父母流放。

史书评价金农的字，镵削苦硬，逋峭迂怪，每个字都很怪。到清朝，特别到晚期，慕古厚古、临摹仿写、呆滞刻板，已经没有书法豪迈风发的胸怀和通灵自在的个性。

总之，元明清书法，在缰索中散放、舒缓，在规矩中放开、潇洒，在禁锢中拘泥、僵涩，在鸟笼中雀跃、飞翔，几乎没有秦汉之恢宏与风骨、魏晋之豪放与妙趣、大唐之气魄与博大、两宋之奔放与巧思。

评价书法，一方面要肯定个体的贡献，另一方面也要认识到有些局限是时代没有办法突破的。从书法史总体发展上，应当给予每个时代一个公正的历史地位和历史评价。

中国书法审美

连辑 （中国艺术研究院原院长）

刚才听了阎老师的演讲很受启发，能够把非常技术化的书法放到非常宏大的历史背景和文化背景里做宏大的叙述，这是学书法的人应该具有的一种胸怀。从道的层面把握书法，这是我这些年从事书法创作的一点心得，阎老师讲的我都能接受。

先讲讲我的一些作品，我按照自己的思路将它们整理为三部分：

一、相对规范的作品。它是面向社会、面向大众的，应该属于公共艺术的范畴，不能过多地牵扯个性或者是自己的风格。例如写在庙堂上的，用的是隶书。

二、面向文人的作品。比如庐山画派的字画，带着文人的气息。面向文化人的就不完全照着字帖，非常规范地去写了。例如我用左手写的行书体毛主席诗词，以及简牍体和隶书的变体，都是一种探索。

三、个人欣赏的作品。要写出一点性格来，开始讲究一些结构，讲究一些行气，讲究一些笔法，讲究一些点画，变得更活泼，有个人情趣在里面。像我自己创作的对联，为甘肃农村编的一副对联，这种用笔、用墨就有个人情绪、个人性格在里面。

又如我的一些作品会使用拖笔，就是一直在纸面上拖着笔写，形成草书或行书。

个人欣赏作品既可以写得更奔放一点，也可以大面积留白，或大面积地跑墨、涨墨，还可以用枯的墨来写。这就和前面的写法不一样了。

介绍这些是想告诉大家，写字也好，画画也好，刻章也好，你从事艺术创作，其实是有规则的。我刚才讲的这一部分作品实际是三段论，分三个层次来表现的。第一部分是带有社会观念，必须让社会大众能够懂得，能够识读的。第二部分是面向文人、士人阶层的，文人有自己的雅趣，你写得太规矩的话，可能不受欢迎。第三部分是个人的心得和体会。我认为字就应该这么构造，笔墨就应该这么处理，空白应该这么留，可能和别人不一样，形成自己的个性。这三部分组合起来就是我自己的书法或者是书法绘画的结构。这个结构总体上来说就是起承转合的三段论。

首先，这个三段论在我看来，也适用于中国书法的历史。从甲骨文算起有3000多年，从李斯小篆开始算起有2000年，从仰韶文化算起有6000多年，中国书法的历史就是由仕、士、人这三个社会层级共同创造的。

仕代表国家层面的书法，如李斯小篆，又如《十七帖》，不管是二王写，还是谁写，只有国家推崇的书法才能变成主流。楷书隶书自不用说。即使是草书，也一定是国家层面确定的。例如韩道亨的《草诀百韵歌》。所以第一个层面就是由仕推动书法的发展，且是主流。

第二个层面是士。阎老师提到的官员文人、不仕的僧人及隐士，都是雅士，都是知识分子。这一批人创造的书法是历史上时间跨度最长、内容最丰富、艺术水平最高的。他们是创造书法的第二个层面。

第三个层面是老百姓。早期陶罐的刻字，我们无从得知是谁刻的，但肯定不是王公贵族，而是工匠刻的。最有力的证据是简牍，最近湖南又出土了一部分简牍，时间从西汉中期到东汉早期，在这120年间，形成了一批简牍遗存。汉简上隶书因为工作的需要，写快了就变成草隶、草篆，最后变成类似章草的写法。这些字是老百姓写的，没有一个留名的。

我们再看湖南发现的简牍，当然以前有秦简，那是在国家标准篆字基础上的草化。湖南最近发现的简牍，加起来有10万枚了，而且年代大部分是汉朝到魏晋南北朝，这些字特别像河西走廊的字迹，那是老百姓所写。后来无论是在书法界、文人圈，还是在国家层面，汉字形成创造性的基础在大众。国家、文人、老百姓三者共同组成了书法历史创造的主体。

其次，由于这样的历史背景，书法的发育也呈现有收、有展、有放的特点。刚才阎老师讲的我非常同意。国家大一统时，书法由国家统一规范；国家分裂、群雄逐鹿时，书法则在开放的环境中自由发展。书法的历史发展实际上是一个放、展、收的过程。

放是指基层老百姓，像简牍，老百姓想怎么写就怎么写，没有法度约束，但是其中包含着书法后来的法度，这就是放。

从年代看，有些年代是收的，有些年代是放的，比如魏晋南北朝369年就是放的，从柳公权之后唐代写不出来那么高的水平了，后来到宋代又放开了。宋四家互不相同，又放开了，清朝也如此。所以书法的发展是一个收放过程。

百姓是放的，谁在展呢？文人在吸收老百姓野性的、活泼的、充满创造力的书法营养，把它发展成规范使用的文化成果，从而涌现许多有名的书法家。

最终国家来收，李斯小篆是国家收的，千字文梁武帝收的，把王羲之的字编成字帖，将收成的字刻在石头上，作为学习的范本。

唐朝李世民做的《十七帖》，包括他身边的欧阳询等人，就是皇帝的意志。清朝，几个皇帝都是大书法家，而且他们推崇二王和赵孟頫的书法。由于国家倡导、皇帝倡导、朝廷倡导，所以这一类书风是那个年代的主流书风。

最后一点，还有一个三段论就是书法有它的辩证法。书法就像一枚硬币，这枚硬币一面是写字，一面是书法。书法一定是写字，但写字不一定是书法。你写不好，没有笔法，没有技巧，那你很难把它称为书法，但是书法一定是写字。这是一个辩证法。

第二个辩证法，还是这一枚硬币，也是两面，实用和审美的两面。实用不一定要审美，我们现在汉字印刷体，把意思说清楚就可以了，不一定要审美。但是审美一定要实用，离开实用就把书法的社会价值抹掉了，所以审美一定要实用。

第三个辩证法，仍然是这枚硬币的两面，就是传承和创新，传承可以不去创新，很多人老老实实地写法帖、法书、经典，完全可以，不用去创新。但是创新必须有传统，抛弃传统去搞所谓的创新，这是无根之木，无源之水。

书法的传统与创新

修福金　（第十三届全国政协文化文史和学习委员会副主任）

听了两位大家所讲，一个是开了脑洞，一个是开了眼界，受益匪浅。作为年龄最大的书法爱好者，在各位书法大家面前，我就是来学习的。我想分享几点体会。

第一，我们应该以习近平总书记在中国文联十一大和中国作协十大开幕式上的重要讲话精神为指导写好中国书法。习近平总书记强调，要把握传承和创新的关系，学古不泥古，破法不悖法，让中华优秀传统文化成为文艺创新的源泉。我在这个方面想了很多。从书法艺术的角度来理解，我认为是不临摹古帖，书法就没有根基。另外，书法的创新是时代的要求，不创新的作品没有生命力。但是，离开古法去创新的作品，往往是短命的。时间已经证明了这一点。

举例子说明这个问题，虽然不一定恰当，但我认为比较合乎这个道理。比如从一个家庭角度来看，孩子们身体健康与否，是和家庭的因素及基因有直接关系的。从国家角度来看，基因也有很大关系。中国特色社会主义制度为什么能健康地向前发展，这是共产党人把马克思主义的精神和中国实践相结合，融入了红色基因，因此我们社会主义道路走得健康，走得远，这个道路受到其他国家的认同。

回到书法这个行列里面来，也是这样。

书法也是有基因的，书法基因就是习近平总书记说的十个字：学古不泥古，破法不悖法。这就是它的基因。习近平总书记后面还讲了，弘扬中国传统文化，发展中国文化，传统文化是源泉。源泉就是血脉，血脉就是基因。

第二，书法的时代使命，刚才两位大家也讲到了这一点，从古至今，乃至未来，书法不仅是中华文化的瑰宝，也是大家修身养性的生活方式。比如王羲之《兰亭集序》中记录了东晋时期文人对兰亭周围山水之美的赞叹和聚会的欢乐之情，抒发了作者对于生与死之无常的感慨，同时也强调了自然的伟大，并表达了对生命意义的深刻思考，这是东晋时代赋予文人雅士的一种使命。

又如唐初杰出书法家孙过庭的书论《书谱》，在中国古代书法理论史上具有里程碑意义，标志着中国的书法理论已经进入一个崭新、辉煌的阶段。《书谱》的意义在于：一是历史地位显著，被誉为中国书法艺术史上的权威之作；二是影响深远；三是文化价值深厚。这是初唐时期赋予孙过庭的历史使命。

再如舒同是中国书法事业的继承者和开拓者，中国书法家协会的创始人和第一届主席，毛主席曾经赞扬他是红军书法家，党内一支笔。他写下无数反映中国革命和新中国建设的优秀作品，是那个时代自成一体的书法大师，这也是那个时代赋予他的使命。

这些大家和书法家给我们留下了具有时代感的作品，也留下了宝贵的文化遗产。在当今时代，我们有很好的创作氛围，有良好的创作环境。要把内心创作的激情与时代相融，这样才能够创造出更好的反映时代的优秀作品。这是书法赋予我们的使命。

第三，营造一个良好的书法创作环境，这一点非常重要。要风清气正，不要歪风邪气；要团结融合，不要貌合神离；要敬畏书法，不要亵渎书法。中国书法是用简单工具和材料在黑与白中展示出各种书体的一门艺术。书法具有高深的审美境界，只有在风清气正、团结融合的环境中怀着敬畏书法之心才能创造出更好的作品。

为什么我要说敬畏书法呢？我也举两个小例子。前几年我在一个展览馆里看到地方官员请毛主席给一本杂志题的词，据说，当时毛主席欣然答应后写了两幅，一幅是竖的，一幅是横的，还说如果他们不满意可以给他来信，他再重新写。对此我深受教育。一位伟大领袖，书法已登峰造极还这样敬畏书法。

以前我在吉林民革机关工作，段成桂大家都知道，他是我的邻居，他是当时省里很著名的书法家。那时吉林民革要办一本杂志，于是我找到他，请他为我们的杂志题写刊名，我说叫“吉林民革”，他说好。大约一周之后他给我打电话说写完了。我俩是邻居，我便直接去了他家。我进屋一看，他的书房有十几平方米大，满地摆的全是大方格纸的“吉林民革”四个字，摆了一地。他说你选吧，你相中哪个就选哪个。当时我不知道哪个好、哪个坏，但是我知道他敬畏书法，我十分感动。他还跟我讲，为了这个作品他写了一刀纸。这是书法家敬畏书法的表现。

没有敬畏之心就没有精品，没有敬畏之心就无法为人民、为国家创造出更好的作品。

第四，我是怎么学书法的，在这里跟大家做一下汇报。

1958年我读小学的时候就描红，后来参加工作，我成了中山书画社的秘书长。在一次笔会上，一位书法家请我给他们写一幅字。我当时就是写大字报的水平，怎么能在那些书法大家面前写作品呢？但从那一天开始，我下决心一定要学书法，一定要学好书法。

学习书法的过程中，有苦，有乐，也有灰心的时刻，也有喜乐的时刻。有一段话一直陪伴着我："吾心信其可行，则移山填海之难，终有成功之日。"这是孙中山先生《建国方略》里面的一句话，在中国科学院第十九次院士大会、中国工程院第十四次院士大会上，习近平总书记也引用了这句话。就是这句话激励着我。

40多年来，我都是4点半起床看帖，读帖，临帖，已经形成生物钟。就是出访时也带着笔墨、帖、纸张。不然4点半起来到吃饭这段时间就太寂寞了，不知道怎么度过。我也曾经临过二王的帖，皇象的《文武帖》《急就章》、孙过庭的《书谱》、文徵明的《京邸怀归诗》、贺知章的《心经》、净眼大师的《因明入正理论》，还有近代书法家王蘧常的《千字文》。

我最大的体会是，不临帖就没有根基，不认真临帖就根基不牢。我也出版了几本书法集，但不成样子。同时我还把中国最有影响的中医典籍《黄帝内经》，大约24万字，用小草抄录下来，将近800米的长卷，我很欣慰。

我热爱书法，它是我生活中不可缺少的一部分。我最喜欢的就是书法家于右任先生的一段话："人生贵行乐，书道乐无边，每日三千字，长生一万年。挥毫随兴会，落纸起云烟，悟得其中妙，功夫要自然。"为了追求人生的贵行乐，今后我还要继续写下去。

习近平总书记曾经说道，生活就是人民，人民就是生活。我想追求这个乐的生活的路还很长。士不可以不弘毅，任重而道远。谢谢大家！

世界视野下的中国书法

郑晓华　（中国书法家协会分党组副书记、秘书长）

刚才我听了前面三位专家的演讲，我觉得要为远集坊大大地点赞。过去我们参加过很多学术论坛，一般的人文社会科学的论坛不谈书法，书法这个学科太小，相关的论坛就局限在很小的学科范围，很少涉及人文、文化相关话题。阎先生以史学家的角度，从宏观出发谈到中国书法的变局，刷新了我对书法史的认识。连辑先生从文化管理者角度，也是艺术实践者的角度对书法艺术做了抽丝剥茧的分析，这个角度非常独特。在书法理论界，属于自己独创的理论，我们有时候想不到这三个层次，他的理论给我很深的启发。修主席从文化领导者的角度讲了书法和文化的关系，书法和治国理政、个人修为、个人文化发展的关系等。这些也都给我们非常广阔的视野和深刻的思想启迪。

我原来在中国人民大学工作，在艺术学院里面，音乐、绘画、设计、理论是大学科，书法在艺术学科里面是小学科，所以书法是习惯于被冷落的学科，长期比较寂寞，很少有机会参与高层次的人文对话。今天这个论坛非常好，邀请我来做汇报，与大家交流，我觉得是对我的褒奖，也是对书法学科的一次礼遇。

在世界视野下看中国书法，随着中国文化“走出去”，讲好中国故事理念日益深入，中国书法作为中国本土非常独特的艺术样式，经常有机会被推到国际交流的前沿。然而，不论是国内还是国际上，都会听到一些不同的议论，质疑中国书法的国际传播、推广是不是一个伪命题，认为这是不可能做到的。因为书法以汉字为载体，其欣赏的前提是要熟悉中国的语言文字。如果没有汉语言的国际化，书法的国际传播究竟有多大意义？现在虽然做了很多国际展览，有很多出访交流活动，但效果到底怎么样？花了大量资金到底值不值？文化交流的障碍能不能克服和超越？在此，我想就这些问题和大家谈一点自己的想法，听听大家的意见。

纵观世界艺术史，中国艺术和西方艺术是两个完全不同的体系。由于特殊的地理环境，北边有大沙漠，西边是青藏高原，东边和南边都是大海，这种相对独立的地理环境，使我们在过去几千年历史中培育出了自己非常独特的文化。虽然有丝绸之路的交流，但在古代交通工具的限制下，交流非常有限。从不同文明的互相影响来说，两河流域与尼罗河流域的联系颇为密切，但是这些文明都难以波及黄河、长江流域，影响不了东方文化。所以基本上我们东方文化形成了以东亚为代表的汉字文化圈。

在语言文字、建筑样式、服饰、饮食、生活、风俗等各个方面，我们都形成了自己非常独特的体系。其中最大的差异可能就是艺术，艺术里面可能差异最大的是书法。中国画差距也很大，但艺术学院的老师去欧洲、去美国交流时，仍然与当地的画家有很多共同语言。

然而我们书法访问团去美国访问，艺术学院里面没有人跟我们交流，那里没有书法课、没有书法家，基本上都是亚裔华侨跟我们交流，或者是少数汉语系、东方系的教师与汉学家跟我们交流。书法跟整个欧美的艺术界没有对话的平台。中国书法是最独特的。

在欧美等使用拼音字母的国家和地区，也有所谓的“书法艺术”，他们的书法相当于我们的美术字，通过笔尖宽窄不同的工具写出有一定变化但相对有限的字母，虽然也有很多风格样式，不过大都是机械的制作，所以在欧美大学里面书法只在设计系开课。乔布斯在斯坦福大学的演讲——如果各位有印象的话——他谈到在大学时代翘了很多课，但他喜欢书法，他所在的那个学校的书法在美国当属最好，所以他选了两个学期的书法课，这或许是苹果电脑的字体是全世界最好的原因之一。乔布斯的书法概念其实就是装饰艺术。

我们的书法访问团去欧美国家交流时，我们说自己是中国书法家，是艺术家，他们觉得不可思议，书法怎么是艺术呢？它就是一种工艺，欧美的书法是字母组合的一种形态。

东西方艺术中隔阂最深的可能就是书法。我们去美国新泽西州的肯恩大学展览馆办展览，听取美术馆馆长的意见，他谈到了中国书法的国际传播要注意什么，怎么做才能够更好实现国际传播等。

例如，他认为一要改变黑白两色，应该各种颜色都使用。二是不能用传统的书法写诗文记录，这是一种文本叙述。按照他的说法，应该像日本的现代书法，少字，然后突出造型表现，色彩应多样化，这样的话才可能走出亚洲。

实际上这种方式把中国书法完全改变了。2012年，我在中国人民大学办过一个展览，当时邀请了一位美国和一位德国的艺术家，请他们参观中国书法，听听他们的想法。这两位艺术家走进展厅以后，异口同声地说：“我们被排除在外了，这门艺术我们完全不懂。”确实隔阂很深。实现书法的国际传播，我们应该怎么做呢？

国内也有人说书法做国际交流是自娱自乐。汉字是个无法跨越的障碍。我们在国际交流当中，也碰到国外艺术家同行，他们也认为中国书法如果不从根本上改变，那么中国书法的国际交流没有前途。我们是不是就望而却步、无所作为呢？问题不是这么简单。

我在阅读西方美术史的时候，注意到在世界艺术史上，过去东西方的艺术交流很少，但是在近代可能是偶然的机会，或许由于世界博览会，日本明治维新以后比较多地和欧洲交往，日本的艺术就率先一步走到了欧洲，影响了欧洲的艺术。世界艺术大师，最早和东方的书法艺术发生关联，根据我看到的资料就是梵高，他用油画笔写了日本书法。梵高是日本浮世绘的超级粉丝。在荷兰的梵高博物馆，我们可以看到大量的梵高画的日本浮世绘作品。这是19世纪非常特别的现象，实际上中国是东方艺术中心起源地，但却通过日本浮世绘，一个民间的版画对欧洲现代艺术产生了影响。

从艺术内涵来说，浮世绘作为日本民间的版画，并不代表东方艺术中最深刻的东西、最有内涵的东西，但恰恰不是最有内涵的、最深刻的东西，在欧洲生根开花了。

浮世绘和书法是怎么产生关联的？梵高临摹过两幅日本画家歌川广重的浮世绘作品，原作并没有书法，但是梵高临摹后，改了画的名字，并从别的版画里面找了两行日本书法家书写的汉字写在了画上。这样的作品梵高画了两件：一件是《盛开的梅花》；另外一件是《雨中桥》，其描绘暴风雨的场景，用红色的油画颜料写了汉字书法。所以这是一次很偶然的邂逅。

为什么梵高很欣赏浮世绘，但是他模仿了浮世绘之后，还要从别的画里面把汉字书法写上去？我想应该是在梵高的艺术感觉当中，他觉得汉字书法可能更有利于表达东方艺术的审美。他觉得画了日本浮世绘还不够，欧洲一般观众都不认识，写上书法，就更增加了他画的日本浮世绘的东方情调。所以从这一点看，虽然文献上没有任何记载梵高对汉字书法的看法，但是从他的两件作品来看，他可能认为汉字书法作为视觉元素，画进油画，比单纯图形的浮世绘更能代表东方的审美。

从这个艺术角度来说，汉字是障碍吗？汉字书法的形式美是不是不能被具有不同文化背景的观众欣赏？我觉得梵高所创作的这两件作品就已给出答案。汉字的障碍其实是可以超越的。汉字书法的形式美具备普适性，即便不懂汉字，无法阅读，但是形式美的这种感觉还是可以被具有不同文化背景的人感知、接受与欣赏。

不久前，我看了一本德国人写的关于中国书法的专著。书中引用了一位英国驻北京的外交官回国之后写的一本专著。这位外交官在大使馆工作时，喜欢并收藏中国书法，回国以后写了一本著作介绍自己收藏的作品。其中谈到了毕加索和清华大学美术学院的张仃教授在巴黎的一次会面，当时毕加索跟张仃说："如果我出生在中国，我可能是一个书法家，而不是一个画家。"

毕加索这番话说明，虽然没有其他文献可以证明他研究过中国画，研究过中国书法，但张仃给他带去了齐白石的画册，向他介绍了中国艺术。后来毕加索确实也尝试了水墨的创作，他有水墨画作品，可能就是看了齐白石的画之后做的尝试。

从毕加索和张仃的会面、交谈，以及在水墨方面的尝试，似乎可以做这样的推断：汉字作为一门视觉艺术，它的抽象形式，它的艺术普适性应该是存在的，它可以跨文化、跨语言，从图形形式自身构建交流机制，实现艺术的交流。从以上例子，我觉得应该增加我们做国际推广方面的信心。

当下确实困难重重，书法文化隔阂很深，人家只是带着好奇的眼光，将其当作东方艺术的样式。而要从真正的艺术本体角度理解中国书法，可能还有非常遥远的路要走。近代因为中国闭关锁国、积贫积弱，中国的文化没有进入世界通行的艺术语言体系。我们现在通行的艺术教学会教水彩、教素描，整个系统都是西化的。作为东方艺术，比如中国画、中国书法，甚至中国的书画工具毛笔，完全没有进入世界艺术教育体系。因为整个西方近代的科技在世界占主导地位，所以西方文化传播至全世界，成为世界通行文化。

回到中国古代，汉唐盛世，中国的绘画也好，书法也好，都远远地走出了国门，从朝鲜半岛到日本，再到东南亚。古代中国艺术之所以能够传播至东亚各国，其本身具有的普适性是一个基础，更重要的是当时国力强盛，为文化传播提供了一个强有力的支持。

进入新时代，中国综合国力不断提高，中国的文化逐渐登上世界舞台，在这个背景下，我们对中国文化的国际传播充满信心。时代在发展，我们盼望国家不断地提高综合国力，再创辉煌。这是我个人关于书法国际传播方面的一点思考和想法，不对的地方欢迎各位专家批评指正。

书法欣赏与创作

张公者 （中国书法家协会理事）

刚才听了几位先生的演讲，像晓华先生所说，我们俩算是书法专业出身，其他三位先生从专业之外的其他视角来谈书法，确实使我非常受启发和教育。当然在这里我也得坦言，有些观点我不一定赞同。晓华先生没有讲这个方面，算是避开未谈了。

阎先生是我非常敬重的清史专家，对赵孟頫的评论我不是特别赞同。赵孟頫的字还是洞达洒脱的，忽必烈当年见到赵孟頫的第一面时就评论他"才气英迈，神采焕发，如神仙中人"，这个评价是很高的。后来元仁宗更是评了七点夸赞之语。

连院长说的书法的社会性、文化性谈得非常开阔。当然对这个"仕"字我也不完全接受，这是社会属性。第二种是"士"，对于普通人的书写不能完全地纳入书法本体的领域。我们曾经也有一位学者谈到，他写了一本书，认为普通人的书写不属于书法艺术，只能作为民间书写。有的学者称之为民间书法，我一直反对。普通人的书写还不能达到"法"的高度。

今天我主要谈谈书法的欣赏。

中国古代有很多书论，尤其东汉以来，直到今天，我们的教授、专家都会谈到书法的品鉴，但是很少能达成一个非常共同的声音和观点，甚至一个词语用在不同的专家的观点当中，往往还是相反的意思，就像刚刚阎先生谈论赵孟𫖯。有些词大家都在用，但用的角度确实不一样。

我从小练字，已经四十来年了，也一直在思考有没有一种既准确又方便，能够让非专业人士准确欣赏书法的门道呢？想来想去，可能从哲学角度切入更合适一些，也就是老子讲的“道”的角度。

大家知道所有事物分物质和精神两个层面，书法本身作为事物，一定由物质和精神组成，从这个角度谈书法，可能会给我们提供更便捷准确地欣赏书法的一个途径。书法的物质方面或者说所有艺术的物质层面，都是用技法来呈现；它的精神方面指格调、气息、境界，这都是艺术的精神方面。

我今天重点要谈的是欣赏的底线，底线不能突破。比如说书法的物质层面，还原到书法就是技法层面，书法技法包括三个方面：点画、结字、章法。

当我们欣赏一件书法作品时，首先映入眼帘的就是章法。比如说杨凝式的《卢鸿草堂十志图跋》，原作藏于台北故宫博物院，是一件完整的书法作品，第一眼会看到一首诗。这个文学内容如何布置在它的载体——一张纸或者简牍或者其他的物质上，这是章法。欣赏一件作品时，章法有个审美底线，用一个字概括比较合适，就是“合”。单个字做到和谐，做到平衡；两个字、三个字在一起做到平衡；甚至通篇都做到平衡、稳定。就像这幅字，通篇和谐平衡，这个章法是成立的，达到了书法技术在章法层面的底线，不能再突破了。章法做到“合”，这些字放在一起是相互契合的。

说到结构，如果一定要我找出一个字来概括，那就是“衡”。中国古代的经典作品，单个汉字拿出来，无论何种字体，以它的结字来看，比如柳公权的书法学自颜真卿，两位在结字上完全不一样，但他们都有一个共同的基本审美标准，即便结字同样写个“大”字，在处理三个笔画时，位置各异，最后做到“衡”的状态。所以结字做到“衡”，作为书法技法中结字的审美是成立的。

有时我们看一些书法作品，尤其明代之后的书法作品，包括当代很多书法家的创作，在结构方面是超乎我们想象的。当我们欣赏一些经典的作品时，虽然在结字上跟古人不一样，但在审美上是成立的。这种审美上的成立可能更符合物理学，就是重心平稳，像建筑一样。中国汉字特别像建筑，大家看很多建筑，像中央电视台的大楼，即便造型险峻，但还是能够稳稳矗立。汉字书法的结字亦是这样，如果能做到这种处理，虽然跟前人不一样，但达到了平衡，就具备了创造性。

再说点画，点画无论怎么书写，有一点不能改变，就是必须有力度、弹性、厚度。厚度跟点画的粗细没有必然的关系。我们看这个话筒虽然很细，面积只有这点，但它是圆润的。电脑平面这么大，但是侧转过来是薄的。

所以书法当中的点画，西方人是用“线条”这个词，也不是不可以，它必须是圆润的、有弹性的、有力度的，这是书法审美中点画的底线，一旦改变，那么这个点画是不美的。比如说写得像烂草绳一样就是不美的。

技法欣赏的三个层面：点画，结字，章法。

首先，欣赏书法作品的章法，看这幅字如何在一个载体上进行排列，审美底线是必须做到“合”，无论是不是书法专业的，如果这幅字的排列看起来不舒服，那它的章法一定不是美的。无论多著名的书法家，在处理通篇布局时一定要做到“合”。

当你走近书法作品时可以欣赏它的另外一个方面，即结字。每个字是如何处理的，结字无论如何挪动笔画，最后都要达到平衡。一个字可以，两个字可以，甚至把通篇看成一个整体，能做到“衡”也可以。假如有的书法家创作时写到最后一行字有些倾斜，那么落款署名时把它正过来，这种处理是可以接受的，甚至用印章补救过来也可以。当然这已经是审美底线了。

再走近细看时，我们可以看到每个汉字由点画组成，每一个点画必须有力度，否则就不是美的。

有几位大名家，他们笔下的点画是没有力度的，这种没有力度的美，大家也给它取了个名，叫作病态的美，病态的美不是真正的美。美一定是健康的、有弹性的、有厚度的，是充满正能量的。

以上我们简单谈了谈技法方面的三个审美底线。好的点画，除了有力度，还要丰富和变化。如刚才几位谈的，要深入传统中，只有研习了传统，深入到经典作品当中才能把这些东西学到，作品才会丰富。刚才说到《书谱》是丰富的，包括几位谈到的名家，每件作品的点画都具有无穷的变化，所以当你欣赏这些作品时，那种美感是让人回味的。

点画、结字、章法，哪个是核心？如果我来选，三者当中一定是点画排第一位。就像建房子一样，建筑材料必须过关。外观就像书法作品的章法，内部布置就如结构，建筑材料就像技法当中的点画、笔画。如果建筑材料不过关，设计得再漂亮、布置得再合理，这个房子是立不住的。这个类比不一定很恰当，我是想说明，技法当中的点画、结字和章法，点画是核心，这一点做到之后，我们才有好的结字和章法。

当然一件好的书法作品，技法三个层面都要过关，如果只有很好的点画，可是组在一起结字不美、章法不合理，这件作品在技法方面首先不过关。

精神层面要看格调是雅是俗，应该说作为艺术欣赏是没有中间的灰调子的。我今天特别谈谈艺术品的欣赏。应该说，艺术品往往是曲高和寡的。大家经常说雅俗共赏，雅俗共赏当然针对欣赏者来说，而对于创造者，其作品很难或者几乎是不存在雅俗共赏的。一件很高雅的作品不可能是俗的，因为雅和俗是对立的。我这里指的是艺术品。

欣赏者有雅和俗，这需要我们根据实际甄别。就拿当下来说，客观地讲，很多从事这个专业的大学教授，甚至是包括艺术专业的，也不能准确地欣赏书法。很多著名大学的校长的办公室里挂的字，格调非常俗，这是不可思议的。这反映出很多人没有办法准确欣赏书法。所以艺术方面雅和俗是很难共赏的，通俗不是俗，喜闻乐见也不是俗，大家一定要分清这点，我着重强调艺术范畴内。

作为书法作品必须是雅的，不能是俗的，如果这个作品是俗的，你的技法再过关，它也没有价值。比如说一个人一表人才，很有能力，但如果这个人是个坏人的话，所有人都不愿意跟他接触。艺术作品也是这样，如果作品格调低俗，技术再过关，也没有任何价值。

说到格调，雅和俗与人本身密切相关，一个雅的人很难写出俗的字来，一个俗的人也很难写出雅的字来。所以就书法艺术来讲，最终靠人格魅力，靠学识涵养。

回顾历史上重要的书法家，不仅以字传后世，往往以人传其字，人品更重要。我们欣赏书法作品的时候也是，我宁可欣赏一件高雅的作品，哪怕他的技法稍欠火候，我也愿意在家里挂这种作品，我不愿意挂一件技法很过关却很庸俗的作品。它会影响心情，甚至影响对事物的准确看法。

当然从专业角度来说，一件好的作品必须格调高雅、技法高超。这两点缺一不可，要是作品很高雅，技术却不过关，不要说自己是书法家、自诩专家。格调是第一重要的，如果一位作者的作品很高雅，同时技法又很高超，就是了不起的书法家。如果再有自己的风格，他必定会在书法史上留名。

远集坊第十八讲嘉宾合影

遗产坊

第十九讲

生成式人工智能内容研讨思享会

主讲嘉宾

阎晓宏　顾炳中　章庆元　卢海君　王　鹏

主持嘉宾

于慈珂

特邀嘉宾

刘　广　刘　峥　李　庚　苏德良　叶　青
黄　君　杨京岛　刘三岁　袁亚平　宋志军
高世屹

生成式人工智能内容的法律属性和应用

阎晓宏 （中国版权协会理事长）

图灵测试大家都非常熟悉，到现在70多年了，但是实际上我们真正对人工智能生成内容有深刻认识还是近几年的事。2018年ChatGPT1才问世，到2023年ChatGPT4已经能够处理超过2.5万个单词的文本。

关于人工智能适用的法律和规制是什么？因为人工智能代表着新的生产力，它极大降低了人力成本，而且它的效能非常高，因此需要有一种法律来保障它的健康发展，当然也需要有法律来对它进行适度的规制。

以下几点，我觉得应该认识到。

1. 我们对人工智能的态度不应是扼杀它的发展，因为它是新一轮技术革命中走在比较前面的代表，是突破性的代表，拥有强大生命力，有广泛的实践应用作用，所以不能扼杀它的发展，但要在伦理、安全、道德等领域对它进行符合人类利益的限制。

2. 生成式人工智能所产生的内容应如何看待。由于它的高质量和高效率，它的使用和发展有客观必然性，它不以人的意志为转移，那么，用什么法律规制它？我认为即使不是著作权法，也一定要有一种法律形式对它进行规范。由于生成式人工智能所产生的内容，大多数表现为文字，表现为图片，表现为声音和影像，这几个特点决定了它纳入著作权法领域，应该是比较合理的。而且在2020年最高人民法院出台的关于加强著作权和相关权的意见里面明确提出，要有效加强新兴领域的权利的保护，且明确提到了人工智能、大数据和区块链。我个人认为，最高人民法院民事审判第三庭在这方面还是具有前瞻性的。因为当时第三次修订的著作权法并没有出台，它比著作权法早了半年左右。

3. 讨论人工智能生成内容问题应遵循三个原则：一是应该贯彻著作权法的基本原则和精神，即保护创作者的原则；二是在使用中遵循利益平衡的原则；三是惠及社会和公众的原则。特别是惠及社会和公众的原则，我前面讲了，人工智能是先进生产力的代表，这个结论应该是不言而喻的。

新的著作权法虽然出台不久，但是实际上，从人工智能的生成内容方面来看，已经有一定的滞后性了。我们怎么看这个问题？我们要贯彻著作权法的基本原则，但不是套用现行的著作权法，如果套用的话就解释不了文本挖掘以及这个作品产生的权利问题，不套用的话我认为作为学术讨论，是符合著作权法立法的原则的，但实际判决时要立足于现行的法律。

在互联网刚发展起来，还没有移动互联网的时候，知识产权领域的郑成思老师非常有名，当时他联合7人起诉北京书生数字技术有限公司侵权，这家公司未经授权在互联网上传播了很多人的作品。而那时在互联网上传播的作品受不受著作权法保护呢？当时法律还没有涉及信息网络传播权，但是那个案子判决被告停止侵权、赔偿损失，并在《法治日报》上刊登向原告郑成思的致歉声明。

国家发布的"数据二十条"里面有个重要原则，叫淡化所有权，强化使用权，对淡化要正确理解。这里的淡化所有权指的是无形资产，绝对不是指有形资产，若淡化有形资产，这是非常荒谬的。

在著作权范畴中讨论人工智能的版权问题或者人工智能内容问题，涉及大模型训练的数据来源问题。一是授权使用。授权使用显然是做不到的，因为无法对巨量的作品一一授权。二是合理使用。合理使用实际上是不合理的，因为人工智能创造出来的东西是有价值的，不仅仅是精神价值，也有财富属性。三是法定许可。现行法律对广播电台等出版的录音制品，对编写出版教科书规定了法定许可，法定许可就是我在使用前不征得你的同意，但是我在使用后向你支付报酬，所以这是一个值得讨论的问题。是不是按照这种思路来解决问题呢？这需要进一步讨论。

即使是法定许可也存在很多问题，首先是我已经使用在先，后来你跟我要钱，由谁来要钱？标准怎么确定？怎么支付？这些问题都比较复杂，但是我认为并非无法逾越的障碍。

再就是人工智能生成的内容能不能构成作品，这个问题讨论得比较多。我们在国内做了一些调研，协会本身也做了一些调研，国内的一些著名学者，包括大企业公司都做了一些调研。实际上人工智能现在应用得比较广泛。我们因此需考虑，广泛应用以后会节约大量的人力资源，这会不会带来一些其他的社会问题，比如裁员等，这些都是应该关注的问题。

人工智能生成的内容能不能构成作品的争议在什么地方呢？第一点，著作权法规定，作品是以某种形式呈现出来的具有独创性的在文学、艺术、科学等领域的智力成果。独创性、智力成果、以某种形式呈现，这三条标准的前提是人，所以有的学者认为，人工智能生成内容不能构成作品，它是由机器创作的，而非由人创作的。但是我认为这是拿现行的法律在套，它虽然不是直接由人创作出来的，但它是人类间接的智力成果。

智力成果和独创性这两个标准非常重要。现在由于技术的发展和公民创作热情的高涨，著作权领域的作品数量极大。第三次修改著作权法以后，我经常讲，我们不能把所有作品纳入著作权法范畴里，有相当大的一部分，可能放在20年前算作品，比如说一个摄影作品，现在可能就不算一个作品了。如果还将它作为一个智力成果的话，那么智力成果的门槛太低了。所以很多作品按我的理解，它可能是你个人的智力成果，不是社会平均的智力成果；可能对你来说有独创性，但是对社会整体来讲缺乏独创性，这是衡量作品质量的重要标准。

我们需要进行两方的对比，著作权法规定的作品的根本标准是什么？根本标准就是质量。现存的情况是，巨量的版权作品实际上是没有意义的，而且绝大多数版权作品都是很零碎的。我写了一篇文章，甚至我写了一本书，画了一幅画，并不主张获酬权，至少有90%的人是不主张获酬权的，这个也符合著作权法的精神，完全基于自愿。当作品传播中产生很大价值的时候我收回获酬权，这都是可以做得到的事。

所以人工智能生成的内容，现在美国版权局不予登记，但美国版权局表示，生成的内容经过人的智力加工，则可以登记。我们学术界多数人还是赞成这个观点的。

我就跟大家汇报以上内容，谢谢！

生成式人工智能内容的版权思考

顾炳中 （中国计算机用户协会副理事长）

今天非常高兴参加版权协会的思享会。

谈到版权问题，我不是版权业的人，也非法律专业人士，只是从IT使用人员角度来讲对版权的认识。

人工智能发展前景非常广阔，这个应用不局限于智能驾驶、无人驾驶、自动控制、智能生产等方面。

人工智能发挥的作用非常明显，必将成为数字化转型和数字化发展的重要积蓄力量。

就今天的会议而言，很多领导都会发言，我相信大家的发言可能有相同的观点，当然也有不同的观点。所以我们一方面为大模型提供了自己的思想、自己的知识，另一方面又借鉴人工智能生成物。我今天的讲话，在文心一言和讯飞星火当中都进行了模拟。我问它：我今天的讲话版权是属于我的，还是文心一言或讯飞的？侵权不侵权？没法得到一个解答。如果哪个老师在我之后也用了文心一言，问了相同的问题，是不是对我前期的训练造成了侵权？我们在使用时贡献了自己的知识和思想，有些东西只有我才能提出来，第二个人用的时候我的知识被他吸收，可能用到他的作品当中了，这个问题是不可避免的。

我问文心一言：生成式人工智能生成物的版权有哪些问题？它的回答非常好：

1．生成物的版权归属不明确。由于生成式人工智能可以自主产生内容，生成物的版权归属成为一个问题。目前各国法律对人工智能生成物的版权保护尚不完善，很难确定其版权归属。（你看它的回答比大部分专家更有逻辑性。）

2．侵犯他人版权风险。生成式人工智能在使用他人作品进行训练时，可能涉及版权侵权问题，如果使用了他人受版权保护的作品，未获得相应授权就会侵害他人的版权。（我在第一次问时没有形成这个文稿，但是经过多次问，如在哪个地方，关于法律责任不明确的地方做适当修改，提出几个观点，最终会得到非常明确的概念。现在在文心一言上再来问人工智能生成物版权有哪些问题，可能答案与此雷同。）

结论：为了解决这些问题需要进一步完善相关法律法规，明确生成物的版权归属、法律责任等问题，以保证各方权益，促进人工智能技术的健康发展，同时也需要加强监管力度，防止侵犯他人版权的不良行为发生。（说了一个非常正确的废话。但是它非常完整地说了。）

我今天的讲话完整应用了人工智能生成的一个内容，我的讲话是否构成侵权行为，谁来定义，法律依据是什么？

所以人工智能生成物权利问题非常复杂，我只从一个普通使用者的角度去看，不是从专业视角。

我又问了人工智能几个问题：

1．人类知识传承是否侵权？人类社会文明发展到这里，所有的著作、我们的歌曲等是人类文明的共同传承，它有版权吗？是广泛的版权还是狭义的版权？我可以顺利使用它，我构成侵权吗？（通过学习，把一些知识转化到自己的思想、意识当中，自主意识产生了新的思想，如果从这样一个概念反过来讲，我们从普通人的思维去思考的时候，很多问题更容易解答。就是我学习了人类文明，但是转化为自己的知识、自己的思想。所以ChatGPT或者大模型训练时应该有足够的理由去使用人类的传承，这是一个文明发展必需的东西，不归属于某一个人。)

2. 复印机生产厂商拥有复印产品的产权吗？显然没有。（人工智能提供一种服务从而收费是可以的，但它产生的内容是不是具有产权，这件事很难说。一切法律、一切语法都是对社会行为的客观总结和归纳，并不是规定。比如语法，语法是对现有语言的总结，并不规定一定要遵守。一旦回归到普通人思维的时候，我觉得很多问题更好理解。）

3. 青砖黛瓦、小桥流水是大美江南的基本元素。只要是江南风景，任何一幅画离不开青砖黛瓦，小桥流水。如果人工智能生成这样一个元素，使用这个元素，某个画家也使用这个元素，那么使用这样一个基本元素侵权吗？社会共有的元素不应该属于哪一个人，我使用这种共有元素是否侵权？训练人工智能时，有可能用了某一个作家的作品，但是它并没有用作家的名字输出这样一个作品，并标上他的签名，这样是否构成侵权？

4. 不同人在不同的环境下，通过自己的独立思考完全可以产生相同的概念、相同的框架。假如两个人都在阳春三月来到一片油菜地，他们有相同的文化，都是江南出生的，完全可以产生相同的意识行为，描绘出同一种景象，我怎么确认它是否侵权？人工智能生成作品是在人类文明共同基础上形成的东西，它带有人类文明共有的属性，如何判断侵权？

我问的这些问题都得到了很好的回答，但我发现ChatGPT也不智能，它正说一个理由，反说一个理由，它总是对的，缺乏独立的思考。可能受大模型训练的规则影响。真正最终的大模型肯定会产生自主意识，脱离了这个基础的时候，情况就不一样了。

所以就我个人而言，对生成式人工智能的版权有几个观点要考虑。

首先，在生成式人工智能初始阶段，应该给版权问题更多的宽容并用实践去验证。目前来讲，对生成式人工智能的产品版权讨论为时过早，从立法规范角度的讨论为时过早。我们不知道人工智能下一步的发展方向，如果过早进行规范将影响技术发展。相信有一天，我们今天讨论的话题将不再是一个话题。现在的大模型是人工智能最初级的阶段，它基于现有内容的训练，但是最终会走到完整智能体，像北大、清华都在研究全智能体，到了那个时候人工智能不是基于训练，人工智能可以通过语法，通过文字基本要素，通过化学定理，形成一个逻辑体。当智能体出来的时候，它的判断不依赖于现在的训练材料，不依赖于训练作品，它的自主意识产生的时候，今天讨论的问题将毫无疑义。

其次，及时跟踪。对于生成式人工智能发展要密切关注，对可能带来的问题要进一步研究，但是不能匆忙下结论。但是一旦发现重大的问题，引起严重的社会问题要及时纠正，像自主价值观问题，就是价值观发生了根本变化的时候，我们一定要加以规范。所以有些事情跟现行法律和价值观发生冲突时要规范，现阶段以研究和跟踪为主体，而不是匆忙推进版权立法、标准等。

再次，明显侵犯版权的行为要及时阻止。在大模型的垂直领域，它的权利保护非常重要。比如我如果用气象局多年的历史数据训练大模型，形成一个气象预测的模型，这个模型使用就应该跟气象部门充分沟通，得到相应的授权，因为它是针对特定领域做的。所以这些方面可能要进一步沟通。

最后，与时俱进。随着时代进步，特别是基础领域的飞速发展，很多传统概念、观念都会发生根本改变，版权也一样，也许有一天版权会变成一个古老的概念。所以版权问题随时代的发展可能会发生一些变化，也许未来所理解的版权和现在的版权完全不一样。

非常抱歉，开始的时候不知道主题是什么，所以从普通人视角谈了谈我的一些思考，希望大家批评指正。

AI大模型应用以及国内的现状

章庆元 （金山办公CEO）

大模型这几年是很火的东西，跟大家分享一下大模型在企业里面的应用场景，包括国内的一些现状。首先我把整个大模型的应用分为三大块，刚才讲版权和行业相关的应用，大家说得最多的是第一个，就是AIGC内容创作，像文心一言、星火都是这一类，包括对话式的应用都是AIGC。除了AIGC，还有另外两个方向就是Copilot和Insight。

首先来讲一下AIGC，这是最容易看到的，包括WPS、文心一言、ChatGPT用得最多的就是文本、对话。其实，对企业来说，它最重要的作用就是产生各种各样的内容。例如，写文章时用大模型做润色。我们公司内部也会要求所有要发的新闻稿、内容稍微正式一点的文章用AIGC去做润色和修改，能大大提升文案工作的效率。我们的市场部，原来在招聘市场部的人员时一般都会说，这个人文笔好不好很重要，因为经常要写通稿，今天在招聘需求上不需要这个了。可能招市场人员时只关注他的策划能力是否够强、是否够聪明、是否有很多点子。只要有很多点子，写内容这个事情AI

就能做了。AIGC在设计部门可以帮很大的忙，比如说使用AIGC绘制海报，文生图的效果已经非常不错了。不管是国内模型还是国外模型，其实很多时候能极大地减轻很多设计师的工作量。我们在开玩笑时说，可能今天有很多刚毕业的设计师，他自己做的图效果未必有AI生成的好，这是非常重要的应用场景。国内有很多产品已经开始涉及多媒体的生成，包括视频生成、图片声音生成，都变得越来越丰富。

所以AIGC这一块是大家能想到的第一个应用。

第二个应用是Copilot，指AI助理，它利用了大模型生成代码。以前写程序要找程序员，大家经常看到教你用Python写数据分析的课程广告，过去大家都是要学习的。今天有了大模型，每个人都是程序员，这个对企业影响蛮大的。比如说我们有个VBA二次开发环境，前段时间上线了一个功能，大家很喜欢，有很多人不会写Javascript，大家知道在企业里面很多时候会用表格做二次开发，以前二次开发必须找信息部的人做，今天不需要了，只需要用文字描述清楚，生成的Javascript的代码准确率达到90%，人工做一些调试和修改就能用。特别在企业内部，大家知道用Python做数据分析，它在这方面是非常强的。ChatGPT4不仅能生成代码，而且能够自己修补Bug。对企业来说，可以极大提高公司内部的自动化水平，大家以后对初级程序员的需求量会极大下降。

现在很多业务系统、软件很复杂，很多功能入口藏得很深，到今天大模型能够理解人的意思，又能写代码。今天我们的软件叫GUI（图形交互界面），未来有一种发展方向，是LUI（语言交互界面）。比如说办公软件里面有很多对话框是很复杂的，它需要把很多用户需求抽象出来。但是未来可能有一种新的交互模式，你可以直接对软件说，帮我把这段文字的字体变成粗体或者斜体，可以用语音指令去操作软件。其实这个背后也是利用大模型写代码的能力。这个扩展开来，可能对企业的信息化有很重要的作用，因为大家知道每家公司都有自己的业务系统和API（应用程序编程接口）。今天我们可以用自己的API训练自己的大模型。比如说在一个OA系统里面，你可以问它，昨天北京市店面的销售总额是多少？它可以调用自己系统内部的API帮你完成计算。所以它能帮助大家做自动化的工作，也可以帮助大家完成整个界面的改造。

第三个应用是Insight，即知识洞察。世界上的数据分为两种类型：一种是结构化数据，一种是非结构化数据。结构化数据都在数据库里面，都在信息业务系统里面，被管理得非常好。但是对大家来讲，有一个非结构化数据过去没法处理，这个主要是文档，有非常多的信息和数据在文档里面，过去我们用NLP（自然语言处理方式），处理得非常有限。但是今天有了大模型以后，文章变得可以理解。所以很多企业里的非结构化数据可以变成结构化的应用。像最简单的知识库，过去很多文档拿过来大家写完了就存在那里，你要去看的话必须人工去看，这个效率很低。

过去搜索是最简单的关键词搜索，比如说要搜索KPI，你搜出来的基本上是一堆没有价值的东西。以前计算机程序没法处理复杂的非结构化数据，今天不一样了。你可以直接问它，帮我把去年某个部门的KPI数据提取出来，它就会帮你总结出来。这二者有本质区别。

未来大模型通过用好Insight的能力可以帮助企业创建“企业大脑”。今天能看到的文心一言，它背后其实都是公共知识，可能都是互联网上公开的知识，没有企业内部的知识。真正有用的是做一个企业自己的大模型，将其变成自己企业的“大脑”。

现在国内在用的文心一言、MINIMAX、智谱、通义千问、讯飞等，这几个模型都有各自不同的特点。像百度等以公有云为主，智谱、通义千问、科大讯飞等侧重于私有云，模型类型多种多样。

大家在应用时需要思考算力问题。当下算力可能不是特别大的障碍，虽然训练一个大模型的算力要求比较高，但是做推理的话，其实对算力要求反而没有那么高，特别是国产的910B等芯片性能非常不错。智谱做了量化以后，在4090显卡上面都能跑，所以推理问题不是特别大。

如今，模型在国内的整个生态比较成熟，不管用的是国外的英伟达的显卡，还是国内的显卡，基本都可以找到合适的模型支撑它，也能够找到很多应用场景去落地。所以，我们觉得未来大家都会做大模型，每个人都思考如何让模型落地，2024年则会是模型应用落地的元年。

当前国内硬件和软件，基本上具备了这种可能性。现在我们也看到越来越多的企业客户把模型引入企业内部，应用到自己的工作中。

人工智能生成物制度供给的路径选择

卢海君 （对外经济贸易大学法学院教授）

各位领导，各位嘉宾，很高兴有这个机会跟大家分享我对于人工智能生成物的理解。我并没有用到著作权法的概念，刚才讲到了很多观点，讲到了著作权的作品独创性等方面，那么著作权法能否跟人工智能生成物之间有一个比较好的对接，我对此的看法是“旧瓶焉能装新酒”。我所谓的“旧瓶”实际上就是现行的著作权法，“新酒”就是人工智能生成物。为什么这么讲呢?

我将从以下方面分享我的观点：一、对生成式人工智能相关的案件做一个简单分析；二、人工智能训练的侵权风险；三、人工智能生成内容的版权保护；四、面向生成式人工智能产业的建议。

美国最近一两年有很多与人工智能有关的著作权案件，我拿其中一个案件举例。盖蒂图片社（Getty Images）的子公司视觉中国起诉了一家文生图公司，认为其构成了版权侵权。视觉中国在举证中公开了一个证据，该公司生成的图片上有盖蒂图片社的版权印记，标记还在，只是图像扭曲了。

在诉讼时法院向原告提出很多要求，尤其是让原告举证证明被告在训练的过程当中到底是如何使用其版权作品的，这个举证非常困难。

人工智能大模型是怎么学习作品的？没有人知道，这就好比一个算法黑箱，只知道最后生成了某个东西。既然不知道内在机制，当原告要去举证证明被告在训练大模型时用到自己的作品，就会面临很多难题。例如，怎么用的？侵犯何种权利？侵犯复制权、发行权、信息网络传播权吗？

因此在2023年，美国法院尚未对这起诉讼案作出最终裁决。这可能跟美国的产业政策有一定关系，也跟原告不能举证有很大关系。过去举证抄袭剽窃很简单，但是在人工智能应用领域产生了新的问题。

在我国，与人工智能有关的民事案件的数量也在不断攀升。

在人工智能大模型生成阶段遇到的问题主要有以下几个方面：

输入端，大模型训练时用到的很多数据，比如说某些大模型买的数据包，有的是全网抓取，有的没有解决版权问题。现在有一些虚拟数字人，跟作者本人风格一致。对于这些问题，现行著作权法很难解释，它复制了吗？发行了吗？传播了吗？有没有产生新的东西？数据训练时到底怎么应对这种问题？

输出端，输出的内容该不该有版权保护？比如文生图，输入一个提示词，出来一个图，后续对提示词进行多轮修正、修图。有专家认为，我们在看人工智能生成物是否满足独创性要求从而获得版权保护时要看“含人量”，人的创造性劳动到底起什么作用？但是这种个案的判决我认为并不能解决普遍性问题。比如有两台电脑就放在这里，同一时间我发出同样指令，但说不定两台电脑输出的图片都不一样，到底谁在起决定性作用。再如，我让张三画一幅画，写一篇文章，我主张版权。这个符合著作权法的要求吗？若机器直接生成可用内容，未来肯定会面临这类情况。用现行著作权法解决这类作品的版权会出现很多问题。就那个案件来说怎么解释它都是对的，怎么解释都是错误的。为什么？因为用狗的概念解释猴的东西，根本解释不清。

另外，输出端可能存在版权侵权。我向技术专家考证过，人工智能生成时有个降噪过程，不可能像过去抄袭剽窃一样直接拿来用，肯定有机器转化的过程。至于这个过程到底怎么转化的，大家都不知道。

人工智能训练过程中，要去获取版权许可的难度可想而知。海量的碎片化作品到哪儿去拿许可？即便现在有一些优质的版权数据包。比如一些出版社、出版公司、视频网站有很多优质的版权数据，但最终能不能把版税给到作者？到底学的谁的东西多一点，技术专家知道吗？能统计得出来吗？怎么学的？学到什么东西了？怎么产生这个东西的？尽管人工智能生成物有版权价值，但是怎么按照我们现行著作权法的规定，把它最终的收益惠及作者，能惠及作者吗？我想肯定不能。惠及的只能是某一些平台，至少跟著作权法宣扬的那些价值观念是背道而驰的。

我们现在来看合理使用的情况。美国在合理使用方面有一个四要素判断标准，美国版权法的判断标准就是，这种使用有没有对作品的正常使用产生一个不利的影响。

欧盟有数据挖掘例外条款。日本有一个条款特别重要，叫非享受性或非表达性的使用。日本著作权法明确指出，机器学习属于非享受性使用。过去日本有很多产业领先于世界，而且我们高度依赖于它，像电子产品、汽车产业等。现在在人工智能这一板块日本也想迎头赶上。他们采取的政策就是给人工智能产业发展营造足够宽松的环境。美国遵循四要素法，美国版权局不予登记人工智能生成的作品，但也不会在前端数据训练时就要去找大模型公司的麻烦。就如ChatGPT全网抓取的版权作品数不胜数，纽约时报都来起诉，我想法院不会轻易作出判决，否则美国的人工智能产业发展就会落后一大截。很多新的事物都是在混沌的状态中发展起来的。假如中国没有著作权法，人工智能的很多看起来困扰我们的问题都不是问题了，因为我们用旧的思维框架框新的东西会产生很多困惑。

我国著作权法有关合理使用的规定到底能不能解决问题？著作权法24条13项有一个法律行政法规规定的其他情形，有人称其为半开放式合理使用。其实24条列举的几种情形远远不能解决合理使用的普通情况。

目前的情况就是在大模型训练时，我们想找到优质数据存在很多困难，优质数据占有人不想无偿提供数据，想赚取相应的经济利益。

针对这种情况，有几个比较典型的与人工智能相关的案件：

1.2019年北京菲林律师事务所与北京百度网讯科技有限公司著作权权属、侵权纠纷案；

2.2019年深圳市腾讯计算机系统有限公司与上海盈讯科技有限公司著作权权属、侵权纠纷、商业贿赂不正当竞争纠纷案；

3.2023年李某诉刘某侵害作品署名权和信息网络传播权案（“AI文生图”著作权案）。

在这些案件中，法院无一例外通过“含人量”判断AI生成的内容是否满足独创性要求，进而确定其是否受到版权保护。以原告使用开源软件输入提示词并经多次修正、参数调整生成涉案图片为例，由于该过程包含人类智力劳动，生成图片满足独创性条件，应受版权保护，这一判定符合现行法律规定。然而，此个案虽逻辑合理，却无法有效解决行业普遍性问题，如当大模型生成内容未经修饰调整时，是否可以进行版权登记、是否认定其为作品，以及该内容作为元素融入其他作品时是否构成侵权等问题，都亟待解决。此外，涉案图片在确定满足独创性并受版权保护后，权属问题目前可通过协商解决，这是当前比较好的初始阶段解决方式。

对于人工智能本身到底能不能成为作者，能不能成为发明人，现在美国的做法比较倾向于否定它的作者身份，否定它的发明人身份。但是大家要注意，在这个案件中人工智能自己已能做出很多发明创作，如果一味地否定它作为发明人的身份是否合适，也值得进一步思考。

我们看一下美国版权局的态度，美国版权局在版权登记指南中多次重申人类作者要件，表明美国的旧瓶子不保护人工智能生成物。

一幅将摄影作品和梵高《星月夜》结合起来创作的AI作品如果是人画的，构成版权侵权吗？这个有点模糊了，构成改编权的侵权。我的观点是，如果把权利的内容划定得那么广泛的话，现在很多的创作都要受到很大的限制。比如在网络游戏的同人创作中用到很多原有的作品要素，如果都是侵权的话，那现在整个网络游戏开放编辑器的生态环境会受到很大的影响。版权保护本来就是一个工具，如果这个工具用得不当，非但不能促进产业发展，反而会成为产业发展的障碍。我认为不论是人工智能生成的还是人创作的，都不应该构成版权侵权的关系。

有人说大模型开发者应该保留并按要求披露训练数据，这个很难做到。

模型开发者应避免将训练数据以单个艺术家的名称、单个商标等标记，而应做更一般的描述，现在虚拟数字人有很多，比如某个科学家的虚拟人，这种东西要不要做？应该要做，应该给其更广泛的发展空间。

著作权法对这样的新问题应该怎么管、怎么看呢？旧瓶子要装新酒，没办法装新酒时就别装了。应该有规范，但是怎么规范？建立另外一套体系来规范。比如生成时怎么做、生成的内容怎么用，与它是不是作品没关系，有价值才最重要。有价值的东西的利益怎么分配，我们可不可以想另外一套体系来解决这个新的问题呢？这个应该是未来的方向。

过去美国联邦最高法院，以及我国的法院的判决，尽管解决了个案，但是没有解决普遍性问题，面对普遍性问题，还是要有一个站位更高的认知。目前，怎么对待人工智能生成物，我认为不单纯是个法律问题，更是个政策选择问题，这个问题肯定有很多，但是怎么做好的、正确的选择，可能关系到中国未来这一个板块的经济发展。

AIGC新浪潮

王鹏 （腾讯研究院资深专家）

我的专业既不是IT技术，也不是内容版权，我的专业是建筑和城市规划，研究方向是未来城市。当然城市这个话题可以说包罗万象，我日常也在做一些AIGC和城市各个领域结合的探索研究。今天讲的并不是专业性很强的内容，仅分享腾讯研究院在一年以来相对通识性的材料，是我与我的同事们对AIGC整个浪潮和技术趋势的观察、思考、实践的综合。

首先是大家都很熟悉的AIGC对经济社会的影响。前不久我读了一本书，是比尔·盖茨推荐的，叫《发明与创新》。这是一本技术悲观主义论调的著作，史密尔对整个工业革命以来所有技术做了一个回顾。他认为，近二三十年的数字技术的发展，虽然符合摩尔定律的指数型增长，但是对经济社会的影响还不如工业时代的汽车、电梯这些发明对我们日常生活的影响大。

但比尔·盖茨在书评里提出一个观点，这本书写于2020年以前，作者刚好没有赶上人工智能的跨越式发展。我认为，生成式人工智能的发展是这一次以数字技术为代表的产业革命的一个转折点。它不仅是一次数字技术的飞跃，可能是数字技术对现实生活，包括对物质能量的生产和转移开始产生实质性影响的转折点。所以我们在这两年的拐点上，甚至未来几年，可能都会经历生成式人工智能对整个社会经济，包括对未来城市的全面影响的过程。当然它对国家战略的影响大家耳熟能详，就不展开说了。

刚才提到了百模大战，这里不得不提腾讯的混元大模型也通过了备案，陆续对公众开放。内部，我们已经在使用混元大模型，腾讯的众多软件，涉及430多个业务，后续都会全面接入，这是腾讯的独特优势。

AI这些年发展迅速，直到最近两三年我们看到，经过了长期的沉淀和积累，扩散模型、Transform模型带来了AIGC的快速突破期。文生图比文字的AIGC更早吸引了大家的关注。

从微博网友做的《流浪地球2》的宣传片，就可见一斑。我电影圈的朋友也在使用文生视频的技术参与电影创作。建筑设计和城市规划领域也感到冲击很大。以前我们用画图来表现空间，现在用文字就能全面描述我们对空间的认知和感受。

腾讯研究院的院长司晓是法律专家，他对这些技术很感兴趣，曾让大模型扮演飞行器设计师团队。团队里面有产品经理、风格设计师、空气动力学家等五个角色。角色经过讨论，一轮一轮输出方案。这个过程特别有意思，相当于五个角色，用智能体（Agent）方式讨论，不停地画图，再在指示下修改方案，这个过程可以代替一个团队的工作。

前几轮都很靠谱，第五轮的图有点“放飞”了。比如按照要求，飞行器在机翼和尾翼上要有30个引擎、低爆音，但它生成了一个奇怪的东西。实际上，这源于腾讯投资的一个欧洲飞行汽车厂商。我们发现人设计的飞机还是要比AIGC生成的设计图靠谱很多，还是有很多领域，最前沿的创新AI无法完成。

自然语言处理一直是人工智能皇冠上的明珠。尤其是对汉语，其处理的难度、抽象性、奇异性，对机器处理来说是非常有挑战的。

如今的大模型对汉语基本上有一个比较好的理解了。这其实也是一次交互的革命，以前我们跟计算机交互是用机器指令，现在更多的是用自然语言，机器从工具到伙伴，可以像人一样相处和交流。未来不一定使用屏幕找各种功能，那不一定是最好的方式，人工智能可能会带给我们一个新的方式，手机操作系统、硬件界面，包括App、小程序的组织方式都会发生颠覆性变化，这些都是AIGC带来的交流的颠覆性。

我之前没有系统学过编码，现在也在用Copilot工具学习一些日常代码，让计算机更好地帮助我解决问题。国内各个大厂也都在做自己的Copilot工具，基本上20%以上的代码工作都可以借助Copilot工具生成，这个成本不用说了。我们日常工作尤其翻译领域，很大程度上AI已经取代了人工翻译，而且成本非常低。从辅助到Copilot，甚至到Agent处理复杂任务的能力正在快速发展。腾讯及其他厂商的产品都在基于大模型赋能做一些改造，新的产品形态和创业公司不断涌现，并迅速增长。

谷歌最先出了计算广告、AIGC广告，腾讯内部也有类似的非常好的朋友圈广告的新技术出现，能针对个人推送不同的文案和图像，甚至推送视频给个人，广告效率的增加会超过我们的想象。实现千人千面个性化的广告生成。

像腾讯会议里面有Copilot，也有会议之后的总结，而且有各种不同的转写及缩略的纪要，甚至还能识别出会议的“To do”，带来了很好的体验。

在B端的广告领域，大模型已经有很广泛的应用。有一个说法，大模型有望成为各行业底层智能操作系统。现在腾讯研究院正在研究AIGC行业应用。2024年可能是行业应用爆发元年或者转折点。但传统的厂商或者传统的领域应用大模型的门槛还是蛮高的，虽然大厂做了那么多产品，但是真正要在各个行业里应用，还需要对行业有很深的理解，并不是一个通用大模型就能够解决各个行业里面所有现实问题。每个行业都是类似的问题，腾讯云在这方面有全生命周期的训练能力，有包括各个行业政务领域的行业应用，像数字办公等。腾讯致力于解决版权、安全性问题，大家提到了很多不同的声音，包括OpenAI罢免CEO等事件都是对大模型未来的深度思考。

我们希望AI替我们做一些脏活累活，但又担心它会抢走本来该人来做的事，最后人类只能做一些低层次的事，当然AI这两年冲击人类技能的速度确实超过我们的想象。

设计行业尤甚，之前我一直以为它会是最后被波及的区域，实际上设计行业已遭受巨大的颠覆。人工智能技术进步速度飞快，甚至可以用“天”为单位来计量。大模型虽然冲击了人类的认知，给各行各业带来巨大颠覆，但是我们仍然认为自己身处于一个最好的时代，希望大家一起更多地去迭代思考，共同进步。

我的演讲就到这里，谢谢大家！

远集坊第十九讲嘉宾合影

远集坊

第二十讲 人工智能在出版领域的应用

主讲嘉宾

茅院生　　张玉国　　黄　强　　施其明　　童之磊
李明德

主持嘉宾

于慈珂

关于人工智能在出版领域应用的深入分享

茅院生　（中国出版集团有限公司党组成员，中国出版传媒股份有限公司总经理）

人工智能技术的影响确实非常深远，影响到每个人的生活和工作，影响到世界格局。比尔·盖茨说，ChatGPT的出现不亚于互联网的发明。十四届全国人大二次会议上，李强总理也特别提出，要深化大数据、人工智能等研发应用，开展“人工智能+”行动，打造具有国际竞争力的数字产业集群。

一、AI给出版带来全流程的赋能与提升

第一，创新内容生产。中国社会科学院文学所发布的《2023中国网络文学发展研究报告》指出，AIGC辅助网文作者提升创作效率已成行业共识。AI大模型帮助出版机构实现个性化内容创造、内容分析与市场洞察、数据驱动的故事叙述，增强现实和虚拟现实内容，为编辑的选题决策、内容把关、经营分析提供了智能化支持，为“从读者的需求去研发内容”提供了可行的方式与路径。

人工智能辅助写作可分为三种模式。第一种是以自然人

思维产品为主体，借助人工智能对内容进行修改、提升以优化品质，目前大多数网络小说采用了这种模式。第二种是人工智能和自然人各占一半主导地位，共同参与创作过程，并最大限度地发挥人工智能的能力。如海峡出版发行集团推出了完全由AIGC担纲插画创作的《我的书中有秘密花园》，首次实现了纸质出版物插画的全AI制作。第三种形式是人工智能作为主要创作者，自然人负责对其进行润色修改，填补人工智能的不足。如中文在线集团的“中文逍遥大模型”让内容生产进入“人力+算力”的模式，可实现一键生成万字，一张图写出一部小说，这是人工智能发挥主导作用。

第二，创新翻译与编辑校对。AI技术应用于翻译、封面设计、插图制作等编辑环节将提高出版效率，特别是对于拥有大量优质文字、图片内容或版权数据库资源的出版社而言，AI能够实现指数级的助力作用。2023年5月中信出版集团成立了平行出版实验室，结合AI对内容进行从翻译到审读的转化，不仅压缩了翻译时间，还保证了译文的质量。像“血与锈”经典科幻系列的《淹没之城》《图尔之战》就采用了AI辅助翻译，相对人工翻译，缩短了6～12个月的时间。在稿件采编评审流程中，中华医学会杂志社引入了AI写作检测工具，以防止新型学术不端行为的发生，并在事前进行AI代写的预警工作。

第三，创新营销方式。通过AI抓取大数据，用户画像会更加精准；通过AI问答技术，出版社可基于用户心理和需求生成“千人千面”的专属营销文案。一旦文生视频技术成熟，图书营销中的视频制作、直播平台推广形式会更加多样。由虚拟数字人讲解图书+课程的长视频销售平台，直接售卖基于图书创作理念生成的视频浏览服务将成为营销常态，而这也是未来文生视频对出版的另一种赋能，即通过生成营销视频，为不同的用户群体定制不同的视频内容进行分发。

第四，创新产品形态与服务。未来是属于“想象”的未来，文生视频类AIGC产品为科技、科幻类图书赋予了更多“实现”的可能，从前只存在于脑海中的内容情节在文生视频类AIGC产品的配合下变成了现实。利用生成式技术融合图文、音视频、在线课程、数据库资源，线上集合音乐、视频、动画、游戏等呈现方式，未来出版的形态可预见的将会突破纸质、音像、电子出版物等传统平面或线性载体，向更多维立体的方向发展。清华大学沈阳教授团队搭建的AIGC平台可以将字面图书自主转化为绘本，将书中的故事内容制成易于传播的流媒体视频，还可以将书中的角色转化为可交互的虚拟人物，使读者可以在阅读时与主人公进行互动。这一模型不仅可以将文本内容呈现为多媒体形式，提升读者的阅读体验，还可以作为营销工具，帮助读者连接文字和影音两个世界。在产业链延伸方面，一键生成视频为IP转化提供更多可能的空间，未来或可运用文生视频类AIGC产品生成短剧或短视频，通过现有商业路径进行规模化、商业化变现。

第五，创新流程管理。AI是企业数字化的重要驱动力，给出版业带来的是组织形式、内容生产方式，甚至战略的调整，促进出版行业进一步优化数字要素资源配置，挖掘数据资源的价值。中国知网发布AIGC检测服务系统，为出版传媒行业提供了选题策划、增强检索等各类AI工具，并且融入出版业务流程，赋能出版传媒行业全流程数智化转型。中信出版集团通过畅销优质内容产出提高了工作效能，实现个性化推荐、库存管理等方面的智能化。

AI对出版行业在五个方面提供了更多机会，同时也带来了挑战。

二、AIGC的问题与困境

第一，传统图书市场更加艰难。从纸质图书市场来看，AI的“剪贴”生成能力会极大地提高口水书、快消书的出版效率和品种数，而且会降低成本和定价，童书、教辅等图书会面临更加激烈的竞争，甚至会出现劣币驱逐良币的情况。短视频平台让受众更倾向于“开屏有益”的模式，而不是“开卷有益”。现在大量信息出来以后，大家首先到网上去找，而书肯定要过很长时间才能出来。一旦Sora（人工智能文生视频大模型）等视频生成技术应用普及开来，短视频领域将会面临一波井喷式的扩张，纸质阅读的受众也将逐渐减少。最关键的一点是：未来图书并不必然可信。高质量训练语料是高质量大模型的核心要素，而现在有些大模型厂商用于训练大模型的底层语料杂乱无章，存在大量无用、错误的信息，甚至存在价值观和意识形态问题。如果将这些“原材料”编辑成图书，将存在极大的出版隐患，对于传统出版业而言，大家不相信书的时候，不相信书的专业和价值的时候，这将给我们带来致命的打击。

第二，人工智能大模型盈利困难。人工智能大模型研发最主要的条件是“语料+算力”，专业语料需要购买，算力需要软件硬件，研发投入动辄以千万、亿计。集团下属的中译语通自2013年成立以来，自主研发并构建起了包括机器翻译、大数据、知识图谱等方向的关键技术生态，2023年才发布了格物——多语言生成式对话大模型，实现垂直领域AI大模型的落地，整整10年的巨额投入，令人望而却步。从商业推广角度来说，各单体社AI产品缺少通用性，与其他出版社需求不适配；工具产品能力欠缺，产品形态少，难以形成规模效应。对于用户而言，付费意愿和付费能力也非常有限。

第三，法律伦理和版权问题难以解决。版权被盗是难以应对的问题。有一些大模型厂商存在未经授权直接盗用出版单位专业内容的情况。围绕内容资源的核心版权很难达成深入合作，如中国大百科全书出版社（以下简称“百科社”）的《中国大百科全书》（第三版）网络版、军事百科数据库、社科词条库的专业内容即被一些大模型厂商用于底层训练，大模型生成的内容已经打散重组，很难追溯维权。

第四，传统出版人可能被替代。在内容生产领域，从PGC（专业生产内容）到UGC（用户生产内容），这两种模式都面临着内容生产“不可能三角”的制约，也就是必须在成本、质量和规模三要素之间进行抉择，放弃其一。尽管在PGC领域，纸质出版物和出版人因能够提供质量把关，而在内容产业中拥有不可替代的价值，但是人工智能AIGC具有高质量、大规模内容生产和低成本这三重特征，打破了传统意义上的“不可能三角”，带来的就是出版人的某些岗位或者角色需求出现大量下降。这个对我们传统出版企业也是比较大的影响。

三、中国出版集团在人工智能领域的探索与实践

第一，构建专业语料库。百科社依托在百科领域的专业优势，构建了基于权威百科知识的人工智能语料库。百科社目前已完成近百万可供大模型语料预训练和精调过程中使用的专业知识“问答对”语料，并在持续抽取专业知识“问答对”，计划生成上亿量级的专业知识“问答对”。2018年8月在北京国际图书博览会期间正式发布了第一代百科智能机器人“司南君百科知识问答机器人”。中华书局古籍语料库、商务印书馆工具书语料库、中译语通多语言语料库等已经实现商业应用。这是发挥内容优势，建立专业语料库。

第二，搭建垂类大模型。中华书局古联公司积极探索古籍大模型的研发与应用路径，2023年12月，中华书局古联公司与南京农业大学推出了首个古籍整理大模型——“荀子”古籍大语言模型，包含了“四库全书”在内的古籍文献超20亿字大型语料库，能够实现自然语言理解、自动翻译、诗歌生成、自动标引等多项功能。生活·读书·新知三联书店对过往20余年《三联生活周刊》刊物和知识付费课程进行模型训练和优化，可以根据用户的提问从三联知识库中寻找适合的答案。中译语通公司是一家领先的人工智能企业，先后承担多项国家级重大专项任务建设。中译语通发布的“格物”大模型包括支持113个语种的多语言预训练模型，融合文本、图

像、音频、视频全模态能力的多模态生成式对话模型，以及多模态机器翻译、语音识别与合成、图像理解与OCR（文字识别技术）、自然语言处理、知识图谱、多模态内容理解生成等一系列智能服务，为翻译、编辑、校对等带来前所未有的便利。

第三，AI技术开发及应用。中华书局的“古籍智能整理平台”被行业广泛应用，可实现古籍繁简转换、自动标点、OCR识别等智能技术，这是文字识别技术为我们行业古籍整理提供服务。中译语通的机器翻译技术目前支持60个语种的翻译，网页、音视频和文档等多模态数据的翻译以及人机协同翻译应用，可以做到用4天时间完成18万字图书的机器翻译，并且达到出版质量；中译语通与商务印书馆等联合打造的图书防伪溯源体系，实现了区块链、大数据以及人工智能技术在传统图书出版领域的新实践应用。中译文娱依托AIGC视觉技术能力，实现对国内外主流短视频平台、直播平台等视听内容的画面、语音、文本的分析和审核；利用文本生成图像、图像风格迁移等技术能力，高效实现不同主题、风格的书籍插图、封面设计。《三联生活周刊》数字刊在三联中读App上线，通过文本转语音服务实现了对过往杂志文章和公众号文章的音频化制作。中图公司布局人工智能相对广泛，他们联合国内外28家头部出版企业，为图书馆等公共文化服务领域提供了基于新型文化消费场景的、以虚实深度合成为核心技术的新型融合解决方案；结合人工智能数据处理、内容生成与智慧互动能力，形成互动型知识服务，拓宽了图书单一阅读形式；聚焦行业打造的出版垂类大模型，形成了人工智能驱动的产品生态体系，在满足出版行业应用的同时，向水利、农业、材料等方向延展并实现了商业化运营。

中国出版集团将进一步加强顶层设计，将集团AI产品线进行深度梳理，结合各单位特点，相互融合，互为所用。底层技术各个单位都在做，希望底层技术开发可通用于中华书局、百科社、商务印书馆、人民美术出版社、荣宝斋等有专业资源优势的数据库。中译语通和中图的技术可以打通编辑环节和上下游销售环节。中译语通在教育辅导中的GPT应用布局可应用于集团教辅、教材特色社的AI建设等。我们拟汇聚集团各成员单位力量与大模型厂商洽谈合作，规划考虑和推进大模型使用出版单位专业内容进行语料训练的相关技术标准，以推进出版单位与大模型厂商良性的深度合作，让AI技术在出版高质量发展中发挥更大的作用。

四、几点建议

第一，从思想和行动上主动拥抱AI。据预测，到2024年，中国用AIGC产生的短视频数量将会是2023年的1000倍，这种数量的增长预示着AI技术将对使用它的上下游企业产生深刻的“质”的重构。AI不仅改变了出版业的生产方式，还重新定义了出版业的未来发展方向，以AI为核心的创新发展是迈向高质量发展的必由之路，主动布局AI就是发展出版业的新质生产力，是中国式出版现代化的第一步。出版业与AI的融合不仅仅是出版业高质量发展的要求，更是生存下去的必要路径。从历史的角度看，出版产业的每一次技术变革都需要出版从业者完成一次自我革命，实现一次职业涅槃，唯有如此才能改变已有的工作模式。如果观念变革与技术成长脱节，技术将很难落地生根。只有技术更新和思维变革相辅相成，才有可能使新技术顺利磨合进化。出版人必须以更大的勇气、智慧，更独特的视角、思维，更科学的战略、方法去拥抱AI，让AI在出版行业早日落地生根，开花结果。我们不仅要想，还要去做。

第二，从体制和机制上激发内生动力。要用现代企业制度完善企业治理，要用市场机制配置资源。我们在人工智能应用方面的这些技术和产品，基本上都是公司制，而且基本上采用了市场化的方式引入了职业经理人团队。

要打造一支掌握AI技术、熟悉AI应用、适应AI技术迭代的人才队伍。数据要素同实体要素、技术要素一起成为推动出版业高质量发展的三大关键要素动力。作为一个高度依赖信息和由数据支撑的行业，要进一步强化数据思维，认识数据资源的价值，并充分发掘和运用数据这一数字经济的新型生产要素。将AI与本行业、本企业结合起来，筑牢数据基础，不急于求成，也不去追求某种爆发式应用。

第三，从资源、资本、技术上推动行业广泛合作。大数据模型在于大，大数据很难一个企业、一个单位去提供，所以对出版企业来说要秉承开放、平等、协作、快速、共享的互联网的核心精神，与产业链上下游、教育科研机构、资本资源方等展开深度合作，通过恰当的利益分配模式实现语料、数据、科技资源共享。出版社的专业内容是大模型生成内容的科学性、专业性和准确性的重要基础，特别是古籍类、艺术类、专业类等拥有独家文字、图片资源的出版社，可根据自身优势建设开发专业数据库，通过商业合作的方式将精准语料提供给大模型厂商进行训练，利用数据、品牌、产业落地能力和科研机构的算力、人才资源进行交换，在减少资金投入的同时，保障技术的快速研发与落地。

未来已来，人工智能与出版的融合发展需要我们全行业精诚协作，开放共赢才能达到理想的发展目标，中国出版集团期待与全行业同人携手共进，共创辉煌。

AI时代，内容为王

张玉国 （励讯集团中国区高级副总裁）

我围绕AI在专业出版领域的应用做汇报。主要包括三个内容：一、励讯集团简介和AI应用；二、生成式AI在专业出版领域的应用和挑战；三、AI和出版业的一点思考。

一、励讯集团简介和AI应用

励讯集团是全球最大的专业信息服务商、出版商，总部在伦敦，年销售额大概为100亿美元，包括四个业务单元：最大的一块现在很难用出版来定义，是大数据风险分析，服务银行、保险公司等客户；第二块是传统的科学和医学出版信息服务；第三块是法律；第四块是全球第二大的展览公司。

励讯集团在全球出版50强排名里连续五年排在第一位，是全球第一大跨领域出版公司。集团的数字化进程非常快，大概利用15年的时间，已实现全面转型，到2023年集团的纸本收入只占5%，其余全是数字化收入。

励讯集团长期应用AI技术，AI跟大数据是不能分割的，在“大模型”这个词火起来之前，我们已经有20年做大数据的历史，在生成式AI火起来之前，我们已经有十几年应用AI的历史。

首先要区分一下所谓的提取式AI和生成式AI。在2017年之前，AI在文本和数据挖掘领域的应用可以概括为提取式AI，也有叫辨别式AI，把知识洞见从图片、图像、文本里面提取出来，最典型的应用是搜索、推荐。

2017年之后出现了生成式AI技术，与它相关的第一篇论文发表在2017年，所以做这么一个区别是很重要的。

励讯集团过去十几年一直在应用AI技术，主要是提取式AI，在生成式AI的时代，集团从去年开始迅速推出了三款新产品：科研领域的Scopus AI，医学临床领域ClinicalKey AI，为法律人士服务的Lexis+AI™。这三款新产品反响还不错。这三款新产品对比大众应用的AI技术，最大区别是底层内容都是高质量、可信赖的，这点非常重要，也是我们出版界的优势。

市场和投资人都认识到励讯集团在AI领域的拓展，比如美国的《美国新闻与世界报道》（*U.S. News*）把励讯集团评为最可能从AI技术受益的全球十大公司之一，跟英伟达、微软并列。很多公司都会从AI技术中受益，包括励讯集团在内，AI是我们业务的核心。

投资银行也相应地调高了励讯集团股票的评级，高盛前不久给出的评级指出，考虑到励讯集团利用生成式AI强化其数据和知识产权方面的业务具有优势，所以集团未来前景非常好。

二、生成式AI在专业出版领域的应用和挑战

一是在法律界，二是在科技和医学出版界。法律界如何看待AI呢？大部分法律专业的人认为，AI技术，尤其生成式AI技术，将会深深改变法律界，所以持比较积极乐观的态度。AI不会取代律师，但是使用AI的律师将取代不使用AI的律师，法律界非常愿意积极拥抱生成式AI产品。

科技领域，我们作为科技专业出版商主要服务法律科技专业人员，2023年9月《自然》杂志1600多名科研人员做了调研，了解他们受AI的影响以及如何使用大语言模型生成式AI技术。跟科研相关的主要活动包括：产生和研究有关的构思，思考科研路径；撰写研究手稿、文献综述、基金申请书；审阅研究手稿等。也有跟一般用户类似的应用，是跟科研相关的。

总结起来，就是生成式AI是提高专业人员工作效率的非常有用的工具。我个人归纳为给专业人士配备的两个助手，一个是研究助手，一个是写作助手。研究助手能够更加快速、精准地检索信息，跨学科知识的获取更快。写作助手更有用，像法律文书初稿的撰写，论文润色，尤其是对非英语母语的作者帮助特别大。但是要注意论文润色不能代替科研人员写论文，论文还是要科研人员自己来写，但它可以帮你撰写综述文章、基金申请报告等。

这就是生成式AI在专业出版领域的一些应用，看起来似乎作用有限。生成式AI也给我们这个行业带来很多挑战，比如机器幻觉、AI幻觉、事实错误、虚假信息、对人类生存的威胁等。我就专业出版领域说一下我们面临的挑战。

首先，在法律界，幻觉问题是非常突出的，2023年5月，《纽约时报》有一个报道，一名律师在准备辩护材料的过程中用了ChatGPT，后者编了六个不存在的案例，那名律师还问ChatGPT：你敢保证这是真实案例吗？ChatGPT说，我敢保证。结果这名律师受到了法官的处罚，将来能不能再执业都不知道。

科技医学出版领域也受到很大挑战，比如论文写作方面，有人说将产生大量垃圾论文，学生都用生成式AI，将丧失写作能力，都靠工具了。同行评审是整个科技和医学出版界的基石，一篇科研论文投到期刊后，要发到三个以上同行那里评审，审查论文的原创性。但现在有了AI

工具，有些人把论文提交给AI，让AI帮忙写审稿意见。这能代表其真实水平吗？可以衡量出科研的原创性吗？这些都是科技界面临的很严重的问题。

生成式AI应用广泛，不可否认，但是也带来很多挑战。AI目前有很大的局限性，是否有点过度炒作，甚至有点神话AI的趋势，需要打一个很大的问号。比如虽然其功能强大，但能否说成是革命？

南京大学人工智能研究院的院长周志华认为：机器学习这一轮AI主要是由机器学习当中的深度学习带来的，机器学习本质是概率近似正确，对于它产生的东西永远不能完全信任，将来一定要跟逻辑推理结合，1+1=2，这是真实的。光去推理那个概率不行。如果这个结合好了，这是解决人工智能领域的圣杯问题。

南京大学党委书记谭铁牛院士说，人工智能是四句话：有智能没智慧，有智商没情商，会计算不会算计，有专才无通才。

我们再来看看这一轮AI教父之一杨立昆的文章：语言只承载人类所有知识的一小部分，大部分人类知识和所有动物的知识都是非语言、非符号的，是语言和符号、视频和图片都概括不了的知识。因此大语言模型无法接近人类水平的智能。我们很容易被它的流利程度所蒙蔽，你问一个问题，它帮你写文章，生成一个图片，很流利。但是它不知道世界是如何运作的。

吴军说：世界上所有的问题，比如说是一个大集合，数学问题是一个子集，数学问题里面可能判定的问题又是另一个子集，里面有解的问题是一个子集，如果把有解的问题再分析分析，有解的问题里边可以计算的又是一个小的子集，工程可解又是一个小子集，人工智能可解的又是一个子集，人工智能可解的是很小的。

李飞飞，人工智能研究专家，她说，现在整个人工智能领域还处在前牛顿时代，还没有一套理论能把这个事说清楚，跟物理界相比。

我在香港参加人工智能治理国际研讨会时，我国很有名的人工智能专家高鹏院士讲道：如果把现在所有AI分成初级、中级、高级，现在世界上所有AI都是初级。有人说达到了中级，不对，是骗人的。永远达不到最高级。不要吓唬老百姓。

人工智能的历史，三起两落，20世纪70年代、90年代初有过两次寒冬，就是当初热情太高涨了，大家觉得可以解决很多问题，最后发现解决不了，热情一下子就掉下来了，所以进入了寒冬。我看过李开复的一本书，他说90年代初的时候都不好意思说自己是学人工智能专业的，那是一个不好的词。

大家知道一个很有名的技术咨询公司高德纳（Gartner），它有一个技术成熟曲线图，翻译过来应该叫技术炒作曲线图。现在生成式AI是在顶峰，将来一定会慢慢下来，到破裂低谷期，然后还会慢慢爬升，所以将来一定具有一个往下走的趋势。

人类大脑是生物进化40亿年的产物，是世界已知最复杂的系统，现在谁都不明白智能是怎么产生的，所以要对大脑和人类智能充满敬畏。另外，要有信心，人类700多万年发展历史上，我们发明过很多工具，火、刀、枪、核武器等，它们具有很强的破坏性，但人类没有因为这些工具灭绝。再者是治理，还有就是在过度消费的时代，要有清醒的判断，以防人工智能再次进入寒冬。它的确很有用，但是不要寄予过高的期望。

三、AI和出版业的一点思考

关于出版与技术，出版业因技术而兴，随技术变迁不断发展。出版界从来没有畏惧过技术，从最早的甲骨文算起——当然它不能完全叫出版——还有现在的激光照排、互联网等，没有害怕过新技术。

而且，生成式AI底层的数据非常重要，英文里有个说法叫“垃圾进、垃圾出”，再牛的算法如果输入的是低质量的数据，出来的结果也不会是高质量的结果。包括励讯集团在内的所有出版商，我们的独特优势就是能够生产高质量、可信赖的内容，是那些模型需要的、AI需要的。高鹏院士在香港讲鹏城云脑大模型时说，他们跟国家外文局下属单位合作，用高质量的出版物构建大模型。

AI时代依旧是内容为王，这是我们的看家本领，出版能够出奇制胜，就靠三个东西：一、最基础的是高质量、可信任的内容数据；二、对用户有深刻理解，清楚用户的痛点是什么，怎么帮他解决问题；三、有技术，有平台，包括负责任的AI原则。三者加在一起，我们专业出版就能够在市场竞争中制胜。

关于人工智能技术在基础教育出版中的应用和发展趋势的探讨

黄强 （人民教育出版社党委书记、社长）

人教社深耕基础教育教材和教育图书的编研出版已有七十多年。习近平总书记在给人教社老同志的回信中指出：要坚持正确政治方向，弘扬优良传统，推进改革创新，用心打造培根铸魂、启智增慧的精品教材。

人教社历来重视新技术对教育出版和教学的积极影响。近年来，人教社认真、积极推进深度融合发展，这主要体现在以下两个方面。

一是积极应用成熟人工智能技术。

一方面，我们利用人工智能技术助力传统出版。人教社很早就开始借助各种智能审校手段辅助内容编辑和校对。我们建立了多种应用人工智能技术的平台和系统，协助开展编研出版工作。比如，建立了语料库服务平台、资源管理与智能服务平台、真源出版印务管理平台、电子胶片远程传版系统等，这些大大提高了我们的出版效率。我们以人工智能相关技术为基础，自主研发了一整套数字内容版权保护方案，应用于数字资源从加工到传输再到服务的各个环节；并依托智能算法，研发外链监测平台，在核心产品中接入外链监控，有效确保了各种网络链接的安全，部分方案已获得国家知识产权局的专利授权。

另一方面，在音像与数字出版中深度使用人工智能技术。第三代人教数字教材充分利用信息技术的优势，将多媒体技术、大数据技术和人工智能技术有机融合在一起，实现了纸质教材的数字化重构，解决了传统教材在数字化教学环境中使用不便利的问题。人教点读、人教口语等移动App产品中嵌入了语音评测、图像识别等人工智能技术，在听力与口语测试、发音纠正、角色扮演等场景中发挥着重要作用，提高了产品的体验价值。目前有600多万中小学生在终端长期使用语音评测等智能化工具，仅2023年一年使用量就超过1.5亿次。

我们还依托自主研发的人教基础服务大数据平台，将用户画像、智能算法、规则引擎有机结合，形成了一套内容运营新方案。我们在数字产品中还应用了智能审核技术，基于图像、文本、音视频的检测，自动识别涉黄、敏感、涉暴、广告导流等内容，维护了平台的内容安全。

我们依托人工智能技术开发的各类数字产品，得到了上级主管部门的肯定，获得了一系列荣誉和奖项。“人教数字教材”荣获第五届中国出版政府奖，“人教点读”入选数字出版精品遴选推荐计划。人教社被国家新闻出版署评为“出版融合发展旗舰示范单位”。

我们秉承“编研一体，学术立社”传统，搭建人工智能与教育出版研究平台，利用国家新闻出版署出版融合发展（人教社）重点实验室、数字教育出版技术与标准重点实验室、人教研究院、《中小学数字化教学》期刊，为研究人工智能技术对教学、教育出版等的影响搭建了平台。

二是积极探索生成式人工智能的应用方式。面对生成式人工智能技术的迅猛发展，我们采取双轨战略，既发挥自身研发实力，又积极与外部合作伙伴携手，共同探索和推动生成式人工智能技术在教育出版行业的实际应用。

一方面，人教社于2023年6月建立了人教数字AIGC实验室，对大语言模型、生成式人工智能等进行探索。目前，实验室已经完成了对ChatGPT、Gemini、通义千问、讯飞星火等主流大模型的调研和效果验证。实验室也初步完成了对文本生成、图像生成、检索增强生成及相关数据安全和版权保护的研发工作。也就是说，我们的编辑可以利用接入的大模型进行教案生成等的探索，也可以利用接入的大模型进行文字生成图片的尝试，生成图片时还可以进行风格的选择。目前来看，不管是生成的文字还是图片，以我们的标准来看，暂时还不能直接应用到出版物中，但确实能够启发思考、提供灵感。

2024年，人教数字AIGC实验室探索了多模态资源的生成技术，以此辅助制作智能化教材、AI有声书、教学视频、自媒体运营视频等。而且，我们也正在准备进行基础教育教材、图书编写的大语言模型研究，准备利用可私有化部署的大语言模型，对基础教育课标和教材、教参、教辅、期刊等进行学习，然后在此基础上进行微调，以此为基础加强教材编研出版智能化研究，赋能教育出版高质量发展。

另一方面，我们加强了与外界的合作。在教育部教材局的指导下，人教社与中央广播电视总台，合作制作了中国首部文生视频AI系列动画片《千秋诗颂》。动画片已于2024年2月26日在总台央视综合频道首播，央视频、央视网同步上线。《千秋诗颂》聚焦国家统编语文教材200多首古代诗词，运用人工智能技术将诗词内容转化制作为唯美的国风动画。在生成式人工智能技术的加持下，《千秋诗颂》高度再现了中国古诗词中的人物造型、场景和道具，呈现了一部将中华古典诗词的博大精深与现代视听艺术相结合的动画作品。截至2024年3月3日上午10时，央视版《千秋诗颂》播放量483.7万次，在所有上星频道动画片中收视率排名第一，受到了各界的一致好评。

简而言之，同大家一样，人教社也在积极、主动地拥抱新技术，并且在努力探索，怎样更好地利用人工智能技术助力教育出版转型。这方面我们有以下几点思考。

一、要高度重视AIGC给教育出版带来的可能影响

叶圣陶先生曾经说过：“著作家的成绩好比米，不依靠著作家，出版业没法做无米之炊。”现在看来，人工智能技术能够生成“米”，它对教育出版的影响包括：

对出版社内容创作方式的影响。AIGC已成为一种新型内容创作方式，现在很多自媒体的文案、图像、音频、视频，直接用的都是人工智能生成的内容。AIGC具有数据内容孪生、编辑和创作三大智能化能力，可以开阔思路视野、降本增效、提升用户体验。

对教育出版单位的影响。人工智能时代，教育出版单位应从单纯的内容提供商向综合的知识服务提供商转型。利用人工智能技术可在选题策划、编写撰稿、编辑加工、校对审核、版权管理、物流管控、渠道发行、应用交互及用户体验和定制化开发、智能化推送阅读等方面，提供更加精准和智能化的支撑，可以极大提高产品和服务质量，能够促进产业升级，催生新业态。

对编辑的影响。在提高内容生成和编辑效率的同时，也会影响到出版行业的把关人机制。出版指的是对作品进行选择、编辑、复制，向公众传播的专业活动。AIGC会提升作品生成、传播的效率。目前基于概率规则生成内容的大语言模型，在判断作品好坏也就是对作品进行选择这一点上还存在很多改进空间。人工智能时代的编辑，需要准确了解不同人工智能技术的优劣势，提高鉴别作品优劣的能力。掌握新技术的编辑跟不掌握新技术的编辑区别很大。

二、面对动态发展中的人工智能及其作用和价值，既要积极拥抱，也要客观评估

众所周知，以ChatGPT为代表的大语言模型，具有一定的“幻觉”，会生成错误的甚至有害的内容，需要编辑、专家保持警觉和极高的鉴别能力，才能真正转化为可供教育系统使用的知识。图像生成在创意启发上价值更高，更适合辅助生成图书封面、书籍独立素材等，但在保持局部可控性和角色一致性上难度很大，对辅助生成整本书、套系书的体系化、定制化配图较为吃力。春节期间特别火的文生视频模型Sora，能够根据文本提示创建逼真和富有想象力的一分钟视频，其表现出的逐渐理解和模拟真实物理世界的能力令人感到惊艳。这种文生视频的能力可以用来制作流程简单、需求简单、要求不高的短视频。但对于专业性强、流程复杂的电子音像出版物、在线视频课程等长视频，Sora等大模型短期内还无法驾驭。

因此，从整体能力来看，生成式人工智能是新生事物，尚在不断发展中，目前暂时不能媲美人类专家作品，暂不能达到出版物标准。从实操来看，人工智能的使用门槛相对较高。对工具和撰写提示词的技巧方法掌握的熟练程度，直接决定了生成内容的质量。也许随着技术的发展，这些不足将逐渐得以克服，但现阶段，想要在基础教育出版中直接使用人工智能生成的内容，条件并不成熟。

三、在人工智能时代，教育出版更需要在既有机制流程中发挥专业优势

教育出版的主要优势在于具有大量丰富的专业内容。在内容生产机制和流程方面，教育出版社在尝试通过人工智能来创作内容时，有两点必须坚持。一是教育出版是系统工程，从选题、创作、编辑到印制、发行都有规范流程及运行规律，而基础教育出版在为党育人、为国育才中发挥着极

其重要的作用，任何内容生产方式的改变都必须在坚持高质量、高标准的前提下进行。二是对于人工智能创作的内容，必须由专家进行事先的规划和设计，过程中适当引导，事后加工、把关和提升，确保内容的思想性、科学性，更好地满足师生的需求。

在充分利用人工智能赋能方面，生成式人工智能与教育出版内容深度链接的核心点在于海量的数据资源。教育出版机构若对自身发展史上的每一本书、每一位作者、每一位用户进行数据化处理，获得丰富的内容数据、用户数据、交互数据，并以此作为融合生成式人工智能的基础，为加速构建教育出版大语言模型提供支撑，将会对人工智能在教育出版领域的落地应用形成强劲的推力，这也是人教社未来融合发展的探索方向。

总的来说，教育出版人应该深刻认识，并且以积极心态迎接人工智能技术的发展给我们带来的挑战，冷静思索新问题，探索解决新方案，坚持守正创新，立足中国特色，加强对新技术应用的研究，将传统教育出版优势与新兴技术深度融合，运用人工智能技术赋能教育出版，为助力中国式现代化建设、创造人类文明新形态而努力。

数传集团在人工智能与出版融合方面的探索和成果

施其明 （数传集团执行总裁）

今天我会分成几个板块，给大家展示一下过去几年数传从读者服务一直到用AI赋能出版各个环节做的一些尝试。

出版行业与AI距离十分贴近，过去我们做的很多应用服务，也在运用AIGC和ChatGPT，2023年3月31日，数传率先在企业内部使用AIGC，自身成本降低了30%。实际上数传专注于出版业数字化转型已有10年。

在AIGC兴起之后，我们迅速做了一些小的应用服务，还研发了一个小模型——BOOKSGPT，其技术体系相对来说更接近出版业的一些实际流程，也接近一些读者相关的服务。我们开展了一项大规模模型评测实验：基于十几万种纸质书，对全球170多个大模型进行了全流程比对和跑测，针对这些大模型做了动态打分，每时每刻都在做修正。我们不断识别这些模型自身的能力，考察在不同的领域、不同的图书类型和读者类型上面所产生内容的准确性和效果，同时针对这170多个模型，基于读者的意图，包括出版业内部的员工、编辑相关的意图识别，向编辑、从业者、读者反馈他们需要的内容服务。针对BOOKSGPT，我们在底层技术上开发了帮助编辑实现更高效率的小应用。

在工作智能化和服务方面，我们发现，在数传内部使用自己开发的这几个小应用的时候，会用的员工和不会用的员工效率完全不一样。

接下来分享几个小的应用服务。比如，我们为策划编辑打造了类似于人类助手的编辑助手。在选题策划编辑助手的使用中，我发现有些编辑的使用效率就很高，不仅用它来撰写选题报告，还借此开发思路，从几百个不同的选题中，不断修正自己的思路，最后策划出一个真正好的符合市场需求的选题。

此外，我们也做了一些内容创作方面的尝试，但在这个过程中，我们发现AI很难替代人工。不过它却让我们工作效率和体系化效率发生了变化。

再说说AI画师，最初希望它可以替代美编做封面工作等，结果却发现编辑用AI画师做了另一件事——沟通。原来编辑、项目经理跟供应商、美编沟通时，文字和思想的沟通难免会形成沟通差异点。如今借助AI画师，先用差不多的思路生成图片，如果效果不好，可以重新生成，大大提高了效率。在很多高成本创作条件下，AI看上去是画师，实际上扮演着沟通角色，编辑先跟AI沟通，满意之后，再跟人沟通时，整个沟通效率非常高。

在图书的校对、审校环节，AI的帮助更大。2023年我们上线了校对机器人，一开始上线的是一些文科类图书的校对工作。有部分图书样本的校对结果甚至达到了出版标准，当时我们非常开心，意识到可能会在某种程度上替代审读和校对工作。

在AI校对方面，我们能做到消灭全部错别字，标点符号几乎可以做到达到出版规范，校对员不用在标点符号上花精力。我们外接了很多数据库，一些政策性的数据库，跟很多这方面的机构进行合作，让AI学习之后对校对内容做更正。

从前数传在服务出版业时，编辑要学习如何使用系统，现在借助AI交互，编辑只需加校对机器人的微信，然后把指令发送给它，它就会像一个真正的员工一样完成校对工作。但它只是预校对，校对机器人把一些问题解决之后，校对人员再围绕原有校对体系做好后续工作。随着技术的改变，校对机器人已经可以在小范围内应用，并且能够实现一定的商业价值。这是在校对环节上取得的成效。

我们还开发了一些和编印发有关的小应用，现正在试点，我们觉得效率提高很快。作为专注出版信息化的小公司，我们从发行角度来说，AI能够生成全网可读的宣发的小视频、小文章和书评，可以很快形成一本书的相关的营销方案。我们也在利用AI做一些新媒体编辑的工作，它可以：第一，低成本实现一定程度的电子化；第二，快速生成文章书评。2023年有四套图书，编辑利用AI一下子生成了几百篇书评，发到了小红书、豆瓣上，这些文章不一定达到出版水准，但是用于书评推广还是可以的，形成了不一样的营销逻辑。事实上，AIGC不仅在内容生成上“超能力”，在营销方面同样潜力巨大，如果运用得当，将开辟一条与众不同、事半功倍的营销路径。

在移动互联网早期，那时候大家对移动互联网的认知是把PC端变成移动端，能够在路上也看到一些新闻，不到一年时间滴滴出来了，商业模式发生了各种奇怪的变化。AIGC实际应用也会沿着意想不到的方向发展，我对AI非常有信心。

数传聚焦于两个方向：一是出版流程内的编印发，先期试用了一些小应用；二是读者服务，通过给读者做书的服务再产生收益。我们把很多图书的服务一一做好之后，也放到出版社自己的平台，通过出版社授权放到全网，提高这本书的质量。

2023年，围绕图书打造了一个智能客服“书小二”，它能提供大量服务，包括书的相关索引、部分内容解读、图书的一些周边资源的推送等。经单本书结构化加工之后，“书小二”回答问题的准确率还是很高的。

2024年BOOKSGPT上线后，已有2000多本图书配置了数字人，而且数字人配置底层逻辑不太一样。我们对图书重新做结构化，这个结构化和打标签不一样，是转化成AIGC能理解的语言体系，一句一句拆解到GPT能读懂，不会产生歧义。

从C端用户来说，我们将来的产品会发生一些变化，不管是图书本身，还是面向用户的服务产品，从原来货架式商品售卖向服务式型转变。数传的目标是把过去十年给出版业提供的图书的相关配套资源服务，全部转型成读者个性化和GPT交互，根据读者需求拆解内容、提供服务，对此我们有一定的信心。

综上所述，从AIGC过去的实践来看，其对整个出版流程和产品的影响是显著的。出版是AIGC原生态应该有的行业，和大模型公司及芯片公司比，我们从整个业态上会最快实现场景化运用。数传在应用场景阶段，更快地触碰到AIGC给我们带来的一些变化。

当然这种变化可能会碰到很多挑战。比如，现在一些内容生成后，一看就知道是GPT生成的，同质化现象会比较严重。怎么保证真正优质内容的生成、底层数据库更清晰，需要更多的出版同行一起来制定标准，构建相关标准的体系。

同时，AIGC的版权始终难以界定，我们现在到底怎么确定版权，不仅仅是出版的产品被大模型学习之后的问题。现在没有一个确权的体系。还有生成内容谁担责的问题。希望有一些讨论和推进。

希望出版业能够抓住AIGC这次机会，十年前的互联网可能和出版业有一点小距离，但是如今AIGC和出版业离得很近。希望传统出版业能焕发出新的活力和生机。以上是我的分享。

AI开启出版新未来

童之磊 （中文在线董事长兼总裁）

我觉得今天我们讨论人工智能非常有意义，李强总理在十四届全国人大二次会议上所作的政府工作报告中提到了新的词汇——“人工智能+”。如果大家有印象，2015年政府工作报告上第一次出现了一个词语，即“互联网+”，以此带动了波澜壮阔的互联网的发展。我相信未来10年甚至更长时间会带来一轮全新的人工智能的浪潮。

第三方研究机构预测，在2030年左右，全球人工智能产业规模会超过1500亿美元，年增长速度超过38%。由此可以看出这是一个高速增长的行业，我们预计，未来其增长速度有可能比这个更快。

人工智能的发展对内容产业产生了巨大的影响，从文本到代码，在过去的两三年中，技术基本接近成熟。比较难的是在图像、视频、3D和游戏领域，从2022年以Midjourney为代表的新一代图像生成技术，让图像技术渐渐成熟。实际上，进入2024年，视频领域发生了巨大的变化。

AI赋能出版，从图书出版、期刊出版、音乐出版、游戏出版、视频出版等，都可以看到这样的变化。

我们分别举一些例子，首先图书出版领域，已经出现了完全由人工智能创作的作品。韩国一家出版社出版的一本图书就是用ChatGPT创作的，名字叫《寻找人生目标的45种方法》。过去传统出版流程需要比较长的周期，但是这本书出版流程只用了一周。这是一本鸡汤书。虽然人工智能做鸡汤文的能力已经很强了，但是与深度的专业出版领域相比还是有差距的。

在期刊出版领域，生成摘要、关键词等已非常便利，但是我举的这个例子是从另外一个角度来看，就是怎么避免期刊，特别是科技期刊当中大量注水的AI论文诞生。我们非常高兴地看到中华医学会率先在它的期刊采编系统中引入了AI检测工具，它可以辨别作者的投稿是否由AI产生，或者多大程度由AI产生，现在准确率已经达到96%。

音乐出版领域，AI的推进非常快。谷歌推出了专用大模型，这个模型可以创作时长5分钟的歌曲，这基本上已经是正常歌曲的时长了。谷歌大模型经过了28万个小时的训练，已经接近人类作曲家的风格了。我们再举一个例子，2023年非常受关注的“AI孙燕姿”。孙燕姿是一位华语歌手，2023年最火的不是她本人，而是AI孙燕姿创作的歌曲，比如翻唱的《下雨天》等都突破了百万播放量，甚至超过本人的很多音乐作品。类似这样的AI音乐未来会成为一种新的模式。

在游戏领域。实际上我们一直认为AI在游戏领域的应用是相对难的，但是AI在游戏出版中的应用非常迅速。2024年有一款游戏叫作《幻兽帕鲁》，这个游戏只有4个开发人员，主要基于AIGC模型来制作。游戏在平台上发布以后，首日销量就超过了200万份。5天的时间，其销量突破了700万份。这款游戏的成本不超过人民币5000万元，预计创收会超过人民币15亿元。

再看一下AI在视频出版中的应用。此前绝大多数人认为，AI在视频领域的突破大概需要10年时间，但是超出所有人想象，不到一年时间Sora就推出了。

由此可以看到，AI有可能颠覆过去很多传统的认知。我觉得很重要的原因是：AI本身不仅仅是一种传统的工具，它是可以自我加速的工具，每一轮AI的迭代，自身就给自己加速了，所以后面的进程会越来越快。所以我们现在认为未来人类科技可能进入一个新的时代，就是被AI加速的时代。

当然AI也带来了很多挑战，尤其是在知识产权领域，AI的原创性界定很难，版权归属模糊，侵权风险增加，法律监管滞后。但是在过去这段时间国际国内都有相关法规出台。欧盟出台了人工智能法案，我们认为是治理人工智能的一个标志性的里程碑。2023年中国实施了《生成式人工智能服务管理暂行办法》，是比较及时的。当然从立法角度来讲，还有大量工作要做。

AI领域也产生了大量纠纷案例，其中备受关注的就是《纽约时报》和OpenAI的持续版权之争。OpenAI在2024年1月正式回应：出现逐字复制的情况一定是因为《纽约时报》找了黑客才产生了这种效果，原则上来讲，生成式人工智能不会出现这样罕见的故障。2024年1月的达沃斯论坛上，OpenAI的CEO特别讲了《纽约时报》的诉讼对他们的影响，包括公司怎么引入高质量的数据，都会是非常关键的问题。

中国互联网法院、广州互联网法院判决了一起生成式AI侵犯著作权的案件——平台产生的奥特曼相关的图片，明显抄袭或者构成了对奥特曼形象的侵权。

下面我分享一下中文在线正在出版领域进行的AI方面的探索，包括使用AI在文本、音频、图像、视频方面做的努力。第一，文本方面，我们在2023年10月推出了中文逍遥大模型，这是全世界首个万字创作大模型，可以一键生成万字。第二，一张图片可以生成一本小说或者一个故事。第三，一次可读懂100万字。中文逍遥大模型的发布在多个指标上都处于领先地位。在大模型的发布中秉承的非常重要的理念是，我们不是为了取代作家，而是为了让作家更伟大。中文逍遥大模型定位是为作家或者编辑提供一个AI智能辅助工具。

再举一个例子，AI在音频出版上的应用。中文在线过去这些年一直在探索AI应用。早在2021年开始就一直在推动AI主播。

AI在漫画领域的应用中文在线也做了大量的努力，我们生成了动态漫画等，比如《我主宰了灵气复苏》等作品在多个平台非常受欢迎。

在视频领域，2024年2月29日由央视和中文在线及清华大学元宇宙实验室联合推出的微视频《补天》，它是国内首部AI全流程制作的微视频，包括美术设计、分镜头脚本、视频编辑、配乐等环节全部都由AI技术完成。

中文在线在AI内容结合上面，从2021年起，过去三年多时间一直在探索，从文字到音频，从漫画到动画，再到视频，未来我们会在出版中引进AI流程。AI是一个非常壮阔的蓝图，而这个蓝图不是靠一家公司就可以完成的，它需要和方方面面的合作，从硬件到软件，到服务领域，尤其需要和广大出版界同人共同携手完成，所以我们特别希望中文在线未来有机会和大家合作，共赢AI时代，共启出版新未来。

关于人工智能在出版领域的法律风险及应对措施

李明德 （中国社会科学院法学研究所二级研究员，中国社会科学院知识产权中心名誉主任）

著作权法保护的客体是作品，作品的产生远远早于人类的文明史。今天所说的文明史是以文字记载为依据，但是文字记载出现之前，原始的绘画、音乐、舞蹈已经存在。当然在文字产生之后，才在不同的载体上记载下来。怎么就产生了作品保护制度呢？我先不说著作权，也不说版权。就来说说我们中国人的两项发明：造纸术、印刷术。

造纸术、印刷术产生后，在中国北宋起就有了版权保护的事例。在西方世界，古登堡发明活字印刷并在其普及之后有了版权保护的必要。在这种情况之下，我们看到仍然是人在创作。

英国最早的版权法讲的是人，美国宪法讲的也是人。美国版权法也是说人创作的、作者创作的作品。启蒙运动强调人权，否定君权、神权。法国大革命中制定的表演权法、复制权法都是讲作者对其作品享有权利。此后相关理念推广到世界各国。欧洲大陆立法与当今比较接近，如1991年的计算机程序保护指令、1996年的数据库保护指令，均明确作者是一个自然人或自然人群体，这一界定已非常清晰。

日本借用了汉语，但我在相关国际会议上也讲，日本人犯了一个错误——他把“人”给丢了。所谓著作权法，好像是“著作”有权利，实则是人有权利。法律调整的人与人之间的法律关系。我国也用了著作权这个术语，但一定要注意，应该是“作者权”，这个作者就是个自然人。我国现行的著作权法第十一条规定，创作作品的自然人是作者，可没有说AI是作者。法律虽规定法人、非法人单位视为作者，但它并非真正的作者。对著作权法这一条的规定，有多少人都忽略了。

所以我个人认为，至少从历史发展来看，到今天为止，包括今天的法律并没有脱离自然人。当然这个作品传播不断拥抱新技术，没有问题。如果说著作权制度或者版权制度的技术基础是造纸术和印刷术，那个时代强调了作者，随着作品传播技术的进一步发展，有了留声机技术，有了摄影和电影技术，有了广播技术，这对作品保护制度是一次又一次的挑战，今天又有了新的挑战。

最后，大陆法系创设了一个邻接权制度，包括表演者权、录音制作者权、广播组织权。录音作品包括视听作品本身没有邻接权，我国20世纪80年代开始制定著作权法时，吸收了国际上的现成经验。我们规定了作者、作品，也规定了表演者权、录音制作者权、录像制作者权。我们的法律借鉴国际成熟做法，当然也有一些失误的地方，如法人作品脱离了自然人，1990年的著作权法把视听作品分为电影、电视、录像作品，对广播组织权的客体都有一些误解，当然大多数都已经得到了纠正。总之，法律也在随着作品传播技术而发展。

面对数字技术和网络技术，中国的专家学者、法官确实与全世界一起积极应对。在我看来，数字技术和互联网技术带来的挑战有三个方面：第一，数字化；第二，技术措施权利管理信息的保护；第三，网络服务商的责任。我们没有过往经验，一头扎到数字化里面，甚至提出AI

作品，人工智能作品，包括法院、专家学者，都忽略了技术措施和权利管理信息保护。

回到数字技术本质，AI成为作者从著作权法角度来讲是不成立的。作品就是自然人创作的。当然现在有一个问题，我们总觉得什么都要保护、投资，但是一定要记住，知识产权制度对人类智力成果的保护是有限的，只覆盖作品、技术发明、外观设计、商业标识等。至于一些新的名词术语，一些新的商业模式，是不受保护的。

在我们所处的这个领域，我强调AI是工具。从美国的相关诉讼来看，法院更关注ChatGPT用的作品有没有获得授权，尤其是商业性使用场景，而不是个人使用。但在我们国内情况却一边倒，大家都关注“后方”，对“前方”的合法性与侵权风险不关注，从著作权法角度来讲是很致命的问题。

我认为软件其实就是一系列算法，是数学逻辑。人类不光讲逻辑，还有情，AI是不可能有情的，它完全是一种数学逻辑。王阳明讲心，关汉卿等明清小说家讲情，打动我们的不是AI编出来的东西，而是有情感的东西。“大江东去，浪淘尽，千古风流人物”，AI能编出来吗？“先天下之忧而忧，后天下之乐而乐”，AI有这样的情怀吗？

我认为，作品传播技术与作品保护制度不断地向前发展，并且产生新的规则，没有问题，但是最基本的人创作、人承担责任、人享有权利，在这一点上不应该有变化。不能光看这一个领域，要对整个法律体系有一个更为宏大的理解。我们的落脚点是出版行业，包括网络服务商，需要聚焦AI生成内容的侵权问题、责任承担等。

因此我建议，专家学者可以更多关注网络服务商的问题。在这个问题上可以借鉴日本的做法。

日本法院判决网络服务商和直接上传者承担同样的侵权责任，叫视同侵权，不像我们现在很多网络服务商一方面在大量侵权，一方面又躲在避风港之后，结果作者没有获得应有的利益。

当然还有此外代表作者主张侵权、提起诉求的案例很多。

以上分享是想提醒专家学者、法官，不要过度关注数字化问题，不要过度关注人工智能问题，要多关注如何落实网络服务商的责任，保护作者们的利益。